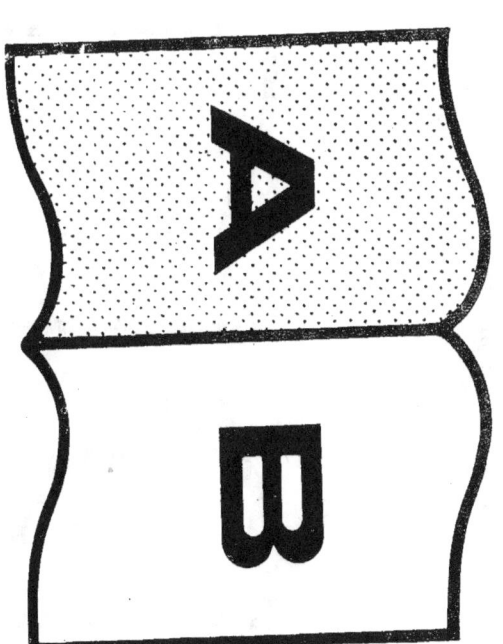

Contraste insuffisant
NF Z 43-120-14

Texte détérioré — reliure défectueuse
NF Z 43-120-11

ŒUVRES COMPLÈTES

DE

ALFRED DE MUSSET

SCEAUX. — IMPRIMERIE CHARAIRE ET FILS.

ALFRED DE MUSSET

1810-1857

D'après le buste de Mezzara

APPARTENANT A LA COMÉDIE-FRANÇAISE

ŒUVRES COMPLÈTES

DE

ALFRED DE MUSSET

—

POÉSIES

—

Avec un portrait d'ALFRED DE MUSSET

ET DE NOMBREUSES GRAVURES SUR BOIS

D'APRÈS LES COMPOSITIONS INÉDITES

DE NOS MEILLEURS ARTISTES

PARIS
G. CHARPENTIER ET Cie, ÉDITEURS
11, RUE DE GRENELLE, 11
—
1889

OEUVRES COMPLÈTES
DE
ALFRED DE MUSSET

PORTRAIT
DE
ALFRED DE MUSSET

D'APRÈS LE BUSTE DE MEZZARA

APPARTENANT A LA COMÉDIE FRANÇAISE.

NOTA. — Ce portrait se place en regard du texte

Bibl. Charpentier   LIV. 68.

ALFRED DE MUSSET

ŒUVRES COMPLÈTES

POÉSIES
(1829-1852)

CONTES D'ESPAGNE ET D'ITALIE
SPECTACLE DANS UN FAUTEUIL
POÉSIES DIVERSES
NAMOUNA — ROLLA
LES NUITS — POÉSIES NOUVELLES
CONTES EN VERS

Bibl. Charpentier.   LIV. 1ᵉʳ

AU LECTEUR

DES VERS DE L'AUTEUR

Ce livre est toute ma jeunesse;
Je l'ai fait sans presque y songer.
Il y paraît, je le confesse,
Et j'aurais pu le corriger.

Mais quand l'homme change sans cesse,
Au passé pourquoi rien changer?
Va-t'en, pauvre oiseau passager;
Que Dieu te mène à ton adresse!

Qui que tu sois, qui me liras,
Lis-en le plus que tu pourras,
Et ne me condamne qu'en somme.

Mes premiers vers sont d'un enfant,
Les seconds d'un adolescent,
Les derniers à peine d'un homme.

1840.

A MADAME B***

Quand je t'aimais, pour toi j'aurais donné ma vie.
Mais c'est toi, de t'aimer, toi qui m'ôtas l'envie.
A tes pièges d'un jour on ne me prendra plus ;
Tes ris sont maintenant et tes pleurs superflus.
Ainsi, lorsqu'à l'enfant la vieille salle obscure
Fait peur, il va tout nu décrocher quelque armure ;
Il s'enferme, il revient, tout palpitant d'effroi,
Dans sa chambre bien noire et dans son lit bien froid.
Et puis, lorsqu'au matin le jour vient à paraître,
Il trouve son fantôme aux plis de sa fenêtre,
Voit son arme inutile, il rit et, triomphant,
S'écrie : « Oh ! que j'ai peur ! oh ! que je suis enfant ! »

1828.

VENISE

Dans Venise la rouge,
Pas un bateau qui bouge,
Pas un pêcheur dans l'eau,
   Pas un falot.

Seul, assis à la grève,
Le grand lion soulève,
Sur l'horizon serein,
   Son pied d'airain.

Autour de lui, par groupes,
Navires et chaloupes,
Pareils à des hérons
   Couchés en ronds,

Dorment sur l'eau qui fume,
Et croisent dans la brume,
En légers tourbillons,
   Leurs pavillons.

La lune qui s'efface
Couvre son front qui passe
D'un nuage étoilé
   Demi-voilé.

Ainsi, la dame abbesse
De Sainte-Croix rabaisse
Sa cape aux vastes plis
   Sur son surplis.

Et les palais antiques,
Et les graves portiques,
Et les blancs escaliers,
   Des chevaliers,

Et les ponts, et les rues,
Et les mornes statues,
Et le golfe mouvant
   Qui tremble au vent,

Tout se tait, fors les gardes
Aux longues hallebardes,
Qui veillent aux créneaux
    Des arsenaux.

— Ah! maintenant plus d'une
Attend, au clair de lune,
Quelque jeune muguet,
    L'oreille au guet.

Pour le bal qu'on prépare,
Plus d'une qui se pare
Met devant son miroir
    Le masque noir.

Sur sa couche embaumée,
La Vanina pâmée
Presse encor son amant,
    En s'endormant,

Et Narcisa, la folle,
Au fond de sa gondole,
S'oublie en un festin
    Jusqu'au matin.

Et qui, dans l'Italie,
N'a son grain de folie?
Qui ne garde aux amours
    Ses plus beaux jours?

Laissons la vieille horloge,
Au palais du vieux doge,
Lui compter de ses nuits
    Les longs ennuis.

Comptons plutôt, ma belle,
Sur ta bouche rebelle
Tant de baisers donnés...
    Ou pardonnés.

    Comptons plutôt les charmes,
    Comptons les douces larmes,
    Qu'à nos yeux a coûté
        La volupté!

1828.

STANCES

Que j'aime à voir, dans la vallée
    Désolée,
Se lever comme un mausolée
Les quatre ailes d'un noir moutier!
Que j'aime à voir, près de l'austère
    Monastère,
Au seuil du baron feudataire,
La croix blanche et le bénitier!

Don Paez.   Page 11.

Vous, des antiques Pyrénées
      Les aînées,
Vieilles églises décharnées,
Maigres et tristes monuments,
Vous que le temps n'a pu dissoudre,
      Ni la foudre,
De quelques grands monts mis en poudre
N'êtes-vous pas les ossements ?

J'aime vos tours à tête grise,
      Où se brise
L'éclair qui passe avec la brise ;
J'aime vos profonds escaliers
Qui, tournoyant dans les entrailles
      Des murailles,
A l'hymne éclatant des ouailles
Font répondre tous les piliers !

Oh ! lorsque l'ouragan qui gagne
      La campagne,
Prend par les cheveux la montagne,
Que le temps d'automne jaunit,
Que j'aime, dans le bois qui crie
      Et se plie,
Les vieux clochers de l'abbaye,
Comme deux arbres de granit !

Que j'aime à voir, dans les vesprées
      Empourprées,
Jaillir en veines diaprées
Les rosaces d'or des couvents !
Oh ! que j'aime, aux voûtes gothiques
      Des portiques,
Les vieux saints de pierres athlétiques
Priant tout bas pour les vivants !

      1828.

DON PAEZ

> I had been happy, if the general camp,
> Pioneers and all, had tasted her sweet body
> So I had nothing known.
> OTHELLO.

I

Je n'ai jamais aimé, pour ma part, ces béguuules
Qui ne sauraient aller au Prado toutes seules,
Qu'une duègne toujours de quartier en quartier
Talonne, comme fait sa mule un muletier ;
Qui s'usent, à prier, les genoux et la lèvre,
Se courbant sur le grès, plus pâles, dans leur fièvre,
Qu'un homme qui, pieds nus, marche sur un serpent,
Ou qu'un faux monnayeur au moment qu'on le pend.
Certes, ces femmes-là, pour mener cette vie,
Portent un cœur châtré de toute noble envie ;
Elles n'ont pas de sang et pas d'entrailles. — Mais,
Sur ma tête et mes os, frère, je vous promets
Qu'elles valent encor quatre fois mieux que celles
Dont le temps se dépense en intrigues nouvelles.
Celles-là vont au bal, courent les rendez-vous,
Savent dans un manchon cacher un billet doux,
Serrer un ruban noir sur un beau flanc qui ploie,
Jeter d'un balcon d'or une échelle de soie,
Suivre l'imbroglio de ces amours mignons,
Poussés en une nuit comme des champignons ;
Si charmantes, d'ailleurs ! aimant en enragées
Les moustaches, les chiens, la valse et les dragées.
Mais, oh ! la triste chose et l'étrange malheur,
Lorsque dans leurs filets tombe un homme de cœur !
Frère, mieux lui vaudrait, comme ce statuaire
Qui pressait dans ses bras son amante de pierre,
Réchauffer de baisers un marbre, mieux vaudrait
Une louve affamée en quelque âpre forêt.

Ce que je dis ici, je le prouve en exemple.
J'entre donc en matière, et sans discours plus ample.
Écoutez une histoire :

Un mardi, cet été,
Vers deux heures de nuit, si vous aviez été
Place San-Bernardo, contre la jalousie
D'une fenêtre en brique, à frange cramoisie,
Et que, le cerveau mû de quelque esprit follet,
Vous eussiez regardé par le trou du volet,
Vous auriez vu, d'abord, une chambre tigrée,
De candélabres d'or ardemment éclairée ;
Des marbres, des tapis montant jusqu'aux lambris ;
Çà et là, les flacons d'un souper en débris ;
Des vins, mille parfums ; à terre une mandore
Qu'on venait de quitter, et frémissant encore,
De même que le sein d'une femme frémit
Après qu'elle a dansé. — Tout était endormi ;
La lune se levait ; sa lueur souple et molle,
Glissant aux trèfles gris de l'ogive espagnole,
Sur les pâles velours et le marbre changeant
Mêlait aux flammes d'or ses longs rayons d'argent.
Si bien que, dans le coin le plus noir de la chambre,
Sur un lit incrusté de bois de rose et d'ambre,
En y regardant bien, frère, vous auriez pu,
Dans l'ombre transparente, entrevoir un pied nu.
— Certes, l'Espagne est grande, et les femmes d'Espagne
Sont belles ; mais il n'est château, ville ou campagne,
Qui, contre ce pied-là, n'eût en vain essayé
(Comme dans *Cendrillon*) de mesurer un pied.
Il était si petit, qu'un enfant l'eût pu prendre
Dans sa main. — N'allez pas, frère, vous en surprendre,
La dame dont ici j'ai dessein de parler
Était de ces beautés qu'on ne peut égaler :
Sourcils noirs, blanches mains, et pour la petitesse
De ses pieds, elle était Andalouse et comtesse.

Cependant, les rideaux, autour d'elle tremblant,
La laissaient voir pâmée aux bras de son galant ;
Œil humide, bras morts, tout respirait en elle
Les langueurs de l'amour, et la rendait plus belle.
Sa tête avec ses seins roulait dans ses cheveux ;
Pendant que sur son corps mille traces de feux,
Que sa joue empourprée, et ses lèvres arides,
Qui se pressaient encor, comme en des baisers vides,

Don Paez. Page 14.

Bibl. Charpentier. LIV. 2.

Et son cœur gros d'amour, plus fatigué qu'éteint,
Tout d'une folle nuit vous eût rendu certain.
Près d'elle, son amant, d'un œil plein de caresse,
Cherchant l'œil de faucon de sa jeune maîtresse,
Se penchait sur sa bouche, ardent à l'apaiser,
Et pour chaque sanglot lui rendait un baiser.
Ainsi passait le temps. — Sur la place moins sombre
Déjà le blanc matin faisant grisonner l'ombre,
L'horloge d'un couvent s'ébranla lentement :
Sur quoi le jouvenceau courut, en un moment,
D'abord à son habit, ensuite à son épée ;
Puis, voyant sa beauté de pleurs toute trempée :
« Allons, mon adorée, un baiser, et bonsoir !
— Déjà partir, méchant ! — Bah ! je viendrai vous voir
Demain, midi sonnant ; adieu, mon amoureuse !
— Don Paez ! don Paez ! Certe, elle est bien heureuse,
La galante pour qui vous me laissez sitôt.
— Mauvaise ! vous savez qu'on m'attend au château.
Ma galante, ce soir, mort-Dieu ! c'est ma guérite.
— Eh ! pourquoi donc alors l'aller trouver si vite ?
Par quel serment d'enfer êtes-vous donc lié ?
— Il le faut. Laisse-moi baiser ton petit pied !
— Mais regardez un peu, qu'un lit de bois de rose,
Des fleurs, une maîtresse, une alcôve bien close,
Tout cela ne vaut pas, pour un fin cavalier,
Une vieille guérite au coin d'un vieux pilier !
— La belle épaule blanche, ô ma petite fée !
Voyons, un beau baiser. — Comme je suis coiffée !
Vous êtes un vilain. — La paix ! Adieu, mon cœur ;
Là, là, ne faites pas ce petit air boudeur.
Demain c'est jour de fête, un jour de promenade,
Veux-tu ? — Non, ma jument anglaise est trop malade.
— Adieu donc ; que le diable emporte ta jument !
— Don Paez ! mon amour, reste encore un moment.
— Ma charmante, allez-vous me faire une querelle ?
Ah ! je m'en vais si bien vous décoiffer, ma belle,
Qu'à vous peigner, demain, vous passerez un jour !
— Allez-vous-en, vilain ! — Adieu, mon seul amour ! »

Il jeta son manteau sur sa moustache blonde,
Et sortit ; l'air était doux, et la nuit profonde ;

Il détourna la rue à grands pas, et le bruit
De ses éperons d'or se perdit dans la nuit.

Oh! dans cette saison de verdeur et de force,
Où la chaude jeunesse, arbre à la rude écorce,
Couvre tout de son ombre, horizon et chemin,
Heureux, heureux celui qui frappe de la main
Le col d'un étalon rétif, ou qui caresse
Les seins étincelants d'une folle maîtresse!

II

Don Paez, l'arme au bras, est sur les arsenaux;
Seul, en silence, il passe au revers des créneaux;
On le voit comme un point; il fume son cigare
En route, et d'heure en heure, au bruit de la fanfare,
Il mêle sa réponse au qui-vive effrayant
Que des lansquenets gris s'en vont partout criant.
Près de lui, çà et là, ses compagnons de guerre,
Les uns dans leurs manteaux s'endormant sur la terre,
D'autres jouant aux dés. — Propos, récits d'amours,
Et le vin (comme on pense), et les mauvais discours
N'y manquent pas. — Pendant que l'un fait, après boire
Sur quelque brave fille une méchante histoire,
L'autre chante à demi, sur la table accoudé.
Celui-ci, de travers examinant son dé,
A chaque coup douteux grince dans sa moustache.
Celui-là, relevant le coin de son panache,
Fait le beau parleur, jure; un autre, retroussant
Sa barbe à moitié rouge, aiguisée en croissant,
Se verse d'un poignet chancelant, et se grise
A la santé du roi, comme un chantre d'église.
Pourtant un maigre suif, allumé dans un coin,
Chancelle sur la nappe à chaque coup de poing.
Voici donc qu'au milieu des rixes, des injures,
Des bravos, des éclats qu'allument les gageures,
L'un d'eux : « Messieurs, dit-il, vous êtes gens du roi,
Braves gens, cavaliers volontaires. — Bon. — Moi,
Je vous déclare ici trois fois gredin et traître,
Celui qui ne va pas proclamer, reconnaître,

Que les plus belles mains qu'en ce chien de pays
On puisse voir encor de Burgos à Cadix,
Sont celles de dona Cazalès, de Séville,
Laquelle est ma maîtresse, au dire de la ville! »

Ces mots, à peine dits, causèrent un haro
Qui du prochain couvent ébranla le carreau.
Il n'en fut pas un seul qui de bonne fortune
Ne se dît passé maître, et n'en vantât quelqu'une :
Celle-ci pour ses pieds, celle-là pour ses yeux ;
L'autre c'était la taille, et l'autre les cheveux.
Don Paez, cependant, debout et sans parole,
Souriait ; car, le sein plein d'une ivresse folle,
Il ne pouvait fermer ses paupières sans voir
Sa maîtresse passer, blanche avec un œil noir.

« Messieurs, cria d'abord notre moustache rousse,
La petite Inésille est la peau la plus douce
Où j'aie encor frotté ma barbe jusqu'ici.
— Monsieur, dit un voisin rabaissant son sourcil,
Vous ne connaissez pas l'Arabelle ; elle est brune
Comme un jais. — Quant à moi, je n'en puis citer une,
Dit quelqu'un, j'en ai trois. — Frères, cria de loin
Un dragon jaune et bleu qui dormait dans du foin,
Vous m'avez éveillé ; je rêvais à ma belle.
— Vrai, mon petit ribaud! dirent-ils, quelle est-elle? »
Lui, bâillant à moitié : « Par Dieu! c'est l'Orvado,
Dit-il, la Juana, place San-Bernardo. »

Dieu fit que don Paez l'entendit ; et la fièvre
Le prenant aux cheveux, il se mordit la lèvre :
« Tu viens là de lâcher quatre mots imprudents,
Mon cavalier, dit-il, car tu mens par tes dents!
La comtesse Juana d'Orvado n'a qu'un maître,
Tu peux le regarder si tu veux le connaître.
— Vrai? reprit le dragon ; lequel de nous ici
Se trompe? Elle est à moi, cette comtesse aussi.
— Toi? s'écria Paez ; mousqueton d'écurie,
Prendras-tu ton épée, ou s'il faut qu'on t'en prie?
Elle est à toi, dis-tu? Don Étur! sais-tu bien
Que j'ai suivi quatre ans son ombre comme un chien?

Ce que j'ai fait ainsi, penses-tu que le fasse
Ce peu de hardiesse empreinte sur ta face,
Lorsque j'en saigne encor, et qu'à cette douleur
J'ai pris ce que mon front a gardé de pâleur?
— Non, mais je sais qu'en tout, bouquets et sérénades,
Elle m'a bien coûté deux ou trois cents cruzades.
— Frère, ta langue est jeune et facile à mentir.
— Ma main est jeune aussi, frère, et rude à sentir.
— Que je la sente donc, et garde que ta bouche
Ne se rouvre une fois, sinon je te la bouche
Avec ce poignard, traître, afin d'y renfoncer
Les faussetés d'enfer qui voudraient y passer.
— Oui-dà! celui qui parle avec tant d'arrogance,
A défaut de son droit, prouve sa confiance;
Et quand avons-nous vu la belle? Justement
Cette nuit?
            — Ce matin.
                        — Ta lèvre sûrement
N'a pas de ses baisers sitôt perdu la trace?
— Je vais te les cracher, si tu veux, à la face.
— Et ceci, dit Étur, ne t'es pas inconnu? »

Comme, à cette parole, il montrait son sein nu,
Don Paez, sur son cœur, vit une mèche noire
Que gardait sous du verre un médaillon d'ivoire.
Mais dès que son regard plus terrible et plus prompt
Qu'une flèche, eut atteint le redoutable don,
Il recula soudain de douleur et de haine,
Comme un taureau qu'un fer a piqué dans l'arène:
« Jeune homme, cria-t-il, as-tu dans quelque lieu
Une mère, une femme? ou crois-tu pas en Dieu?
Jure-moi par ton Dieu, par ta mère et ta femme,
Par tout ce que tu crains, par tout ce que ton âme
Peut avoir de candeur, de franchise et de foi,
Jure que ces cheveux sont à toi, rien qu'à toi!
Que tu ne les as pas volés à ma maîtresse,
Ni trouvés, — ni coupés par derrière à la messe!
— J'en jure, dit l'enfant, ma pipe et mon poignard.
— Bien! reprit don Paez, le traînant à l'écart,
Viens ici, je te crois quelque vigueur à l'âme.
En as-tu ce qu'il faut pour tuer une femme?

— Frère, dit don Étur, j'en ai trois fois assez
Pour donner leur payement à tous serments faussés.
— Tu vois, prit don Paez, qu'il faut qu'un de nous meure.
Jurons donc que celui qui sera dans une heure
Debout, et qui verra le soleil de demain,
Tuera la Juana d'Orvado de sa main.
— Tope, dit le dragon, et qu'elle meure, comme
Il est vrai qu'elle va causer la mort d'un homme. »

    Et sans vouloir pousser son discours plus avant,
Comme il disait ce mot, il mit la dague au vent.

    Comme on voit dans l'été, sur les herbes fauchées,
Deux louves, remuant les feuilles desséchées,
S'arrêter face à face, et se montrer la dent;
La rage les excite au combat; cependant
Elles tournent en rond lentement, et s'attendent;
Leurs mufles amaigris l'un vers l'autre se tendent.
Tels, et se renvoyant de plus sombres regards,
Les deux rivaux, penchés sur le bord des remparts,
S'observent, — par instants entre leur main rapide
S'allume sous l'acier un éclair homicide.
Tandis qu'à la lueur des flambeaux incertains,
Tous viennent à voix basse agiter leurs destins,
Eux, muets, haletants vers une mort hâtive,
Pareils à des pêcheurs courbés sur une rive,
Se poussent à l'attaque, et, prompts à riposter,
Par l'injure et le fer tâchent de s'exciter.
Étur est plus ardent, mais don Paez plus ferme.
Ainsi que sous son aile un cormoran s'enferme,
Tel il s'est enfermé sous sa dague; — le mur
Le soutient; à le voir, on dirait à coup sûr
Une pierre de plus dans les pierres gothiques
Qu'agitent les falots en spectres fantastiques.
Il attend. — Pour Étur, tantôt d'un pied hardi,
Comme un jeune jaguar, en criant il bondit;
Tantôt calme à loisir, il le touche et le raille,
Comme pour l'exciter à quitter la muraille.

    Le manège fut long. — Pour plus d'un coup perdu,
Plus d'un bien adressé fut aussi bien rendu,

Et déjà leurs cuissards, où dégouttaient des larmes,
Laissaient voir clairement qu'ils saignaient sous leurs armes.
Don Paez le premier, parmi tous ces débats,
Voyant qu'à ce métier ils n'en finissaient pas :
« A toi, dit-il, mon brave ! et que Dieu te pardonne ! »
Le coup fut mal porté, mais la botte était bonne ;
Car c'était une botte à lui rompre du coup,
S'il l'avait attrapé, la tête, avec le cou.
Etur l'évita donc, non sans peine, et l'épée
Se brisa sur le sol, dans son effort trompée.
Alors, chacun saisit au corps son ennemi,
Comme après un voyage on embrasse un ami.
— Heur et malheur ! On vit ces deux hommes s'étreindre
Si fort que l'un et l'autre ils faillirent s'éteindre,
Et qu'à peine leur cœur eut pour un battement
Ce qu'il fallait de place en cet embrassement.
— Effroyable baiser ! — où nul n'avait d'envie
Que de vivre assez long pour prendre une autre vie ;
Où chacun, en mourant, regardait l'autre, et si,
En le faisant râler, il râlait bien aussi ;
Où, pour trouver au cœur les routes les plus sûres,
Les mains avaient du fer, les bouches des morsures.
— Effroyable baiser ! — Le plus jeune en mourut.
Il blêmit tout à coup comme un mort, et l'on crut,
Quand on voulut après le tirer à la porte,
Qu'on ne pourrait jamais, tant l'étreinte était forte,
Des bras de l'homicide ôter le trépassé.
— C'est ainsi que mourut Etur de Guadassé.

Amour, fléau du monde, exécrable folie,
Toi qu'un lien si frêle à la volupté lie,
Quand par tant d'autres nœuds tu tiens à la douleur,
Si jamais, par les yeux d'une femme sans cœur,
Tu peux m'entrer au ventre et m'empoisonner l'âme,
Ainsi que d'une plaie on arrache une lame,
Plutôt que comme un lâche on me voie en souffrir,
Je t'en arracherai, quand j'en devrais mourir.

III

Connaîtriez-vous point, frère, dans une rue
Déserte, une maison sans porte, à moitié nue,
Près des barrières, triste ; — on n'y voit jamais rien,
Sinon un pauvre enfant fouettant un maigre chien ;
Des lucarnes sans vitre, et par le vent cognées,
Qui pendent, comme font des toiles d'araignées.
Des pignons délabrés, où glisse par moment
Un lézard au soleil ; — d'ailleurs, nul mouvement.
Ainsi qu'on voit souvent, sur le bord des marnières,
S'accroupir vers le soir de vieilles filandières,
Qui, d'une main calleuse agitant leur coton,
Faibles, sur leur genou laissent choir leur menton ;
De même l'on dirait que, par l'âge lassée,
Cette pauvre maison, honteuse et fracassée,
S'est accroupie un soir au bord de ce chemin.
C'est là que don Paez, le lendemain matin,
Se rendait. — Il monta les marches inégales,
Dont la mousse et le temps avaient rompu les dalles.
— Dans une chambre basse, après qu'il fut entré,
Il regarda d'abord d'un air mal assuré.
Point de lit au dedans. — Une fumée étrange
Seule dans ce taudis atteste qu'on y mange.
Ici, deux grands bahuts, des tabourets boiteux,
Cassant à tout propos quand on s'assoit sur eux ;
— Des pots ; — mille haillons ; et sur la cheminée,
Où chantent les grillons la nuit et la journée,
Quatre méchants portraits pendus, représentant
Des faces qui feraient fuir en enfer Satan.
« Femme, dit don Paez, es-tu là ? » sur la porte
Pendait un vieux tapis de laine rousse, en sorte
Que le jour en tout point trouait le canevas ;
Pour l'écarter du mur, Paez leva le bras.

« Entre, » répond alors une voix éraillée.
Sur un mauvais grabat, de lambeaux habillée,
Une femme, pieds nus, découverte à moitié,
Gisait. — C'était horreur de la voir, — et pitié.

Don Paez.   Page 18.

Bibl. Charpentier   Liv. 3.

Peut-être qu'à vingt ans elle avait été belle;
Mais un précoce automne avait passé sur elle;
Et noire comme elle est, on dirait, à son teint,
Que sur son front hâlé ses cheveux ont déteint.
A dire vrai, c'était une fille de joie.
Vous l'eussiez vue un temps en basquine de soie,
Et l'on se retournait quand, avec son grelot,
La Belisa passait sur sa mule au galop.
C'étaient des boléros, des fleurs, des mascarades.
La misère aujourd'hui l'a prise. — Les alcades,
Connaissant le taudis pour triste et mal hanté,
La laissent sous son toit mourir par charité.
Là, depuis quelques ans, elle traîne une vie
Que soutient à grand'peine une sale industrie :
Elle passe à Madrid pour sorcière, et les gens
Du peuple vont la voir à l'insu des sergents.

 Don Paez cependant hésitant à sa vue,
Elle lui tend les bras, et sur sa gorge nue,
Qui se levait encor pour un embrassement,
Elle veut l'attirer.

DON PAEZ.

     Quatre mots seulement,
Vieille. — Me connais-tu? Prends cette bourse, et songe
Que je ne veux de toi ni conte ni mensonge.

BELISA.

De l'or, beau cavalier! Je sais ce que tu veux;
Quelque fille de France, avec de beaux cheveux
Bien blonds! — J'en connais une.

DON PAEZ.

       Elle perdrait sa peine;
Je n'ai plus maintenant d'amour que pour ma haine.

BELISA.

Ta haine? Ah! je comprends. — C'est quelque trahison,
Ta belle t'a fait faute, et tu veux du poison.

DON PAEZ.

Du poison, j'en voulais d'abord. — Mais la blessure
D'un poignard est, je crois, plus profonde et plus sûre.

BELISA.

Mon fils, ta main est faible encor; — tu manqueras
Ton coup, et mon poison ne le manquera pas.

Regarde comme il est vermeil, il donne envie
D'y goûter ; — on dirait que c'est de l'eau-de-vie.
DON PAEZ.
Non. — Je ne voudrais pas, vois-tu, la voir mourir
Empoisonnée, — on a trop longtemps à souffrir.
Il faudrait rester là deux heures, et peut-être
L'achever. — Ton poison, c'est une arme de traître ;
C'est un chat qui mutile et qui tue à plaisir
Un misérable rat dont il a le loisir.
Et puis cet attirail, cette mort si cruelle,
Ces sanglots, ces hoquets. — Non, non ; elle est trop belle !
Elle mourra d'un coup.
BELISA.
Alors, que me veux-tu ?
DON PAEZ.
Écoute. — A-t-on raison de croire à la vertu
Des philtres ? — Dis-moi vrai.
BELISA.
Vois-tu sur cette planche
Ce flacon de couleur brune, où trempe une branche ?
Approches-en ta lèvre, et tu sauras après
Si les discours qu'on tient sur les philtres sont vrais.
DON PAEZ.
Donne. — Je vais t'ouvrir ici toute mon âme :
Après tout, vois-tu bien, je l'aime, cette femme.
Un cep, depuis cinq ans planté dans un rocher,
Tient encore assez ferme à qui veut l'arracher.
C'est ainsi, Belisa, qu'au cœur de ma pensée
Tient et résiste encor cette amour insensée :
Quoi qu'il en soit, il faut que je frappe. — Et j'ai peur
De trembler devant elle.
BELISA.
As-tu si peu de cœur ?
DON PAEZ.
Elle mourra, sorcière, en m'embrassant.
BELISA.
Écoute.
Es-tu bien sûr de toi ? Sais-tu ce qu'il en coûte
Pour boire ce breuvage ?
DON PAEZ.
En meurt-on ?

BELISA.

                    Tu seras
Tout d'abord comme pris de vin. — Tu sentiras
Tous tes esprits flottants, comme une langueur sourde
Jusqu'au fond de tes os, et ta tête si lourde
Que tu la croirais prête à choir à chaque pas. —
Tes yeux se lasseront, — et tu t'endormiras : —
Mais d'un sommeil de plomb, sans mouvement, sans rêve,
C'est pendant ce moment que le charme s'achève.
Dès qu'il aura cessé, mon fils, quand tu serais
Plus cassé qu'un vieillard, ou que dans les forêts
Sont ces vieux sapins morts qu'en marchant le pied brise,
Et que par les fossés s'en va poussant la bise,
Tu sentiras ton cœur bondir de volupté,
Et les anges du ciel marcher à ton côté!

DON PAEZ.

Et souffre-t-on beaucoup pour en mourir ensuite?

BELISA.

Oui, mon fils.

DON PAEZ.

             Donne-moi ce flacon. — Meurt-on vite?

BELISA.

Non. — Lentement.

DON PAEZ.

             Adieu, ma mère!

                                    Le flacon
Vide, il le reposa sur le bord du balcon. —
Puis tout à coup, stupide, il tomba sur la dalle,
Comme un soldat blessé que renverse une balle.
« Viens, dit la Belisa l'attirant, viens dormir
Dans mes bras, et demain tu viendras y mourir. »

IV

Comme elle est belle au soir, aux rayons de la lune,
Peignant sur son col blanc sa chevelure brune !
Sous la tresse d'ébène on dirait, à la voir,
Une jeune guerrière avec un casque noir !
Son voile déroulé plie et s'affaisse à terre.

Comme elle est belle et noble! et comme, avec mystère,
L'attente du plaisir et le moment venu
Font sous son collier d'or frissonner son sein nu!
Elle écoute. — Déjà, dressant mille fantômes,
La nuit comme un serpent se roule autour des dômes ;
Madrid, de ses mulets écoutant les grelots,
Sur son fleuve endormi promène ses falots.
— On croirait que, féconde en rumeurs étouffées,
La ville s'est changée en un palais de fées,
Et que tous ces granits dentelant les clochers
Sont aux cimes des toits des follets accrochés.
La señora, pourtant, contre sa jalousie,
Collant son front rêveur à sa vitre noircie,
Tressaille chaque fois que l'écho d'un pilier
Répète derrière elle un pas dans l'escalier.
— Oh! comme à cet instant bondit un cœur de femme
Quand l'unique pensée où s'abîme son âme
Fuit et grandit sans cesse, et devant son désir
Recule comme une onde, impossible à saisir!
Alors, le souvenir excitant l'espérance,
L'attente d'être heureux devient une souffrance ;
Et l'œil ne sonde plus qu'un gouffre éblouissant,
Pareil à ceux qu'en songe Alighieri descend.
Silence! — Voyez-vous, le long de cette rampe,
Jusqu'au faîte en grimpant tournoyer une lampe!
On s'arrête : — on l'éteint. — Un pas précipité
Retentit sur la dalle, et vient de ce côté.
— Ouvre la porte, Inès, et vois-tu pas, de grâce,
Au bas de la poterne un manteau gris qui passe?
Vois-tu sous le portail marcher un homme armé?
C'est lui, c'est don Paez! — Salut mon bien-aimé!

DON PAEZ.

Salut ; — que le Seigneur vous tienne sous son aide !

JUANA.

Êtes-vous donc si las, Paez, ou suis-je laide,
Que vous ne venez pas m'embrasser aujourd'hui?

DON PAEZ.

J'ai bu de l'eau-de-vie à dîner, je ne puis.

JUANA.

Qu'avez-vous, mon amour? pourquoi fermer la porte
Au verrou? don Paez a-t-il peur que je sorte?

DON PAEZ.
C'est plus aisé d'entrer que de sortir d'ici.
JUANA.
Vous êtes pâle, ô ciel! Pourquoi sourire ainsi?
DON PAEZ.
Tout à l'heure, en venant, je songeais qu'une femme
Qui trahit son amour, Juana, doit avoir l'âme
Faite de ce métal faux dont sont fabriqués
La mauvaise monnaie et les écus marqués.
JUANA.
Vous avez fait un rêve aujourd'hui, je suppose?
DON PAEZ.
Un rêve singulier. — Donc, pour suivre la chose,
Cette femme-là doit, disais-je, assurément,
Quelquefois se méprendre et se tromper d'amant.
JUANA.
M'oubliez-vous, Paez, et l'endroit où nous sommes?
DON PAEZ.
C'est un péché mortel, Juana, d'aimer deux hommes.
JUANA.
Hélas! rappelez-vous que vous parlez à moi.
DON PAEZ.
Oui, je me le rappelle; oui, par la sainte foi,
Comtesse!
JUANA.
Dieu! vrai Dieu! quelle folie étrange
Vous a frappé l'esprit, mon bien-aimé! mon ange!
C'est moi, c'est ta Juana. — Tu ne le connais pas,
Ce nom qu'hier encor tu disais dans mes bras?
Et nos serments, Paez, nos amours infinies!
Nos nuits, nos belles nuits! nos belles insomnies!
Et nos larmes, nos cris dans nos fureurs perdus!
Ah! mille fois malheur, il ne s'en souvient plus!

Et comme elle parlait ainsi, sa main ardente
Du jeune homme au hasard saisit la main pendante.
Vous l'eussiez vu soudain pâlir et reculer,
Comme un enfant transi qui vient de se brûler.
« Juana, murmura-t-il, tu l'as voulu! » Sa bouche
N'en put dire plus long; car déjà sur la couche

Ils se tordaient tous deux, et sous les baisers nus
Se brisaient les sanglots du fond du cœur venus.
Oh! comme, ensevelis dans leur amour profonde,
Ils oubliaient le jour, et la vie, et le monde !
C'est ainsi qu'un nocher, sur les flots écumeux,
Prend l'oubli de la terre à regarder les cieux !

Mais, silence ! écoutez. — Sur leur sein qui se froisse,
Pourquoi ce sombre éclair, avec ces cris d'angoisse?
Tout se tait. — Qui les trouble, ou qui les a surpris?
— Pourquoi donc cet éclair, et pourquoi donc ces cris?
— Qui le saura jamais ? — Sous une nue obscure
La lune a dérobé sa clarté faible et pure. —
Nul flambeau, nul témoin que la profonde nuit
Qui ne raconte pas les secrets qu'on lui dit.
— Qui le saura? — Pour moi, j'estime qu'une tombe
Est un asile sûr où l'espérance tombe,
Où pour l'éternité l'on croise les deux bras
Et dont les endormis ne se réveillent pas.

1829.

LES MARRONS DU FEU

PROLOGUE

Mesdames et messieurs, c'est une comédie,
Laquelle, en vérité, ne dure pas longtemps ;
Seulement que nul bruit, nulle dame étourdie
Ne fasse aux beaux endroits tourner les assistants.
La pièce, à parler franc, est digne de Molière ;
Qui le pourrait nier? Mon groom et ma portière,
Qui l'ont lue en entier, en ont été contents.

Le sujet vous plaira, seigneurs, si Dieu nous aide.
Deux beaux fils sont rivaux d'amour. La signora
Doit être jeune et belle, et si l'actrice est laide,
Veuillez bien l'excuser. — Or, il arrivera
Que les deux cavaliers, grands teneurs de rancune,
Vont ferrailler d'abord. — N'en ayez peur aucune ;
Nous savons nous tuer, personne n'en mourra

Mais ce que cette affaire amènera de suites,
C'est ce que vous saurez, si vous ne sifflez pas.
N'allez pas nous jeter surtout de pommes cuites
Pour mettre nos rideaux et nos quinquets à bas.
Nous avons pour le mieux repeint les galeries. —
Surtout, considérez, illustres seigneuries,
Comme l'auteur est jeune, et c'est son premier pas.

> L'amour est la seule chose ici-bas qui ne veuille d'autre acheteur que lui-même. — C'est le trésor que je veux donner ou enfouir à jamais, tel que ce marchand qui, dédaignant tout l'or du Rialto, et se raillant des rois, jeta sa perle dans la mer, plutôt que de la vendre moins qu'elle ne valait.
>
> SCHILLER.

PERSONNAGES

L'ABBÉ ANNIBAL DESIDERIO.
RAFAEL GARUCI.
PALFORIO, hôtelier.
MATELOTS.
VALETS.
MUSICIENS.

PORTEURS, etc.
LA CAMARGO, danseuse.
LÆTITIA, sa cameriste.
ROSE.
CYDALISE.

SCÈNE PREMIÈRE

AU BORD DE LA MER. — UN ORAGE.

MATELOTS, PALFORIO, RAFAEL, JEAN, UN VALET.

UN MATELOT.
Au secours! il se noie! au secours, monsieur l'hôte!

PALFORIO.
Qu'est-ce? qu'est-ce?

LE MATELOT.
Un bateau d'échoué sur la côte.

PALFORIO.
Un bateau, juste ciel! Dieu l'ait en sa merci!
C'est celui du seigneur Rafael Garuci.
En dehors.
Au secours!

LE MATELOT.
Ils sont trois; on les voit se débattre.

PALFORIO.
Trois! Jésus! Courons vite, on nous paîra pour quatre
Si nous en tirons un. — Le seigneur Rafael!
Nul n'est plus magnifique! et plus grand sous le ciel!

Exeunt.

Rafael est apporté, une guitare cassée à la main.

Les Marrons du Feu. Page 27.

RAFAEL.

Ouf! — A-t-on pas trouvé là-bas une ou deux femmes
Dans la mer?

DEUXIÈME MATELOT.

Oui, seigneur.

RAFAEL.

Ce sont deux bonnes âmes.
Si vous les retirez, vous me ferez plaisir.
Ouf!

Il s'évanouit.

DEUXIÈME MATELOT.

Sa main se raidit. — Il tremble. — Il va mourir
Entrons-le là dedans.

Ils le portent dans une maison.

TROISIÈME MATELOT.

Jean, sais-tu qui demeure
Là?

JEAN.

C'est la Camargo, par ma barbe! ou je meure.

TROISIÈME MATELOT.

La danseuse?

JEAN.

Oui, vraiment, la même qui jouait
Dans le Palais d'Amour.

PALFORIO, *rentrant.*

Messeigneurs, s'il vous plaît,
Le seigneur Rafael est-il hors, je vous prie?

TROISIÈME MATELOT.

Oui, monsieur.

PALFORIO.

L'a-t-on mis dans mon hôtellerie,
Ce glorieux seigneur?

TROISIÈME MATELOT.

Non; on l'a mis ici.

UN VALET, *sortant de la maison.*

De la part du seigneur Rafael Garuci,
Remercîments à tous, et voilà de quoi boire.

MATELOTS.

Vive le Garuci!

PALFORIO.

Que Dieu serve sa gloire!

Cet excellent seigneur a-t-il rouvert les yeux,
S'il vous plaît?
UN VALET.
Grand merci, mon brave homme, il va mieux.
Holà! retirez-vous! ma maîtresse vous prie
De laisser en repos dormir Sa Seigneurie.

SCÈNE II

CHEZ LA CAMARGO.

RAFAEL, couché sur une chaise longue; LA CAMARGO, assise.

CAMARGO.
Rafael, avouez que vous ne m'aimez plus.
RAFAEL.
Pourquoi? — d'où vient cela? — Vous me voyez perclus,
Salé comme un hareng! — Suis-je, de grâce, un homme
A vous faire ma cour? — Quand nous étions à Rome,
L'an passé —
CAMARGO.
Rafael, avouez, avouez
Que vous ne m'aimez plus.
RAFAEL.
Bon! comme vous avez
L'esprit fait! — Pensez-vous, madame, que j'oublie
Vos bontés?
CAMARGO.
C'est le vrai défaut de l'Italie,
Que ses soleils de juin font l'amour passager.
— Quel était près de vous ce visage étranger
Dans ce yacht?
RAFAEL.
Dans ce yacht?
CAMARGO.
Oui.
RAFAEL.
C'était, je suppose,

Laure. —
CAMARGO.
Non. —

RAFAEL.

C'était donc la Cydalise, — ou Rose. — Cela vous déplaît-il?

CAMARGO.

Nullement. — La moitié
D'un violent amour, c'est presque une amitié.
N'est-ce pas?

RAFAEL.

Je ne sais. D'où vous vient cette idée?
Philosopherons-nous?

CAMARGO.

Je ne suis pas fâchée
De vous voir. — A propos, je voulais vous prier
De me permettre —

RAFAEL.

A vous? — Quoi?

CAMARGO.

De me marier.

RAFAEL.

De vous marier?

CAMARGO.

Oui.

RAFAEL.

Tout de bon? Sur mon âme,
Vous m'en voyez ravi. — Mariez-vous, madame!

CAMARGO.

Vous n'en aurez nulle ombre, et nul déplaisir?

RAFAEL.

Non. —
Et du nouvel époux peut-on dire le nom?
Foscoli, je suppose?

CAMARGO.

Oui, Foscoli lui-même.

RAFAEL.

Parbleu! j'en suis charmé; c'est un garçon que j'aime,
Bonne lignée, et qui vous aime fort aussi.

CAMARGO.

Et vous me pardonnez de vous quitter ainsi?

RAFAEL.

De grand cœur! Écoutez, votre amitié m'est chère;
Mais parlons franc. Deux ans! c'est un peu long. Qu'y faire?

C'est l'histoire du cœur. — Tout va si vite en lui !
Tout y meurt comme un son, tout, excepté l'ennui !
Moi qui vous dis ceci, que suis-je? une cervelle
Sans fond. — La tête court, et les pieds après elle ;
Et quand viennent les pieds, la tête au plus souvent
Est déjà lasse, et tourne où la pousse le vent !
Tenez, soyons amis, et plus de jalousie.
Mariez-vous. — Qui sait s'il nous vient fantaisie
De nous reprendre, eh bien ! nous nous reprendrons, — hein !

CAMARGO.

Très bien.

RAFAEL.

    Par saint Joseph ! je vous donne la main
Pour aller à l'église, et monter en carrosse !
Vive l'hymen ! — Ceci, c'est mon présent de noce, —
Il l'embrasse.
Et j'y joindrai ceci, pour souvenir de moi.

CAMARGO.

Quoi ! votre éventail !

RAFAEL.

    Oui. N'est-il pas beau, ma foi?
Il est large à peu près comme un quartier de lune, —
Cousu d'or comme un paon, — frais et joyeux comme une
Aile de papillon, — incertain et changeant
Comme une femme. — Il a des paillettes d'argent
Comme Arlequin. — Gardez-le, il vous fera peut-être
Penser à moi ; c'est tout le portrait de son maître.

CAMARGO.

Le portrait en effet ! — O malédiction !
Misère ! — Oh ! par le ciel, honte et dérision !...
— Homme stupide, as-tu pu te prendre à ce piège
Que je t'avais tendu ? — Dis ! — Qui suis-je ? — Que fais-je ?
Va, tu parles avec un front mal essuyé
De nos baisers d'hier. — Oh ! c'est honte et pitié !
Va ! tu n'es qu'une brute, et tu n'as qu'une joie
Insensée, en pensant que je lâche ma proie !
Quand je devrais aller, nu-pieds, t'attendre au coin
Des bornes, si caché que tu sois et si loin,
J'irai. — Crains mon amour, Garuc', il est immense
Comme la mer ! — Ma fosse est ouverte, mais pense
Que je viendrai d'abord par le dos t'y pousser.

Qui peut lécher peut mordre, et qui peut embrasser
Peut étouffer. — Le front des taureaux en furie,
Dans un cirque, n'a pas la cinquième partie
De la force que Dieu met aux mains des mourants.
Oh! je te montrerai si c'est après deux ans,
Deux ans de grincements de dents et d'insomnie,
Qu'une femme pour vous s'est tachée et honnie,
Qu'elle n'a plus au monde, et pour n'en mourir pas,
Que vous, que votre col où pendre ses deux bras,
Qu'elle porte un amour à fond, comme une lame
Torse, qu'on n'ôte plus du cœur sans briser l'âme;
Si c'est alors qu'on peut la laisser, comme un vieux
Soulier qui n'est plus bon à rien.

RAFAEL.

Ah! les beaux yeux!
Quand vous vous échauffez ainsi, comme vous êtes
Jolie!

CAMARGO.

Oh! laissez-moi, monsieur, ou je me jette
Le front contre ce mur!

RAFAEL, *l'attirant.*

Là! là! modérez-vous.
Ce mur vous ferait mal; ce fauteuil est plus doux.
Ne pleurez donc pas tant. — Ce que j'ai dit, mon ange,
Après votre demande, était-il donc étrange?
Je croyais vous complaire, en vous parlant ainsi;
Mais — je n'en pensais pas une parole.

CAMARGO.

Oh! si!
Si, vous parliez franc.

RAFAEL.

Non. L'avez-vous bien pu croire!
Vous me faisiez un conte, et j'ai fait une histoire.
Calmez-vous. — Je vous aime autant qu'au premier jour,
Ma belle! — mon bijou! — mon seul bien! — mon amour!

CAMARGO.

Mon Dieu! pardonnez-lui, s'il me trompe!

RAFAEL.

Cruelle!
Doutez-vous de ma flamme en vous voyant si belle?

Il tourne la glace.

Dis, l'amour, qui t'a fait l'œil si noir, ayant fait
Le reste de ton corps d'une goutte de lait?
Parbleu! quand ce corps-là de sa prison s'échappe,
Gageons qu'il passerait par l'anneau d'or du pape!
     CAMARGO.
Allez voir s'il ne vient personne.
     RAFAEL, à part.
       Ah! quel ennui!
  CAMARGO, seule un moment, le regardant s'éloigner.
— Cela ne se peut pas. — Je suis trompée! Et lui
Se rit de moi. Son pas, son regard, sa parole,
Tout me le dit. Malheur! Oh! je suis une folle!
     RAFAEL, revenant.
Tout se tait au dedans comme au dehors. — Ma foi,
Vous avez un jardin superbe.
     CAMARGO.
      Écoutez-moi;
J'attends de votre amour une marque certaine.
     RAFAEL.
On vous la donnera.
     CAMARGO.
      Ce soir je pars pour Vienne;
M'y suivrez-vous?
     RAFAEL.
      Ce soir! — Était-ce pour cela
Qu'il fallait regarder si l'on venait?
     CAMARGO.
       Holà!
Lœtitia! Lafleur! Pascariel!
     LÆTITIA, entrant.
      Madame?
     CAMARGO.
Demandez des chevaux pour ce soir.
      Exit Lætitia.
     RAFAEL.
      Sur mon âme,
Vous avez des vapeurs, madame, assurément.
     CAMARGO.
Me suivrez-vous?
     RAFAEL.
     Ce soir! à Vienne? — Non, vraiment.
Je ne puis.

CAMARGO.
Adieu donc, Garuci. Je vous laisse. —
Je pars seule. — Soyez plus heureux en maîtresse.
RAFAEL.
En maîtresse? heureux? moi? — Ma parole d'honneur,
Je n'en ai jamais eu.
CAMARGO, hors d'elle.
Qu'étais-je donc?
RAFAEL.
Mon cœur,
Ne recommencez pas à vous fâcher.
CAMARGO.
Et celle
De tantôt? Quels étaient ces gens? — Que faisait-elle,
Cette femme? — J'ai vu! — Voudrais-tu t'en cacher?
Quelque fille, à coup sûr. — J'irai lui cravacher
La figure!
RAFAEL.
Ah! tout beau, ma belle Bradamante.
Tout à l'heure, voyez, vous étiez si charmante.
CAMARGO.
Tout à l'heure j'étais insensée, — à présent
Je suis sage!
RAFAEL.
Eh! mon Dieu! l'on vous fâche en faisant
Vos plaisirs! — J'étais là, près de vous. — Vous me dites
D'aller là regarder si l'on vient. — Je vous quitte,
Je reviens. — Vous partez pour Vienne! Par la croix
De Jésus, qui saurait comment faire?
CAMARGO.
Autrefois,
Quand je te disais : « Va! » c'était à cette place!
Montrant son lit.
Tu t'y couchais — sans moi. — Tu m'appelais par grâce!
Moi, je ne venais pas. — Toi, tu priais. — Alors
J'approchais lentement, — et tes bras étaient forts
Pour me faire tomber sur ton cœur! — Mes caprices
Étaient suivis alors, — et tous étaient justices.
Tu ne te plaignais pas; — c'était toi qui pleurais!
Toi qui devenais pâle, et toi qui me nommais
Ton inhumaine! — Alors, étais-je ta maîtresse?

Les Marrons du Feu.

Page 33.

RAFAEL, se jetant sur le lit.

Mon inhumaine, allons! Ma reine! ma déesse!
Je vous attends, voyons! Les champs clos sont rompus,
M'osez-vous tenir tête?

CAMARGO, dans ses bras.

Ah! tu ne m'aimes plus!

SCÈNE III

DEVANT LA MAISON DE LA CAMARGO.

L'abbé ANNIBAL DESIDERIO, descendant de sa chaise, RAFAEL.
MUSICIENS, PORTEURS.

L'ABBÉ.

Holà! dites, marauds, — est-ce pas là que loge
La Camargo?

UN PORTEUR.

Seigneur, c'est là. — Proche l'horloge
Saint-Vincent, tout devant; ces rideaux que voici,
C'est sa chambre à coucher.

L'ABBÉ.

Voilà pour toi, merci.
Parbleu! cette soirée est propice, et je pense
Que mes feux pourraient bien avoir leur récompense.
La lune ne va pas tarder à se lever,
La chose au premier coup peut ici s'achever.
Têtebleu! c'est le moins qu'un homme de ma sorte
Ne s'aille pas morfondre à garder une porte;
Je ne suis pas des gens qu'on laisse s'enrouer.
— Or, vous autres coquins, qu'allez-vous nous jouer?
— Piano, signor basson, — amoroso! la dame
Est une oreille fine! — Il faudrait à ma flamme
Quelque mi-bémol, — hein? Je m'en vais me cacher
Sous ce contrevent-là; c'est sa chambre à coucher,
N'est-ce pas?

UN PORTEUR.

Oui, seigneur.

L'ABBÉ.

Je ne puis trop vous dire
D'aller bien lentement. — C'est un cruel martyre

Que le mien! Têtebleu! je me suis ruiné
Presque à moitié, le tout pour avoir trop donné
A mes divinités de soupers et d'aubades.

MUSICIENS.

Andantino, seigneur!

Musique.

L'ABBÉ.
Tous ces airs-là sont fades.

Chantez tout bonnement : « Belle Philis, » ou bien :
« Ma Clymène. »

MUSICIENS.
Allegro, seigneur!

Musique.

L'ABBÉ.
Je ne vois rien

A cette fenêtre. — Hum!

La musique continue.
Point. — C'est une barbare.

— Rien ne bouge. — Allons, toi, donne-moi ta guitare.

Il prend une guitare.

Fi donc! pouah!

Il en prend une autre.
Hum! je vais chanter, moi. — Ces marauds

Se sont donné, je crois, le mot pour chanter faux.

Il chante
Pour tant de peine et tant d'émoi...

Hum! mi, mi, la.

Pour tant de peine et tant d'émoi...
Mi, mi. — Bon.

Pour tant de peine et tant d'émoi,
Où vous m'avez jeté, Clymène,
Ne me soyez point inhumaine,
Et, s'il se peut, secourez-moi,
Pour tant de peine!

Quoi! rien ne remue!

Va-t-elle me laisser faire le pied de grue?
Têtebleu! nous verrons!

Il chante.
De tant de peine mon amour...

RAFAEL, sortant de la maison, et s'arrêtant sur le pas de la porte.
Ah! ah! monsieur l'abbé

Desiderio! — Parbleu! vous êtes mal tombé.

L'ABBÉ.

Mal tombé, monsieur! — Mais, pas si mal. Je vous chasse,
Peut-être?

RAFAEL.
Point du tout ; je vous laisse la place.
Sur ma parole, elle est bonne à prendre, et, de plus,
Toute chaude.
L'ABBÉ.
Monsieur, monsieur, pour faire abus
Des oreilles d'un homme, il ne faut pas une heure ; —
Il ne faut qu'un mot.
RAFAEL.
Vrai ? j'aurais cru, que je meure,
Les vôtres sur ce point moins promptes, aux façons
Dont les miennes d'abord avaient pris vos chansons.
L'ABBÉ.
Tête et ventre ! monsieur, faut-il qu'on vous les coupe ?
RAFAEL.
Là, tout beau, sire ! Il faut d'abord, moi, que je soupe.
Je ne me suis jamais battu sans y voir clair,
Ni couché sans souper.
L'ABBÉ.
Pour quelqu'un du bel air,
Vous sentez le mauvais soupeur, mon gentilhomme.
Le touchant.
Ce vieux surtout mouillé ! Qu'est-ce donc qu'on vous nomme ?
RAFAEL.
On me nomme seigneur Vide-bourse, casseur
De pots ; c'est, en anglais, Blockhead, maître tueur
D'abbés. — Pour le seigneur Garuci, c'est son père
Le plus communément qui couche avec ma mère.
L'ABBÉ.
S'il y couche demain, il court, je lui prédis,
Risque d'avoir pour femme une mère sans fils.
Votre logis ?
RAFAEL.
Hôtel du Dauphin bleu. La porte
A droite, au petit Parc.
L'ABBÉ.
Vos armes ?
RAFAEL.
Peu m'importe ;
Fer ou plomb, balle ou pointe.
L'ABBÉ.
Et votre heure ?

RAFAEL.
Midi.
L'abbé le salue et retourne à sa chaise.
RAFAEL.
Ce petit abbé-là m'a l'air bien dégourdi.
Parbleu! c'est un bon diable, il faut que je l'invite
A souper. — Hé, monsieur, n'allez donc pas si vite.
L'ABBÉ.
Qu'est-ce, monsieur?
RAFAEL.
Vos gens s'ensauvent, comme si
La fièvre à leurs talons les emportait d'ici.
Demeurez pour l'amour de Dieu, que je vous pose
Un problème d'algèbre. — Est-ce pas une chose
Véritable, et que voit quiconque à l'esprit sain,
Que la table est au lit ce qu'est la poire au vin?
De plus, deux gens de bien, à s'aller mettre en face
Sans s'être jamais vus, ont plus mauvaise grâce,
Assurément, que, quand il pleut, une catin
A descendre de fiacre en souliers de satin.
Donc, si vous m'en croyez, nous souperons ensemble;
Nous nous connaîtrons mieux pour demain. Que t'en semble,
Abbé?
L'ABBÉ.
Parbleu! marquis, je le veux, et j'y vais.
Il sort de sa chaise.
RAFAEL.
Voilà les musiciens qui sont déjà trouvés;
Et pour la table, — holà, Palforio! l'auberge!
Frappant.
Cette porte est plus rude à forcer qu'une vierge.
Palforio, manant tripier, sac à boyaux!
Vous verrez qu'à cette heure ils dorment, les bourreaux!
Il jette une pierre dans la vitre.
PALFORIO, à la fenêtre.
Quel est le bon plaisir de votre courtoisie?
RAFAEL.
Fais-nous faire à souper. Certes, l'heure est choisie
Pour nous laisser ainsi casser tous tes carreaux!
Dépêche, sac à vin! — Pardieu! si j'étais gros
Comme un muid, comme toi, je dirais qu'on me porte
En guise d'écriteau sur le pas de ma porte;
On saurait où me prendre au moins.

PALFORIO.

Excusez-moi,
Très excellent seigneur.

RAFAEL.

Allons, démène-toi.
Vite! va mettre en l'air ta marmitonnerie.
Donne-nous ton meilleur vin et ta plus jolie
Servante; embroche tout : tes oisons, tes poulets,
Tes veaux, tes chiens, tes chats, ta femme et tes valets!
— Toi, l'abbé, passe donc; en joie! et pour nous battre
Après, nous taperons, vive Dieu! comme quatre.

SCÈNE IV

LA LOGE DE LA CAMARGO. ON LA CHAUSSE.

CAMARGO, LÆTITIA.

CAMARGO.

Il ira. — Laissez-moi seule, et ne manquez pas
Qu'on me vienne avertir quand ce sera mon pas.

— C'est la règle, ô mon cœur! — Il est sûr qu'une femme
Met dans une âme aimée une part de son âme.
Sinon, d'où pourrait-elle et pourquoi concevoir
La soif d'y revenir, et l'horreur d'en déchoir?
Au contraire, un cœur d'homme est comme une marée
Fuyarde des endroits qui l'ont mieux attirée.
Voyez qu'en tout lien, l'amour à l'un grandit
Et par le temps empire, à l'autre refroidit.
L'un, ainsi qu'un cheval qu'on pique à la poitrine,
En insensé toujours contre la javeline
Avance, et se la pousse au cœur jusqu'à mourir.
L'autre, dès que ses flancs commencent à s'ouvrir,
Qu'il sent le froid du fer, et l'aride morsure
Aller chercher le cœur au fond de la blessure,
Il prend la fuite en lâche, et se sauve d'aimer.
Ah! que puissent mes yeux quelque part allumer
Une plaie à la mienne en misère semblable,
Et je serai plus dure et plus inexorable
Qu'un pauvre pour son chien, après qu'un jour entier
Il a dit : « Pour l'amour de Dieu! » sans un denier.

— Suis-je pas belle encor? — Pour trois nuits mal dormies
Ma joue est-elle creuse? ou mes lèvres blêmies?
Vrai Dieu! ne suis-je plus la Camargo? — Sait-on
Sous mon rouge, d'ailleurs, si je suis pâle ou non?
Va, je suis belle encor! C'est ton amour, perfide
Garuci, que déjà le temps efface et ride,
Non mon visage. — Un nain contrefait et boiteux,
Voulant jouer Phœbus, lui ressemblerait mieux,
Qu'aux façons d'une amour fidèle et bien gardée
L'allure d'une amour défaillante et fardée.
Ah! c'est de ce matin que ton cœur m'est connu,
Car en le déguisant tu me l'as mis à nu.
Certes, c'est un loisir magnifique et commode
Que la paisible ardeur d'une intrigue à la mode!
— Qu'est-ce alors? — C'est un flot qui nous berce rêvant!
C'est l'ombre qui s'enfuit d'une fumée au vent!
Mais que l'ombre devienne un spectre, et que les ondes
S'enfoncent sous les pieds, vivantes ou profondes,
Le mal aimant recule, et le bon reste seul.
Oh! que dans sa douleur ainsi qu'en un linceul
Il se couche à cette heure et dorme! La pensée
D'un homme est de plaisirs et d'oublis traversée,
Une femme ne vit et ne meurt que d'amour;
Elle songe une année à quoi lui pense un jour!

LÆTITIA, entrant.

Madame, on vous attend à la troisième scène.

CAMARGO.

Est-ce la Monanteuil, ce soir, qui fait la reine?

LÆTITIA.

Oui, madame, et monsieur de Monanteuil, Sylvain.

CAMARGO.

Fais porter cette lettre à l'hôtel du Dauphin.

SCÈNE V

UNE SALLE A MANGER TRÈS RICHE.

GARUCI, à table avec L'ABBÉ ANNIBAL, MUSICIENS.

RAFAEL.

Oui, mon abbé, voilà comme, une après-dînée,
Je vis, pris, et vainquis la Camargo, l'année

Dix-sept cent soixante-un de la nativité
De Notre-Seigneur.

L'ABBÉ.

Triste, oh! triste, en vérité!

RAFAEL.

Triste, abbé? — Vous avez le vin triste? — Italie,
Voyez-vous, à mon sens, c'est la rime à folie.
Quant à mélancolie, elle sent trop les trous
Aux bas, le quatrième étage et les vieux sous.
On dit qu'elle a des gens qui se noient pour elle.
— Moi je la noie.

Il boit.

L'ABBÉ.

Et quand vous eûtes cette belle
Camargo, vous l'aimiez fort?

RAFAEL.

Oh! très fort; — et puis
A vous dire le vrai, je m'y suis très bien pris.
Contre un doublon d'argent un cœur de fer s'émousse.
Ce fut, le premier mois, l'amitié la plus douce
Qui se puisse inventer. Je m'en allais la voir,
Comme ça, tout au saut du lit, — ou bien le soir
Après le spectacle. — Oh! c'était une folie,
Dans ce temps-là! — Pauvre ange! — Elle était bien jolie.
Si bien, qu'après un mois, je cessai d'y venir.
Elle de remuer terre et ciel, — moi de fuir, —
Pourtant je fus trouvé; — reproches, pleurs, injure.
Le reste à l'avenant. — On me nomma parjure,
C'est le moins. — Je rompis tout net. — Bon. — Cependant
Nous nous allions fuyant et l'un l'autre oubliant. —
Un beau soir, je ne sais comment se fit l'affaire,
La lune se levait cette nuit-là si claire,
Le vent était si doux, l'air de Rome est si pur : —
C'était un petit bois qui côtoyait un mur,
Un petit sentier vert, — je le pris, — et, Jean comme
Devant, je m'en allai l'éveiller dans son somme.

L'ABBÉ.

Et vous l'avez reprise!

RAFAEL, cassant son verre.

Aussi vrai que voilà
Un verre de cassé. — Mon amour s'en alla

ŒUVRES D'ALFRED DE MUSSET 41

LES MARRONS DU FEU. Page 39.

Bibl. Charpentier. LIV. 6.

Bientôt. — Que voulez-vous! moi, j'ai donné ma vie
A ce dieu fainéant qu'on nomme fantaisie;
C'est lui qui, triste ou fou, de face ou de profil,
Comme un polichinel me traîne au bout d'un fil;
Lui qui tient les cordons de ma bourse, et la guide
De mon cheval; jaloux, badaud, constant, perfide,
En chasse au point du jour, dimanche, et vendredi
Cloué sur l'oreiller jusque et passé midi.
Ainsi je vais en tout, — plus vain que la fumée
De ma pipe, — accrochant tous les pavés. — L'année
Dernière, j'étais fou de chiens d'abord, et puis
De femmes. — Maintenant, ma foi, je ne le suis
De rien. — J'en ai bien vu, des petites princesses!
La première surtout m'a mangé de caresses;
Elle m'a tant baisé, pommadé, ballotté!
C'est fini, voyez-vous, — celle-là m'a gâté.
Quant à la Camargo, vous la pouvez bien prendre
Si le cœur vous en dit; mais je me veux voir pendre
Plutôt que si ma main de sa nuque approchait.

L'ABBÉ.

Triste!

RAFAEL.

Encor triste, abbé?

Aux musiciens.

Hé! messieurs de l'archet,
En ut! égayez donc un peu sa courtoisie.

Musique.

Ma foi! voilà deux airs très beaux.

Il parle en se promenant, pendant que l'orchestre joue piano.

La poésie,
Voyez-vous, c'est bien. — Mais la musique, c'est mieux.
Pardieu! voilà deux airs qui sont délicieux;
La langue sans gosier n'est rien. — Voyez le Dante;
Son Séraphin doré ne parle pas, — il chante!
C'est la musique, moi, qui m'a fait croire en Dieu.
— Hardi, ferme, poussez; crescendo!

Mais, parbleu!
L'abbé s'est endormi. — Le voilà sous la table.
C'est vrai qu'il a le vin mélancolique en diable.
O doux, ô doux sommeil! ô baume des esprits!
Reste sur lui, sommeil! dormir quand on est gris,
C'est, après le souper, le premier bien du monde.

PALFORIO, entrant.
Une lettre, seigneur.
RAFAEL, après avoir lu.
Que le ciel la confonde!
Dites que je n'irai, certes, pas. — Attendez!
Si — c'est cela — parbleu! — je — non — si fait, restez.
Dites que l'on m'attende.
Exit Palforio.
Hé, l'abbé! Sur mon âme,
Il ronfle en enragé.
L'ABBÉ.
Pardonnez-moi, madame;
Est-ce que je dormais?
RAFAEL.
Hé! voulez-vous avoir
La Camargo, l'ami?
L'ABBÉ, se levant.
Tête et ventre! ce soir?
RAFAEL.
Ce soir même. — Écoutez bien : — elle doit m'attendre
Avant minuit. — Il est onze heures, — il faut prendre
Mon habit,
L'abbé se déboutonne.
Me donner le vôtre.
L'abbé ôte son manteau.
Vous irez
A la petite porte, et là vous tousserez
Deux fois; toussez un peu.
L'ABBÉ.
Hum! hum!
RAFAEL.
C'est à merveille.
Nous sommes à peu près de stature pareille.
Changeons d'habit.
Ils changent.
Parbleu! cet habit de cafard
Me donne l'encolure et l'air d'un Escobard.
Le marquis Annibal! l'abbé Garuci! — Certe,
Le tour est des meilleurs. Or donc, la porte ouverte,
On vous introduira piano. — Mais n'allez pas
Perdre la tête là. Prenez-la dans vos bras,
Et tout d'abord du poing renversez la chandelle. —

L'alcôve est à main droite en entrant. — Pour la belle,
Elle ne dira mot, ne réponds rien.
L'ABBÉ.

J'y vais.
Marquis, c'est à la vie, à la mort. — Si jamais
Ma maîtresse te plaît, à tel jour, à telle heure
Que ce soit, écris-moi trois mots, et que je meure
Si tu ne l'as le soir!
Il sort.
RAFAEL, lui crie par la fenêtre.

L'abbé, si vous voulez
Qu'on vous prenne pour moi tout à fait, embrassez
La servante en entrant. — Holà! marauds, qu'on dise
A quelqu'un de m'aller chercher la Cydalise!

SCÈNE VI

CHEZ LA CAMARGO.

CAMARGO, LÆTITIA, L'ABBÉ ANNIBAL.

CAMARGO, entrant.

Déchausse-moi. — J'étouffe! — A-t-on mis mon billet?
LÆTITIA.
Oui, madame.
CAMARGO.
Et qu'a-t-on répondu?
LÆTITIA.

Qu'il viendrait.
CAMARGO.
Était-il seul?
LÆTITIA
Avec un abbé.
CAMARGO.
Qui se nomme...
LÆTITIA
Je ne sais pas. — Un gros joufflu, court, petit homme.
CAMARGO.
Lætitia?
LÆTITIA.
Madame?

CAMARGO.
Approchez un peu. — J'ai,
Depuis le mois dernier, bien pâli, bien changé,
N'est-ce pas? Je fais peur. — Je ne suis pas coiffée ;
Et vous me serrez tant, je suis tout étouffée.

LÆTITIA.
Madame a le plus beau teint du monde ce soir.

CAMARGO.
Vous croyez? — Relevez ce rideau. — Viens t'asseoir
Près de moi. — Penses-tu, toi, que, pour une femme,
C'est un malheur d'aimer, — dans le fond de ton âme?

LÆTITIA.
Un malheur, quand on est riche!

L'ABBÉ, dans la rue.
Hum!

CAMARGO.
N'entends-tu pas
Qu'on a toussé? — Pourtant ce n'était point son pas.

LÆTITIA.
Madame, c'est sa voix. — Je vais ouvrir la porte.

CAMARGO.
Versez-moi ce flacon sur l'épaule.

La Camargo reste un moment seule, en silence. Lætitia rentre, accompagnée de l'abbé sous le manteau de Garuci, puis se retire aussitôt. Le coin du manteau accroche en passant la lampe et la renverse.

L'ABBÉ, se jetant à son cou.
Oh!

La Camargo est assise; elle se lève et va à son alcôve. L'abbé la suit dans l'obscurité. Elle se retourne et lui tend la main; il la saisit.

CAMARGO.
Main-forte!
Au secours! ce n'est pas lui!

Tous deux restent immobiles un instant.

L'ABBÉ.
Madame, en pensant...

CAMARGO.
Au guet! — Mais quel est donc cet homme?

L'ABBÉ, lui mettant son mouchoir sur la bouche.
Ah! tête et sang!
Ma belle dame, un mot. — Je vous tiens, quoi qu'on fasse.
Criez si vous voulez; mais il faut qu'on en passe
Par mes volontés.

CAMARGO, étouffant.
Heuh!

Voyons, qu'avais-tu bu? dans cette violence,
Pour combien est l'ivresse, et combien l'impudence?
Va, je te crois sans peine, et lui seul sûrement
Est le joueur ici qui t'a fait l'instrument.
Mais, écoute. — Ceci vous sera profitable. —
Va-t'en le retrouver, s'il est encore à table ;
Dis-lui bien ton succès, et que lorsqu'il voudra
Prêter à ses amis des filles d'Opéra...

L'ABBÉ.

D'Opéra ! — Hé parbleu ! vous seriez bien surprise
Si vous saviez qu'il soupe avec la Cydalise.

CAMARGO.

Quoi ! Cydalise !

L'ABBÉ.

Hé oui ! Gageons que l'on entend
D'ici les musiciens, s'il fait un peu de vent.

Tous deux prêtent l'oreille à la fenêtre. On entend une symphonie lente dans l'éloignement.

CAMARGO.

Ciel et terre ! c'est vrai !

L'ABBÉ.

C'est ainsi qu'il oublie
Auprès d'elle, qui n'est ni jeune ni jolie,
La perle de nos jours ! Ah ! madame, songez
Que vos attraits surtout par là sont outragés,
Songez au temps, à l'heure, à l'insulte, à ma flamme;
Croyez que vos bontés...

CAMARGO.

Cydalise !

L'ABBÉ.

Eh ! madame,
Ne daignerez-vous pas baisser vos yeux sur moi?
Si le plus absolu dévoûment...

CAMARGO.

Lève-toi.

As-tu le poignet ferme ?

L'ABBÉ.

Haï !

CAMARGO.

Voyons ton épée.

L'ABBÉ.

Madame, en vérité, vous vous êtes coupée.

OEUVRES D'ALFRED DE MUSSET

Les Marrons du Feu.   Page 50.

CAMARGO.

Hé quoi! pâle avant l'heure, et déjà faiblissant?

L'ABBÉ.

Non pas, mais, têtebleu! voulez-vous donc du sang?

CAMARGO.

Abbé, je veux du sang! J'en suis plus altérée
Qu'une corneille au vent d'un cadavre attirée.
Il est là-bas, dis-tu? — cours-y donc, — coupe-lui
La gorge, et tire-le par les pieds jusqu'ici.
Tords-lui le cœur, abbé, de peur qu'il n'en réchappe.
Coupe-le en quatre, et mets les morceaux dans la nappe;
Tu me l'apporteras, et puisse m'écraser
La foudre, si tu n'as par blessure un baiser!
Tu tressailles, Romain! C'est une faute étrange
Si tu te crois ici conduit par ton bon ange!
Le sang te fait-il peur? Pour t'en faire un manteau
De cardinal, il faut la pointe d'un couteau.
Me jugeais-tu le cœur si large, que j'y porte
Deux amours à la fois, et que pas un n'en sorte?
C'est une faute encor; mon cœur n'est pas si grand,
Et le dernier venu ronge l'autre en entrant.

L'ABBÉ.

Mais, madame, vraiment, c'est... Est-ce que?... Sans doute,
C'est un assassinat. — Et la justice?

CAMARGO.

Écoute.
Je t'en supplie à deux genoux.

L'ABBÉ.

Mais je me bats
Avec lui demain, moi. Cela ne se peut pas;
Attendez à demain, madame.

CAMARGO.

Et s'il te tue? —
Demain! et si j'en meurs? — Si je suis devenue
Folle? — Si le soleil, se prenant à pâlir,
De ce sombre horizon ne pouvait pas sortir?
On a vu quelquefois de telles nuits au monde. —
Demain! le vais-je attendre à compter par seconde

Les heures sur mes doigts, ou sur les battements
De mon cœur, comme un juif qui calcule le temps
D'un prêt? — Demain ensuite, irai-je pour te plaire
Jouer à croix ou pile, et mettre ma colère
Au bout d'un pistolet qui tremble avec ta main?
Non pas. — Non! Aujourd'hui est à nous, mais demain
Est à Dieu!

L'ABBÉ.

Songez donc...

CAMARGO.

Annibal, je t'adore!
Embrasse-moi!

Il se jette à son cou.

L'ABBÉ.

Démons!!!

CAMARGO.

Mon cher amour, j'implore
Votre protection. — Voyez qu'il se fait tard. —
Me refuserez-vous? — Tiens, tiens, prends ce poignard.
Qui te verra passer? il fait si noir!

L'ABBÉ.

Qu'il meure,
Et vous êtes à moi?

CAMARGO.

Cette nuit.

L'ABBÉ.

Dans une heure.
Ah! je ne puis marcher. — Mes pieds tremblent. — Je sens,
Je — je vois...

CAMARGO.

Annibal, je suis prête, et j'attends.

SCÈNE VII

A L'AUBERGE.

RAFAEL est assis, avec ROSE et CYDALISE.

RAFAEL, chantant

Trivelin ou Scaramouche,
Remplis ton verre à moitié;

Si tu le bois tout entier,
Je dirai que tu te mouches
Du pied.

Je ne sais pas au fond de quelle pyramide
De bouteilles de vin, au cœur de quel broc vide
S'est caché le démon qui doit me griser, mais
Je désespère encor de le trouver jamais.

CYDALISE.

A toi, mon prince !

RAFAEL.

A toi ! Buvons à mort, déesse !
Ma foi, vive l'amour ! Au diable ma maîtresse !
La vie est à descendre un rude grand chemin ;
Gai donc, la voyageuse, au coup du pèlerin !

CYDALISE.

Chante, je vais danser.

RAFAEL.

Bien dit. — Ah ! la jolie
Jambe !

Il se couche aux pieds de Rose, et prélude.

Je suis Hamlet aux genoux d'Ophélie.
Mais, reine, ma folie est plus douce, et mes yeux
Sous vos longs sourcils noirs invoquent d'autres dieux.

Il chante.

Si, dans les antres de Gnide
Aux bras de Vénus porté,
Le vieux Jupiter que ride
Sa vieille immortalité,
Dans la céleste furie
Me laissait finir sa vie,
Qui jamais ne finira ;
Dieux immortels, que je meure !
J'aimerais mieux un quart d'heure
Chez la blanche Lydia.

Que j'aime ces beaux seins qui battent la campagne !
Au menuet, danseuse ! — et vous, du vin d'Espagne !

A Rose.

Et laissez vos regards avec le vin couler.
Dieu merci, ma raison commence à s'en aller !

CYDALISE.

Tu me laisses danser toute seule ?

RAFAEL.

Ma reine,
Cela n'est pas bien dit.

Il se lève.

Cette table nous gêne.
_{Il la renverse du pied.}

PALFORIO, entrant.

Seigneur, je ne puis dire autre chose, sinon
Que de vous déranger je demande pardon ;
Mais vous faites un bruit bien fort, et qui fait mettre
Autour de ma maison le monde à la fenêtre.
Veuillez crier moins haut.

RAFAEL.

            Ah ! parbleu ! je crierai,
Maître porte-bedaine, autant que je voudrai.
Holà ! hé ! ohé ! ho !

PALFORIO.

            Seigneur, je vous supplie.
D'observer qu'il est tard.

RAFAEL.

            Allons, paix, vieille truie.
Je suis abbé, d'abord. — Si vous dites un mot,
Je vous excommunie. — Arrière, toi, pied-bot !
_{Il danse en chantant.}

Monsieur l'abbé, où courez-vous?
Vous allez vous casser le cou.

PALFORIO.

Seigneur, si vous criez, j'irai chercher la garde ;
J'en demande pardon à votre honneur.

RAFAEL.

            Prends garde
Que mon pied n'aille voir tes chausses.

PALFORIO.

            Aïe ! à moi !
Je suis mort.

RAFAEL.

        Ventrebleu ! je suis ici chez toi ;
J'y suis pour mon plaisir, et n'en sortirai mie.

PALFORIO.

Seigneur, excusez-moi ; c'est mon hôtellerie,
Et vous en sortirez. — A la garde !

RAFAEL, lui jetant une bouteille à la tête.

            Tiens.

PALFORIO.

       Ah!
Il tombe.

CYDALISE.

Vous l'avez tué!

RAFAEL.

  Non.

CYDALISE.

    Si fait.

RAFAEL.

      Non.

ROSE.

       Si fait.

RAFAEL.

        Bah!

Il le secoue.

Hé! Palforio, vieux porc! Il sait mieux que personne
Où vont après leur mort les gredins. — Je m'étonne
Que Satan ou Pluton, dès la première fois,
Dans cette nuque chauve aient enfoncé les doigts.
Ma foi, bonsoir; le drôle a soufflé sa chandelle.
Adieu, ventre sans tête. — Il faut partir, ma belle.
Les sergents nous feraient payer les pots. — Allons.
C'est dur de nous quitter sitôt. — Allons, partons.
Je le croyais plus ferme, et que les vieilles âmes
Se rouillaient à l'étui comme les vieilles lames.

CYDALISE.

Paix! on vient.

VOIX.

  Au guet!

RAFAEL.

      Hein! Je crois que les bourreaux
Sont gens, Dieu me pardonne, à quérir les prévôts.
Ne les attendons pas, mon ange. — Cette issue
Secrète nous conduit, par la petite rue,
A mon hôtel.

VOIX.

  C'est là.

CYDALISE.

    Mon Dieu! si l'on entrait!

RAFAEL.

Allons, le mantelet, le loup et le bonnet ;
Par ici, par ici ; bonsoir, mes Cydalises.
．．．．．．．．．．．．．CYDALISE.
Bonsoir, mon prince.
．．．．．．．．．．．．．．UN SERGENT, entrant.
．．．．．．．．．．．Arrête ! En voilà deux de prises
．．．．．．．．．．．．．CYDALISE.
Mon prince, sauvez-vous !
．．．．．．．．．．．．．LE SERGENT.
．．．．．．．．．．．．Qu'on le retienne.
．．．．．．．．．．．．．RAFAEL.
．．．．．．．．．．．．．．．．．．．．．．．Il pleut
Un peu, mais c'est égal. — Ma foi, sauve qui peut !
．．．．．．．．．．．．．．．Il saute par la fenêtre.
．．．．．．．．．．．．．UN SOLDAT.

Sergent, nous n'avons rien. Votre homme est passé maître
Dans le saut périlleux. — Il a pris la fenêtre.
．．．．．．．．．．．．．LE SERGENT.

Oh ! oh ! tenez-le bien. — Que vois-je ? L'hôtelier
Est mort. Courez tous vite, et sus au meurtrier !

SCÈNE VIII

UNE RUE AU BORD DE LA MER.

RAFAEL descend le long d'un treillis ; ANNIBAL passe dans le fond.

．．．．．．．．．．．．．RAFAEL.

Peste soit des barreaux ! Hé, rendez-moi ma veste,
Mon camarade ! Où donc vous sauvez-vous si preste ?
Eh bien ! et vos amours, — que font-ils ?
．．．．．．．．．．．．．L'ABBÉ.
．．．．．．．．．．．．．．．．．．．Le voilà !
．．．．．．．．．．．．．RAFAEL.

On me poursuit, mon cher. — Je vous dirai cela ;
Mais rendez-moi l'habit.
．．．．．．．．．．．．．L'ABBÉ.
．．．．．．．．．．．．．．．．．On crie. On vous appelle !
Têtebleu ! qu'est-ce donc ?

RAFAEL.

Bon! une bagatelle.
Je crois que j'ai tué quelqu'un là-bas.

L'ABBÉ.

Vraiment!

RAFAEL.

Je vous dirai cela; mais l'habit seulement.

L'ABBÉ.

L'habit? non, de par Dieu! je ne veux pas du vôtre.
Les sergents me prendraient pour vous.

RAFAEL.

Le bon apôtre!

Plusieurs gens traversent le théâtre.

Attendez. Donnez-moi ce manteau. — Bon. — Je vais
Dire à ces gredins-là deux petits mots.

L'ABBÉ.

Jamais
Je n'oserai tuer cet homme.

Il s'assoit sur une pierre.

LE SERGENT.

Holà! je cherche
Le seigneur Rafael.

RAFAEL.

A moins qu'il ne se perche
Sur quelque cheminée en manière d'oiseau,
Qu'il n'entre dans la terre, ou qu'il ne saute à l'eau,
Vous l'aurez à coup sûr. Le connaissez-vous?

LE SERGENT.

Certe,
J'ai son signalement. — C'est une plume verte
Avec des bas orange.

RAFAEL.

En vérité! — Parbleu!
Vous n'aurez point de peine, et vous jouez beau jeu.
Combien vous donne-t-on?

LE SERGENT.

Hai?

RAFAEL.

Trouvez-vous qu'en somme
Votre prévôt vous ait assez payé votre homme?
Le bon sire est-il doux ou dur sur les écus?

PORTIA. Page 67.

Bibl. Charpentier. LIV. 8.

LE SERGENT.

Mais, il n'en mourrait pas pour donner un peu plus.
Mais je n'y pense pas. Le ventre à la besogne,
Et non le dos. — Mieux vaut la hart que la vergogne
Et puis, l'homme pendu, nous avons le pourpoint.

RAFAEL.

Sans compter les revers, s'il met l'épée au poing.

LE SERGENT.

J'ai de bons pistolets.

RAFAEL.

Voyons. — Et puis?

LE SERGENT.

Ma canne
De sergent.

RAFAEL.

Bon. — Et puis?

LE SERGENT.

Ce poignard de Toscane.

RAFAEL.

Très excellent. — Et puis?

LE SERGENT.

J'ai cette épée.

RAFAEL.

Et puis?

LE SERGENT.

Et puis! je n'ai plus rien.

RAFAEL, *le rossant.*

Tiens, voilà pour tes cris,
Et pour tes pistolets.

LE SERGENT.

Aïe! aïe!

RAFAEL.

Et pour ta canne,
Et pour ton fin poignard en acier de Toscane.

LE SERGENT.

Aïe! aïe! je suis mort!

RAFAEL.

Le seigneur Garuci
Est sans doute au logis. — On y va par ici.
Il le chasse.
C'est du don Juan, ceci.
Revenant.
Que dis-tu du bonhomme?
Sauvons-nous maintenant. — Moi, je retourne à Rome.
L'abbé va à lui, et lui met son poignard dans la gorge.
Êtes-vous fou, l'abbé? — L'abbé?
Il tombe.
Je n'y suis pas.
Ah! malédiction! Mais tu me le paieras.
Il veut se relever.
Mon coup de grâce, abbé! Je suffoque! Ah! misère!
Mon coup, mon dernier coup, mon cher abbé. La terre
Se roule autour de moi! — miserere! — Le ciel
Tourne. Ah! chien d'abbé, va! par le Père éternel!...
Qu'attends-tu donc là, toi, fantôme, qui demeures
Avec ces yeux ouverts?

L'ABBÉ.

Moi? j'attends que tu meures.

RAFAEL.

Damnation! Tu vas me laisser là crever
Comme un païen, gredin, et ne pas m'achever!
Je ne te ferai rien; viens m'achever. — Un verre
D'eau, pour l'amour de Dieu! — Tu diras à ma mère
Que je donne mes biens à mon bouffon Pippo.
Il meurt.

L'ABBÉ.

Va, ta mort est ma vie, insensé! — Ton tombeau
Est le lit nuptial où va ma fiancée
S'étendre sous le dais de cette nuit glacée!
Maintenant le hibou tourne autour des falots.
L'esturgeon monstrueux soulève de son dos
Le manteau bleu des mers, et regarde en silence
Passer l'astre des nuits sur leur miroir immense.
La sorcière, accroupie et murmurant tout bas
Des paroles de sang, lave pour les sabbats
La jeune fille nue; Hécate aux trois visages
Froisse sa robe blanche aux joncs des marécages;

Écoutez. — L'heure sonne ! et par elle est compté
Chaque pas que le temps fait vers l'éternité.
Va dormir dans la mer, cendre ; et que ta mémoire
S'enfonce avec ta vie au cœur de cette eau noire ;
Il jette le cadavre dans la mer.
Vous, nuages, crevez, essuyez ce chemin !
Que le pied, sans glisser, puisse y passer demain.

SCÈNE IX

CHEZ LA CAMARGO.

LA CAMARGO est à son clavecin, en silence ; on entend frapper à petits coups.
CAMARGO, L'ABBÉ.

CAMARGO.

Entrez.
L'abbé entre. Il lui présente son poignard. La Camargo le considère quelque temps, puis se lève.
A-t-il souffert beaucoup ?

L'ABBÉ.

Bon ! c'est l'affaire

D'un moment.

CAMARGO.

Qu'a-t-il dit ?

L'ABBÉ.

Il a dit que la terre

Tournait.

CAMARGO.

Quoi ! rien de plus ?

L'ABBÉ.

Ah ! qu'il donnait son bien

A son bouffon Pippo.

CAMARGO.

Quoi ! rien de plus ?

L'ABBÉ.

Non, rien.

CAMARGO.

Il porte au petit doigt un diamant. De grâce,
Allez me le chercher.

L'ABBÉ.

Je ne le puis.

CAMARGO.

La place
Où vous l'avez laissé n'est pas si loin.

L'ABBÉ.

Non, mais
Je ne le puis.

CAMARGO.

Abbé, tout ce que je promets,
Je le tiens.

L'ABBÉ.

Pas ce soir.

CAMARGO.

Pourquoi ?

L'ABBÉ.

Mais...

CAMARGO.

Misérable !
Tu ne l'as pas tué.

L'ABBÉ.

Moi ! que le ciel m'accable
Si je ne l'ai pas fait, madame, en vérité !

CAMARGO.

En ce cas, pourquoi non ?

L'ABBÉ.

Ma foi ! je l'ai jeté
Dans la mer.

CAMARGO.

Quoi ! ce soir, dans la mer ?

L'ABBÉ.

Oui, madame.

CAMARGO.

Alors, c'est un malheur pour vous ; car, sur mon âme,
Je voulais cet anneau.

L'ABBÉ.

Si vous me l'aviez dit,
Au moins...
CAMARGO.

Et sur quoi donc t'en croirai-je, maudit,
Sur quel honneur vas-tu me jurer? Sur laquelle
De tes deux mains de sang? Où la marque en est-elle?
La chose n'est pas sûre, et tu te peux vanter. —
Il fallait lui couper la main et l'apporter.
L'ABBÉ.

Madame, il faisait nuit... La mer était prochaine.
Je l'ai jeté dedans.
CAMARGO.

Je n'en suis pas certaine.
L'ABBÉ.

Mais, madame, ce fer est chaud, et saigne encor.
CAMARGO.

Ni le sang ni le feu ne sont rares.
L'ABBÉ.

Son corps
N'est pas si loin, madame, il se peut qu'on se charge.
CAMARGO.

La nuit est trop épaisse, et l'Océan trop large...
L'ABBÉ.

Mais je suis pâle, moi! tenez.
CAMARGO.

Mon cher abbé,
L'étais-je pas ce soir, quand j'ai joué Thisbé
Dans l'opéra?
L'ABBÉ.

Madame, au nom du ciel!
CAMARGO.

Peut-être
Qu'en y regardant bien, vous l'aurez. — Ma fenêtre
Donne sur la mer.
Elle sort.
L'ABBÉ.

Mais... — Elle est partie, ô Dieu!
J'ai tué mon ami, j'ai mérité le feu.
J'ai taché mon pourpoint, et l'on me congédie.
C'est la moralité de cette comédie.

1820.

PORTIA

> Qu'est le hasard ? — C'est le marbre qui reçoit la vie des mains du statuaire. La Providence donne le hasard.
>
> SCHILLER.

I

Les premières clartés du jour avaient rougi
L'orient, quand le comte Onorio Luigi
Rentra du bal masqué. — Fatigue ou nonchalance,
La comtesse à son bras s'appuyait en silence,
Et d'une main distraite écartait ses cheveux
Qui tombaient en désordre, et voilaient ses beaux yeux.
Elle s'alla jeter, en entrant dans la chambre,
Sur le bord de son lit. — On était en décembre,
Et déjà l'air glacé des longs soirs de janvier
Soulevait par instants la cendre du foyer.
Luigi n'approcha pas toutefois de la flamme
Qui l'éclairait de loin. — Il regardait sa femme ;
Une idée incertaine et terrible semblait
Flotter dans son esprit, que le sommeil troublait.
Le comte commençait à vieillir. — Son visage
Paraissait cependant se ressentir de l'âge
Moins que des passions qui l'avaient agité.
C'était un Florentin ; jeune, il avait été
Ce qu'on appelle à Rome un coureur d'aventure.
Débauché par ennui, mais triste par nature,
Voyant venir le temps, il s'était marié ;
Si bien qu'ayant tout vu, n'ayant rien oublié, —
Pourquoi ne pas le dire ? il était jaloux. — L'homme
Qui vit sans jalousie, en ce bas monde, est comme
Celui qui dort sans lampe ; il peut sentir le bras
Qui vient pour le frapper, mais il ne le voit pas.

Pour le palais Luigi, la porte en était libre.
Le comte eût mis en quatre et jeté dans le Tibre
Quiconque aurait osé toucher sa femme au pied ;
Car nul pouvoir humain, quand il avait prié,
Ne l'eût fait d'un instant différer ses vengeances.

Il avait acheté du ciel ses indulgences,
On le disait du moins. — Qui dans Rome eût pensé
Qu'un tel homme pût être impunément blessé?
Mariée à quinze ans, noble, riche, adorée,
De tous les biens du monde à loisir entourée,
N'ayant dès le berceau connu qu'une amitié,
Sa femme ne l'avait jamais remercié ;
Mais quel soupçon pouvait l'atteindre? Et qu'était-elle,
Sinon la plus loyale et la moins infidèle
Des épouses?

    Luigi s'était levé. Longtemps
Il parut réfléchir en marchant à pas lents.
Enfin, s'arrêtant court : « Portia, vous êtes lasse,
Dit-il, car vous dormez tout debout. — Moi, de grâce?
Prit-elle en rougissant ; oui, j'ai beaucoup dansé.
Je me sens défaillir malgré moi. — Je ne sais,
Reprit Onorio, quel était ce jeune homme
En manteau noir ; il est depuis deux jours à Rome.
Vous a-t-il adressé la parole ? — De qui
Parlez-vous, mon ami? dit Portia. — De celui
Qui se tenait debout à souper, ce me semble,
Derrière vous ; j'ai cru vous voir parler ensemble.
Vous a-t-on dit quel est son nom? — Je n'en sais rien
Plus que vous, dit Portia. — Je l'ai trouvé très bien,
Dit Luigi, n'est-ce pas? Et gageons qu'à cette heure,
Il n'est pas comme vous défaillant, que je meure !
Joyeux plutôt. — Joyeux? sans doute ; et d'où vous vient,
S'il vous plaît, ce dessein d'en parler qui vous tient?
— Et, prit Onorio, d'où ce dessein contraire,
Lorsque j'en viens parler, de vous en vouloir taire?
Le propos en est-il étrange? Assurément
Plus d'un méchant parleur le tient en ce moment.
Rien n'est plus curieux ni plus gai, sur mon âme,
Qu'un manteau noir au bal. — Mon ami, dit la dame,
Le soleil va venir tout à l'heure ; pourquoi
Demeurez-vous ainsi? Venez auprès de moi.
— J'y viens, et c'est le temps, vrai Dieu, que l'on achève
De quitter son habit quand le soleil se lève !
Dormez si vous voulez, mais tenez pour certain
Que je n'ai pas sommeil quand il est si matin.

PORTIA. Page 74.

— Quoi, me laisser ainsi toute seule ? J'espère
Que non, — n'ayant rien fait, seigneur, pour vous déplaire.

— Madame, » dit Luigi, s'avançant quatre pas, —
Et comme hors du lit pendait un de ses bras,
De même que l'on voit d'une coupe approchée
Se saisir ardemment une lèvre séchée,
Ainsi vous l'auriez vu sur ce bras endormi
Mettre un baiser brûlant, — puis, tremblant à demi :
« Tu ne le connais pas, ô jeune Vénitienne !
Ce poison florentin qui consume une veine,
La dévore, et ne veut qu'un mot pour arracher
D'un cœur d'homme dix ans de joie, et dessécher
Comme un marais impur ce premier bien de l'âme,
Qui fait l'amour d'un homme, et l'honneur d'une femme !
Mal sans fin, sans remède, affreux, que j'ai sucé
Dans le lait de ma mère, et qui rend insensé.
— Quel mal ? dit Portia.

— C'est quand on dit d'un homme
Qu'il est jaloux. Ceux-là, c'est ainsi qu'on les nomme.
— Maria ! dit l'enfant, est-ce de moi, mon Dieu !
Que vous seriez jaloux ?

— Moi, madame ! à quel lieu ?
Jaloux ? vous l'ai-je dit ! sur la foi de mon âme,
Aucunement ! jaloux, pourquoi donc ? Non, madame,
Je ne suis pas jaloux ; allez, dormez en paix. »

Comme il s'éloignait d'elle à ce discours, après
Qu'il se fut au balcon accoudé d'un air sombre
(Et le croissant déjà pâlissait avec l'ombre),
En regardant sa femme, il vit qu'elle fermait
Ses bras sur sa poitrine, et qu'elle s'endormait.

Qui ne sait que la nuit a des puissances telles,
Que les femmes y sont, comme les fleurs, plus belles,
Et que tout vent du soir qui les peut effleurer
Leur enlève un parfum plus doux à respirer ?
Ce fut pourquoi, nul bruit ne frappant son ouïe,
Luigi, qui l'admirait si fraîche épanouie,

Si tranquille, si pure, œil mourant, front penché,
Ainsi qu'un jeune faon dans les hauts blés couché,
Sentit ceci, — qu'au front d'une femme endormie,
Il n'est âme si rude et si bien affermie
Qui ne trouve de quoi voir son plus dur chagrin
Se fondre comme au feu d'une flamme l'airain.
Car, à qui s'en fier, mon Dieu ! si la nature
Nous fait voir à sa face une telle imposture,
Qu'il faille séparer la créature en deux,
Et défendre son cœur de l'amour de ses yeux !

Cependant que, debout dans son antique salle,
Le Toscan sous sa lampe inclinait son front pâle,
Au pied de son balcon il crut entendre, au long
Du mur, une voix d'homme, avec un violon, —
Sur quoi, s'étant sans bruit avancé sous la barre,
Il vit distinctement deux porteurs de guitare, —
L'un inconnu, — pour l'autre, il n'en pouvait douter,
C'était son manteau noir, — il le voulut guetter,
Pourtant rien ne trahit ce qu'en sentît son âme,
Sinon qu'il mit la main lentement à sa lame,
Comme pour éprouver, la tirant à demi,
Qu'ayant là deux rivaux, il avait un ami. —

Tout se taisait. Il prit le temps de reconnaître
Les traits du cavalier ; puis, fermant sa fenêtre
Sans bruit, et sans que rien sur ses traits eût changé,
Il vit si dans le lit sa femme avait bougé.
— Elle était immobile, et la nuit défaillante
La découvrait au jour plus belle et plus riante.
Donc, notre Florentin, ayant dit ses avés
Du soir, se mit au lit. — Frère, si vous avez
Par le monde jamais vu quelqu'un de Florence,
Et de son sang en lui pris quelque expérience,
Vous savez que la haine en ce pays n'est pas
Un géant comme ici fier et levant le bras ;
C'est une empoisonneuse en silence accroupie
Au revers d'un fossé, qui de loin vous épie,
Boiteuse, retenant son souffle avec sa voix,
Et, crainte de faillir, s'y prenant à deux fois.

II

L'église était déserte, et les flambeaux funèbres
Croisaient en chancelant leurs feux dans les ténèbres,
Quand le jeune étranger s'arrêta sur le seuil.
Sa main n'écarta pas son long manteau de deuil
Pour puiser l'eau bénite au bord de l'urne sainte.
Il entra sans respect dans la divine enceinte,
Mais aussi sans mépris. — Quelques religieux
Priaient bas, et leur chœur était silencieux.
Les orgues se taisaient, les lampes immobiles
Semblaient dormir en paix sous les voûtes tranquilles ;
Un écho prolongé répétait chaque pas :
Solitudes de Dieu qui ne vous connaît pas ?
Dômes mystérieux, solennité sacrée,
Quelle âme, en vous voyant, est jamais demeurée
Sans doute ou sans terreur ? — Toutefois devant vous
L'inconnu ne baissa le front ni les genoux.
Il restait en silence et comme dans l'attente.
— L'heure sonna. — Ce fut une femme tremblante
De vieillesse sans doute, ou de froid (car la nuit
Était froide), qui vint à lui. « Le temps s'enfuit,
Dit-il, entendez-vous le coq chanter ? La rue
Paraît déserte encor, mais l'ombre diminue ;
Marchez donc devant moi. » La vieille répliqua :
« Voici la clef ; allez jusqu'à ce mur, c'est là
Qu'on vous attend ; allez vite, et faites en sorte
Qu'on vous voie. — Merci, » dit l'étranger. La porte
Retomba lentement derrière lui. « Le ciel
Les garde ! » dit la vieille en marchant à l'autel.

Où donc, noble jeune homme, à cette heure où les ombres
Sous les pieds du passant tendent leurs voiles sombres,
Où donc vas-tu si vite ? et pourquoi ton coursier
Fait-il jaillir le feu de l'étrier d'acier ?
Ta dague bat tes flancs, et ta tempe ruisselle :
Jeune homme, où donc vas-tu ? qui te pousse ou t'appelle ?
Pourquoi comme un fuyard sur l'arçon te courber ?
Frère, la terre est grise, et l'on y peut tomber.
Pourtant ton serviteur fidèle, hors d'haleine,
Voit de loin ton panache, et peut le suivre à peine.

Que Dieu soit avec toi, frère, si c'est l'amour
Qui t'a dans l'ombre ainsi fait devancer le jour !
L'amour sait tout franchir, et bienheureux qui laisse
La sueur de son front aux pieds de sa maîtresse !
Nulle crainte en ton cœur, nul souci du danger,
Va ! — Car ce qui t'attend là-bas, jeune étranger,
Que ce soit une main à la tienne tendue,
Que ce soit un poignard au tournant d'une rue,
Qu'importe ! — Va toujours, frère, Dieu seul est grand !

Mais, près de ce palais, pourquoi ton œil errant
Cherche-t-il donc à voir et comme à reconnaître
Ce kiosque, à la nuit close entr'ouvrant sa fenêtre ?
Tes vœux sont-ils si haut et si loin avancés ?
Jeune homme, songes-y ; ce réduit, tu le sais,
Se tient plus invisible à l'œil, que la pensée
Dans le cœur de son maître, inconnue et glacée.
Pourtant au pied du mur, sous les arbres caché,
Comme un chasseur, l'oreille au guet, tu t'es penché ;
D'où partent ces accents ? et quelle voix s'élève
Entre ces barreaux, douce et faible comme un rêve ?

« Dalti, mon cher trésor, mon amour, est-ce toi ? —
Portia ! flambeau du ciel ! Portia, ta main ; c'est moi. »

Rien de plus. — Et déjà sur l'échelle de soie
Une main l'attirait, palpitante de joie ;
Déjà deux bras ardents, de baisers enchaîné,
L'avaient comme une proie à l'alcôve traîné.

O vieillards décrépits ! têtes chauves et nues !
Cœurs brisés, dont le temps ferme les avenues !
Centenaires voûtés, spectres à chef branlant,
Qui, pâles au soleil, cheminez d'un pied lent !
C'est vous qu'ici j'invoque, et prend en témoignage.
Vous n'avez pas toujours été sans vie, et l'âge
N'a pas toujours plié de ses mains de géant
Votre front à la terre, et votre âme au néant !
Vous avez eu des yeux, des bras et des entrailles !
Dites-nous donc, avant que de vos funérailles
L'heure vous vienne prendre, ô vieillards, dites-nous
Comme un cœur à vingt ans bondit au rendez-vous !

« Amour, disait l'enfant, après que, demi-nue,
Elle s'était, mourante, à ses pieds étendue,
Vois-tu comme tout dort? Que ce silence est doux!
Dieu n'a dans l'univers laissé vivre que nous. »

Puis elle l'admirait avec un doux sourire,
Comme elles font toujours. Quelle femme n'admire
Ce qu'elle aime, et quel front peut-elle préférer
A celui que ses yeux ne peuvent rencontrer
Sans se voiler de pleurs? « Voyons, lui disait-elle,
T'es-tu fait beau pour moi, qui me suis faite belle?
Pour qui ce collier d'or? pour qui ces fins bijoux?
Ce beau panache noir? Était-ce un peu pour nous? »
Et puis elle ajouta : « Mon amour! que personne
Ne vous ait vu venir, surtout, car j'en frissonne. »

Mais le jeune Dalti ne lui répondait pas;
Aux rayons de la lune, il avait de ses bras
Entouré doucement sa pâle bien-aimée;
Elle laissait tomber sa tête parfumée
Sur son épaule, et lui regardait, incliné,
Son beau front, d'espérance et de paix couronné!

« Portia, murmura-t-il, cette glace dans l'ombre
Jette un reflet trop pur à cette alcôve sombre;
Ces fleurs ont trop d'éclat, tes yeux trop de langueurs,
Que ne m'accablais-tu, Portia, de tes rigueurs!
Peut-être, Dieu m'aidant, j'eusse trouvé des armes.
Mais quand tu m'as noyé de baisers et de larmes,
Dis, qui peut m'en défendre, ou qui m'en guérira?
Tu m'as fait trop heureux; ton amour me tuera! »

Et comme sur le bord de la longue ottomane,
Elle attachée à lui comme un lierre au platane,
Il s'était renversé tremblant à ce discours;
Elle le vit pâlir : « O mes seules amours,
Dit-il, en toute chose il est une barrière
Où, pour grand qu'on se sente, on se jette en arrière;
De quelque fol amour qu'on ait rempli son cœur,
Le désir est parfois moins grand que le bonheur;

Le ciel, ô ma beauté, ressemble à l'âme humaine :
Il s'y trouve une sphère où l'aigle perd haleine,
Où le vertige prend, où l'air devient le feu,
Et l'homme doit mourir où commence le dieu. »

La lune se voilait, la nuit était profonde,
Et nul témoin des cieux ne veillait sur le monde.
La lampe tout à coup s'éteignit. « Reste là,
Dit Portia, je m'en vais l'allumer. » Elle alla
Se baisser au foyer. La cendre à demi morte
Couvrait à peine encore une étincelle, en sorte
Qu'elle resta longtemps. — Mais lorsque la clarté
Eut enfin autour d'eux chassé l'obscurité :
« Ciel et terre, Dalti ! Nous sommes trois, dit-elle.
— Trois ! » répéta près d'eux une voix à laquelle
Répondirent au loin les voûtes du château.
Immobile, caché sous les plis d'un manteau,
Comme au seuil d'une porte une antique statue,
Onorio, debout, avait frappé leur vue.
— D'où venait-il ainsi ? Les avait-il guettés
En silence longtemps, et longtemps écoutés ?
De qui savait-il l'heure, et quelle patience
L'avait fait, une nuit, épier la vengeance ?
Cependant son visage était calme et serein,
Son fidèle poignard n'était pas dans sa main,
Son regard ne marquait ni colère ni haine ;
Mais ses cheveux, plus noirs, la veille, que l'ébène,
Chose étrange à penser, étaient devenus blancs.
Les amants regardaient, sous les rayons tremblants
De la lampe déjà par l'aurore obscurcie,
Ce vieillard d'une nuit, cette tête blanchie,
Avec ses longs cheveux plus pâles que son front.
« Portia, dit-il, d'un ton de voix lent et profond,
Quand ton père, en mourant, joignit nos mains, la mienne
Resta pourtant ouverte, en retirer la tienne
Était aisé. Pourquoi l'as-tu donc fait si tard ? »

Mais le jeune Dalti s'était levé. « Vieillard,
Ne perdons pas de temps. Vous voulez cette femme ?
En garde ! Qu'un de nous la rende avec son âme.

— Je le veux, » dit le comte ; et deux lames déjà
Brillaient en se heurtant. — Vainement la Portia
Se traînait à leurs pieds, tremblante, échevelée.
Qui peut sous le soleil tromper sa destinée?
Quand des jours et des nuits qu'on nous compte ici-bas,
Le terme est arrivé, la terre sous nos pas
S'entr'ouvrirait plutôt : que sert qu'on s'en défende?
Lorsque la fosse attend, il faut qu'on y descende.

Le comte ne poussa qu'un soupir, et tomba.

Dalti n'hésita pas. « Viens, dit-il à Portia,
Sortons. » Mais elle était sans parole, et mourante.
Il prit donc d'une main le cadavre, l'amante
De l'autre, et s'éloigna. La nuit ne permit pas
De voir de quel côté se dirigeaient ses pas.

III

Une heure est à Venise, — heure des sérénades,
Lorsqu'autour de Saint-Marc, sous les sombres arcades
Les pieds dans la rosée, et son masque à la main,
Une nuit de printemps joue avec le matin.
Nul bruit ne trouble plus, dans les palais antiques,
La majesté des saints debout sous les portiques.
La ville est assoupie, et les flots prisonniers
S'endorment sur le bord de ses blancs escaliers.
C'est alors que de loin, au détour d'une allée,
Se détache en silence une barque isolée,
Sans voile, pour tout guide ayant son matelot,
Avec son pavillon flottant sous son falot.
Telle, au sein de la nuit, et par l'onde bercée,
Glissait, par le zéphyr lentement balancée,
La légère chaloupe où le jeune Dalti
Agitait en ramant le flot appesanti.
Longtemps, au double écho de la vague plaintive,
On le vit s'éloigner, en voguant, de la rive
Mais lorsque la cité, qui semblait s'abaisser
Et lentement, au loin, dans les flots s'enfoncer,
Eut, en se dérobant, laissé l'horizon vide,
Semblable à l'alcyon qui, dans son cours rapide,

OEUVRES D'ALFRED DE MUSSET

L'Andalouse.   Page 79.

Bibl. Charpentier   liv. 10.

S'arrête tout à coup, la chaloupe écarta
Ses rames sur l'azur des mers, et s'arrêta.
« Portia, dit l'étranger, un vent plus doux commence
A se faire sentir. — Chante-moi ta romance. »

Peut-être que le seuil du vieux palais Luigi
Du pur sang de son maître était encor rougi ;
Que tous les serviteurs sur les draps funéraires
N'avaient pas achevé leurs dernières prières;
Peut-être qu'alentour des sinistres apprêts
Les moines, s'agitant comme de noirs cyprès,
Et mêlant leurs soupirs aux cantiques des vierges,
N'avaient pas sur la tombe encor éteint les cierges.
Peut-être de la veille avait-on retrouvé
Le cadavre perdu, le front sous un pavé ;
Son chien pleurait sans doute et le cherchait encore.
Mais quand Dalti parla, Portia prit sa mandore,
Mêlant sa douce voix, que l'écho répétait,
Au murmure moqueur du flot qui l'emportait.

— Quel homme fut jamais si grand, qu'il se pût croire
Certain, ayant vécu, d'avoir une mémoire
Où son souvenir, jeune et bravant le trépas,
Pût revivre une vie et ne s'éteindre pas?
Les larmes d'ici-bas ne sont qu'une rosée
Dont un matin au plus la terre est arrosée,
Que la brise secoue, et que boit le soleil ;
Puis l'oubli vient au cœur, comme aux yeux le sommeil.

Dalti, le front baissé, tantôt sur son amante
Promenait ses regards, tantôt sur l'eau dormante ;
Ainsi muet, penchant sa tête sur sa main,
Il sembla quelque temps demeurer incertain.
« Portia, dit-il enfin, ce que vous pouviez faire,
Vous l'avez fait; c'est bien. Parlez-moi sans mystère :
Vous en repentez-vous? — Moi, dit-elle, de quoi?
— D'avoir, dit l'étranger, abandonné pour moi
Vos biens, votre maison et votre renommée
(Il fixa de ses yeux perçants sa bien-aimée,
Et puis il ajouta d'un ton dur), — votre époux. »
Elle lui répondit : — J'ai fait cela pour vous;
Je ne m'en repens pas.

     —O nature, nature !
Murmura l'étranger, vois cette créature :
Sous les cieux les plus doux qui la pouvaient nourrir,
Cette fleur avait mis dix-huit ans à s'ouvrir.
A-t-elle pu tomber et se faner si vite,
Pour avoir une nuit touché ma main maudite ?
C'est bien, poursuivit-il, c'est bien, elle est à moi.
Viens, dit-il à Portia, viens, et relève-toi.
T'est-il jamais venu dans l'esprit de connaître
Qui j'étais ? qui je suis ?

     — Eh ! qui pouvez-vous être,
Mon ami, si ce n'est un riche et beau seigneur !
Nul ne vous parle ici, qui ne vous rende honneur.

— As-tu, dit le jeune homme, autour des promenades,
Rencontré quelquefois, le soir, sous les arcades,
De ces filles de joie errant en carnaval,
Qui traînent dans la boue une robe de bal ?
Elles n'ont pas toujours au bout de la journée
Du pain pour leur souper. Telle est leur destinée !
Car souvent de besoin ces spectres consumés
Prodiguent aux passants des baisers affamés.
Elles vivent ainsi. C'est un sort misérable,
N'est-il pas vrai ? Le mien, cependant, est semblable.

— Semblable à celui-là ! dit l'enfant. Je vois bien,
Dalti, que vous voulez rire, et qu'il n'en est rien.
— Silence ! dit Dalti, la vérité tardive
Doit se montrer à vous ici, quoi qu'il arrive.
Je suis fils d'un pêcheur.

     — Maria ! Maria !
Prenez pitié de nous, si c'est vrai, dit Portia.

— C'est vrai, dit l'étranger. Écoutez mon histoire.
Mon père était pêcheur ; mais je n'ai pas mémoire
Du jour où pour partir le destin l'appela,
Me laissant pour tout bien la barque où nous voilà.
J'avais quinze ans, je crois ; je n'aimais que mon père,
Ma venue en ce monde ayant tué ma mère.

Mon véritable nom est Daniel Zoppieri.
Pendant les premiers temps mon travail m'a nourri,
Je suivais le métier qu'avait pris ma famille ;
L'astre mystérieux qui sur nos têtes brille
Voyait seul quelquefois tomber mes pleurs amers
Au sein des flots sans borne et des profondes mers ;
Mais c'était tout. D'ailleurs, je vivais seul, tranquille,
Couchant où je pouvais, rarement à la ville.
Mon père cependant, qui, pour un batelier,
Était fier, m'avait fait d'abord étudier :
Je savais le toscan, et j'allais à l'église ;
Ainsi, dès ce temps-là, je connaissais Venise.

Un soir, un grand seigneur, Michel Gianinetto,
Pour donner un concert me loua mon bateau.
Sa maîtresse (c'était, je crois, la Muranèse)
Y vint seule avec lui : la mer était mauvaise ;
Au bout d'une heure au plus un orage éclata.
Elle, comme un enfant qu'elle était, se jeta
Dans mes bras, effrayée, et me serra contre elle.
Vous savez son histoire, et comme elle était belle ;
Je n'avais jusqu'alors rien rêvé de pareil,
Et de cette nuit-là je perdis le sommeil. »

L'étranger, à ces mots, parut reprendre haleine ;
Puis, Portia l'écoutant et respirant à peine,
Il poursuivit :

« Venise ! ô perfide cité,
A qui le ciel donna la fatale beauté.
Je respirai cet air dont l'âme est amollie,
Et dont ton souffle impur empesta l'Italie !
Pauvre et pieds nus, la nuit, j'errais sous tes palais.
Je regardais tes grands, qu'un peuple de valets
Entoure, et rend pareils à des paralytiques,
Tes nobles arrogants, et tous tes magnifiques
Dont l'ombre est saluée, et dont aucun ne dort
Que sous un toit de marbre et sur un pavé d'or.
Je n'étais, cependant, qu'un pêcheur ; mais, aux fêtes,
Quand j'allais au théâtre écouter les poètes,
Je revenais le cœur plein de haine, et navré.

Je lisais, je cherchais ; c'est ainsi, par degré,
Que je chassai, Portia, comme une ombre légère,
L'amour de l'Océan, ma richesse première.
Je vous vis, — je vendis ma barque et mes filets.
Je ne sais pas pourquoi, ni ce que je voulais,
Pourtant je les vendis. C'était ce que sur terre
J'avais pour tout trésor, ou pour toute misère.
Je me mis à courir, emportant en chemin
Tout mon bien qui tenait dans le creux de ma main.
Las de marcher bientôt, je m'assis, triste et morne,
Au fond d'un carrefour, sur le coin d'une borne.
J'avais vu par hasard, auprès d'un mauvais lieu
De la place Saint-Marc, une maison de jeu.
J'y courus. Je vidai ma main sur une table,
Puis, muet, attendant l'arrêt inévitable,
Je demeurai debout. Ayant gagné d'abord,
Je résolus de suivre et de tenter le sort.
Mais pourquoi vous parler de cette nuit terrible ?
Toute une nuit, Portia, le démon invincible
Me cloua sur la place, et je vis devant moi
Pièce à pièce tomber la fortune d'un roi.
Ainsi je demeurai, songeant au fond de l'âme,
Chaque fois qu'en criant tournait la roue infâme,
Que la mer était proche, et qu'à me recevoir
Serait toujours tout prêt ce lit profond et noir.
Le banquier cependant, voyant son coffre vide,
Me dit que c'était tout. Chacun d'un œil avide
Suivait mes mouvements ; je tendis mon manteau.
On me jeta dedans la valeur d'un château,
Et la corruption de trente courtisanes.
Je sortis. — Je restai trois jours sous les platanes
Où je vous avais vue, ayant pour tout espoir,
Quand vous y passeriez, d'attendre et de vous voir.
Tout le reste est connu de vous.

       — Bonté divine !
Dit l'enfant, est-ce là tout ce qui vous chagrine ?
Quoi ! De n'être pas noble ? Est-ce que vous croyez
Que je vous aimerais plus quand vous le seriez ?
— Silence, dit Dalti, vous n'êtes que la femme
Du pêcheur Zoppieri ; non, sur ma foi, madame,

Rien de plus.
— Et quoi rien, mon amour?
— Rien de plus,
Vous dis-je ; ils sont partis comme ils étaient venus,
Ces biens. Ce fut hier la dernière journée
Où j'ai (pour vous, du moins) tenté la destinée.
J'ai perdu ; voyez donc ce que vous décidez.
— Vous avez tout perdu ?
— Tout, sur trois coups de dés.
Tout, jusqu'à mon palais, cette barque exceptée
Que j'ai depuis longtemps en secret rachetée :
Maudissez-moi, Portia ; mais je ne ferai pas,
Sur mon âme, un effort pour retenir vos pas.
Pourquoi je vous ai prise, et sans remords menée
Au point de partager ainsi ma destinée,
Ne le demandez pas. Je l'ai fait ; c'est assez.
Vous pouvez me quitter et partir ; choisissez. »

Portia, dès le berceau, d'amour environnée,
Avait vécu comtesse ainsi qu'elle était née.
Jeune, passant sa vie au milieu des plaisirs,
Elle avait de bonne heure épuisé les désirs,
Ignorant le besoin, et jamais, sur la terre,
Sinon pour l'adoucir, n'ayant vu de misère.
Son père, déjà vieux, riche et noble seigneur,
Quoique avare, l'aimait, et n'avait de bonheur
Qu'à la voir admirer, et quand on disait d'elle
Qu'étant la plus heureuse, elle était la plus belle.
Car tout lui souriait, et même son époux,
Onorio, n'avait plié les deux genoux
Que devant elle et Dieu. Cependant, en silence,
Comme Dalti parlait, sur l'Océan immense
Longtemps elle sembla porter ses yeux errants.
L'horizon était vide, et les flots transparents
Ne reflétaient au loin, sur leur abîme sombre,
Que l'astre au pâle front qui s'y mirait dans l'ombre.
Dalti la regardait, mais sans dire un seul mot.

— Avait-elle hésité ? — Je ne sais ; — mais bientôt,
Comme une tendre fleur que le vent déracine,

Faible, et qui lentement sur sa tige s'incline,
Telle elle détourna la tête, et lentement
S'inclina tout en pleurs jusqu'à son jeune amant.
« Songez bien, dit Dalti, que je ne suis, comtesse,
Qu'un pêcheur ; que demain, qu'après, et que sans cesse
Je serai ce pêcheur. Songez bien que tous deux
Avant qu'il soit longtemps nous allons être vieux ;
Que je mourrai peut-être avant vous.

       — Dieu rassemble
Les amants, dit Portia ; nous partirons ensemble.
Ton ange en t'emportant me prendra dans ses bras. »

Mais le pêcheur se tut, car il ne *croyait* pas.

          1829.

CHANSONS A METTRE EN MUSIQUE

ET FRAGMENTS

> Allons, bel oiseau bleu, chantez la romance à madame.
> *La Folle Journée.*

L'ANDALOUSE

Avez-vous vu, dans Barcelone,
Une Andalouse au sein bruni ?
Pâle comme un beau soir d'automne
C'est ma maîtresse, ma lionne !
La marquesa d'Amaëgui.

J'ai fait bien des chansons pour elle ;
Je me suis battu bien souvent.
Bien souvent j'ai fait sentinelle,
Pour voir le coin de sa prunelle,
Quand son rideau tremblait au vent.

Elle est à moi, moi seul au monde.
Ses grands sourcils noirs sont à moi,
Son corps souple et sa jambe ronde,
Sa chevelure qui l'inonde,
Plus longue qu'un manteau de roi !

C'est à moi son beau col qui penche
Quand elle dort dans son boudoir,
Et sa basquina sur sa hanche,
Son bras dans sa mitaine blanche,
Son pied dans son brodequin noir!

Vrai Dieu! Lorsque son œil pétille
Sous la frange de ses réseaux,
Rien que pour toucher sa mantille,
De par tous les saints de Castille,
On se ferait rompre les os.

Qu'elle est superbe en son désordre,
Quand elle tombe, les seins nus,
Qu'on la voit, béante, se tordre
Dans un baiser de rage, et mordre
En criant des mots inconnus!

Et qu'elle est folle dans sa joie,
Lorsqu'elle chante le matin,
Lorsqu'en tirant son bas de soie,
Elle fait, sur son flanc qui ploie,
Craquer son corset de satin!

Allons, mon page, en embuscades!
Allons! la belle nuit d'été!
Je veux ce soir des sérénades
A faire damner les alcades
De Tolose au Guadalété!

LE LEVER

Assez dormir, ma belle!
Ta cavale isabelle
Hennit sous tes balcons.
Vois tes piqueurs alertes,
Et sur leurs manches vertes
Les pieds noirs des faucons.

OEUVRES D'ALFRED DE MUSSET

LA BALLADE A LA LUNE.   Page 87.

Bibl. Charpentier.   LIV. 11.

Vois écuyers et pages,
En galants équipages,
Sans rochet ni pourpoint,
Têtes chaperonnées,
Traîner les haquenées,
Leur arbalète au poing.

Vois bondir dans les herbes
Les lévriers superbes,
Les chiens trapus crier.
En chasse, et chasse heureuse,
Allons, mon amoureuse,
Le pied dans l'étrier !

Et d'abord, sous la moire,
Avec ce bras d'ivoire
Enfermons ce beau sein,
Dont la forme divine,
Pour que l'œil la devine,
Reste aux plis du coussin.

Oh ! sur ton front qui penche,
J'aime à voir ta main blanche
Peigner tes cheveux noirs ;
Beaux cheveux qu'on rassemble
Les matins, et qu'ensemble
Nous défaisons les soirs !

Allons, mon intrépide,
Ta cavale rapide
Frappe du pied le sol,
Et ton bouffon balance,
Comme un soldat sa lance,
Son joyeux parasol !

Mets ton écharpe blonde
Sur ton épaule ronde,
Sur ton corsage d'or ;
Et je vais, ma charmante,
T'emporter dans ta mante,
Comme un enfant qui dort !

MADRID

Madrid, princesse des Espagnes,
Il court par tes mille campagnes
Bien des yeux bleus, bien des yeux noirs.
La blanche ville aux sérénades,
Il passe par tes promenades
Bien des petits pieds tous les soirs.

Madrid, quand tes taureaux bondissent,
Bien des mains blanches applaudissent,
Bien des écharpes sont en jeux.
Par tes belles nuits étoilées,
Bien des senoras long voilées
Descendent tes escaliers bleus.

Madrid, Madrid, moi, je me raille
De tes dames à fine taille
Qui chaussent l'escarpin étroit ;
Car j'en sais une par le monde,
Que jamais ni brune ni blonde
N'ont valu le bout de son doigt !

J'en sais une, et certes la duègne
Qui la surveille et qui la peigne,
N'ouvre sa fenêtre qu'à moi ;
Certes, qui veut qu'on le redresse,
N'a qu'à l'approcher à la messe,
Fût-ce l'archevêque ou le roi.

Car c'est ma princesse andalouse !
Mon amoureuse ! ma jalouse !
Ma belle veuve au long réseau !
C'est un vrai démon ! c'est un ange !
Elle est jaune comme une orange,
Elle est vive comme un oiseau !

Oh ! quand sur ma bouche idolâtre
Elle se pâme, la folâtre,
Il faut voir dans nos grands combats,
Ce corps si souple et si fragile,
Ainsi qu'une couleuvre agile,
Fuir et glisser entre mes bras !

Or si d'aventure on s'enquête
Qui m'a valu telle conquête,
C'est l'allure de mon cheval,
Un compliment sur sa mantille,
Puis des bonbons à la vanille
Par un beau soir de carnaval.

MADAME LA MARQUISE

Vous connaissez que j'ai pour mie
Une Andalouse à l'œil lutin,
Et sur mon cœur, tout endormie,
Je la berce jusqu'au matin.

Voyez-la, quand son bras m'enlace,
Comme le col d'un cygne blanc,
S'enivrer, oublieuse et lasse,
De quelque rêve nonchalant.

Gais chérubins ! veillez sur elle.
Planez, oiseaux, sur notre nid ;
Dorez du reflet de votre aile
Son doux sommeil, que Dieu bénit !

Car toute chose nous convie
D'oublier tout, fors notre amour ;
Nos plaisirs, d'oublier la vie ;
Nos rideaux, d'oublier le jour.

Pose ton souffle sur ma bouche,
Que ton âme y vienne passer !
Oh ! restons ainsi dans ma couche,
Jusqu'à l'heure de trépasser !

Restons ! L'étoile vagabonde
Dont les sages ont peur de loin [1],
Peut-être, en emportant le monde,
Nous laissera dans notre coin.

1. Dans ce temps-là, on parlait beaucoup de la comète de 1832.

Oh ! viens ! dans mon âme froissée
Qui saigne encor d'un mal bien grand,
Viens verser ta blanche pensée,
Comme un ruisseau dans un torrent !

Car sais-tu, seulement, pour vivre,
Combien il m'a fallu pleurer ?
De cet ennui qui désenivre,
Combien en mon cœur dévorer ?

Donne-moi, ma belle maîtresse,
Un beau baiser, car je te veux
Raconter ma longue détresse,
En caressant tes beaux cheveux.

Or, voyez qui je suis, ma mie,
Car je vous pardonne pourtant
De vous être hier endormie
Sur mes lèvres, en m'écoutant.

Pour ce, madame la marquise,
Dès qu'à la ville il fera noir,
De par le roi sera requise
De venir en notre manoir ;

Et sur mon cœur, tout endormie,
La bercerai jusqu'au matin,
Car on connaît que j'ai pour mie
Une Andalouse à l'œil lutin.

1829.

A LA YUNG-FRAU.

Yung-Frau, le voyageur qui pourrait sur ta tête
S'arrêter, et poser le pied sur sa conquête,
Sentirait en son cœur un noble battement,
Quand son âme, au penchant de ta neige éternelle,
Pareille au jeune aiglon qui passe et lui tend l'aile,
Glisserait et fuirait sous le clair firmament.

Yung-Frau, je sais un cœur qui, comme toi, se cache,
Revêtu, comme toi, d'une robe sans tache,

Il est plus près de Dieu que tu ne l'es du ciel.
Ne t'étonne donc point, ô montagne sublime,
Si la première fois que j'en ai vu la cime,
J'ai cru le lieu trop haut pour être d'un mortel.

1829.

A ULRIC GUTTINGUER

Ulric, nul œil des mers n'a mesuré l'abîme,
Ni les hérons plongeurs, ni les vieux matelots.
Le soleil vient briser ses rayons sur leur cime,
Comme un soldat vaincu brise ses javelots.

Ainsi, nul œil, Ulric, n'a pénétré les ondes
De tes douleurs sans borne, ange du ciel tombé.
Tu portes dans ta tête et dans ton cœur deux mondes,
Quand le soir, près de moi, tu vas triste et courbé.

Mais laisse-moi du moins regarder dans ton âme,
Comme un enfant craintif se penche sur les eaux ;
Toi si plein, front pâli sous des baisers de femme,
Moi si jeune, enviant ta blessure et tes maux.

Juillet 1829.

SONNET

Que j'aime le premier frisson d'hiver ! le chaume,
Sous le pied du chasseur, refusant de ployer !
Quand vient la pie aux champs que le foin vert embaume,
Au fond du vieux château s'éveille le foyer ;

C'est le temps de la ville. — Oh ! lorsque l'an dernier
J'y revins, que je vis ce bon Louvre et son dôme,
Paris et sa fumée, et tout ce beau royaume
(J'entends encore au vent les postillons crier),

Que j'aimais ce temps gris, ces passants et la Seine
Sous ses mille falots assise en souveraine !
J'allais revoir l'hiver. — Et toi, ma vie, et toi !

Oh ! dans tes longs regards j'allais tremper mon âme ;
Je saluais tes murs. — Car, qui m'eût dit, madame,
Que votre cœur sitôt avait changé pour moi ?

Août 1829.

BALLADE A LA LUNE

C'était, dans la nuit brune,
Sur le clocher jauni,
    La lune,
Comme un point sur un i.

Lune, quel esprit sombre
Promène au bout d'un fil,
    Dans l'ombre,
Ta face et ton profil ?

Es-tu l'œil du ciel borgne ?
Quel chérubin cafard
    Nous lorgne
Sous ton masque blafard ?

N'es-tu rien qu'une boule ?
Qu'un grand faucheux bien gras
    Qui roule
Sans pattes et sans bras ?

Es-tu, je t'en soupçonne,
Le vieux cadran de fer
    Qui sonne
L'heure aux damnés d'enfer ?

Sur ton front qui voyage,
Ce soir ont-ils compté
    Quel âge
A leur éternité ?

Est-ce un ver qui te ronge,
Quand ton disque noirci
    S'allonge
En croissant rétréci ?

Qui t'avait éborgnée
L'autre nuit ! T'étais-tu
    Cognée
A quelque arbre pointu ?

Car tu vins, pâle et morne,
Coller sur mes carreaux
    Ta corne,
A travers les barreaux.

Va, lune moribonde,
Le beau corps de Phœbé
    La blonde
Dans la mer est tombé.

Tu n'en es que la face,
Et déjà, tout ridé,
    S'efface
Ton front dépossédé.

Rends-nous la chasseresse,
Blanche, au sein virginal,
    Qui presse
Quelque cerf matinal !

Oh ! sous le vert platane,
Sous les frais coudriers,
    Diane,
Et ses grands lévriers !

Le chevreau noir qui doute,
Pendu sur un rocher,
    L'écoute,
L'écoute s'approcher.

Et, suivant leurs curées,
Par les vaux, par les blés,
　　Les prées,
Ses chiens s'en sont allés.

Oh! le soir, dans la brise,
Phœbé, sœur d'Apollo,
　　Surprise
A l'ombre, un pied dans l'eau !

Phœbé qui, la nuit close,
Aux lèvres d'un berger
　　Se pose,
Comme un oiseau léger.

L'une, en notre mémoire,
De tes belles amours
　　L'histoire
T'embellira toujours.

Et toujours rajeunie,
Tu seras du passant
　　Bénie,
Pleine lune ou croissant.

T'aimera le vieux pâtre,
Seul, tandis qu'à ton front
　　D'albâtre
Ses dogues aboieront.

T'aimera le pilote
Dans son grand bâtiment,
　　Qui flotte,
Sous le clair firmament !

Et la fillette preste
Qui passe le buisson,
　　Pied leste,
En chantant sa chanson.

Comme un ours à la chaîne,
Toujours sous tes yeux bleus
　　Se traîne
L'Océan montueux.

Et qu'il vente ou qu'il neige,
Moi-même, chaque soir,
　　Que fais-je,
Venant ici m'asseoir ?

Je viens voir à la brune,
Sur le clocher jauni,
　　La lune
Comme un point sur un i.

Peut-être quand déchante [1]
Quelque pauvre mari,
　　Méchante,
De loin tu lui souris.

Dans sa douleur amère,
Quand au gendre béni
　　La mère
Livre la clef du nid,

Le pied dans sa pantoufle,
Voilà l'époux tout prêt
　　Qui souffle
Le bougeoir indiscret.

Au pudique hyménée
La vierge qui se croit
　　Menée,
Grelotte en son lit froid,

Mais monsieur tout en flamme
Commence à rudoyer
　　Madame
Qui commence à crier.

« Ouf ! dit-il, je travaille,
Ma bonne, et ne fais rien
　　Qui vaille ;
Tu ne te tiens pas bien. »

Et vite il se dépêche.
Mais quel démon caché
　　L'empêche
De commettre un péché ?

---

1. Ces vers et les suivants avaient été supprimés dans la première édition.

MARDOCHE.

Page 94.

Bibl. Charpentier.

LIV. 12.

« Ah ! dit-il, prenons garde.
Quel témoin curieux
　　Regarde
Avec ces deux grands yeux ? »

Et c'est, dans la nuit brune,
Sur son clocher jauni,
　　La lune
Comme un point sur un i.

MARDOCHE

> Voudriez-vous dire, comme de fait on peut logicalement inférer, que par ci-devant le monde eust été fat, maintenant seroit devenu sage ?
> *Pantagruel*, liv. V.

I

J'ai connu, l'an dernier, un jeune homme nommé
Mardoche, qui vivait nuit et jour enfermé.
O prodige ! il n'avait jamais lu de sa vie
Le *Journal de Paris*, ni n'en avait envie.
Il n'avait vu ni Kean, ni Bonaparte, ni
Monsieur de Metternich ; — quand il avait fini
De souper, se couchait, précisément à l'heure
Où (quand par le brouillard la chatte rôde et pleure)
Monsieur Hugo va voir mourir Phébus le blond.
Vous dire ses parents, cela serait trop long.

II

Bornez-vous à savoir qu'il avait la pucelle
D'Orléans pour aïeule en ligne maternelle.
D'ailleurs son compagnon, compère et confident,
Était un chien anglais, bon pour l'œil et la dent.
Cet homme, ainsi reclus, vivait en joie. — A peine
Le spleen le prenait-il quatre fois par semaine.
Pour ses moments perdus, il les donnait parfois
A *l'art mystérieux de charmer par la voix :*
Les Muses visitaient sa demeure cachée,
Et quoiqu'il fît rimer *idée* avec *fâchée*,

III

On le lisait. C'était du reste un esprit fort ;
Il eût fait volontiers d'une tête de mort
Un falot, et mangé sa soupe dans le crâne
De sa grand'mère. — Au fond, il estimait qu'un âne,
Pour Dieu qui nous voit tous, est autant qu'un ânier.
Peut-être que, n'ayant pour se désennuyer
Qu'un livre (c'est le cœur humain que je veux dire),
Il avait su trop tôt et trop avant y lire ;
C'est un grand mal d'avoir un esprit trop hâtif.
— Il ne dansait jamais au bal par ce motif.

IV

Je puis certifier pourtant qu'il avait l'âme
Aussi tendre en tout point qu'un autre, et que sa femme
(En ne le faisant pas c—) n'eût pas été
Plus fort ni plus souvent battue, en vérité,
Que celle de monsieur de C***. En politique,
Son sentiment était très aristocratique,
Et je dois avouer qu'à consulter son goût,
Il aimait mieux la Porte et le sultan Mahmoud,
Que la chrétienne Smyrne, et ce bon peuple hellène
Dont les flots ont rougi la mer hellespontienne,

V

Et taché de leur sang tes marbres, ô Paros !
— Mais la chose ne fait rien à notre héros.
Bien des heures, des jours, bien des longues semaines
Passèrent, sans que rien dans les choses humaines
Le tentât d'y rentrer. — Tout à coup, un beau jour...
Fut-ce l'ambition, ou bien fut-ce l'amour?
(Peut-être tous les deux, car ces folles ivresses
Viennent à tous propos déranger nos paresses);
Quoi qu'il en soit, lecteur, voici ce qu'il advint
A mon ami Mardoche en l'an mil huit cent vingt.

VI

Je ne vous dirai pas quelle fut la douairière
Qui lui laissa son bien en s'en allant en terre,
Sur quoi de cénobite il devint élégant,
Et n'allait plus qu'en fiacre au boulevard de Gand.
Que dorme en paix ta cendre, ô quatre fois bénie,
Douairière, pour le jour où cette sainte envie,
Comme un rayon d'en haut te vint prendre en toussant
De demander un prêtre, et de cracher le sang!
Ta tempe fut huilée, et sous la lame neuve
Tu te laissas clouer, comme dit Sainte-Beuve.

VII

Tes meubles furent mis, douairière, au Châtelet ;
Chacun vendu le tiers de l'argent qu'il valait.
De ta robe de noce on fit un parapluie ;
Ton boudoir, ô Vénus, devint une écurie.
Quatre grands lévriers chassèrent du tapis
Ton chat qui, de tout temps, sur ton coussin tapi,
S'était frotté le soir l'oreille à ta pantoufle,
Et qui, maigre aujourd'hui, la queue au vent s'essouffle,
A courir sur les toits des repas incertains.
— Admirable matière à mettre en vers latins!

VIII

Je ne vous dirai pas non plus à quelle dame
Mardoche, ayant d'abord laissé prendre son âme,
Dut ces douces leçons, premier enseignement
Que l'amie, à regret, donne à son jeune amant.
Je ne vous dirai pas comment, à quelle fête
Il la vit, qui des deux voulut le tête-à-tête,
Qui des deux, du plus loin, hasarda le premier
L'œillade italienne, et qui, de l'écolier
Ou du maître, trembla le plus. — Hélas! qu'en sais-je
Que vous ne sachiez mieux, et que vous apprendrais-je?

IX

Il se peut qu'on oublie un rendez-vous donné,
Une chance, — un remords, — et l'heure où l'on est né,
Et l'argent qu'on emprunte. — Il se peut qu'on oublie
Sa femme, ses amis, son chien et sa patrie. —
Il se peut qu'un vieillard perde jusqu'à son nom.
Mais jamais l'insensé, jamais le moribond,
Celui qui perd l'esprit, ni celui qui rend l'âme,
N'ont oublié la voix de la première femme
Qui leur a dit tout bas ces quatre mots si doux
Et si mystérieux : « My dear child, I love you. »

X

Ce fut aux premiers jours d'automne, au mois d'octobre,
Que Mardoche revint au monde. — Il était sobre
D'habitude, et mangeait vite. — Son cuisinier
Ne le gênait pas plus que son palefrenier.
Il ne prit ni cocher, ni groom, ni gouvernante,
Mais (honni soit qui mal y pense!) une servante.
De ses façons d'ailleurs rien ne parut changé.
Peut-être dira-t-on qu'il était mal logé ;
C'est à quoi je réponds qu'il avait pour voisine
Deux yeux napolitains qui s'appelaient Rosine.

XI

J'adore les yeux noirs avec des cheveux blonds.
Tels les avait Rosine, — et de ses regards, longs
A s'y noyer. — C'étaient deux étoiles d'ébène
Sur des cieux de cristal : — tantôt mourants, à peine
Entr'ouverts au soleil, comme les voiles blancs
Des abbesses de cour ; — tantôt étincelants,
Calmes, livrant sans crainte une âme sans mélange,
Doux, et parlant aux yeux le langage d'un ange.
— Que Mardoche y prit goût, ce n'est aucunement,
Judicieux lecteur, raison d'étonnement.

XII

M'en croira qui voudra, mais depuis qu'en décembre
La volonté du ciel est qu'on garde la chambre,
A coup sûr, paresseux et fou comme je suis,
A rêver sans dormir j'ai passé bien des nuits.
Le soir, au coin du feu, renversé sur ma chaise,
Mon menton dans ma main et mon pied dans ma braise,
Pendant que l'aquilon frappait à mes carreaux,
J'ai fait bien des romans, — bâti bien des châteaux ; —
J'ai, comme Prométhée, animé d'une flamme
Bien des êtres divins portant des traits de femme ;

XIII

Blonds cheveux, sourcils bruns, front vermeil ou pâli ;
Dante aimait Béatrix. — Byron la Guiccioli.
Moi (si j'eusse été maître en cette fantaisie),
Je me suis dit souvent que je l'aurais choisie
A Naple, un peu brûlée à ces soleils de plomb
Qui font dormir le pâtre à l'ombre du sillon ;
Une lèvre à la turque, et, sous un col de cygne,
Un sein vierge et doré comme la jeune vigne ;
Telle que par instants Giorgione en devina,
Ou que dans cette histoire était la Rosina.

XIV

Il en est de l'amour comme des litanies
De la Vierge. — Jamais on ne les a finies ;
Mais une fois qu'on les commence, on ne peut plus
S'arrêter. — C'est un mal propre aux fruits défendus.
C'est pourquoi chaque soir la nuit étant bien proche
Et le soleil bien loin, quand mon ami Mardoche
Quittait la jalousie écartée à demi,
D'où l'indiscret lorgnon plongeait sur l'ennemi.
— Même, quand il faisait clair de lune, l'aurore,
A son poste souvent le retrouvait encore.

XV

Philosophes du jour, je vous arrête ici.
O sages demi-dieux, expliquez-moi ceci :
On ne volerait pas, à coup sûr, une obole
A son voisin ; pourtant, quand on peut, on lui vole...
Sa femme ! — Car il faut, ô lecteur bien appris,
Vous dire que Rosine, entre tous les maris,
Avait reçu du ciel, par les mains d'un notaire,
Le meilleur qu'à Dijon avait trouvé son père.
On pense, avec raison, que sa mère, en partant,
N'avait rien oublié sur le point important.

XVI

Rien n'est plus amusant qu'un premier jour de noce ;
Au débotté, d'ailleurs, on avait pris carrosse.
— Le reste à l'avenant. — Sans compter les chapeaux
D'Herbeau, rien n'y manquait. — C'est un méchant propos
De dire qu'à six ans une poupée amuse
Autant qu'à dix-neuf ans un mari. — Mais tout s'use.
Une lune de miel n'a pas trente quartiers
Comme un baron saxon, — et gare les derniers !
L'amour (hélas ! l'étrange et la fausse nature !)
Vit d'inanition et meurt de nourriture.

XVII

Et puis, que faire ? — Un jour, c'est bien long. — Et demain
Et toujours ? — L'ennui gagne. — A quoi rêver au bain ?
— Hélas ! l'Oisiveté s'endort, laissant sa porte
Ouverte. — Entre l'Amour. — Pour que la Raison sorte,
Il ne faut pas longtemps. La vie en un moment
Se remplit ; — on se trouve avoir pris un amant.
— L'un attaque en hussard la déesse qu'il aime,
L'autre fait l'écolier ; chacun a son système.
Hier un de mes amis, se trouvant à souper
Auprès d'une duchesse, eut soin de se tromper

XVIII

De verre. « Mais, vraiment, dit la dame en colère,
Êtes-vous fou, monsieur? vous buvez dans mon verre. »
O l'homme peu galant, qui ne répondit rien,
Si ce n'est : « Faites-en, madame, autant du mien. »
Assurément, lecteur, le tour était perfide,
Car, l'ayant pris tout plein, il le replaça vide.
La dame avait du blanc, et pourtant en rougit.
Qu'y faire ? On chuchota. Dieu sut ce qu'on en dit.
Mon Dieu qui peut savoir lequel on récompense
Le mieux, ou du respect — ou de certaine offense ?

XIX

Je n'ai dessein, lecteur, de faire aucunement
Ici ce qu'à Paris on appelle un roman.
Peu s'en faut qu'un auteur, qui pas à pas chemine,
Ne vous fasse coucher avec son héroïne.
Ce n'est pas ma manière, et, si vous permettez,
Ce sera quinze jours que nous aurons sautés.
— Un dimanche (observez qu'un dimanche la rue
Vivienne est tout à fait vide, et que la cohue
Est aux Panoramas, ou bien au boulevard),
Un dimanche matin, une heure, une heure un quart,

XX

Mardoche, habit marron. en landau de louage,
Par devant Tortoni passait en grand tapage.
« Gare ! » criait le groom. Quoi ! Mardoche en landau !
— Oui. — La grisette à pied, trottant comme un perdreau
Jeta plus d'une fois sans doute à la portière
Du jeune gentleman l'œillade meurtrière.
Mais il n'y prit pas garde ; un important projet
A ses réflexions semblait donner sujet.
Son regard était raide, et jamais diplomate
Ne parut plus guindé, ni plus haut sur cravate.

MARDOCHE. Page 102.

Bibl. Charpentier. LIV. 13.

XXI

Où donc s'en allait-il? — Il allait à Meudon.
— Quoi! Si matin, si loin, si vite? Et pourquoi donc?
— Le voici. D'où sait-on, s'il vous plaît, qu'on approche
D'un village, sinon qu'on en entend la cloche?
Or, la cloche suppose un clocher, — le clocher
Un curé. — Le curé, quand c'est jour de prêcher,
A besoin d'un bedeau. — Le bedeau, d'ordinaire,
Est en même temps cuistre à l'école primaire.
Or le cuistre du lieu, lecteur, était l'ancien
Allié des parents de Mardoche, et le sien.

XXII

Ayant donc débarqué, notre héros fit mettre [1]
Sa voiture en un lieu sûr, qu'il pût reconnaître,
Puis s'éloigna, sans trop regarder son chemin,
D'un pas plus mesuré qu'un sénateur romain.
Longtemps et lentement, comme un bayeur aux grues,
Il marcha, coudoyant le monde par les rues.
Il savait dès longtemps que le bon magister,
Les dimanches matins sortait pour prendre l'air ;
C'est pourquoi, sans l'aller demander à sa porte,
Il détourna d'abord le coin du bois, en sorte

XXIII

Qu'au bout de trente pas il était devant lui:
« And how do you do, mon bon père, aujourd'hui? »
Le vieillard, à vrai dire, un peu surpris, et comme
Distrait d'un rêve, ôta de ses lèvres la pomme
De sa canne. « Mon fils, tout va bien, Dieu merci,
Dit-il, et quel sujet vous fait venir ici?
— Sujet, reprit Mardoche, excessivement sage,
Très moral, un sujet très logique. Je gage
Ma barbe et mon bonnet, qu'on pourrait vous donner
Dix-sept éternités pour nous le deviner. »

---

1. Ces vers, jusqu'à la strophe XL, avaient été retranchés à la première édition.

XXIV

La matinée était belle ; les alouettes
Commençaient à chanter ; quelques lourdes charrettes
Soulevaient çà et là la poussière. C'était
Un de ces beaux matins un peu froids, comme il fait
En octobre. Le ciel secouait de sa robe
Les brouillards vaporeux sur le terrestre globe.
« Asseyez-vous, mon fils, dit le prêtre ; voilà
L'un des plus beaux instants du jour. — Pour ce vent-là,
Je le crois usurier, bon père, dit Mardoche,
Car il vous met la main malgré vous à la poche.

XXV

— L'un des plus beaux instants, mon fils, où les humains
Puissent à l'Éternel tendre leurs faibles mains ;
L'âme s'y sent ouverte, et la prière aisée.
— Oui ; mais nous avons là les pieds dans la rosée,
Bon père ; autant vaudrait prier en plus bas lieu.
— Les monts, dit le vieillard, sont plus proches de Dieu,
Ce sont ses vrais autels, et si le saint prophète
Moïse le put voir, ce fut au plus haut faîte.
— Hélas ! reprit Mardoche, un homme sur le haut
Du plus pointu des monts, serait-ce la Jung-Frau,

XXVI

Me fait le même effet justement qu'une mouche
Au bout d'un pain de sucre. Ah ! bon père, la bouche
Des hommes, à coup sûr, les met haut, mais leurs pieds
Les mettent bas. — Mon fils, dit le docteur, voyez
Que vos cheveux sont d'or et les miens sont de neige.
Attendez que le temps vienne. — Et qu'en apprendrais-je ?
Prit l'autre, souriant de son méchant souris ;
Science des humains n'est-elle pas mépris ? »
Il s'assit à ce mot : « Laissons cela, mon père,
Dit-il, je suis venu pour vous parler d'affaire.

XXVII

Comme vous le disiez tout à l'heure, je suis
Jeune, par conséquent amoureux. Je ne puis
Voir ma maîtresse; elle a son mari. La fenêtre
Est haute, à parler franc, et... — Je vous ai vu naître,
Mon ami, dit le prêtre, et je vous ai tenu
Sur les fonts baptismaux. Quand vous êtes venu
Au monde, votre père (et que Dieu lui pardonne,
Car il est mort) vous prit des bras de votre bonne,
Et me dit : Je le mets sous la protection
Du ciel; qu'il soit sauvé de la corruption!

XXVIII

— Le malheur, dit Mardoche, est que les demoiselles
Sont toutes, par nature ou par mode, cruelles ;
Car je vous entends bien, et je sais que c'est mal.
Mais que voudriez-vous, monsieur, qu'on fît au bal?
— Oui! vous avez raison, dit le bedeau, le monde
Est un lieu de misère et de pitié profonde.
— Donc, dit Mardoche, avec votre consentement,
Je reprends mon récit et mon raisonnement.
Or je ne puis pas voir ma maîtresse; hier même
J'ai failli m'y casser le cou. — Bonté suprême!

XXIX

Dit le bedeau, c'est Dieu qui vous aurait frappé.
Quel est le malheureux que vous avez trompé?
— Malheureux, dit Mardoche, il n'en sait rien, mon père.
— Il n'en sait rien, mon fils ! Nul secret sur la terre
N'est secret bien longtemps. — Bon, dit Mardoche, mais
Je ne bavarde guère, et je n'écris jamais.
— Et quand cela serait, mon fils, je le demande,
Une injure cachée en est-elle moins grande ?
En auriez-vous donc moins desséché, désuni
Un lien que la main d'un prêtre avait béni?

XXX

En aurez-vous moins fait le plus coupable outrage
A la société, dans sa loi la plus sage?
Ce secret, qu'à jamais la terre ignorera,
Pensez-vous que le ciel, qui le sait, l'oubliera?
Songez à ce que c'est qu'un monde, et que le nôtre
A quatre pas de long, et, pour horizon, l'autre.
— Quittons ce sujet-ci, dit Mardoche, je voi
Que vous avez le crâne autrement fait que moi.
Je vous racontais donc comme quoi ma maîtresse
Était gardée à vue : on la promène en laisse.

XXXI

— Et l'on a, dit le prêtre, éminemment raison.
Ah! qu'elle pense donc à garder sa maison,
A vouer au Seigneur un cœur exempt de feinte,
A donner à ses fils un lait pur et la crainte
Du ciel. — Mon révérend, dit l'autre, les oiseaux
Qui sont les plus charmants, sont ceux qui chantent faux.
Ne vous paraît-il pas simple et tout ordinaire
Qu'un rossignol soit laid, honteux, lorsqu'au contraire
Le paon, ce malappris, porte un manteau doré,
Comme un diacre à Noël à côté du curé?

XXXII

Ne vous étonnez donc aucunement, bon père,
Que le plus bel oiseau que nous ayons sur terre,
La femme, chante faux, et, sur ce, laissez-moi
Vous finir mon récit, je vous dirai pourquoi.
Hier donc, je revenais, ayant failli me rompre
Les... — Eh! dit le vieillard, qui donc l'a pu corrompre
Ainsi, fils d'un tel père, et jeune comme il est!
N'est ce pas monstrueux? — J'ai, dit Mardoche, fait
Mes classes de bonne heure, et puis, dans les familles,
Voyez-vous, j'ai toujours trouvé quatre ou cinq filles

XXXIII

Contre un ou deux garçons, ce qui m'a fait penser
Qu'on pouvait en aimer la moitié, sans blesser
Dieu. — Dieu ! mon cher enfant ! voyons, soyez sincère,
Y croyez-vous ? — Monsieur, dit Mardoche, Voltaire
Y croyait. — Comment donc l'offensez-vous ainsi ?
— Or, dit le jouvenceau, je reprends mon récit.
J'adore cette femme, et ne connais de joie
Qu'à la voir ; vous sentez qu'il faut que je la voie;
Et j'ai compté sur vous dans cette occasion.
— Sur moi ! dit le bedeau, perdez-vous la raison ?

XXXIV

— La raison, révérend, hélas ! je l'ai perdue ;
Et si, par un miracle, elle m'était rendue,
Vous me la verriez fuir, ou plutôt renvoyer
Comme un pigeon fidèle au toit du colombier.
Ah ! secourez-moi donc, votre bonne assistance
Peut seule me sauver dans cette circonstance.
— Et de quelle façon, mon ami ? — Vous sentez,
Dit Mardoche, que j'ai cherché de tous côtés,
Pour la voir, une chambre, un lit, un trou, n'importe ;
Y venir n'était rien, mais il faut bien qu'on sorte ;

XXXV

Et le rustre la guette. — Eh bien ! dit le bedeau,
Puis-je l'en empêcher ? — Vous avez un très beau
Lit à rideaux bleu-ciel, monsieur ; un presbytère
N'est pas suspect... — Jamais ! dit le vieillard. — Bon père,
Dit l'autre, je n'ai pas si peu de temps vécu
Qu'au premier jour d'ennui je croie une vertu
De partir (en parlant ainsi, l'ami Mardoche
Tirait tout bas un long pistolet de sa poche).
— Porter la main sur vous, mon fils ! dit le chrétien.
En êtes-vous donc là ? ne croyez-vous à rien ?

XXXVI

— Révérend, répondit Mardoche, je m'ennuie.
Shakspeare, dans *Hamlet*, dit qu'on tient à la vie
Parce qu'on ne sait pas ce qu'on doit voir après ;
Ses vers me semblent beaux, mais ils seraient plus vrais,
S'ils disaient qu'on y tient parce qu'une cervelle
A peur d'un pistolet qui s'applique sur elle,
Pour la faire craquer et sauter d'un seul bond,
Comme un bouchon de vin de Champagne, au plafond.
Je ne suis pas douillet ! — Un suicide ! on se damne,
Mon fils ! — Nous n'avons pas, dit Mardoche, le crâne

XXXVII

Fait de même. — Attendez du moins jusqu'à demain,
Mon fils, et retirez ceci de votre main.
Songez-y donc : chez moi ! dans ma chambre ! une femme !
Mon enfant, un suicide ! Ah ! songez à votre âme.
— Henri huit, révérend, dit Mardoche, fut veuf
De sept reines, tua deux cardinaux, dix-neuf
Évêques, treize abbés, cinq cents prieurs, soixante-
Un chanoines, quatorze archidiacres, cinquante
Docteurs, douze marquis, trois cent dix chevaliers,
Vingt-neuf barons chrétiens, et six-vingts roturiers.

XXXVIII

Moi je n'en tuerai qu'un, révérend ; mais, de grâce,
Parlez, et dites-nous ce qu'il vous plaît qu'on fasse.
— Qu'on fasse ! dit le prêtre ; et l'enfer, mon cher fils !
L'enfer ! — Monsieur, reprit Mardoche, je ne puis
Répondre là-dessus, n'ayant eu pour nourrice
Qu'une chèvre. » Le bout de l'arme tentatrice
Brillait en plein soleil. « Eh bien ! je le veux bien,
S'écria le vieillard, mais vous n'en direz rien.
Sur votre foi, mon fils, songez à ce qu'on pense...
— Touchez là, dit Mardoche, et Dieu vous récompense ! »

XXXIX

Telle fut, de tout point, la conversation,
Qu'avec son oncle Évrard Mardoche eut à Meudon
(Car Évrard du bedeau fut le nom véritable).
De l'oncle ou du neveu qui fut le plus coupable ?
Le neveu fut impie, et l'oncle fut trop bon.
L'un plaidait pour le ciel, l'autre pour le démon.
Le parallèle prête à faire une élégie :
Oncle, tu fus trop bon ; neveu, tu fus impie.
Mais n'importe, il suffit de savoir pour l'instant,
Quel qu'en soit le motif, que Mardoche est content.

XL

De plus, j'ai déjà dit que c'était jour de fête.
Une fête, à Meudon, tourne plus d'une tête ;
Et qui pouvait savoir, tandis que, soucieux,
Notre héros à terre avait fixé ses yeux,
Ce qu'il cherchait encor ? — Le fait est qu'en silence
Au digne magister il fit sa révérence,
Puis s'éloigna pensif, sans trop regarder où,
La tête basse, et, comme on dit, à pas de loup.
— Toujours un amoureux s'en va tête baissée,
Cheminant de son pied moins que de sa pensée.

XLI

Heureux un amoureux ! — Il ne s'enquête pas
Si c'est pluie ou gravier dont s'attarde son pas.
On en rit ; c'est hasard s'il n'a heurté personne.
Mais sa folie au front lui met une couronne,
A l'épaule une pourpre, et devant son chemin
La flûte et les flambeaux, comme un jeune Romain !
Tel était celui-ci, qu'à sa mine inquiète
On eût pris pour un fou, sinon pour un poète ;
Car vous verriez plutôt une moisson sans pré,
Sans serrure une porte, et sans nièce un curé,

MARDOCHE.   Page 111.

Bibl. Charpentier.   LIV. 14.

XLII

Que sans manie un homme ayant l'amour dans l'âme.
Comme il marchait pourtant, un visage de femme
Qui passa tout à coup sous un grand voile noir,
Le jeta dans un trouble horrible à concevoir.
Qu'avait-il ? Qu'était donc cette beauté voilée ?
Peut-être sa Rosine ! — Au détour de l'allée,
Avait-il reconnu, sous les plis du shall blanc,
Sa démarche à l'anglaise, et son pas nonchalant ?
Elle n'était pas seule ; un homme à face pâle
L'accompagnait, d'un air d'aisance conjugale.

XLIII

Quoi qu'il en soit, lecteur, notre héros suivit
Cette beauté voilée, aussitôt qu'il la vit.
Longtemps et lentement, au bord de la terrasse,
Il marcha comme un chien basset sur une trace,
Toujours silencieux, car il délibérait
S'il devait passer outre ou bien s'il attendrait.
L'ennemi tout à coup, à sa grande surprise,
Fit volte-face. Il vit que l'instant de la crise
Approchait ; tenant donc le pied ferme, aussitôt
Il rajusta d'un coup son col et son jabot.

XLIV

Muses ! — Depuis le jour où John Bull, en silence,
Vit jadis par Brummel, en dépit de la France,
Les gilets blancs proscrits, et jusques aux talons
(Exemple monstrueux !) traîner les pantalons ;
Jusqu'à ces heureux temps où nos compatriotes
Enfin jusqu'à mi-jambe ont relevé leurs bottes,
Et, ramenant au vrai tout un siècle enhardi,
Dégagé du maillot le mollet du dandy !
Si jamais, retroussant sa royale moustache,
Gentilhomme au plein vent fit siffler sa cravache ;

XLV

D'un air tendre et rêveur, si jamais merveilleux,
Pour montrer une bague, écarta ses cheveux ;
Oh ! surtout, si jamais manchon aristocrate
Fit mollement plier la douillette écarlate ;
Ou si jamais, pareil à l'étoile du soir,
Put sous un voile épais scintiller un œil noir :
O Muses d'Hélicon ! — O chastes Piérides !
Vous qui du double roc buvez les eaux rapides,
Dites, ne fut-ce pas lorsque, la canne en l'air,
Mardoche en sautillant passa comme un éclair ?

XLVI

Ce ne fut qu'un coup d'œil, et, bien que passé maître,
Notre époux, à coup sûr, n'y put rien reconnaître.
Un vieux Turc accroupi, qui près de là fumait,
N'aurait pas eu le temps de dire : Mahomet.
La dame, je crois même, avait tourné la tête ;
Et, sans s'inquiéter autrement de la fête,
Ni des gens de l'endroit, ni de son beau parent,
Mardoche regagna sa voiture en courant.
« A Paris ! » dit le groom en fermant la portière,
A Paris ! oh ! l'étrange et la plaisante affaire !

XLVII

Lecteur, qui ne savez que penser de ceci,
Et qui vous préparez à froncer le sourci,
Si vous n'avez déjà deviné que Mardoche
Emportait de Meudon un billet dans sa poche,
Vous serez, en rentrant, étonné de le voir
Se jeter tout soudain le nez contre un miroir,
Demander du savon, et gronder sa servante ;
Puis, laissant son laquais glacé par l'épouvante,
Se vider sur le front, ainsi qu'un flot lustral,
Un flacon tout entier d'huile de Portugal.

XLVIII

Vénus ! flambeau divin ! — Astre cher aux pirates !
Astre cher aux amants ! — Tu sais que de cravates,
Un jour de rendez-vous, chiffonne un amoureux !
Tu sais combien de fois il en refait les nœuds !
Combien coule sur lui de lait de rose et d'ambre !
Tu sais que de gilets et d'habits par la chambre
Vont traînant au hasard, mille fois essayés,
Pareils à des blessés qu'on heurte et foule aux pieds !
Vous surtout, dards légers[1], qu'en ses doctes emphases
Delille a consacrés par quatre périphrases !

XLIX

O bois silencieux ! ô lacs ! — O murs gardés !
Balcons quittés si tard ! si vite escaladés !
Masques, qui ne laissez entrevoir d'une femme
Que deux trous sous le front, qui lui vont jusqu'à l'âme,
O capuchons discrets ! — O manteaux de satin !
Que presse sur la taille une amoureuse main !
Amour ! mystérieux amour, douce misère !
Et toi, lampe d'argent, pâle et fraîche lumière
Qui fais les douces nuits plus blanches que le lait !
— Soutenez mon haleine en ce divin couplet !

L

Je veux chanter ce jour d'éternelle mémoire
Où, son dîner fini, devant qu'il fît nuit noire,
Notre héros, le nez caché sous son manteau,
Monta dans sa voiture une heure au moins trop tôt !
Oh ! qu'il était joyeux, et, quoiqu'on n'y vît goutte,
Que de fois il compta les bornes de la route !
Lorsqu'enfin le tardif marchepied s'abaissa,
Comme, le cœur battant, d'abord il s'élança !
Tout le quartier dormait profondément, en sorte
Qu'il leva lentement le marteau de la porte.

1. Les épingles.

LI

Êtes-vous quelquefois sorti par un temps doux,
Le soir, seul, en automne, — ayant un rendez-vous ?
Il est de trop bonne heure, et l'on ne sait que faire
Pour tuer, comme on dit, le temps, ou s'en distraire.
On s'arrête, on revient. — De guerre lasse, enfin,
On entre. — On va poser son front sur un coussin, —
Sur le bord de son lit, — place à jamais sacrée !
Tiède encor des parfums d'une tête adorée !
— On écoute. — On attend. — L'ange du souvenir
Passe, et vous dit tout bas : « L'entends-tu pas venir ? »

LII

J'ai vu, sur les autels, le pudique hyménée
Joindre une sèche main de prude surannée
A la main sans pudeur d'un roué de vingt ans.
Au Havre, dans un bal, j'ai vu les yeux mourants
D'une petite Anglaise, à l'air mélancolique,
Jeter un long regard plein d'amour romantique
Sur un buveur de punch, et qui, dans le moment,
Venait de se griser abominablement !
J'ai vu des apprentis se vendre à des douairières
Et des Almavivas payer leurs chambrières.

LIII

Est-il donc étonnant qu'une fois, à Paris,
Deux jeunes cœurs se soient rencontrés — et compris ?
Hélas ! de belles nuits le ciel nous est avare
Autant que de beaux jours ! — Frère, quand la guitare
Se mêle au vent du soir, qui frise vos cheveux,
Quand le clairet vous a ranimé de ses feux,
Oh ! que votre maîtresse, alors surtout, soit belle !
Sinon, quand vous voudrez jeter les yeux sur elle,
Vous sentirez le cœur vous manquer, et soudain
L'instrument, malgré vous, tomber de votre main.

LIV

L'auteur du présent livre, en cet endroit, supplie
Sa lectrice, si peu qu'elle ait la main jolie
(Comme il n'en doute pas), d'y jeter un moment
Les yeux, et de penser à son dernier amant.
Qu'elle songe, de plus, que Mardoche était jeune,
Amoureux, qu'il avait pendant un mois fait jeûne,
Que la chambre était sombre, et que jamais baisé
Plus long ni plus ardent ne put être posé
D'une bouche plus tendre, et sur des mains plus blanches
Que celles que Rosine eut au bout de ses manches.

LV

Car, à dire le vrai, ce fut la Rosina
Qui parut tout à coup, quand la porte tourna.
Je ne sais, ô lecteur ! si notre ami Mardoche
En cette occasion crut son bien sans reproche,
Mais il en profita. — Pour la table, le thé,
Les biscuits et le feu, ce fut vite apporté.
— Il pleuvait à torrents. — Qu'on est bien deux à table !
Une femme! un souper! Je consens que le diable
M'emporte, si jamais j'ai souhaité d'avoir
Rien autre chose avant de me coucher le soir.

LVI

Lecteur, remarquez bien cependant que Rosine
Était blonde, l'œil noir, avait la jambe fine ;
Même, hormis les pieds qu'elle avait un peu forts,
Joignait les qualités de l'esprit et du corps.
Il paraît donc assez simple et facile à croire
Que son féal époux, sans être d'humeur noire,
Voulût la surveiller. — Peut-être qu'il était
Averti de l'affaire en dessous ; le fait est
Que Mardoche et sa belle, au fond, ne pensaient guère
A lui, quand il cria comme au Festin de Pierre :

LVII

« Ouvrez-moi ¹ ! — Pechero ! dit la dame, je suis
Perdue !... Où se cacher, Mardoche ? » Au fond d'un puits
Il s'y serait jeté, de peur de compromettre
La reine de son cœur. Il ouvrit la fenêtre.
Stratagème excellent ! — Rien n'était mieux trouvé ;
Et zeste ! il se démit le pied sur un pavé.
O bizarre destin ! ô fortune inconstante !
O malheureux amant ! plus malheureuse amante !
Après ce coup fatal qu'allez-vous devenir,
Hélas ! et comment donc ceci va-t-il finir ?

LVIII

De tout temps les époux, grands dénoueurs de trames,
Ont mangé les soupers des amants de leurs femmes.
On peut voir pour cela, depuis maître Gil Blas,
Jusqu'à Crébillon fils et monsieur de Faublas.
Mais notre Dijonnais à la face chagrine
Jugea la chose mal à propos. — Et Rosine,
Que fit-elle ? — Elle avait cet air désappointé
Que fait une perruche à qui l'on a jeté
Malicieusement une fève arrangée
Dans du papier brouillard en guise de dragée.

LIX

Elle prend avec soin l'enveloppe, ôte tout,
Tire, et s'attend à bien, puis, quand elle est au bout
Du papier imposteur, voyant la moquerie,
Reste moitié colère et moitié bouderie.
« Madame, dit l'époux, vous irez au couvent. »
Au couvent ! — O destin cruel et décevant !
Le calice était plein ; il fallut bien le boire.
Et que dit à ce mot la pauvre enfant ? — L'histoire

1. Cette fin est usée, et nous la donnons telle
Par grand éloignement de la mode nouvelle.

N'en sait rien. — Et que fit Mardoche? — Pour changer
D'amour, il lui fallut six mois à voyager.

Septembre 1829.

LE SAULE

FRAGMENT

I

. . . .
Il se fit tout à coup le plus profond silence,
Quand Georgina Smolen se leva pour chanter.
Miss Smolen est très pâle. — Elle arrive de France,
Et regrette le sol qu'elle vient de quitter.
On dit qu'elle a seize ans. — Elle est Américaine;
Mais, dans ce beau pays dont elle parle à peine,
Jamais deux yeux plus doux n'ont du ciel le plus pur
Sondé la profondeur et réfléchi l'azur.
Faible et toujours souffrante, ainsi qu'un diadème,
Elle laisse à demi, sur son front orgueilleux,
En longues tresses d'or tomber ses longs cheveux.
Elle est de ces beautés dont on dit qu'on les aime
Moins qu'on ne les admire; — un noble, un chaste cœur :
La volupté, pour mère, y trouva la pudeur.
Bien que sa voix soit douce, elle a sur le visage,
Dans les gestes, l'abord, et jusque dans ses pas,
Un signe de hauteur qui repousse l'hommage,
Soit tristesse ou dédain, mais qui ne blesse pas.
Dans un âge rempli de crainte et d'espérance,
Elle a déjà connu la triste indifférence,
Cette fille du temps. — Qui pourrait cependant
Se lasser d'admirer ce front triste et charmant
Dont l'aspect seul éloigne et guérit toute peine?
Tant sont puissants, hélas! sur la misère humaine
Ces deux signes jumeaux de paix et de bonheur,
Jeunesse de visage et jeunesse de cœur!
Chose étrange à penser, il paraît difficile
Au regard le plus dur et le plus immobile

Le Saule. Page 112.

De soutenir le sien. — Pourquoi? Qui le dira?
C'est un mystère encor. — De ce regard céleste
L'atteinte, allant au cœur, est sans doute funeste,
Et devra coûter cher à qui la recevra.

Miss Smolen commença; — l'on ne voyait plus qu'elle.
On connaît ce regard qu'on veut en vain cacher,
Si prompt, si dédaigneux, quand une femme est belle!...
Mais elle ne parut le fuir ni le chercher.

Elle chanta cet air qu'une fièvre brûlante
Arrache, comme un triste et profond souvenir,
D'un cœur plein de jeunesse et qui se sent mourir;
Cet air qu'en s'endormant Desdemona tremblante,
Posant sur son chevet son front chargé d'ennuis,
Comme un dernier sanglot, soupire au sein des nuits.

D'abord ses accents purs, empreints d'une tristesse
Qu'on ne peut définir, ne semblèrent montrer
Qu'une faible langueur, et cette douce ivresse
Où la bouche sourit, et les yeux vont pleurer.
Ainsi qu'un voyageur couché dans sa nacelle,
Qui se laisse au hasard emporter au courant,
Qui ne sait si la rive est perfide ou fidèle,
Si le fleuve à la fin devient lac ou torrent;
Ainsi la jeune fille, écoutant sa pensée,
Sans crainte, sans effort, et par sa voix bercée,
Sur les flots enchantés du fleuve harmonieux
S'éloignait du rivage en regardant les cieux...

Quel charme elle exerçait! Comme tous les visages
S'animaient tout à coup d'un regard de ses yeux!
Car, hélas! que ce soit, la nuit dans les orages,
Un jeune rossignol pleurant au fond des bois,
Que ce soit l'archet d'or, la harpe éolienne,
Un céleste soupir, une souffrance humaine,
Quel est l'homme, aux accents d'une mourante voix,
Qui, lorsque pour entendre il a baissé la tête,
Ne trouve dans son cœur, même au sein d'une fête,
Quelque larme à verser, — quelque doux souvenir
Qui s'allait effacer et qu'il sent revenir?

Déjà le jour s'enfuit, — le vent souffle, — silence !
La terreur brise, étend, précipite les sons ;
Sous les brouillards du soir le meurtrier s'avance,
Invisible combat de l'homme et des démons !
A l'action, Iago ! Cassio meurt sur la place.
Est-ce un pêcheur qui chante, est-ce le vent qui passe ?
Ecoute, moribonde ! Il n'est pire douleur
Qu'un souvenir heureux dans les jours de malheur.

Mais lorsqu'au dernier chant la redoutable flamme
Pour la troisième fois vient repasser sur l'âme
Déjà prête à se fondre, et que dans sa frayeur
Elle presse en criant sa harpe sur son cœur...
La jeune fille alors sentit que son génie
Lui demandait des sons que la terre n'a pas ;
Soulevant par sanglots des torrents d'harmonie,
Mourante, elle oubliait l'instrument dans ses bras.
O Dieu ! mourir ainsi, jeune et pleine de vie....
Mais tout avait cessé, le charme et les terreurs,
Et la femme en tombant ne trouva que des pleurs.

Pleure, le ciel te voit ! — pleure, fille adorée !
Laisse une douce larme au bord de tes yeux bleus
Briller, en s'écoulant, comme une étoile aux cieux !
Bien des infortunés dont la cendre est pleurée
Ne demandaient pour vivre et pour bénir leurs maux
Qu'une larme, — une seule, et de deux yeux moins beaux !

Échappant aux regards de la foule empressée,
Miss Smolen s'éloignait, la rougeur sur le front ;
Sur le bord du balcon elle resta penchée.

Oh ! qui l'a bien connu, ce mouvement profond,
Ce charme irrésistible, intime, auquel se livre
Un cœur dans ces moments de lui-même surpris,
Qu'aux premiers battements un doux mystère enivre,
Jeune fleur qui s'entr'ouvre à la fraîcheur des nuits !
Fille de la douleur ! harmonie ! harmonie !
Langue que pour l'amour inventa le génie
Qui nous vins d'Italie, et qui lui vins des cieux !
Douce langue du cœur, la seule où la pensée,

Cette vierge craintive et d'une ombre offensée,
Passe en gardant son voile, et sans craindre les yeux!
Qui sait ce qu'un enfant peut entendre et peut dire
Dans tes soupirs divins nés de l'air qu'il respire,
Tristes comme son cœur et doux comme sa voix?
On surprend un regard, une larme qui coule;
Le reste est un mystère ignoré de la foule,
Comme celui des flots, de la nuit et des bois!

Oh! quand tout a tremblé, quand l'âme tout entière
Sous le démon divin se sent encor frémir,
Pareille à l'instrument qui ne peut plus se taire,
Et qui d'avoir chanté semble longtemps gémir...
Et quand la faible enfant, que son délire entraîne,
Mais qui ne sait d'amour que ce qu'elle en rêva,
Vient à lever les yeux.... La belle Américaine
Qui dérobait les siens, enfin les souleva.

Sur qui? — Bien des regards, ainsi qu'on peut le croire,
Comme un regard de reine avaient cherché le sien.
Que de fronts orgueilleux qui s'en seraient fait gloire!
Sur qui donc? — Pauvre enfant, le savait-elle bien?

Ce fut sur un jeune homme à l'œil dur et sévère,
Qui la voyait venir et ne la cherchait pas.
Qui, lorsqu'elle emportait une assemblée entière,
N'avait pas dit un mot, ni fait vers elle un pas.
Il était seul, debout, — un étrange sourire, —
Sous de longs cheveux blonds des traits efféminés; —
A ceux qui l'observaient, son regard semblait dire :
On ne vous croira pas si vous me devinez.
Son costume annonçait un fils de l'Angleterre;
Il est, dit-on, d'Oxford. — Né dans l'adversité,
Il habite le toit que lui laissa son père,
Et prouve un noble sang par l'hospitalité.
Il se nomme Tiburce.

    On dit que la nature
A mis dans sa parole un charme singulier.
Mais surtout dans ses chants; que sa voix triste et pure
A des sons pénétrants qu'on ne peut oublier.

Mais à compter du jour où mourut son vieux père,
Quoi qu'on fît pour l'entendre, il n'a jamais chanté.

D'où la connaissait-il? ou quel secret mystère
Tient sur cet étranger son regard arrêté?
Quel souvenir ainsi les met d'intelligence?
S'il la connaît, pourquoi ce bizarre silence?
S'il ne la connaît pas, pourquoi cette rougeur?
On ne sait. — Mais son œil rencontra l'œil timide
De la vierge tremblante, et le sien plus rapide
Sembla comme une flèche aller chercher le cœur.
Ce ne fut qu'un éclair. L'invincible étincelle
Avait jailli de l'âme, et Dieu seul l'avait vu!
Alors, baissant la tête, il s'avança vers elle,
Et lui dit : « M'aimes-tu, Georgette, m'aimes-tu? »

II

Tandis que le soleil s'abaisse à l'horizon,
Tiburce semble attendre, au seuil de sa maison,
L'heure où dans l'Océan l'astre va disparaître.
A travers les vitraux de la sombre fenêtre,
Les dernières lueurs d'un beau jour qui s'enfuit
Percent encor de loin le voile de la nuit.

Deux puissants destructeurs ont marqué leur présence
Dans le manoir désert du pauvre étudiant :
Le temps et le malheur. — Tu gardes le silence,
Vieux séjour des guerriers, autrefois si bruyant!
Dans les longs corridors qui se perdent dans l'ombre,
Où de tristes échos répètent chaque pas,
Se mêlaient autrefois des serviteurs sans nombre...
La coupe des festins égaya les repas.

Une lampe qu'au loin on aperçoit à peine,
Prouve que de ces murs un seul est habité.
Ainsi tombe et périt le féodal domaine :
Ici la solitude, — ici la pauvreté.
Ce sont les lourds arceaux d'un vieux laboratoire
Que Tiburce a choisis; — non loin est un caveau,

Peut-être une prison, — peut-être un oratoire;
Car rien n'approche autant d'un autel qu'un tombeau.

Là, dans le vieux fauteuil de la noble famille,
Où les enfants priaient, où mouraient les vieillards,
S'agenouilla jadis plus d'une chaste fille
Qui poursuivait des yeux de lointains étendards.
Plus tard, c'est encor là qu'à l'heure où le coq chante,
Demandant au néant des trésors inouïs,
L'alchimiste courbé, d'une main impuissante,
Frappa son front ridé dans le calme des nuits.
Le philosophe oisif disséqua sa pensée...
La science aujourd'hui, rencontrant sous ses pieds
Les vestiges poudreux d'une route effacée,
Sourit aux vains efforts des siècles oubliés.

Sur le chevet du lit pend cette triste image,
Où Raphaël, traînant une famille en deuil,
Dépose l'Homme-Dieu de la croix au cercueil.
Sa mère de ses mains veut couvrir son visage.
Ses bras se sont roidis, et, pour la ranimer,
Ses filles n'ont, hélas ! que leur sainte prière...
Ah ! blessures du cœur, votre trace est amère !
Promptes à vous ouvrir, lentes à vous fermer !

Ici c'est Géricault et sa palette ardente;
Mais qui peut oublier cette fausse Judith,
Et dans la blanche main d'une perfide amante
La tête qu'en mourant Allori suspendit?

Et plus loin — la clarté d'une lampe sans vie
Agite sur les murs, dans l'ombre appesantie,
Un marbre mutilé. — Père d'un temps nouveau,
Ta mémoire, ô héros, ne sera point troublée !
Ton image se cache et doit rester voilée
Sur la terre où l'on boit encore à Waterloo...

Les arts, ces dieux amis, fils de la solitude,
Sont rois sous cette voûte ; auprès d'eux l'humble étude
Vient d'un baiser de paix rassurer la douleur ;
Et toi surtout, et toi, triste et fidèle amie,

LE SAULE

A qui l'infortuné, dans ses nuits d'insomnie,
Dit tout bas ses secrets qui dévorent le cœur,
Toi, déesse des chants, à qui, dans son supplice,
La douleur tend les bras, criant : — Consolatrice!
Consolatrice!

      A l'âge où la chaleur du sang
Fait éclore un désir à chaque battement,
Où l'homme, apercevant, des portes de la vie,
La Mort à l'horizon, s'avance et la défie, —
Parmi les passions qui viennent tour à tour
S'asseoir au fond du cœur sur un trône invisible,
La haine, — l'intérêt, — l'ambition, — l'amour,
Tiburce n'en connaît qu'une, — la plus terrible.
Jusqu'à ce jour, du moins, le sillon n'a senti
Des autres que le germe; une seule a grandi.
Quant à cette secrète et froide maladie,
Misérable cancer d'un monde qui s'en va,
Ce facile mépris de l'homme et de la vie,
Nul de l'avoir connu jamais ne l'accusa.
Mais pourquoi cherchait-il ainsi la solitude?

On ne sait. — Dès longtemps il chérissait l'étude.
Autrefois ignoré, mais content de son sort,
Il marcha sur les pas de ceux à qui la mort
Révèle les secrets de l'être et de la vie.
Incliné sous sa lampe, infatigable amant
D'une science aride et longtemps poursuivie,
On le voyait, la nuit, écrire assidûment;
Ou quelquefois encor, quand l'astre au front d'albâtre
Efface les rayons de son disque incertain,
Il osait, oubliant sa tâche opiniâtre,
Étudier les lois de ces mondes sans fin,
Flots d'une mer de feu sur nos fronts balancée,
Et que n'ont pu compter ni l'œil ni la pensée!...

Mais, hélas! que de jours, que de longs jours passés,
Ont vu depuis ce temps ses travaux délaissés!
Renfermé dans les murs où mourut son vieux père,
Depuis plus de deux ans, sous son toit solitaire
Il vit seul, loin des yeux, — heureux, — car ses amis,

En calculant les jours, n'ont point compté les nuits.
Peut-être en se cachant voulait-il le silence...
Qui savait ses projets? — Nul ne connaît celui
Qui le fait sur le seuil demeurer aujourd'hui.

Mais la nuit à grands pas sur la terre s'avance;
Et les ombres déjà, que le vent fait frémir.
Sur le sol obscurci semblent se réunir.
Le repos par degrés s'étend sur les campagnes;
L'astre baisse, — il s'arrête au sommet des montagnes,
Jette un dernier regard aux cimes des forêts,
Et meurt. — Les nuits d'hiver suivent les soirs de près.

Quelques groupes épars d'oisifs, de jeunes filles,
De joyeux villageois regagnant la cité,
Se distinguent encor, malgré l'obscurité.
Sous le chaume habité par de pauvres familles,
Des feux de loin en loin enfument les vieux toits,
Noircis par l'eau du ciel dont dégouttent les bois.
Tandis que des enfants la voix fraîche et sonore,
Montant avec l'encens de la maison de Dieu,
Au bruit confus des mers au loin se mêle encore,
Et fait frémir au vent les vitraux du saint lieu,
Quelques refrains grossiers que l'on entend à peine
Rappellent au passant le jour du samedi.
Le buveur nonchalant a laissé loin de lui
L'artisan de la veille, obsédé par la gêne,
Qui, baignant de sueur chaque morceau de pain,
Travaillant pour le jour, doute du lendemain.
L'oubli, ce vieux remède à l'humaine misère,
Semble avec la rosée être tombé des cieux.
Se souvenir, hélas! — oublier, — c'est sur terre
Ce qui, selon les jours, nous fait jeunes ou vieux!

Tiburce contemplait cette bizarre scène;
Son œil sous les vapeurs apercevait à peine
Les fantômes mouvants qui passaient devant lui.
Dieu juste! sous ses toits que d'humbles destinées
S'achevant en silence ainsi qu'elles sont nées! —
Et Tiburce pensa qu'il était pauvre aussi.

Le Saulx.   Page 124.

Bibl. Charpentier.   LIV. 16.

Ah ! Pauvreté, marâtre ! à qui donc est utile
Celui qui d'un sein maigre a bu ton lait stérile ?
A quoi ressemble l'homme, ignoré du destin,
Qui, reprenant le soir son sentier du matin,
Marchant à pas comptés dans sa vie inconnue,
S'endort quand sur son toit la nuit est descendue ?
Peut-être est-ce le sage ; — un moins pesant fardeau
Courbe plus lentement son front jusqu'au tombeau ;
Mais celui qu'un fatal et tout-puissant génie
Livre dans l'ombre épaisse à la pâle Insomnie,
Celui qui, pour souffrir ne se reposant pas,
Vit d'une double vie, — oh ! qu'est-il ici-bas ?
Pareille à l'ange armé du saint glaive de flamme,
L'invincible Pensée a du seuil de son âme
Chassé le doux sommeil comme un hôte étranger.
Seule elle y règne, — et n'est pas longue à la changer
En une solitude immense, et plus profonde
Que les déserts perdus sur les bornes du monde !

Mais silence ! écoutez ! — c'est le son du beffroi.
Tiburce s'est levé : « L'heure de la prière !
Dit-il, soit : c'est mon heure ! Ils prieront Dieu pour moi ! »
Il marche ; il est parti...

      Le jour et la lumière
Des sinistres projets sont mauvais confidents.
Là, les audacieux sont nommés imprudents.
La pensée, évitant l'œil vulgaire du monde,
S'enfuit au fond du cœur. — La nuit, la nuit profonde,
Vient seule relever, à l'heure du sommeil,
Les fronts qui s'inclinaient aux rayons du soleil.

. . . .

Pâle étoile du soir, messagère lointaine,
Dont le front sort brillant des voiles du couchant,
De ton palais d'azur, au sein du firmament,
  Que regardes-tu dans la plaine ?

La tempête s'éloigne, et les vents sont calmés.
La forêt, qui frémit, pleure sur la bruyère ;
Le phalène doré, dans sa course légère,
  Traverse les prés embaumés.

Que cherches-tu sur la terre endormie ?
Mais déjà vers les monts je te vois t'abaisser ;
Tu fuis, en souriant, mélancolique amie,
Et ton tremblant regard est près de s'effacer.

Étoile qui descends sur la verte colline,
Triste larme d'argent du manteau de la Nuit,
Toi que regarde au loin le pâtre qui chemine,
Tandis que pas à pas son long troupeau le suit, —
Étoile, où t'en vas-tu, dans cette nuit immense ?
Cherches-tu sur la rive un lit dans les roseaux ?
Où t'en vas-tu si belle à l'heure du silence,
Tomber comme une perle au sein profond des eaux ?
Ah ! si tu dois mourir, bel astre, et si ta tête
Va dans la vaste mer plonger ses blonds cheveux,
Avant de nous quitter, un seul instant arrête ; —
Étoile de l'amour, ne descends pas des cieux !

III

. . . .
« C'est vrai, Bell, répondit Georgette à son amie ;
Souvent jusqu'à la nuit j'aime à rester ici.
La mer y vient mourir sur la plage endormie...

— Mais qu'as-tu ? dit Bella ; pourquoi pleurer ainsi ?

— Restons, restons toujours ; ce sont de douces larmes...
Douces, et sans motif... et des larmes pourtant !
As-tu peur ? mais la peur elle-même a ses charmes...
C'est mon plaisir du soir ; restons un seul instant.
— Hélas ! bonne Georgette, il faut bien qu'on te cède ;
Mais la nuit va venir, et... Dieu nous soit en aide !
Pourquoi donc dans ma main sens-je frémir ta main ? »

Georgette, en soupirant, regarda son amie :

« Ainsi, Bella, pour toi, de ce double chemin
Où l'on dit que nos pas s'égarent dans la vie,
Un seul, un seul existe, et te sera connu !
L'hiver prochain, dis-moi, Bell, quel âge auras-tu ?
Mais que dis-je ? notre âge est à peu près le même.

Je suis folle, et c'est tout. Pauvre Bella, je t'aime
Du fond du cœur.

          — Mon Dieu ! Georgina, qu'as-tu donc ?
Tu ne te soutiens plus....

          — Pardon, chère, pardon !
Tiens, donne-moi ton bras, et revenons ensemble. »
Toutes deux lentement marchèrent quelques pas.

« Non ! cria Georgina, non, je ne le puis pas !
Je ne puis pas le fuir ! N'est-ce pas qu'il te semble,
Bella, que je suis pâle, et que je dois souffrir ?
C'est le bruit de ces flots, de ce vent qui murmure ;
C'est l'aspect de ces bois, c'est toute la nature
Qui me brise le cœur, et qui me fait mourir !...
Ah ! Bella, ma Bella, rien que par la pensée,
Tant souffrir ! Quelle nuit terrible j'ai passée !
Terrible et douce, amie ! écoute, écoute-moi...

— Parle, ma Georgina, raconte-moi ta peine.

— Oui, tout à toi, Bella, car ma pauvre âme est pleine ;
Et qui me soutiendra, chère, si ce n'est toi ?
Sœur de mon âme, écoute. O mon unique amie,
C'est de bonheur, Bella, que je meurs ! c'est ma vie
Qui dans cet océan se perd comme un ruisseau.
Pour toi, ces eaux, ces bois, tout est muet, ma chère,
Viens, ma bouche et mon cœur t'en diront le mystère...
Rappelons-nous Hamlet, et sois mon Horatio. »

IV

. . . .
Au bord d'une prairie, où la fraîche rosée
Incline au vent du soir la bruyère arrosée,
Le château de Smolen, vénérable manoir,
Découpe son portail sous un ciel triste et noir.
C'est au pied de ces murs que Tiburce s'arrête.
Il écoute. — A travers les humides vitraux,
Il voit passer une ombre et luire des flambeaux :

« A cette heure ! dit-il. Est-ce encore une fête ? »
Puis, avec un murmure, il ajoute plus bas :
« M'aurait-elle trompé ? » Dans ce moment, un pas
Au penchant du coteau semble se faire entendre...
Il est sans armes, seul. — Viendrait-on le surprendre?

Il hésite, — il approche à pas silencieux.
Caché sous le portail que couvre une ombre épaisse,
Tour à tour près du mur il se penche et se baisse...
Quel spectacle imprévu vient de frapper ses yeux!

Près de l'ardent foyer où le chêne pétille,
Le vieux Smolen courbé récite à haute voix
L'oraison qu'après lui répète sa famille.
Comme dans ce guerrier si terrible autrefois
La sainte paix de l'âme efface les années !
Il prie, et cependant deux femmes inclinées
Pour parler au Seigneur se reposent sur lui.
Tiburce les connaît ; — l'une est âgée — et l'autre...
— Corrupteur, corrupteur, que viens-tu faire ici ?
Vois ! elle est à genoux, mais les chants de l'apôtre
Ne retentissent plus dans le fond de son cœur.
Pourquoi ces mouvements, ces yeux fixés à terre ?
Qui rendra maintenant cette fille à son père ?
Qui sait si ce vieillard, certain de son honneur,
Tout en priant ainsi, n'a pas de sa parole
Détourné sa pensée, et s'il ne bénit pas
En ce moment, hélas ! l'enfant qui le console,
Et dont l'ange gardien fuit au bruit de tes pas?...

Mais non, non, ce vieillard ne saurait douter d'elle.
Soixante ans de vertus l'ont fait croire au bonheur.
Georgina s'est levée. — Ah ! que cette pâleur
Lui sied bien à tes yeux, Tiburce, et qu'elle est belle !
Courbe toi, jeune fille, et du pied de l'autel
Viens présenter ton front au baiser paternel.
Presse, en te retirant, sur ta lèvre brûlante,
La main de ce vieillard ; — encor ! — bien ! presse-la !
N'entends-tu pas ton cœur, douce et loyale amante,
Ton cœur qui bat de joie, et te crie : « Il est là ! »

Il est là, miss Smolen, qui t'attend, et qui compte
Les bénédictions d'un père à son enfant.
Il est là, sur le seuil, qui descend et qui monte,
Comme un larron de nuit que la frayeur surprend.
Hâte-toi ! le temps fuit ! l'horizon se colore !
L'astre des nuits bientôt va briller, — hâte-toi !
Mais à peine au château quelques clartés encore
S'agitent çà et là. — Le silence, — l'effroi. —
Quelques pas, quelques sons traversent la nuit sombre,
Une porte a gémi dans un long corridor. —
Tiburce attend toujours. — Le ravisseur, dans l'ombre,
N'a-t-il pas des pensers de meurtrier ? — Tout dort.

Oh ! qui n'a pas senti son cœur battre plus vite
A l'heure où sous le ciel l'homme est seul avec Dieu ?
Qui ne s'est retourné, croyant voir à suite
Quelque forme glisser, — quand des lignes de feu,
Se croisant en tous sens, brillent dans les ténèbres,
Comme les veines d'or du mur d'airain des nuits !
Lorsque l'homme effrayé, soulevant les tapis
Qui se froissent sur lui, croit que des cris funèbres
De courir à son or sont venus l'avertir...
Malheur ! Quand la nuit vient, l'homme est fait pour dormir.

Il est certain qu'alors l'Effroi sur notre tête
Passe comme le vent sur la cime des bois,
Et lorsqu'à son aspect le cœur manque, il s'arrête,
Et saisit aux cheveux l'homme resté sans voix.

Derrière l'angle épais d'une fenêtre obscure,
Tiburce resté seul avançait à grands pas.
Aux rayons de la lune une blanche figure
Parut à son approche et glissa dans ses bras :
« Hélas ! après deux ans ! » dit-elle, et sa pensée
Mourut dans un soupir sur sa lèvre glacée...

V

« Qu'avez-vous, mon ami ? pourquoi ce front chagrin ?
Seigneur, me cachez-vous vos sujets de tristesse ?
Vous avez négligé de prier ce matin ;

Cher seigneur, vous souffrez. Le mal qui vous oppresse
Me fait souffrir aussi.

       — Rien, rien, dit le vieillard.
Où donc est votre fille ? elle descend bien tard.

— Dieu du ciel ! Georgina, mon cher seigneur, vous aime,
Et vos chagrins la font souffrir comme moi-même ;
Elle pleure. O Smolen ! qui vous a, cette nuit
Fait tout à coup ainsi sortir de votre lit ?
— Silence, disiez-vous, — et cependant, pensai-je,
Les chemins et les toits sont recouverts de neige.
Hélas ! je parle au nom d'une vieille amitié,
Qui de vos soixante ans a porté la moitié.

— Je suis malade, femme, et rien de plus.

       — Malade ?
Quoi ! Smolen est malade, et par cette saison
Expose son front chauve à l'agitation
D'une nuit de tempête ? Et seul, la nuit, s'évade
En me criant : « Silence ! » — ainsi qu'un assassin
Que l'esprit de malheur conduit à son dessein ?
Oui, vous êtes malade, ou je suis bien trompée.
C'est le cœur, cher seigneur, le cœur qui souffre en vous.
Pitié, mon Dieu ! Pourquoi demander votre épée ?
Où voulez-vous aller ? Seigneur, songez à nous.
Allez-vous dans le deuil laisser votre famille ?

— Rien, rien, dit le vieillard. Mais où donc est ma fille ?

VI

Comme avec majesté sur ces roches profondes
Que l'inconstante mer ronge éternellement,
Du sein des flot sémus sort l'astre tout-puissant,
Jeune et victorieux, — seule âme des deux mondes !
L'Océan, fatigué de suivre dans les cieux
Sa déesse voilée au pas silencieux,
Sous les rayons divins retombe et se balance.
Dans les ondes sans fin plonge le ciel immense.
La terre lui sourit. — C'est l'heure de prier.
Être sublime ! Esprit de vie et de lumière,

Qui, reposant ta force au centre de la terre,
Sous ta célestechaîne y restes prisonnier !
Toi, dont le bras puissant, dans l'éternelle plaine,
Parmi les astres d'or la soulève et l'entraîne
Sur la route invisible, où d'un regard de Dieu
Tomba dans l'infini l'hyperbole de feu !
Tu peux faire accourir ou chasser la tempête
Sur ce globe d'argile à l'espace jeté,
D'où vers son Créateur l'homme élevant sa tête
Passe et tombe en rêvant une immortalité ;
Mais comme toi son sein renferme une étincelle
De ce foyer de vie et de force éternelle,
Vers lequel en tremblant le monde étend les bras,
Prêt à s'anéantir, s'il ne l'animait pas !
Son essence à la tienne est égale et semblable.
Lorsque Dieu l'en tira pour lui donner le jour,
Il te fit immortel, et le fit périssable.
Il te fit solitaire, et lui donna l'amour.
Amour ! torrent divin de la source infinie !
O dieu d'oubli, dieu jeune au front pâle et charmant !
Toi que tous ces bonheurs, tous ces biens qu'on envie
Font quelquefois de loin sourire tristement,
Qu'importe cette mer, son calme et ses tempêtes,
Et ces mondes sans nom qui roulent sur nos têtes,
Et le temps et la vie, au cœur qui t'a connu ?
Fils de la Volupté, père des Rêveries,
Tes filles sur ton front versent leurs fleurs chéries,
Ta mère en soupirant t'endort sur son sein nu !

A cette heure d'espoir, de mystère et de crainte
Où l'oiseau des sillons annonce le matin,
Tiburce de la ville avait gagné l'enceinte,
Et de son pauvre toit reprenait le chemin.
Tout se taisait au loin dans les blanches prairies ;
Tout, jusqu'au souvenir, se taisait dans son cœur.
Pour la nature et l'homme, ainsi parfois la vie
A ses jours de soleil et ses jours de bonheur.
C'est une pause, un calme, une extase indicible,
Le Temps, ce voyageur qu'une main invisible,
D'âge en âge, à pas lents, mène à l'éternité,
Sur le bord du chemin, pensif, s'est arrêté.

LE SAULE.   Page 133.

Bibl. Charpentier.   LIV. 17.

Ah ! brûlante, brûlante, ô nature ! est la flamme
Que d'un être adoré la main laisse à la main,
Et la lèvre à la lèvre, et l'âme au fond de l'âme !
Devant tes voluptés, ô Nuit ! c'est le Matin
Qui devrait disparaître et replier ses ailes !
Pourquoi te réveiller, quand, loin des feux du jour,
Aux accents éloignés de tes sœurs immortelles,
Tes beaux yeux se fermaient dans les bras de l'Amour ?
Que fais-tu, jeune fille, à cette heure craintive ?
Lèves-tu ton front pâle au bord du flot dormant,
Pour suivre à l'horizon les pas de ton amant ?
La vaste mer, Georgette, a couvert cette rive.
L'écume de ses eaux trompera tes regards.
Tu la prendras de loin pour le pied des remparts
Où de ton bien-aimé tu crois voir la demeure.
Rentre, cœur plein d'amour ! les vents d'est à cette heure
Glissent dans tes cheveux, et leur souffle est glacé.
Retourne au vieux manoir, et songe au temps passé !

Sous les brouillards légers qui dérobaient la terre,
Tiburce dans les prés s'avançait lentement.
Il atteignit enfin la maison solitaire,
Que rougissaient déjà les feux de l'Orient. —
Ce fut à ce moment qu'en refermant sa porte
Il sentit tout à coup un bras lui résister :
« Qui donc lutte avec moi ? » dit-il d'une voix forte.
« Homme, dit le vieillard, songez à m'écouter. »

VII

. . . .
C'est une chose étrange, à cet instant du jour,
De voir ainsi les sœurs, au fond de ce vieux cloître,
Parler en s'agitant, et passer tour à tour.
Tantôt subitement le bruit semble s'accroître,
Puis tout à coup il cesse, et tous pour un moment
Demeurent en silence, et comme dans la crainte
De quelque singulier et triste événement.
Écoutez ! — écoutez ! — N'est-ce pas une plainte
Que nous venons d'entendre ? On dirait une voix
Qui souffre et qui gémit pour la première fois.

Elle sort d'un caveau que la foule environne.
Des pleurs, un crucifix, des femmes à genoux...
O sœurs, ô pâles sœurs ! sur qui donc priez-vous ?
Qui de vous va mourir ? qui de vous abandonne
Un vain reste de jours oubliés et perdus ?
Car vous, filles de Dieu, vous ne les comptez plus.
Que le sort les épargne ou qu'il vous les demande,
Vous attendez la mort dans des habits de deuil ;
Et qui sait si pour vous la distance est plus grande,
Ou de la vie au cloître, — ou du cloître au cercueil ?
Inclinée à demi sur le bord de sa couche,
Une femme, — une enfant, faible, mais belle encor,
Semble en se débattant lutter avec la mort.
Ses bras cherchent dans l'ombre et se tordent. Sa bouche
Fait pour baiser la croix des efforts impuissants.
Elle pleure, — elle crie, — elle appelle à voix haute
Sa mère... — O pâles sœurs, quelle fut donc sa faute ?
Car ce n'est pas ainsi que l'on meurt à seize ans.

Le soleil a deux fois rendu le jour au monde
Depuis que dans ce cloître un vieillard l'amena.
Il regarda tomber sa chevelure blonde,
Lui montra sa cellule, — et puis lui pardonna.
Elle était à genoux quand il s'éloigna d'elle ;
Mais en se relevant une pâleur mortelle
La força de chercher un bras pour s'appuyer, —
Et depuis ce moment on n'a plus qu'à prier.

Ah ! priez sur ce lit ! priez pour la mourante!
Si jeune ! et voyez-la, sa main faible et tremblante
Vous montre en expirant le lieu de la douleur, —
Et, quel que soit son mal, il est venu du cœur.

Savez-vous ce que c'est qu'un cœur de jeune fille ?
Ce qu'il faut pour briser ce fragile roseau
Qui ploie et qui se courbe au plus léger fardeau ?
L'amitié, — le repos, — celui de sa famille, —
La douce confiance, — et sa mère, — et son Dieu, —
Voilà tous ses soutiens ; qu'un seul lui manque, adieu !
Ah! priez. Si la mort, à son heure dernière,
A la clarté du ciel entr'ouvrait sa paupière,
Peut-être elle dirait, avant de la fermer,

Comme Desdemona : « Tuer pour trop aimer. »
Il est sous le soleil de douces créatures
Sur qui le ciel versa ses beautés les plus pures,
Êtres faibles et bons, trop charmants pour souffrir,
Que l'homme peut tuer, mais qu'il ne peut flétrir.
Le Malheur, ce vieillard à la main desséchée,
Voit s'incliner leur tête avant qu'il l'ait touchée ;
Ils veulent ici-bas d'un trône, — ou d'un tombeau.

Telles furent, hélas ! bien des infortunées
Que dévora la tombe au sortir du berceau,
Que le ciel au bonheur avait prédestinées ;
Et telle fut aussi celle qui va mourir.
Déjà le mal atteint les sources de la vie.
A peine, soulevant sa tête appesantie,
Sa main, son bras tremblant, peuvent la soutenir.
Cependant elle cherche, — elle écoute sans cesse ;
A travers les vitraux, sur la muraille épaisse,
Tombe un rayon. — Hélas ! c'est encore un beau jour.
Tout renaît, la chaleur, la vie et la lumière :
Ah ! c'est quand un beau ciel sourit à notre terre,
Que l'aspect de ces biens qui nous fuient sans retour,
Nous montre quel désert emplissait notre amour !

Mais qui ne sait, hélas ! que toujours l'Espérance,
Des célestes gardiens veillant sur la souffrance,
Est le dernier qui reste auprès du lit de mort ?
Jetant quelques parfums dans la flamme expirante,
Et jusqu'à son cercueil emportant la mourante,
Elle berce en chantant la Douleur qui s'endort.
Si loin qu'à l'horizon son regard peut s'étendre,
L'œil de la pauvre enfant sur l'eau s'est arrêté :
Quoi ! rien ? murmure-t-elle ; — et que peut-elle attendre ?
Mais la mort, à pas lents, vient de l'autre côté.
L'Océan tout à coup, et le ciel et la terre
Tournent, — tout se confond. — Le fanal solitaire
Comme un homme enivré chancelle. — Ange des cieux !
N'est-ce pas pour toujours qu'elle a fermé les yeux ?

La grille en cet instant a résonné. — Silence !
Un pas se fait entendre, — un jeune homme s'élance.
Il est couvert d'un froc. — Tous se sont écartés,

Il traverse la foule à pas précipités :

« Mes sœurs, demande-t-il, où donc est la novice ? »

Il l'a vue ; un soupir dans l'ombre a répondu.
Alors, d'un ton de voix qui veut qu'on obéisse :
« Georgette, lui dit-il, Georgette, m'entends-tu ? »

En prononçant ces mots, le frère se découvre,
De la malade alors la paupière s'entr'ouvre ;
L'a-t-elle reconnu ? Son œil terne et hagard
Est voilé d'un nuage et se perd dans le vide.
Il doute, — sur son front passe un éclair rapide.
« Laissez-nous seuls, dit-il, je suis venu trop tard. »

Le ciel s'obscurcissait. — Les traits de la mourante
S'effaçaient par degrés, sous la clarté tremblante.
Auprès de son chevet le crucifix laissé
De ses débiles mains à terre avait glissé.
Le silence régnait dans tout le monastère,
Un silence profond, — triste, — et que par moment
Interrompait un faible et sourd gémissement.
Sous le rideau du lit courbant son front sévère,
L'étranger immobile écoutait, — regardait ; —
Tantôt il suppliait, — tantôt il ordonnait.
On distingua de loin quelques gestes bizarres,
Accompagnés de mots que nul ne saisissait,
Mais qui, prononcés bas, et de plus en plus rares,
Après quelques moments cessèrent tout à fait.
Au nom de l'ordre saint dont il se disait frère,
Auprès de la malade on l'avait laissé seul...
Sur le bord de la couche il vit pendre un linceul :
« Trop tard, répéta-t-il, trop tard ! » et sur la terre
Il tomba tout à coup, plein de rage et d'horreur.

Hommes, vous qui savez comprendre la douleur,
Gémir, jeter des pleurs, prier sur une tombe,
Pensez-vous quelquefois à ce que doit souffrir
Celui qui voit ainsi l'infortuné qui tombe,
Et lui tend une main qu'il ne peut plus saisir ?
Celui qui sur un lit vient pencher son front blême
Où les nuits sans sommeil ont gravé leur pâleur,
Et là, d'un œil ardent, chercher sur ce qu'il aime,

Comme un signe de vie, un signe de douleur ;
Qui, suspendant son âme à cette âme adorée,
S'attache à ce rameau qui va l'abandonner ;
Qui, maudissant le jour et sa vue abhorrée,
Sent son cœur plein de vie, et n'en peut rien donner ?
Et lorsque la dernière étincelle est éteinte,
Quand il est resté là, — sans espoir et sans crainte,
— Qu'il contemple ces traits, ce calme plein d'horreur,
Ces longs bras amaigris traînant hors de la couche,
Ce corps frêle et roidi, ces yeux et cette bouche
Où le néant ressemble encore à la douleur...
Il soulève une main qui retombe glacée :
Et s'il doute, insensé ! s'il se retourne, il voit
La Mort branlant la tête, et lui montrant du doigt
L'être pâle, étendu sans vie et sans pensée.

VIII

Tout est fini ; la cendre est rendue à la terre.
Le ministre est parti, — peut-être l'attend-on.
Tu t'es évanouie ! ô toi, fleur solitaire,
Il ne reste plus rien, — rien qu'un tombeau sans nom.

Personne n'a suivi sa dépouille mortelle.
Aucun pas n'est marqué sur le bord du chemin.
Son vieux père est trop faible, et d'ailleurs, privé d'elle,
Plus loin encor, peut-être, il la suivra demain.

Descends donc, pauvre fille, en ta tombe ignorée,
Sous ta pierre mal jointe et d'herbes entourée !
Cette terre est fertile, et va bientôt fleurir
Sur le débris nouveau qu'elle vient de couvrir...
O terre ! toi qui sais sous la tombe muette
Garder si bien les morts que l'Océan rejette,
Quand ton sein fécondé par la corruption,
Redemande la vie à la destruction,
Qu'es-tu donc qu'un sépulcre immense, et dont l'emblème
Est le serpent roulé qui se ronge lui-même ?

— Mais vous, rêves d'amour, rires, propos d'enfant,
Et toi, charme inconnu, dont rien ne se défend,

Qui fis hésiter Faust au seuil de Marguerite,
Doux mystère du toit que l'innocence habite,
Candeur des premiers jours, qu'êtes-vous devenus ? —

Paix profonde à ton âme, enfant ! à ta mémoire !
Adieu ! Ta blanche main sur le clavier d'ivoire
Durant les nuits d'été ne voltigera plus...

IX

. . . .
Glisse au sein de la nuit, beau brick de l'*Espérance*.
Terre d'Écosse, adieu ! Glisse, fils des forêts !
— Que l'on tienne les yeux, que l'on veille de près
Sur ce jeune homme en deuil qui seul, dans le silence
De la poupe, en chantant, se penche sur les flots.
Ses yeux sont égarés. Deux fois les matelots
L'ont reçu dans leurs bras, prêt à perdre la vie.
Et cependant il chante, et l'oreille est ravie
Des sons mystérieux qu'il mêle au bruit des vents.
« Le saule... — au pied du saule... » — il parle comme en rêve.
« Barbara ! — Barbara ! » Sa voix baisse, s'élève,
Et des flots tour à tour suit les doux mouvements.
— Enfants, veillez sur lui ! — la force l'abandonne !
Sa voix tombe et s'éteint, — pourtant il chante encor.
Quel peut-être le mal qui cause ainsi sa mort ?
Couchez-le sur un lit, enfants, la mer est dure !
— Enseigne, répondit la voix des matelots,
Son manteau recouvrait une large blessure,
D'où son sang goutte à goutte est tombé dans les flots.
. . . .

1830.

LES VOEUX STÉRILES.

Puisque c'est ton métier, misérable poëte,
Même en ces temps d'orage, où la bouche est muette,
Tandis que le bras parle, et que la fiction
Disparaît comme un songe au bruit de l'action ;

Puisque c'est ton métier de faire de ton âme
Une prostituée, et que, joie ou douleur,
Tout demande sans cesse à sortir de ton cœur;
Que du moins l'histrion, couvert d'un masque infâme
N'aille pas, dégradant ta pensée avec lui,
Sur d'ignobles tréteaux la mettre au pilori ;
Que nul plan, nul détour, nul voile ne l'ombrage.
Abandonne aux vieillards sans force et sans courage
Ce travail d'araignée, et tous ces fils honteux
Dont s'entoure en tremblant l'orgueil qui craint les yeux ;
Point d'autel, de trépied, point d'arrière aux profanes !
Que ta muse, brisant le luth des courtisanes,
Fasse vibrer sans peur l'air de la liberté ;
Qu'elle marche pieds nus, comme la Vérité.

O Machiavel ! tes pas retentissent encore
Dans les sentiers déserts de San Casciano.
Là, sous des cieux ardents dont l'air sèche et dévore,
Tu cultivais en vain un sol maigre et sans eau.
Ta main, lasse le soir d'avoir creusé la terre,
Frappait ton pâle front dans le calme des nuits.
Là, tu fus sans espoir, sans proches, sans amis ;
La vile oisiveté, fille de la misère,
A ton ombre en tous lieux se traînait lentement,
Et buvait dans ton cœur les flots purs de ton sang :
« Qui suis-je ? écrivais-tu ; qu'on me donne une pierre,
« Une roche à rouler ; c'est la paix des tombeaux
« Que je fuis, et je tends des bras las du repos. »

C'est ainsi, Machiavel, qu'avec toi je m'écrie :
O médiocrité, celui qui pour tout bien
T'apporte à ce tripot dégoûtant de la vie,
Est bien poltron au jeu, s'il ne dit : Tout ou rien.

Je suis jeune ; j'arrive. A moitié de ma route,
Déjà las de marcher, je me suis retourné.
La science de l'homme est le mépris sans doute ;
C'est un droit de vieillard qui ne m'est pas donné.
Mais qu'en dois-je penser ? Il n'existe qu'un être
Que je puisse en entier et constamment connaître,
Sur qui mon jugement puisse au moins faire foi,
Un seul... ! Je le méprise. — Et cet être, c'est moi.

OCTAVE. Page 143.

Bibl. Charpentier. Liv. 18.

Qu'ai-je fait ? qu'ai-je appris ? — Le temps est si rapide !
L'enfant marche joyeux, sans songer au chemin ;
Il le croit infini, n'en voyant pas la fin.
Tout à coup il rencontre une source limpide,
Il s'arrête, il se penche, il y voit un vieillard.
Que me dirai-je alors ? Quand j'aurai fait mes peines,
Quand on m'entendra dire : Hélas ! il est trop tard ;
Quand ce sang, qui bouillonne aujourd'hui dans mes veines
Et s'irrite en criant contre un lâche repos,
S'arrêtera, glacé jusqu'au fond de mes os...
O vieillesse ! à quoi donc sert ton expérience ?
Que te sert, spectre vain, de te courber d'avance
Vers le commun tombeau des hommes, si la mort
Se tait en y rentrant, lorsque la vie en sort ?
N'existait-il donc pas à cette loterie
Un joueur par le sort assez bien abattu
Pour que, me rencontrant sur le seuil de la vie,
Il me dît en sortant : N'entrez pas, j'ai perdu !

Grèce, ô mère des arts, terre d'idolâtrie,
De mes vœux insensés éternelle patrie,
J'étais né pour ces temps où les fleurs de ton front
Couronnaient dans les mers l'azur de l'Hellespont.
Je suis un citoyen de tes siècles antiques ;
Mon âme avec l'abeille erre sous tes portiques.
La langue de ton peuple, ô Grèce, peut mourir ;
Nous pouvons oublier le nom de tes montagnes ;
Mais qu'en fouillant le sein de tes blondes campagnes
Nos regards tout à coup viennent à découvrir
Quelque dieu de tes bois, quelque Vénus perdue...
La langue que parlait le cœur de Phidias
Sera toujours vivante et toujours entendue ;
Les marbres l'ont apprise, et ne l'oublieront pas.
Et toi, vieille Italie, où sont ces jours tranquilles
Où sous le toit des cours Rome avait abrité
Les arts, ces dieux amis, fils de l'oisiveté ?
Quand tes peintres alors s'en allaient par les villes,
Élevant des palais, des tombeaux, des autels,
Triomphants, honorés, dieux parmi les mortels ;
Quand tout, à leur parole, enfantait des merveilles,
Quand Rome combattait Venise et les Lombards,

Alors c'étaient des temps bienheureux pour les arts !
Là, c'était Michel-Ange, affaibli par les veilles,
Pâle au milieu des morts, un scalpel à la main,
Cherchant la vie au fond de ce néant humain,
Levant de temps en temps sa tête appesantie,
Pour jeter un regard de colère et d'envie
Sur les palais de Rome, où, du pied de l'autel,
A ses rivaux de loin souriait Raphaël.
Là, c'était le Corrége, homme pauvre et modeste,
Travaillant pour son cœur, laissant à Dieu le reste ;
Le Giorgione, superbe, au jeune Titien
Montrant du sein des mers son beau ciel vénitien ;
Bartholomé, pensif, le front dans la poussière,
Brisant son jeune cœur sur un autel de pierre,
Interrogé tout bas sur l'art par Raphaël,
Et bornant sa réponse à lui montrer le ciel...
Temps heureux, temps aimés ! Mes mains alors peut-être,
Mes lâches mains, pour vous auraient pu s'occuper ;
Mais aujourd'hui pour qui ? dans quel but ? sous quel maître ?
L'artiste est un marchand, et l'art est un métier.
Un pâle simulacre, une vile copie,
Naissent sous le soleil ardent de l'Italie...
Nos œuvres ont un an, nos gloires ont un jour ;
Tout est mort en Europe, — oui, tout, — jusqu'à l'amour.
Ah ! qui que vous soyez, vous qu'un fatal génie
Pousse à ce malheureux métier de poésie,
Rejetez loin de vous, chassez-moi hardiment
Toute sincérité ; gardez que l'on ne voie
Tomber de votre cœur quelques gouttes de sang,
Sinon, vous apprendrez que la plus courte joie
Coûte cher, que le sage est ami du repos,
Que les indifférents sont d'excellents bourreaux.

Heureux, trois fois heureux, l'homme dont la pensée
Peut s'écrire au tranchant du sabre ou de l'épée !
Ah ! qu'il doit mépriser ces rêveurs insensés
Qui, lorsqu'ils ont pétri d'une fange sans vie
Un vil fantôme, un songe, une froide effigie,
S'arrêtent pleins d'orgueil, et disent : C'est assez !
Qu'est la pensée, hélas ! quand l'action commence ?
L'une recule où l'autre intrépide s'avance.

Au redoutable aspect de la réalité,
Celle-ci prend le fer, et s'apprête à combattre ;
Celle-là, frêle idole, et qu'un rien peut abattre,
Se détourne, en voilant son front inanimé.

Meurs, Weber ! meurs courbé sur ta harpe muette ;
Mozart t'attend. — Et toi, misérable poète,
Qui que tu sois, enfant, homme, si ton cœur bat,
Agis ! Jette ta lyre ; au combat, au combat !
Ombre des temps passés, tu n'es pas de cet âge.
Entend-on le nocher chanter pendant l'orage ?
A l'action ! au mal ! le bien reste ignoré.
Allons ! cherche un égal à des maux sans remède.
Malheur à qui nous fit ce sens dénaturé !
Le mal cherche le mal, et qui souffre nous aide.
L'homme peut haïr l'homme, et fuir, mais malgré lui,
Sa douleur tend la main à la douleur d'autrui.
C'est tout. Pour la pitié, ce mot dont on nous leurre,
Et pour tous ces discours prostitués sans fin,
Que l'homme au cœur joyeux jette à celui qui pleure,
Comme le riche jette au mendiant son pain,
Qui pourrait en vouloir ? et comment le vulgaire,
Quand c'est vous qui souffrez, pourrait-il le sentir,
Lui que Dieu n'a pas fait capable de souffrir ?

Allez sur une place, étalez sur la terre
Un corps plus mutilé que celui d'un martyr,
Informe, dégoûtant, traîné sur une claie,
Et soulevant déjà l'âme prête à partir ;
La foule vous suivra. Quand la douleur est vraie,
Elle l'aime. Vos maux, dont on vous saura gré,
Feront horreur à tous, à quelques-uns pitié.
Mais changez de façon : découvrez-leur une âme
Par le chagrin brisée, une douleur sans fard,
Et dans un jeune cœur des regrets de vieillard ;
Dites-leur que sans mère, et sans sœur, et sans femme,
Sans savoir où verser, avant que de mourir,
Les pleurs que votre sein peut encor contenir,
Jusqu'au soleil couchant vous n'irez point peut-être...
Qui trouvera le temps d'écouter vos malheurs ?
On croit au sang qui coule, et l'on doute des pleurs.
Votre ami passera, mais sans vous reconnaître.

— Tu te gonfles, mon cœur?... Des pleurs, le croirais-tu,
Tandis que j'écrivais ont baigné mon visage.
Le fer me manque-t-il, ou ma main sans courage
A-t-elle lâchement glissé sur mon sein nu ?
— Non, rien de tout cela. Mais si loin que la haine
De cette destinée aveugle et sans pudeur
Ira, j'y veux aller. — J'aurai du moins le cœur
De la mener si bas que la honte l'en prenne.

1831.

OCTAVE

FRAGMENT

Ni ce moine rêveur, ni ce vieux charlatan,
N'ont deviné pourquoi Mariette est mourante.
Elle est frappée au cœur, la belle indifférente !
Voilà son mal, — elle aime. — Il est cruel pourtant
De voir entre les mains d'un cafard et d'un âne
Mourir cette superbe et jeune courtisane.
Mais chacun a son jour, et le sien est venu ;
Pour moi, je ne crois guère à ce mal inconnu.
Tenez, — la voyez-vous, seule, au pied de ces arbres,
Chercher l'ombre profonde et la fraîcheur des marbres,
Et plonger dans le bain ses membres en sueur ?
Je gagerais mes os qu'elle est frappée au cœur.
Regardez : — c'est ici, sous ces longues charmilles,
Qu'hier encor, dans ses bras, loin des rayons du jour,
Ont pâli les enfants des plus nobles familles.
Là s'exerçait dans l'ombre un redoutable amour ;
Là, cette Messaline ouvrait ses bras rapaces
Pour changer en vieillards ses frêles favoris,
Et, répandant la mort sous des baisers vivaces,
Buvait avec fureur ses éléments chéris,
L'or et le sang. —

        Hélas ! c'en est fait, Mariette,
Maintenant te voilà solitaire et muette.
Tu te mires dans l'eau ; sur ce corps si vanté

Tes yeux cherchent en vain ta fatale beauté.
Va courir maintenant sur les places publiques.
Tire par leurs manteaux tes amants magnifiques.
Ceux qui, l'hiver dernier, t'ont bâti un palais,
T'enverront demander ton nom par leurs valets.
Le médecin s'éloigne en haussant les épaules ;
Il soupire, et se dit que l'art est impuissant.
Quant au moine stupide, il ne sait que deux rôles,
L'un pour le criminel, l'autre pour l'innocent ;
Et, voyant une femme en silence s'éteindre,
Ne sachant s'il devait ou condamner ou plaindre,
D'une bouche tremblante il les a dits tous deux.
Maria ! Maria ! superbe créature,
Tu seras ce chasseur imprudent que les dieux
Aux chiens qu'il nourrissait jetèrent en pâture.

Sous le tranquille abri des citronniers en fleurs,
L'infortunée endort le poison qui la mine ;
Et, comme Madeleine, on voit sur sa poitrine
Ruisseler les cheveux ensemble avec les pleurs.

Était-ce un connaisseur en matière de femme,
Cet écrivain qui dit que, lorsqu'elle sourit,
Elle vous trompe ; elle a pleuré toute la nuit ?
Ah ! s'il est vrai qu'un œil plein de joie et de flamme,
Une bouche riante, et de légers propos,
Cachent des pleurs amers et des nuits de sanglots ;
S'il est vrai que l'acteur ait l'âme déchirée
Quand le masque est fardé de joyeuses couleurs,
Qu'est-ce donc quand la joue est ardente et plombée,
Quand le masque lui-même est inondé de pleurs ?
Je ne sais si jamais l'éternelle justice
A du plaisir des dieux fait un plaisir permis ;
Mais s'il m'était donné de dire à quel supplice
Je voudrais condamner mon plus fier ennemi,
C'est toi, pâle souci d'une amour dédaignée,
Désespoir misérable et qui meurs ignoré,
Oui, c'est toi, ce serait ta lame empoisonnée
Que je voudrais briser dans un cœur abhorré !
Savez-vous ce que c'est que ce mal solitaire ?
Ce qu'il faut en souffrir seulement pour s'en taire ?

Pour que toute une mer d'angoisses et de maux
Demeure au fond du crâne, entre deux faibles os ?

Et comment voudrait-il, l'insensé, qu'on le plaigne ?
Sois méprisé d'un soul, c'est à qui t'oubliera.
D'ailleurs, l'inexorable orgueil n'est-il pas là ?
L'orgueil, qui craint les yeux, et, sur son front qui saigne
Retient, comme César, jusque sous le couteau,
De ses débiles mains les plis de son manteau.

. . . .

Sur les flots engourdis de ces mers indolentes,
Le nonchalant Octave, insolemment paré,
Ferme et soulève, au bruit des valses turbulentes,
Ses yeux, ses beaux yeux bleus, qui n'ont jamais pleuré.
C'est un chétif enfant ; — il commence à paraître,
Personne jusqu'ici ne l'avait aperçu.
On raconte qu'un jour, au pied de sa fenêtre,
La belle Mariette en gondole l'a vu.
Une vieille ce soir l'arrête à son passage :
« Hélas ! a-t-elle dit d'une tremblante voix,
Elle voudrait vous voir une dernière fois. »
Mais Octave, à ces mots, découvrant son visage,
A laissé voir un front où la joie éclatait :
« Mariette se meurt ! est-on sûr qu'elle meure ? »
Dit-il. — Le médecin lui donne encore une heure.
— Alors, réplique-t-il, porte-lui ce billet. »
Il écrivit ces mots du bout de son stylet :
« Je suis femme, Maria ; tu m'avais offensée.
« Je puis te pardonner, puisque tu meurs par moi.
« Tu m'as vengée ! adieu. — Je suis la fiancée
« De Petruccio Balbi qui s'est noyé pour toi. »

1831.

LES
SECRÈTES PENSÉES DE RAFAEL,
GENTILHOMME FRANÇAIS.

Fragment.

O vous, race des dieux, phalange incorruptible,
Électeurs brevetés des morts et des vivants ;

Porte-clefs éternels du mont inaccessible,
Guindés, guédés, bridés, confortables pédants!
Pharmaciens du bon goût, distillateurs sublimes,
Seuls vraiment immortels, et seuls autorisés ;
Qui, d'un bras dédaigneux, sur vos seins magnanimes,
Secouant le tabac de vos jabots usés,
Avez toussé, — soufflé, — passé sur vos lunettes
Un parement brossé pour les rendre plus nettes,
Et, d'une main soigneuse ouvrant l'in-octavo,
Sans partialité, sans malveillance aucune,
Sans vouloir faire cas ni des ha! ni des ho!
Avez lu posément — la Ballade à la lune !!!

Maîtres, maîtres divins, où trouverai-je, hélas!
Un fleuve où me noyer, une corde où me pendre,
Pour avoir oublié de faire écrire au bas:
Le public est prié de ne pas se méprendre.
Chose si peu coûteuse et si simple à présent,
Et qu'à tous les piliers on voit à chaque instant!
Ah! povero, ohimé! — Qu'a pensé le beau sexe?
On dit, maîtres, on dit qu'alors votre sourci,
En voyant cette lune, et ce point sur cet i,
Prit l'effroyable aspect d'un accent circonflexe!

Et vous, libres penseurs, dont le sobre dîner
Est un conseil d'État, — immortels journalistes!
Vous qui voyez encor, sur vos antiques listes,
Errer de loin en loin le nom d'un abonné!
Savez-vous le *Pater*, et les péchés des autres
Ont-ils grâce à vos yeux quand vous comptez les vôtres?
— O vieux sir John Falstaff! quel rire eût soulevé
Ton large et joyeux corps, gonflé de vin d'Espagne,
En voyant ces buveurs, troublés par le champagne,
Pour tuer une mouche apporter un pavé!

Salut, jeunes champions d'une cause un peu vieille,
Classiques bien rasés, à la face vermeille,
Romantiques barbus, aux visages blêmis!
Vous qui des Grecs défunts balayez le rivage,
Ou d'un poignard sanglant fouillez le moyen âge,
Salut! — J'ai combattu dans vos camps ennemis.
Par cent coups meurtriers devenu respectable,

LES SECRÈTES PENSÉES DE RAPHAËL. . . . . . . Page 144.

Vétéran, je m'assois sur mon tambour crevé,
Racine, rencontrant Shakspeare sur ma table,
S'endort près de Boileau, qui leur a pardonné.
Mais toi, moral troupeau, dont la docte cervelle
S'est séchée en silence aux leçons de Thénard,
Enfants régénérés d'une mère immortelle,
Qui savez parler vers, prose et *naïf dans l'art*,
O jeunesse du siècle! intrépide jeunesse!
Quitteras-tu pour moi le *Globe* ou les *Débats*?
Lisez un paresseux, enfants de la paresse...
Muse, reprends ta lyre, et rouvre-moi tes bras.

France, ô mon beau pays! j'ai de plus d'un outrage
Offensé ton céleste, harmonieux langage,
Idiome de l'amour, si doux qu'à le parler
Tes femmes sur la lèvre en gardent un sourire;
Le miel le plus doré qui sur la triste lyre
De la bouche et du cœur ait pu jamais couler!
Mère de mes aïeux, ma nourrice et ma mère,
Me pardonneras-tu? Serai-je digne encor
De faire sous mes doigts vibrer la harpe d'or?
Ce ne sont plus les fils d'une terre étrangère
Que je veux célébrer, ô ma belle cité!
Je ne sortirai pas de ce bord enchanté
Où, près de ton palais, sur ton fleuve penchée,
Fille de l'Occident, un soir tu t'es couchée...

Lecteur, puisqu'il faut bien qu'à ce mot redouté
Tôt ou tard, à présent, tout honnête homme en vienne,
C'est, après le dîner, une faiblesse humaine
Que de dormir une heure en attendant le thé.
Vous le savez, hélas! alors que les gazettes
Ressemblent aux greniers dans les temps de disettes,
Ou lorsque, par malheur, on a, sans y penser,
Ouvert quelque pamphlet fatal à l'insomnie,
Quelques *Mémoires sur* *** — *Essai de poésie*...
— O livres précieux, serait-ce vous blesser
Que de poser son front sur vos célestes pages,
Tandis que du calice embaumé de l'opium,
Comme une goutte d'eau qu'apportent les orages,
Tombe ce fruit des cieux appelé *somnium!*
Depuis un grand quart d'heure, incliné sur sa chaise,

Rafaël (mon héros) sommeillait doucement.
Remarquez bien, lecteur, et ne vous en déplaise
Que c'est tout l'opposé d'un héros de roman.
Ses deux bras sont croisés ; — une ample redingote,
Simplicité touchante, enferme sous ses plis
Son corps plus délicat qu'un menton de dévote,
Et ses membres vermeils par le bain assouplis.
Dans ses cheveux, huilés d'un baptême à la rose,
Le zéphir mollement balance ses pieds nus,
Et son barbet grognon, qui près de lui repose,
Supporte fièrement ses deux pieds étendus ;
Tandis qu'à ses côtés, sous le vase d'albâtre
Où dort dans les glaçons le bourgogne mousseux,
Le pudding entamé, dans sa flamme bleuâtre,
Salamandre joyeuse, égaye encor les yeux.
Son parfum, qui se mêle au tabac de Turquie,
Croise autour des lambris son brouillard azuré,
Qui s'enfuit comme un songe, et s'éteint par degré.

Trois cigares le soir, quand le jeu vous ennuie,
Sont un moyen divin pour mettre à mort le temps.
Notre âme (si Dieu veut que nous ayons une âme)
N'est pas assurément une plus douce flamme,
Un feu plus vif, formé de rayons plus ardents,
Que ce sylphe léger qui plonge et se balance
Dans le bol où le punch rit sur son trépied d'or ;
Le grog est fashionable, et le vieux vin de France
Réveille au fond du cœur la gaîté qui s'endort.
— Mais quel homme, fût-il né dans la Sibérie
Des baisers engourdis de deux êtres glacés ;
Eût-on sous un calice étouffé de sa vie
La sève languissante et les germes usés ;
Se fût-il dans la cendre abreuvé dès l'enfance
De végétaux sans suc et d'herbes sans chaleur ;
Quel homme, au triple aspect du punch, du vin de France,
Et du cigarero, ne sentirait son cœur,
Plein d'une joie ardente et d'une molle ivresse,
S'ouvrir au paradis des rêves de jeunesse ?...
Reine, reine des cieux, ô mère des amours,
Noble, pâle beauté, douce Aristocratie !
Fille de la richesse... ô toi, toi qu'on oublie,

Que notre pauvre France aimait dans ses vieux jours !
Toi que jadis, du haut de son paratonnerre,
Le roturier Franklin foudroya sur la terre
Où le colon grillé gouverne en liberté
Ses noirs, et son tabac par les lois prohibé ;
Toi qui créas Paris, tuas Athène et Sparte,
Et, sous le dais sanglant de l'impérial pavois,
Comme autrefois César, endormis Bonaparte
Aux murmures lointains des peuples et des rois ! —
Toi qui, dans ton printemps, de roses couronnée,
Et, comme Iphigénie à l'autel entraînée,
Jeune, tombas frappée au cœur d'un coup mortel...
— As-tu quitté la terre et regagné le ciel ?
Nous te retrouverons, perle de Cléopâtre,
Dans la source féconde, à la teinte rougeâtre,
Qui dans ses flots profonds un jour te consuma...

« Hé ! hé ! dit une voix, parbleu ! mais le voilà.
— « Messieurs, dit Rafaël, entrez, j'ai fait un somme. »

1831.

CHANSON

J'ai dit à mon cœur, à mon faible cœur :
N'est-ce point assez d'aimer sa maîtresse ?
Et ne vois-tu pas que changer sans cesse,
C'est perdre en désir le temps du bonheur ?

Il m'a répondu : Ce n'est point assez,
Ce n'est point assez d'aimer sa maîtresse ;
Et ne vois-tu pas que changer sans cesse
Nous rend doux et chers les plaisirs passés ?

J'ai dit à mon cœur, à mon faible cœur :
N'est-ce point assez de tant de tristesse ?
Et ne vois-tu pas que changer sans cesse,
C'est à chaque pas trouver la douleur ?

Il m'a répondu : Ce n'est point assez,
Ce n'est point assez de tant de tristesse ;
Et ne vois-tu pas que changer sans cesse
Nous rend doux et chers les chagrins passés ?

1831.

A PÉPA.

Pépa, quand la nuit est venue,
Que ta mère t'a dit adieu ;
Que sous ta lampe, à demi nue,
Tu t'inclines pour prier Dieu ;

A cette heure où l'âme inquiète
Se livre au conseil de la nuit ;
Au moment d'ôter ta cornette
Et de regarder sous ton lit ;

Quand le sommeil sur ta famille
Autour de toi s'est répandu ;
O Pépita, charmante fille,
Mon amour, à quoi penses-tu ?

Qui sait ? Peut-être à l'héroïne
De quelque infortuné roman ;
A tout ce que l'espoir devine
Et la réalité dément ;

Peut-être à ces grandes montagnes
Qui n'accouchent que de souris :
A des amoureux en Espagne,
A des bonbons, à des maris ;

Peut-être aux tendres confidences
D'un cœur naïf comme le tien ;
A ta robe, aux airs que tu danses ;
Peut-être à moi, — peut-être à rien.

1831.

A JUANA

O ciel ! je vous revois, madame, —
De tous les amours de mon âme
Vous le plus tendre et le premier.
Vous souvient-il de notre histoire ?

Moi, j'en ai gardé la mémoire : —
C'était, je crois, l'été dernier.

Ah! marquise, quand on y pense,
Ce temps qu'en folie on dépense,
Comme il nous échappe et nous fuit!
Sais-tu bien, ma vieille maîtresse,
Qu'à l'hiver, sans qu'il y paraisse,
J'aurai vingt ans, et toi dix-huit?

Eh bien! m'amour, sans flatterie,
Si ma rose est un peu pâlie,
Elle a conservé sa beauté.
Enfant! jamais tête espagnole
Ne fut si belle, ni si folle. —
Te souviens-tu de cet été?

De nos soirs, de notre querelle?
Tu me donnas, je me rappelle,
Ton collier d'or pour m'apaiser, —
Et pendant trois nuits, que je meure,
Je m'éveillai tous les quarts d'heure,
Pour le voir et pour le baiser!

Et ta duègne, ô duègne damnée!
Et la diabolique journée
Où tu pensas faire mourir
O ma perle d'Andalousie,
Ton vieux mari de jalousie,
Et ton jeune amant de plaisir!

Ah! prenez-y garde, marquise,
Cet amour-là, quoi qu'on en dise,
Se retrouvera quelque jour.
Quand un cœur vous a contenue,
Juana, la place est devenue
Trop vaste pour un autre amour.

Mais que dis-je? ainsi va le monde.
Comment lutterais-je avec l'onde
Dont les flots ne reculent pas?
Ferme tes yeux, tes bras, ton âme;
Adieu, ma vie, — adieu, madame.
Ainsi va le monde ici-bas.

Le temps emporte sur son aile
Et le printemps et l'hirondelle
Et la vie et les jours perdus ;
Tout s'en va comme la fumée,
L'espérance et la renommée,
Et moi qui vous ai tant aimée,
Et toi qui ne t'en souviens plus !

1831.

SUZON

> Heureux celui dont le cœur ne demande qu'un cœur, et qui ne désire ni parc à l'anglaise, ni opera seria, ni musique de Mozart, ni tableaux de Raphaël, ni éclipse de lune, ni même un clair de lune, ni scènes de roman, ni leur accomplissement.
> JEAN-PAUL.

Ce que j'écris est bon pour les buveurs de bière
Qui jettent la bouteille après le premier verre :
C'est l'histoire d'un fou mort pour avoir aimé
A casser une pipe après avoir fumé.

Deux muscadins d'abbés, qui soupaient chez le pape,
Étant venus un jour à bout de se griser,
Lorsque pour le dessert on eut tiré la nappe,
Dans un coin des jardins se mirent à causer.
L'un d'eux, nommé Cassius, frappant sur sa calotte,
Dit qu'en fait de maîtresse, il était mal tombé,
Ayant pour tout potage une belle idiote,
Qui s'appelait, je crois, la marquise de B.
« Voilà huit jours, dit-il, que je ne sais qu'en faire,
Et c'est une bégueule à vous porter en terre.

— La faute en est à toi, répondit le second,
Si tu n'en tires rien. » L'autre dit : « Parbleu non !
Je n'ai pas le talent de réchauffer les marbres. »
Son ami là-dessus se mit à parler bas,
Très vite et très longtemps ; et tous deux sous les arbres
Disparaissant bientôt, ils doublèrent le pas.
Cassius reconduisit l'autre jusqu'à la porte,
Et demeura chez lui jusques au lendemain.
Il en sortit tremblant, une fiole à la main :
Et le jour qui suivit, sa maîtresse était morte.

Il se passa deux ans, durant lesquels Cassius
Et son ami l'abbé ne se parlèrent plus.
Cassius se montrait peu, boudait, ne riait guère,
Buvait moins, maigrissait. L'autre, tout au contraire,
Bien poudré, l'œil au vent, les poches pleines d'or,
L'air impudent, taillé comme un tambour-major,
Possédant, en un mot, tout ce qui plaît aux femmes,
Loin de changer en rien, toujours près de ces dames,
Toujours rose, toujours charmant, continua
D'épanouir à l'air sa désinvoltura.

Tous les deux cependant menaient un train semblable,
Et chez Sa Sainteté se rencontraient à table,
A l'église, au boston : ils se disaient deux mots,
Se touchaient dans la main, et se tournaient le dos.
Cela dura deux ans, je viens de vous le dire,
Cassius dépérissait, tombait de mal en pire,
Arrivait à souper les cheveux dépoudrés,
Avec un pied de rouge et des bas mal tirés.
Un beau soir de printemps, certaine demoiselle
Arrivant de Paris vint chez Sa Sainteté.
Cassius s'alla planter tout à coup derrière elle,
Et resta là. Ceci ne fut point remarqué.
Le fait est qu'elle avait des yeux à l'espagnole,
L'air profondément triste et le pied très petit.
Du reste, elle était bête. — Enfin, lorsqu'on partit,
Cassius, tout en suivant la belle créature,
Vit son ami l'abbé qui cherchait sa voiture :
Il lui saisit le bras si fort que le tabac
Qu'il offrait à quelqu'un sur le pied lui tomba.
« Fortunio, dit-il, écoute. » Ils s'arrêtèrent
Sur un banc des jardins : les autres s'en allèrent.
Les vents du sud sifflaient sur leurs têtes, les cieux
Étaient sombres. Cassius prit un ton furieux :
« Un certain jour, dit-il, j'avais cru qu'une femme
Méritait mon mépris; tu t'es moqué de moi;
Et tu m'as répondu : Ne méprise que toi !
Ce que je m'efforçais de trouver dans son âme
D'amour et de bonheur, c'est en la dégradant
Jusqu'au rôle muet et vil de l'instrument,
Que je sus le trouver sur un mot de ta bouche.

Suzon. Page 159.

Bibl. Charpentier. Liv. 20.

J'attendais que du luth la corde retentît :
Ce n'est point une corde, ami, c'est une touche,
M'as-tu dit. Frappe donc. Une femme, une nuit...
Je suivis ton conseil, que l'enfer entendit.
Un filtre rassembla les forces de son être ;
Son pâle et triste amour, que je faisais peut-être
Répandre goutte à goutte, avant que de mourir,
Sur dix ou douze amants qu'il aurait pu nourrir,
Déborda tout à coup comme un fleuve en furie,
Dont la digue est rompue et qu'a gonflé la pluie.
Je frappai la statue : une femme en sortit ;
J'ouvris les bras, et bus sa vie en une nuit.
Ah ! Fortunio, pourquoi n'as-tu commis qu'un crime ?
Mais le peu de poison que ta main me versa
Ne fit qu'un assassin et non une victime...
— Et que veux-tu, dit l'autre, avec ces phrases-là ?
Il faut que je m'en aille, ou que tu te dépêches.
— As-tu, reprit Cassius, encor de ce poison ?
— Moi ! tant que tu voudras, plein une boîte à mèches.
— Écoute : cette femme avait porté le nom
D'un autre : elle avait eu des amants qu'on ignore,
Je n'ai fait que presser ce qu'il restait encore
De sève au cœur du fruit. J'en veux un aujourd'hui
Fermé pour tous ; pour moi (moi seul !) épanoui,
Après moi refermé. Je veux toute une vie,
Et j'ajoute la mienne au marché.

                                  — Ton envie,
Répondit Fortunio, me sourit. Seulement
Tu l'aurais pu d'abord dire plus simplement.
Quelle est ta jeune fille ? Il te la faut jolie ;
Sinon ton tour est sot et ne vaut que moitié.
Ensuite il faut qu'elle ait pour toi quelque amitié.
Au reste, je conviens, mon cher, que ton idée,
Qui pourrait étonner un homme compassé,
Par la tête le soir m'a quelquefois passé.
Au goût du jour, d'ailleurs, elle est accommodée.
Lorsqu'un homme s'ennuie et qu'il sent qu'il est las
De traîner le boulet au bagne d'ici-bas,
Dès qu'il se fait sauter, qu'importe la manière ?
J'aimerais tout autant ce que tu me dis là

Que de prendre un beau soir ma prise de tabac
Dans un baril d'opium ou dans ma poudrière.

— Eh bien ! cria Cassius, marchons de ce côté. »
Tous les deux à pas lents regagnèrent la rue.

« Mais, dit Fortunio, le nom de ta beauté ?
— Avançons, dit Cassius, Vois-tu cette statue ?
— Oui.
— Vois-tu ce portique entr'ouvert. Sa maison
Est derrière.
— Et son nom ?
— On l'appelle Suzon. »

Les abbés là-dessus traversèrent la ville ;
Cassius chez son ami tomba pâle et défait,
Tandis qu'à son tiroir l'autre, d'un air tranquille,
Ayant tiré sa drogue, en sifflant l'apprêtait.
« Ah çà ! dit Fortunio, tu connais donc ta belle
De ton voyage en France, ou comment t'aime-t-elle ?
C'est la seconde fois ce soir que je la vois.
— Moi, répondit Cassius, c'est la première fois.
— Comment ? Que veux-tu faire alors de cette poudre ?
— J'ai gagné deux laquais : nous avons arrêté
Que Suzanne demain la prendrait dans son thé.
Et quand je'devrais être écrasé de la foudre,
Nous verrons qui rira, quand son palais désert
Se trouvera le soir par mégarde entr'ouvert.
— Que dis-tu ? reprit l'autre : abuser d'une femme
Dont tu n'es point aimé ! Voler le corps sans l'âme
C'est affreux, c'est indigne, et c'est moins amusant.
Eh quoi ! parce qu'un jour un philtre complaisant
L'aura jetée à bas et la laissera nue
Livrée au premier chien qui passe dans la rue.
Tu seras, toi, Cassius, content d'être ce chien ?
Et tu détrôneras des sphères de lumière
La vertu d'une enfant qui, du ciel à la terre,
N'a que sa foi pour elle et ses bras pour soutien,
Pour te rouler sur elle une nuit dans ta fange,
Et te désaltérer sur les lèvres d'un ange
D'une soif de ruisseau ! Pitoyable insensé !
Est-ce donc pour cela que sa mère a passé
Tant de jours inquiets, tant de nuits d'insomnie ?

Qu'elle-même ce soir sur son lit a prié,
Qu'elle a fermé sa porte, et pour l'autre moitié
Gardé jusqu'à seize ans la moitié de sa vie ;
Qu'elle a de son amour enfermé le trésor
Comme une fleur pudique en son calice d'or ?
Quand je t'ai conseillé de tuer une femme,
Elle t'aimait du moins : c'est là qu'est le bonheur,
C'est là tout. O Cassius ! n'étouffe pas ta flamme
Sous la cendre ; crois-moi, cherche comme un plongeur
Cette perle qui dort dans la mer de son cœur.
— Et quand donc, dit Cassius, et de quelle manière
Me ferai-je aimer d'elle ? En baisant son talon ?
En enrayant ma roue à l'éternelle ornière ?
En me faisant son ombre? Ah ! mordieu, c'est trop long.
Lui plairai-je, d'ailleurs ? La chance en est douteuse :
Elle aimera plus vite une fois dans mes bras,
Que la mort entre nous serve d'entremetteuse.

— Je vois, dit Fortunio, que tu ne connais pas
Le plus grand des moyens.
     — Lequel ?
        — Le magnétisme.
— Bah ! dit Cassius, tu ris. Avec ton athéisme,
Comment y croirais-tu ? Pour moi, je ne crois rien,
Sinon ce que je vois.

    — Ah ! dit l'autre, très bien :
Tu crois ce que tu vois ! O raisonneur habile !
Et l'aveugle, à ton gré, que croira-t-il alors ?
Parce que l'on t'a fait à ta prison d'argile
Une fenêtre ou deux pour y voir au dehors ;
Parce que la moitié d'un rayon de lumière
Échappé du soleil dans ton œil peut glisser,
Quand il n'est pas bouché par un grain de poussière,
Tu crois qu'avec ses lois le monde y va passer !
O mon ami ! le monde incessamment remue
Autour de nous, en nous, et nous n'en voyons rien.
C'est un spectre voilé qui nous crée et nous tue ;
C'est un bourreau masqué que notre ange gardien.
Sais-tu, lorsque ta main touche une jeune fille,
Ce qui se passe en elle, en toi ? Qu'en as-tu vu ?

Qui te fait tressaillir lorsque son œil pétille?
S'il ne se passe rien, pourquoi tressailles-tu?
Quand l'aigle, au bord des mers, aperçoit l'hirondelle
Et lui dit en passant d'un regard de ses yeux,
De le suivre, as-tu vu ce qui se passe entre eux?
S'il ne se passe rien, pourquoi donc le suit-elle?
Eh quoi! toi confesseur, toi prêtre, toi Romain,
Tu crois qu'on dit un mot, qu'on fait un geste en vain!
Un geste, malheureux! tu ne sais pas peut-être
Que la religion n'est qu'un geste, et le prêtre
Qui, l'hostie à la main, lève les bras sur nous,
Un saint magnétiseur qu'on écoute à genoux!
Tu crois ce que tu vois! toi qui, dans la nuit sombre,
Porte l'étole blanche et vas t'asseoir dans l'ombre
Des confessionnaux, pour tenir dans ta main
La tête d'une enfant qui t'appelle son père,
Qui te dit des secrets qu'elle cache à sa mère,
Et de ce qui se fait à l'ombre du saint lieu
Ne peut en appeler à rien, pas même à Dieu!
Quand Christus renversa les idoles de Rome,
Il avait vu quel pas restait à faire encor,
Et qu'à qui veut donner l'homme pour maître à l'homme,
Un caveau verrouillé vaut mieux qu'un trépied d'or.
C'est ce pouvoir, ami, c'est ce nœud redoutable
De l'aigle à l'hirondelle et du prêtre à l'enfant,
Qui fait que l'homme fort doit briser son semblable
Contre sa volonté de fer qui le défend.

Essaye, et tu verras. Quand la nuit solitaire
Sur son cilice d'or s'assoira sur la terre,
Laisse évoquer le diable au bouvier du chemin,
Qui veut faire avorter la vache du voisin ;
Évoque ton courage et le sang de tes veines,
Ton amour et le dieu des volontés humaines !
Pénètre dans la chambre où Suzon dormira ;
Ne la réveille pas ; parle-lui, charme-la ;
Donne-lui, si tu veux, de l'opium la veille.
Ta main à ses seins nus, ta bouche à son oreille ;
Autour de tes deux bras roule ses longs cheveux,
Glisse-toi sur son cœur, et dis-lui que tu veux
(Entends-tu? que tu veux!) sur sa tête et sous peine

De mort, qu'elle le sente et qu'elle s'en souvienne ;
Blesse-la quelque part, mêle à son sang ton sang ;
Que la marque lui reste et fais-toi la pareille,
N'importe à quelle place, à la joue, à l'oreille,
Pourvu qu'elle frémisse en la reconnaissant.
Le lendemain sois dur, le plus profond silence,
L'œil ferme, laisse-la raisonner sans effroi,
Et dès la nuit venue arrive et recommence.
Huit jours de cette épreuve, et la proie est à toi.
— Je le veux, dit Cassius, et la pensée est bonne.
Cette nuit je commence, et l'attache à la croix
Huit jours à tout hasard, et que Dieu lui pardonne ! »

Fortunio se trompait, il n'en fallut que trois.
Le quatrième jour Suzon vint à confesse ;
Et derrière un pilier, caché dans l'ombre épaisse,
Cassius de son amour surprit l'aveu fatal.
Il dit à Fortunio : « Ton conseil infernal
Donne déjà son fruit : sa porte d'elle-même
S'ouvrira maintenant, car je sais qu'elle m'aime.

Frappe donc ! reprit l'autre.
— A ce soir.
— A ce soir. »
Au coucher du soleil Cassius revint le voir.
« Viens souper, lui dit-il ; il me reste une somme
De quarante louis dans ma poche. Un autre homme,
Ou plus sage ou plus fou que moi, la donnerait
A quelque mendiant ; allons au cabaret. »

C'était par une nuit magnifique et sereine,
Où les vents embaumés frémissaient dans la plaine
Et les grillons du soir, sous le pied du passant,
Chantaient dans la rosée aux feux du ver luisant ;
La lune, à son lever, sur la cime des arbres
Balançait mollement les ombres des saints marbres,
Et plongeait dans le fleuve aux flots étincelants
Des lourds dieux de granit les colosses tremblants.
Dans le coin enfumé d'une auberge malsaine
Les abbés sur la table avaient croisé les bras.
« Eh bien ! cria Cassius, ne chanterons-nous pas ? »
Et vidant d'un seul trait une bouteille pleine :

« Allons, abbé, dit-il, un toast à ma Suzon ! »
Il se leva, lança son assiette au plafond,
Et se mit à chanter d'une voix triste et pure :

> Si Lilla voulait me promettre
> De m'ouvrir quand la nuit viendra,
> Je l'épouserais bien sans prêtre,
> Quitte à sauter par la fenêtre
> Quand sa mère s'éveillera.
>
> Sommes-nous donc de vieilles femmes
> Qui toujours tremblent pour leurs os
> Et, de peur du diable et des flammes,
> Attendent que leurs vieilles âmes
> Sortent par dégoût de leurs peaux ?
>
> Moi, sur la planche de ma bière,
> Je souperais avec Lilla.
> Par la fressure du saint-père !
> Un homme peut casser son verre
> Quand il a bu de ce vin-là.

Le ciel a-t-il fait faire un pacte à la nature
Avec l'homme, ou rit-il comme un malin esprit
Quand il voit un tombeau qui s'entr'ouvre et sourit ;
Jamais vent de minuit, dans l'éternel silence,
N'emporta si gaîment du pied d'un balcon d'or
Les soupirs de l'amour à la beauté qui dort,
Que lorsque les abbés, fredonnant leur romance,
Sur la bruyère sèche en se tenant le bras,
Vers leur œuvre sans nom marchèrent à grands pas.

Le lendemain dans Rome il courut la nouvelle
Qu'une main inconnue avait tué Suzon,
Et qu'on avait trouvé sur le pied d'une échelle
Fortunio qui dormait au seuil de la maison.

Depuis ce jour un fou qui blasphème et mendie
Vient s'asseoir quelquefois, à l'heure du sommeil,
Sur les lazzaroni étendus au soleil :
Il leur parle tout bas, les frotte et parodie
Les gestes d'un derviche et d'un magnétiseur :
Puis, quand il les éveille, il les frappe en fureur.
C'est Cassius qui survit à Suzon ; sa victime
Lui mourut dans les bras trop tôt pour l'assouvir,
Et lui, resté tout seul à la moitié du crime,
Sur le pavé de Rome achève de mourir.

1831.

A Mme N. MÉNESSIER

QUI AVAIT MIS EN MUSIQUE DES PAROLES DE L'AUTEUR

Madame, il est heureux, celui dont la pensée
(Qu'elle fût de plaisir, de douleur ou d'amour)
A pu servir de sœur à la vôtre un seul jour :
Son âme dans votre âme un instant est passée ;

Le rêve de son cœur un soir s'est arrêté,
Ainsi qu'un pèlerin sur le seuil enchanté
Du merveilleux palais tout peuplé de féeries
Où dans leurs voiles blancs dorment vos rêveries.

Qu'importe que bientôt, pour un autre oublié,
De vos lèvres de pourpre il se soit envolé,
Comme l'oiseau léger s'envole après l'orage ?
Lorsqu'il a repassé le seuil mystérieux,
Vos lèvres l'ont doré, dans leur divin langage,
    D'un sourire mélodieux.

Novembre 1831.

A JULIE

On me demande, par les rues,
Pourquoi je vais bayant aux grues,
Fumant mon cigare au soleil,
A quoi se passe ma jeunesse,
Et depuis trois ans de paresse
Ce qu'ont fait mes nuits sans sommeil.

Donne-moi tes lèvres, Julie ;
Les folles nuits qui t'ont pâlie
Ont séché leur corail luisant.
Parfume-les de ton haleine ;
Donne-les-moi, mon Africaine,
Tes belles lèvres de pur sang.

Mon imprimeur crie à tue-tête
Que sa machine est toujours prête,

LA COUPE ET LES LÈVRES.   Page 167.

Et que la mienne n'en peut mais.
D'honnêtes gens, qu'un club admire,
N'ont pas dédaigné de prédire
Que je n'en reviendrai jamais.

Julie, as-tu du vin d'Espagne?
Hier, nous battions la campagne;
Va donc voir s'il en reste encor.
Ta bouche est brûlante, Julie;
Inventons donc quelque folie
Qui nous perde l'âme et le corps.

On dit que ma gourme me rentre,
Que je n'ai plus rien dans le ventre,
Que je suis vide à faire peur ;
Je crois, si j'en valais la peine,
Qu'on m'enverrait à Sainte-Hélène,
Avec un cancer dans le cœur.

Allons, Julie, il faut t'attendre
A me voir quelque jour en cendre,
Comme Hercule sur son rocher.
Puisque c'est par toi que j'expire,
Ouvre ta robe, Déjanire,
Que je monte sur mon bûcher.

Mars 1832.

A LAURE

Si tu ne m'aimais pas, dis-moi, fille insensée,
Que balbutiais-tu dans ces fatales nuits?
Exerçais-tu ta langue à railler ta pensée?
Que voulaient donc ces pleurs, cette gorge oppressée,
    Ces sanglots et ces cris ?

Ah! si le plaisir seul t'arrachait ces tendresses,
Si ce n'était que lui qu'en ce triste moment
Sur mes lèvres en feu tu couvrais de caresses
    Comme un unique amant;

Si l'esprit et les sens, les baisers et les larmes,
Se tiennent par la main de ta bouche à ton cœur,
Et s'il te faut ainsi, pour y trouver des charmes,
Sur l'autel du plaisir profaner le bonheur :

Ah! Laurette, ah! Laurette, idole de ma vie,
Si le sombre démon de tes nuits d'insomnie
Sans ce masque de feu ne saurait faire un pas,
Pourquoi l'évoquais-tu, si tu ne m'aimais pas ?

1832.

A MON AMI ÉDOUARD B***

Tu te frappais le font en lisant Lamartine,
Édouard, tu pâlissais comme un joueur maudit;
Le frisson te prenait, et la foudre divine,
    Tombant dans ta poitrine,
T'épouvantait toi-même en traversant la nuit.

Ah! frappe-toi le cœur, c'est là qu'est le génie.
C'est là qu'est la pitié, la souffrance et l'amour;
C'est là qu'est le rocher du désert de la vie,
    D'où les flots d'harmonie,
Quand Moïse viendra, jailliront quelque jour.

Peut-être à ton insu déjà bouillonnent-elles,
Ces laves du volcan, dans les pleurs de tes yeux.
Tu partiras bientôt avec les hirondelles,
    Toi qui te sens des ailes
Lorsque tu vois passer un oiseau dans les cieux.

Ah! tu sauras alors ce que vaut la paresse ;
Sur les rameaux voisins tu voudras revenir.
Édouard, Édouard, ton front est encor sans tristesse,
    Ton cœur plein de jeunesse...
Ah! ne les frappe pas, ils n'auraient qu'à s'ouvrir!

1832.

A MON AMI ALFRED T***

Dans mes jours de malheur, Alfred, seul entre mille,
Tu m'es resté fidèle où tant d'autres m'ont fui.
Le bonheur m'a prêté plus d'un lien fragile ;
Mais c'est l'adversité qui m'a fait un ami.

C'est ainsi que les fleurs sur les coteaux fertiles
Étalent au soleil leur vulgaire trésor ;
Mais c'est au sein des nuits, sous des rochers stériles,
Que fouille le mineur qui cherche un rayon d'or.

C'est ainsi que les mers, calmes et sans orages,
Peuvent d'un flot d'azur bercer le voyageur ;
Mais c'est le vent du nord, c'est le vent des naufrages
Qui jette sur la rive une perle au pêcheur.

Maintenant Dieu me garde ! Où vais-je ? Eh ! que m'importe ?
Quels que soient mes destins, je dis comme Byron :
« L'Océan peut gronder, il faudra qu'il me porte. »
Si mon coursier s'abat, j'y mettrai l'éperon.

Mais du moins j'aurai pu, frère, quoi qu'il m'arrive,
De mon cachet de deuil sceller notre amitié,
Et, que demain je meure ou que demain je vive,
Pendant que mon cœur bat, t'en donner la moitié.

Mai 1832

AU LECTEUR

DES DEUX PIÈCES QUI SUIVENT

Figure-toi, lecteur, que ton mauvais génie
T'a fait prendre ce soir un billet d'Opéra.
Te voilà devenu parterre ou galerie,
Et tu ne sais pas trop ce qu'on te chantera.

Il se peut qu'on t'amuse, il se peut qu'on t'ennuie ;
Il se peut que l'on pleure, à moins que l'on ne rie ;

Et le terme moyen, c'est que l'on bâillera.
Qu'importe? c'est la mode, et le temps passera.

Mon livre, ami lecteur, t'offre une chance égale.
Il te coûte à peu près ce que coûte une stalle;
Ouvre-le sans colère, et lis-le d'un bon œil.

Qu'il te déplaise ou non, ferme-le sans rancune;
Un spectacle ennuyeux est chose assez commune,
Et tu verras le mien sans quitter ton fauteuil.

LA COUPE ET LES LÈVRES
POÈME DRAMATIQUE

> Entre la coupe et les lèvres, il reste encore
> de la place pour un malheur.
> *Ancien proverbe.*

PERSONNAGES

LE CHASSEUR FRANK.
LE PALATIN STRANIO.
LE CHEVALIER GUNTHER.
UN LIEUTENANT DE FRANK.
MONTAGNARDS.

CHEVALIERS.
MOINES.
PEUPLE.
MONNA BELCOLORE
DÉIDAMIA.

DÉDICACE.

A M. ALFRED T***.

Voici, mon cher ami, ce que je vous dédie :
Quelque chose approchant comme une tragédie,
Un spectacle; en un mot, quatre mains de papier.
J'attendrai là-dessus que le diable m'éveille.
Il est sain de dormir, — ignoble de bâiller.
J'ai fait trois mille vers : allons, c'est à merveille.
Baste! il faut s'en tenir à sa vocation.
Mais quelle singulière et triste impression
Produit un manuscrit! — Tout à l'heure, à ma table,
Tout ce que j'écrivais me semblait admirable.
Maintenant, je ne sais, — je n'ose y regarder.

Au moment du travail, chaque nerf, chaque fibre
Tressaille comme un luth que l'on vient d'accorder.
On n'écrit pas un mot que tout l'être ne vibre.
(Soit dit sans vanité, c'est ce que l'on ressent.)
On ne travaille pas, — on écoute, — on attend.
C'est comme un inconnu qui vous parle à voix basse.
On reste quelquefois une nuit sur la place,
Sans faire un mouvement et sans se retourner.
On est comme un enfant dans ses habits de fête,
Qui craint de se salir et de se profaner;
Et puis, — et puis, — enfin! — on a mal à la tête.
Quel étrange réveil! — comme on se sent boiteux!
Comme on voit que Vulcain vient de tomber des cieux!
C'est l'effet que produit une prostituée,
Quand, le corps assouvi, l'âme s'est réveillée,
Et que, comme un vivant qu'on vient d'ensevelir,
L'esprit lève en pleurant le linceul du plaisir.
Pourtant c'est l'opposé; c'est le corps, c'est l'argile;
C'est le cercueil humain, un moment entr'ouvert,
Qui, laissant retomber son couvercle débile,
Ne se souvient de rien, sinon qu'il a souffert.
Si tout finissait là! voilà le mot terrible.
C'est Jésus, couronné d'une flamme invisible,
Venant du Pharisien partager le repas.
Le Pharisien parfois voit luire une auréole
Sur son hôte divin, — puis, quand elle s'envole,
Il dit au fils de Dieu : Si tu ne l'étais pas?
Je suis le Pharisien, et je dis à mon hôte :
Si ton démon céleste était un imposteur?
Il ne s'agit pas là de reprendre une faute,
De retourner un vers comme un commentateur,
Ni de se remâcher comme un bœuf qui rumine.
Il est assez de mains chercheuses de vermine,
Qui savent éplucher un récit malheureux,
Comme un pâtre espagnol épluche un chien lépreux.
Mais croire que l'on tient les pommes d'Hespérides
Et presser tendrement un navet sur son cœur!
Voilà, mon cher ami, ce qui porte un auteur
A des autodafés, — à des infanticides.
Les rimeurs, vous voyez, sont comme les amants.
Tant qu'on n'a rien écrit, il en est d'une idée

Comme d'une beauté qu'on n'a pas possédée.
On l'adore, on la suit, — ses détours sont charmants.
Pendant que l'on tisonne en regardant la cendre,
On la voit voltiger ainsi qu'un salamandre ;
Chaque mot fait pour elle est comme un billet doux ;
On lui donne à souper ; — qui le sait mieux que vous ?
(Vous pourriez au besoin traiter une princesse.)
Mais dès qu'elle se rend, bonsoir, le charme cesse.
On sent dans sa prison l'hirondelle mourir.
Si tout cela, du moins, vous laissait quelque chose !
On garde le parfum en effeuillant la rose ;
Il n'est si triste amour qui n'ait son souvenir.

Lorsque la jeune fille, à la source voisine,
A sous les nénuphars lavé ses bras poudreux,
Elle reste au soleil, les mains sur sa poitrine,
A regarder longtemps pleurer ses beaux cheveux.
Elle sort, mais pareille aux rochers de Borghèse,
Couverte de rubis comme un poignard persan, —
Et sur son front luisant sa mère qui la baise
Sent du fond de son cœur la fraîcheur de son sang.
Mais le poète, hélas ! s'il puise à la fontaine,
C'est comme un braconnier poursuivi dans la plaine,
Pour boire dans sa main, et courir se cacher, —
Et cette main brûlante est prompte à se sécher.
Je ne fais pas grand cas, pour moi, de la critique ;
Toute mouche qu'elle est, c'est rare qu'elle pique.
On m'a dit l'an passé que j'imitais Byron :
Vous qui me connaissez, vous savez bien que non.
Je hais comme la mort l'état de plagiaire ;
Mon verre n'est pas grand, mais je bois dans mon verre.
C'est bien peu, je le sais, que d'être homme de bien,
Mais toujours est-il vrai que je n'exhume rien.

Je ne me suis pas fait écrivain politique.
N'étant pas amoureux de la place publique,
D'ailleurs, il n'entre pas dans mes prétentions
D'être l'homme du siècle et de ses passions.
C'est un triste métier que de suivre la foule,
Et de vouloir crier plus fort que les meneurs,
Pendant qu'on se raccroche au manteau des traîneurs,

On est toujours à sec, quand le fleuve s'écoule.
Que de gens aujourd'hui chantent la liberté,
Comme ils chantaient les rois, ou l'homme de brumaire !
Que de gens vont se pendre au levier populaire,
Pour relever le dieu qu'ils avaient souffleté !
On peut traiter cela du beau nom de rouerie,
Dire que c'est le monde et qu'il faut qu'on en rie.
C'est peut-être un métier charmant, mais tel qu'il est,
Si vous le trouvez beau, moi, je le trouve laid.
Je n'ai jamais chanté ni la paix ni la guerre ;
Si mon siècle se trompe, il ne m'importe guère :
Tant mieux s'il a raison, et tant pis s'il a tort ;
Pourvu qu'on dorme encore au milieu du tapage,
C'est tout ce qu'il me faut, et je ne crains pas l'âge
Où les opinions deviennent un remord.

Vous me demanderez si j'aime ma patrie.
Oui ; — j'aime fort aussi l'Espagne et la Turquie.
Je ne hais pas la Perse et je crois les Indous
De très honnêtes gens qui boivent comme nous.
Mais je hais les cités, les pavés et les bornes,
Tout ce qui porte l'homme à se mettre en troupeau,
Pour vivre entre deux murs et quatre faces mornes,
Le front sous un moellon, les pieds sur un tombeau.

Vous me demanderez si je suis catholique.
Oui ; — j'aime fort aussi les dieux Lath et Nésu ;
Tartak et Pimpocau me semblent sans réplique ;
Que dites-vous encor de Parabavastu ?
J'aime Bidi, — Khoda me paraît un bon sire ;
Et quant à Kichatan, je n'ai rien à lui dire.
C'est un bon petit dieu que le dieu Michapous.
Mais je hais les cagots, les robins et les cuistres,
Qu'ils servent Pimpocau, Mahomet, ou Vishnou.
Vous pouvez de ma part répondre à leurs ministres
Que je ne sais comment je vais je ne sais où.

Vous me demanderez si j'aime la sagesse.
Oui ; — j'aime fort aussi le tabac à fumer.
J'estime le bordeaux, surtout dans sa vieillesse ;
J'aime tous les vins francs, parce qu'ils font aimer.
Mais je hais les cafards, et la race hypocrite

LA COUPE ET LES LÈVRES.   Page 173.

Bibl. Charpentier.   Liv. 22.

Des tartufes de mœurs, comédiens insolents,
Qui mettent leurs vertus en mettant leurs gants blancs.
Le diable était bien vieux lorsqu'il se fit ermite.
Je le serai si bien, quand ce jour-là viendra,
Que ce sera le jour où l'on m'enterrera.

Vous me demanderez si j'aime la nature.
Oui; — j'aime fort aussi les arts et la peinture.
Le corps de la Vénus me paraît merveilleux.
La plus superbe femme est-elle préférable?
Elle parle, il est vrai, mais l'autre est admirable,
Et je suis quelquefois pour les silencieux.
Mais je hais les pleurards, les rêveurs à nacelles,
Les amants de la nuit, des lacs, des cascatelles,
Cette engeance sans nom, qui ne peut faire un pas
Sans s'inonder de vers, de pleurs et d'agendas.
La nature, sans doute, est comme on veut la prendre.
Il se peut, après tout, qu'ils sachent la comprendre;
Mais eux, certainement, je ne les comprends pas.

Vous me demanderez si j'aime la richesse.
Oui; — j'aime aussi parfois la médiocrité.
Et surtout, et toujours, j'aime mieux ma maîtresse;
La fortune, pour moi, n'est que la liberté.
Elle a cela de beau, de remuer le monde,
Que, dès qu'on la possède, il faut qu'on en réponde,
Et que, seule, elle met à l'air la volonté.
Mais je hais les pieds plats, je hais la convoitise.
J'aime mieux un joueur, qui prend le grand chemin;
Je hais le vent doré qui gonfle la sottise,
Et, dans quelque cent ans, j'ai bien peur qu'on ne dise
Que notre siècle d'or fut un siècle d'airain.

Vous me demanderez si j'aime quelque chose.
Je m'en vais vous répondre à peuprès comme Hamlet
Doutez, Ophélia, de tout ce qui vous plaît,
De la clarté des cieux, du parfum de la rose;
Doutez de la vertu, de la nuit et du jour;
Doutez de tout au monde, et jamais de l'amour.
Tournez-vous là, mon cher, comme l'héliotrope
Qui meurt les yeux fixés sur son astre chéri,
Et préférez à tout, comme le Misanthrope,

La chanson de ma mie et du Bon roi Henri.
Doutez, si vous voulez, de l'être qui vous aime,
D'une femme ou d'un chien, mais non de l'amour même.
L'amour est tout, — l'amour, et la vie au soleil.
Aimer est le grand point, qu'importe la maîtresse ?
Qu'importe le flacon, pourvu qu'on ait l'ivresse :
Faites-vous de ce monde un songe sans réveil.
S'il est vrai que Schiller n'ait aimé qu'Amélie,
Gœthe que Marguerite et Rousseau que Julie,
Que la terre leur soit légère ! — Ils ont aimé.

Vous trouverez, mon cher, mes rimes bien mauvaises ;
Quant à ces choses-là, je suis un réformé.
Je n'ai plus de système, et j'aime mieux mes aises ;
Mais j'ai toujours trouvé honteux de cheviller.
Je vois chez quelques-uns, en ce genre d'escrime,
Des rapports trop exacts avec un menuisier.
Gloire aux auteurs nouveaux, qui veulent à la rime
Une lettre de plus qu'il n'en fallait jadis !
Bravo ! c'est un bon clou de plus à la pensée.
La vieille liberté par Voltaire laissée
Etait bonne autrefois pour les petits esprits.

Un long cri de douleur traversa l'Italie,
Lorsqu'au pied des autels Michel-Ange expira.
Le siècle se fermait, — et la mélancolie,
Comme un pressentiment, des vieillards s'empara.
L'art, qui sous ce grand homme avait quitté la terre
Pour se suspendre au ciel, comme le nourrisson
Se suspend et s'attache aux lèvres de sa mère,
L'art avec lui tomba. — Ce fut le dernier nom
Dont le peuple toscan ait gardé la mémoire.
Aujourd'hui l'art n'est plus, — personne n'y veut croire.
Notre littérature a cent mille raisons
Pour parler de noyés, de morts, et de guenilles,
Elle-même est un mort que nous galvanisons.
Elle entend son affaire en nous peignant des filles,
En tirant des égouts les muses de Régnier.
Elle-même en est une, et la plus délabrée
Qui de fard et d'onguents se soit jamais plâtrée.
Nous l'avons tous usée, — et moi tout le premier.

Est-ce à moi, maintenant, au point où nous en sommes,
De vous parler de l'art et de le regretter ?
Un mot pourtant encore avant de vous quitter.
Un artiste est un homme, — il écrit pour des hommes.
Pour prêtresse du temple, il a la liberté ;
Pour trépied, l'univers ; pour éléments, la vie ;
Pour encens, la douleur, l'amour et l'harmonie ;
Pour victime, son cœur ; — pour dieu, la vérité.
L'artiste est un soldat, qui des rangs d'une armée
Sort, et marche en avant, — ou chef, — ou déserteur,
Par deux chemins divers il peut sortir vainqueur.
L'un, comme Calderon et comme Mérimée,
Incruste un plomb brûlant sur la réalité,
Découpe à son flambeau la silhouette humaine,
En emporte le moule, et jette sur la scène
Le plâtre de la vie avec sa nudité.
Pas un coup de ciseau sur la sombre effigie,
Rien qu'un masque d'airain, tel que Dieu l'a fondu.
Cherchez-vous la morale et la philosophie ?
Rêvez si vous voulez, — voilà ce qu'il a vu.
L'autre, comme Racine et le divin Shakspeare,
Monte sur le théâtre, une lampe à la main,
Et de sa plume d'or ouvre le cœur humain.
C'est pour vous qu'il y fouille, afin de vous redire
Ce qu'il aura senti, ce qu'il aura trouvé,
Surtout, en le trouvant, ce qu'il aura rêvé.
L'action n'est pour lui qu'un moule à sa pensée.
Hamlet tuera Clodius, — Joad tuera Mathan ; —
Qu'importe le combat, si l'éclair de l'épée
Peut nous servir dans l'ombre à voir les combattants ?
Le premier sous les yeux vous étale un squelette :
Songez, si vous voulez, de quels muscles d'athlète,
De quelle chair superbe et de quels vêtements
Pourraient être couverts de si beaux ossements.
Le second vous déploie une robe éclatante,
Des muscles invaincus, une chair palpitante,
Et vous laisse à penser quels sublimes ressorts
Impriment l'existence à de pareils dehors.
Celui-là voit l'effet, — et celui-ci la cause.
Sur cette double loi le monde entier repose :
Dieu seul (qui se connaît) peut tout voir à la fois.

Quant à moi, Petit-Jean, quand je vois, — quand je vois,
Je vous préviens, mon cher, que ce n'est pas grand'chose ;
Car, pour y voir longtemps, j'aime trop à voir clair :
Man delights not me, sir, nor woman neither.
Mais s'il m'était permis de choisir une route,
Je prendrais la dernière, et m'y noierais sans doute.
Je suis passablement en humeur de rêver,
Et je m'arrête ici, pour ne pas le prouver.

Je ne sais trop à quoi tend tout ce bavardage.
Je voulais mettre un mot sur la première page :
A mon très honoré, très honorable ami,
Monsieur — et cœtera, — comme on met aujourd'hui,
Quand on veut proprement faire une dédicace.
Je l'ai faite un peu longue, et je m'en aperçois.
On va s'imaginer que c'est une préface.
Moi qui n'en lis jamais ! — ni vous non plus, je crois.

INVOCATION

Aimer, boire et chasser, voilà la vie humaine .
Chez les fils du Tyrol, — peuple héroïque et fier !
Montagnard comme l'aigle et libre comme l'air !
Beau ciel, où le soleil a dédaigné la plaine,
Ce paisible océan dont les monts sont les flots !
Beau ciel tout sympathique, et tout peuplé d'échos !
Là, siffle autour des puits l'écumeur des montagnes,
Qui jette au vent son cœur, sa flèche et sa chanson.
Venise vient au loin dorer son horizon.
La robuste Helvétie abrite ses campagnes.
Ainsi les vents du sud t'apportent la beauté,
Mon Tyrol, et les vents du nord la liberté.

Salut, terre de glace, amante des nuages,
Terre d'hommes errants et de daims en voyages,
Terre sans oliviers, sans vigne et sans moissons.
Ils sucent un sein dur, mère, tes nourrissons ;
Mais ils t'aiment ainsi, — sous la neige bleuâtre
De leurs lacs vaporeux, sous ce pâle soleil

Quirespecte les bras de leurs femmes d'albâtre,
Sous la ronce des champs qui mord leur pied vermeil.
Noble terre, salut! Terre simple et naïve,
Tu n'aimes pas les arts, toi qui n'es pas oisive.
D'efféminés rêveurs tu n'es pas le séjour;
On ne fait sous ton ciel que la guerre et l'amour.
On ne se vieillit pas dans tes longues veillées.
Si parfois tes enfants, dans l'écho des vallées,
Mêlent un doux refrain aux soupirs des roseaux,
C'est qu'ils sont nés chanteurs, comme de gais oiseaux.
Tu n'as rien, toi, Tyrol, ni temples, ni richesse,
Ni poètes, ni dieux; — tu n'as rien, chasseresse!
Mais l'amour de ton cœur s'appelle d'un beau nom ·
La liberté! — Qu'importe au fils de la montagne
Pour quel despote obscur envoyé d'Allemagne
L'homme de la prairie écorche le sillon?
Ce n'est pas son métier de traîner la charrue;
Il couche sur la neige, il soupe quand il tue;
Il vit dans l'air du ciel, qui n'appartient qu'à Dieu.

— L'air du ciel! l'air de tous! vierge comme le feu!
Oui, la liberté meurt sur le fumier des villes.
Oui, vous qui la plantez sur vos guerres civiles,
Vous la semez en vain, même sur vos tombeaux;
Il ne croît pas si bas, cet arbre aux verts rameaux;
Il meurt dans l'air humain, plein de râles immondes;
Il respire celui que respirent les mondes.
Montez, voilà l'échelle, et Dieu qui tend les bras.
Montez à lui, rêveurs, il ne descendra pas!
Prenez-moi la sandale, et la pique ferrée :
Elle est là sur les monts, la liberté sacrée.
C'est là qu'à chaque pas l'homme la voit venir,
Ou, s'il l'a dans le cœur, qu'il l'y sent tressaillir.
Tyrol, nul barde encor n'a chanté tes contrées,
Il faut des citronniers à nos muses dorées,
Et tu n'es pas Banal, toi dont la pauvreté
Tend une maigre main à l'hospitalité.
 — Pauvre hôtesse, ouvre-moi! — tu vaux bien l'Italie.
Messaline en haillons, sous les baisers pâlie,
Que tout père à son fils paye à sa puberté.
Moi, je te trouve vierge, et c'est une beauté;

C'est la mienne ; — il me faut, pour que ma soif s'étanche,
Que le flot soit sans tache, et clair comme un miroir.
Ce sont les chiens errants qui vont à l'abreuvoir.
Je t'aime. — Ils ne t'ont pas levé ta robe blanche.
Tu n'as pas, comme Naple, un tas de visiteurs,
Et des ciceroni pour tes entremetteurs.
La neige tombe en paix sur tes épaules nues. —
Je t'aime, sois à moi. Quand la virginité
Disparaîtra du ciel, j'aimerai des statues.
Le marbre me va mieux que l'impure Phryné
Chez qui les affamés vont chercher leur pâture,
Qui fait passer la rue au travers de son lit,
Et qui n'a pas le temps de nouer sa ceinture
Entre l'amant du jour et celui de la nuit.

ACTE PREMIER

SCÈNE I

UNE PLACE PUBLIQUE. — UN GRAND FEU ALLUMÉ AU MILIEU.

LES CHASSEURS, FRANK.

LE CHOEUR.

Pâle comme l'amour, et de pleurs arrosée,
La nuit aux pieds d'argent descend dans la rosée.
Le brouillard monte au ciel, et le soleil s'enfuit.
Éveillons le plaisir, son aurore est la nuit !
Diane a protégé notre course lointaine.
Chargés d'un lourd butin, nous marchons avec peine,
Amis, reposons-nous ; — déjà, le verre en main,
Nos frères sous ce toit commencent leur festin.

FRANK.

Moi, je n'ai rien tué ; — la ronce et la bruyère
Ont déchiré mes mains ; — mon chien, sur la poussière
A léché dans mon sang la trace de mes pas.

LE CHOEUR.

Ami, les jours entre eux ne se ressemblent pas.
Approche, et viens grossir notre joyeuse troupe.

L'amitié, camarade, est semblable à la coupe
Qui passe, au coin du feu, de la main à la main.
L'un y boit son bonheur, et l'autre sa misère ;
Le ciel a mis l'oubli pour tous au fond du verre ;
Je suis heureux ce soir, tu le seras demain.

FRANK.

Mes malheurs sont à moi, je ne prends pas les vôtres.
Je ne sais pas encor vivre aux dépens des autres ;
J'attendrai pour cela qu'on m'ait coupé les mains.
Je ne ferai jamais qu'un maigre parasite,
Car ce n'est qu'un long jeûne et qu'une faim maudite
Qui me feront courir à l'odeur des festins.
Je tire mieux que vous, et j'ai meilleure vue.
Pourquoi ne vois-je rien ? voilà la question.
Suis-je un épouvantail ? — ou bien l'occasion,
Cette prostituée, est-elle devenue
Si boiteuse et si chauve, à force de courir,
Qu'on ne puisse à la nuque une fois la saisir ?
J'ai cherché comme vous le chevreuil dans la plaine, —
Mon voisin l'a tué, mais je ne l'ai pas vu.

LE CHOEUR.

Et si c'est ton voisin, pourquoi le maudis-tu ?
C'est la communauté qui fait la force humaine.
Frank, n'irrite pas Dieu, — le roseau doit plier.
L'homme sans patience est la lampe sans huile,
Et l'orgueil en colère est mauvais conseiller.

FRANK.

Votre communauté me soulève la bile.
Je n'en suis pas encore à mendier mon pain.
Mordieu ! voilà de l'or, messieurs, j'ai de quoi vivre.
S'il plaît à l'ennemi des hommes de me suivre,
Il peut s'attendre encore à faire du chemin.
Il faut être bâtard pour coudre sa misère
Aux misères d'autrui. — Suis-je un esclave ou non ?
Le pacte social n'est pas de ma façon :
Je ne l'ai pas signé dans le sein de ma mère.
Si les autres ont peu, pourquoi n'aurais-je rien ?
Vous qui parlez de Dieu, vous blasphémez le mien.
Tout nous vient de l'orgueil, même la patience.

La Coupe et les Lèvres.

Page 181.

L'orgueil, c'est la pudeur des femmes, la constance
Du soldat dans le rang, du martyr sur la croix.
L'orgueil, c'est la vertu, l'honneur et le génie;
C'est ce qui reste encor d'un peu beau dans la vie,
La probité du pauvre et la grandeur des rois.
Je voudrais bien savoir, nous tous tant que nous sommes,
Et moi tout le premier, à quoi nous sommes bons?
Voyez-vous ce ciel pâle, au delà de ces monts?
Là, du soir au matin, fument autour des hommes
Ces vastes alambics qu'on nomme les cités.
Intrigues, passions, périls et voluptés,
Toute la vie est là, — tout en sort, tout y rentre.
Tout se disperse ailleurs, et là tout se concentre.
L'homme y presse ses jours pour en boire le vin,
Comme le vigneron presse et tort son raisin.

LE CHOEUR.

Frank, une ambition terrible te dévore.
Ta pauvreté superbe elle-même s'abhorre;
Tu te hais, vagabond, dans ton orgueil de roi,
Et tu hais ton voisin d'être semblable à toi.
Parle, aimes-tu ton père? aimes-tu ta patrie?
Au souffle du matin sens-tu ton cœur frémir,
Et t'agenouilles-tu lorsque tu vas dormir?
De quel sang es-tu fait, pour marcher dans la vie
Comme un homme de bronze, et pour que l'amitié,
L'amour, la confiance et la douce pitié
Viennent toujours glisser sur ton être insensible,
Comme des gouttes d'eau sur un marbre poli?
Ah! celui-là vit mal qui ne vit que pour lui.
L'âme, rayon du ciel, prisonnière invisible,
Souffre dans son cachot de sanglantes douleurs.
Du fond de son exil elle cherche ses sœurs,
Et les pleurs et les chants sont les voix éternelles
De ces filles de Dieu qui s'appellent entre elles.

FRANK.

Chantez donc, et pleurez, si c'est votre souci.
Ma malédiction n'est pas bien redoutable;
Telle qu'elle est pourtant je vous la donne ici.
Nous allons boire un toast, en nous mettant à table
Et je vais le porter :
Prenant un verre.

                    Malheur aux nouveau-nés !
Maudit soit le travail ! maudite l'espérance !
Malheur au coin de terre où germe la semence,
Où tombe la sueur de deux bras décharnés !
Maudits soient les liens du sang et de la vie !
Maudite la famille et la société !
Malheur à la maison, malheur à la cité,
Et malédiction sur la mère patrie !

   UN AUTRE CHOEUR, sortant d'une maison.

Qui parle ainsi ? qui vient jeter sur notre toit,
A cette heure de nuit, ces clameurs monstrueuses,
Et nous sonner ainsi les trompettes hideuses [1]
Des malédictions ? — Frank, réponds, est-ce toi ?
Ce n'est pas d'aujourd'hui que je connais ta vie.
Tu n'es qu'un paresseux, plein d'orgueil et d'envie.
Mais de quel droit viens-tu troubler des gens de bien ?
Tu hais notre métier, Judas ! et nous, le tien.
Que ne vas-tu courir et tenter la fortune,
Si le toit de ton père est trop bas pour ton front ?
Ton orgueil est scellé comme un cercueil de plomb.
Tu crois punir le ciel en lui gardant rancune ;
Et tout ce que tu peux, c'est de roidir tes bras
Pour blasphémer un Dieu qui ne l'aperçoit pas.
Travailles-tu pour vivre et pour t'aider toi-même ?
Ne te souviens-tu pas que l'ange du blasphème
Est de tous les déchus le plus audacieux,
Et qu'avant de maudire il est tombé des cieux ?

   TOUS LES CHASSEURS.

Pourquoi refuses-tu ta place à notre table ?

   FRANK, à l'un d'eux.

Hélas ! noble seigneur, soyez-moi charitable.
Un denier, s'il vous plaît, j'ai bien soif et bien faim
Rien qu'un pauvre denier pour m'acheter du pain.

   LE CHOEUR.

Te fais-tu le bouffon de ta propre détresse ?

   FRANK.

Seigneur, si vous avez une belle maîtresse,

---

1. That such a hideous trumpet calls to parley, etc.
       Macbeth, acte II.

Je puis la célébrer, et chanter tour à tour
La médiocrité, l'innocence et l'amour.
C'est bien le moins qu'un pauvre égaye un peu son hôte.
S'il est pauvre, après tout, s'il a faim, c'est sa faute.
Mais croyez-vous qu'il soit prudent et généreux
De jeter des pavés sur l'homme qui se noie?
Il ne faut pas pousser à bout les malheureux.

LE CHOEUR.

A quel sombre démon ton âme est-elle en proie ?
Tu railles tristement et misérablement.

FRANK.

Car si ces malheureux ont quelque orgueil dans l'âme,
S'ils ne sont pas pétris d'une argile de femme,
S'ils ont un cœur, s'ils ont des bras, ou seulement
S'ils portent par hasard une arme à la ceinture...

LE CHOEUR.

Que veut dire ceci ? veux-tu nous provoquer ?

FRANK.

Un poignard peut se tordre, et le coup peut manquer.
Mais si, las de lui-même et de sa vie obscure,
Le pauvre qu'on insulte allait prendre un tison,
Et le porter en feu dans sa propre maison !

*Il prend une bûche embrasée dans le feu allumé sur la place,
et la jette dans sa chaumière.*

Sa maison est à lui, — c'est le toit de son père,
C'est son toi, — c'est son bien, le tombeau solitaire
Des rêves de ses jours, des larmes de ses nuits ;
Le feu doit y rester, si c'est lui qui l'a mis.

LE CHOEUR.

Agis-tu dans la fièvre ? Arrête, incendiaire.
Veux-tu du même coup brûler la ville entière ?
Arrête ! — où nos enfants dormiront-ils demain ?

FRANK.

Me voici sur le seuil, mon épée à la main.
Approchez maintenant, fussiez-vous une armée.
Quand l'univers devrait s'en aller en fumée,
Tonnerre et sang ! je fais un spectre du premier
Qui jette un verre d'eau sur un brin de fumier.
Ah ! vous croyez, messieurs, si je vous importune,
Qu'on peut impunément me chasser comme un chien ?

Ne m'avez-vous pas dit d'aller chercher fortune ?
J'y vais. — Vous l'avez dit, vous qui n'en feriez rien ;
Moi, je le fais, — je pars. — J'illumine la ville.
J'en aurai le plaisir, en m'en allant ce soir,
De la voir de plus loin, s'il me plaît de la voir.
Je ne fais pas ici de folie inutile :
Ceux qui m'ont accusé de paresse et d'orgueil
Ont dit la vérité. — Tant que cette chaumière
Demeurera debout, ce sera mon cercueil.
Ce petit toit, messieurs, ces quatre murs de pierre
C'était mon patrimoine, et c'est assez longtemps
Pour aimer son fumier, que d'y dormir vingt ans.
Je le brûle, et je pars ; — c'est moi, c'est mon fantôme
Que je disperse aux vents avec ce toit de chaume.
Maintenant, vents du nord, vous n'avez qu'à souffler ;
Depuis assez longtemps, dans les nuits de tempête,
Vous venez ébranler ma porte et m'appeler.
Frères, je viens à vous, — je vous livre ma tête.
Je pars, — et désormais que Dieu montre à mes pas
Leur route, — ou le hasard, si Dieu n'existe pas !

Il sort en courant.

SCÈNE II

UNE PLAINE. — FRANK RENCONTRE UNE JEUNE FILLE.

LA JEUNE FILLE.

Bonsoir, Frank, où vas-tu, la plaine est solitaire.
Qu'as-tu fait de tes chiens, imprudent montagnard ?

FRANK.

Bonsoir, Déidamia, qu'as-tu fait de ta mère ?
Prudente jeune fille, où t'en vas-tu si tard ?

LA JEUNE FILLE.

J'ai cueilli sur ma route un bouquet d'églantine ;
Mais la neige et les vents l'ont fané sur mon cœur.
Le voilà, si tu veux, pour te porter bonheur.

Elle lui jette son bouquet.
FRANK, seul, ramassant le bouquet.

Comme elle court gaîment ! Sa mère est ma voisine ;
J'ai vu cet enfant-là grandir et se former.
Pauvre, innocente fille ! elle aurait pu m'aimer.

Exit.

SCÈNE III

UN CHEMIN CREUX DANS UNE FORÊT. — LE POINT DU JOUR.

FRANK, assis sur l'herbe.

Et quand tout sera dit, — quand la triste demeure
De ce malheureux Frank, de ce vil mendiant,
Sera tombée en poudre et dispersée au vent,
Lui, que deviendra-t-il ? — Il sera temps qu'il meure !
Et s'il est jeune encor, s'il ne veut pas mourir ?
Ah ! massacre et malheur ! que vais-je devenir ?

Il s'endort.

UNE VOIX, dans un songe.

Il est deux routes dans la vie :
L'une solitaire et fleurie,
Qui descend sa pente chérie
Sans se plaindre et sans soupirer.
Le passant la remarque à peine,
Comme le ruisseau de la plaine,
Que le sable de la fontaine
Ne fait pas même murmurer.
L'autre, comme un torrent sans digue,
Dans une éternelle fatigue,
Sous les pieds de l'enfant prodigue
Roule la pierre d'Ixion.
L'une est bornée, et l'autre immense,
L'une meurt où l'autre commence ;
La première est la patience,
La seconde est l'ambition.

FRANK, rêvant.

Esprits ! si vous venez m'annoncer ma ruine,
Pourquoi le Dieu qui me créa
Fit-il, en m'animant, tomber sur ma poitrine
L'étincelle divine
Qui me consumera ?
Pourquoi suis-je le feu qu'un salamandre habite ?
Pourquoi sens-je mon cœur se plaindre et s'étonner,
Ne pouvant contenir ce rayon qui s'agite,
Et qui, venu du ciel, y voudrait retourner ?

LA VOIX.

Ceux dont l'ambition a dévoré la vie,
Et qui sur cette terre ont cherché la grandeur,

Ceux-là, dans leur orgueil, se sont fait un honneur
De mépriser l'amour et sa douce folie.
Ceux qui, loin des regards, sans plainte et sans désirs,
Sont morts silencieux sur le corps d'une femme,
O jeune montagnard, ceux-là, du fond de l'âme,
Ont méprisé la gloire et ses tristes plaisirs.

FRANK.

Vous parlez de grandeur, et vous parlez de gloire.
Aurai-je des trésors? l'homme dans sa mémoire
Gardera-t-il mon souvenir?
Répondez, répondez, avant que je m'éveille.
Déroulez-moi ce qui sommeille
Dans l'océan de l'avenir!

LA VOIX.

Voici l'heure où, le cœur libre d'inquiétude,
Tu te levais jadis pour reprendre l'étude,
Tes pensers de la veille et tes travaux du jour.
Seul, poursuivant tout bas tes chimères d'amour,
Tu gagnais lentement la maison solitaire
Où ta Déidamia veillait près de sa mère.
Frank, tu venais t'asseoir au paisible foyer,
Raconter tes chagrins, sinon les oublier.
Tous deux sans espérance, et dans la solitude,
Enfants, vous vous aimiez, et bientôt l'habitude
Tous les jours, malgré toi, t'enseigna ce chemin,
Car l'habitude est tout au pauvre cœur humain.

FRANK.

Esprits, il est trop tard, j'ai brûlé ma chaumière.

LA VOIX.

Repens-toi! repens-toi!

FRANK.

Non! non! j'ai tout perdu.

LA VOIX.

Repens-toi! repens-toi!

FRANK.

Non! j'ai maudit mon père.

LA VOIX.

Alors, lève-toi donc, car ton jour est venu.

<small>Le soleil paraît; Frank s'éveille; Stranio, jeune palatin, et sa maîtresse, Monna Belcolore, passent à cheval.</small>

STRANIO.

Holà ! dérange-toi, manant, pour que je passe.

FRANK.

Attends que je me lève, et prends garde à tes pas.

STRANIO.

Chien, lève-toi plus vite, ou reste sur la place.

FRANK.

Tout beau, l'homme à cheval, tu ne passeras pas.
Dégaîne-moi ton sabre, ou c'est fait de ta vie.
Allons, pare ceci.

Ils se battent. Stranio tombe.

BELCOLORE.

Comment t'appelles-tu ?

FRANK.

Charles Frank.

BELCOLORE.

Tu me plais, et tu t'es bien battu.
Ton pays ?

FRANK.

Le Tyrol.

BELCOLORE.

Me trouves-tu jolie ?

FRANK.

Belle comme un soleil.

BELCOLORE.

J'ai dix-huit ans, — et toi ?

FRANK.

Vingt ans.

BELCOLORE.

Monte à cheval, et viens souper chez moi.

Exeunt.

ACTE DEUXIÈME

SCÈNE I

UN SALON.

FRANK, devant une table chargée d'or.

De tous les fils secrets qui font mouvoir la vie,
O toi, le plus subtil et le plus merveilleux !

LA COUPE ET LES LÈVRES.   Page 187.

Or ! principe de tout, larme au soleil ravie !
Seul dieu toujours vivant, parmi tant de faux dieux,
Méduse, dont l'aspect change le cœur en pierre,
Et fait tomber en poudre aux pieds de la rosière
La robe d'innocence et de virginité ! —
Sublime corrupteur ! — Clef de la volonté ! —
Laisse-moi t'admirer ! parle-moi, — viens me dire
Que l'honneur n'est qu'un mot, que la vertu n'est rien,
Que, dès qu'on te possède, on est homme de bien ;
Que rien n'est vrai que toi ! — Qu'un esprit en délire
Ne saurait inventer de rêves si hardis,
Si monstrueusement en dehors du possible,
Que tu ne puisse encor sur ton levier terrible
Soulever l'univers, pour qu'ils soient accomplis !
— Que de gens cependant n'ont jamais vu qu'en songe
Ce que j'ai devant moi ! — Comme le cœur se plonge
Avec ravissement dans un monceau pareil ! —
Tout cela, c'est à moi ; — les sphères et les mondes
Danseront un millier de valses et de rondes,
Avant qu'un coup semblable ait lieu sous le soleil [1].
Ah ! mon cœur est noyé ! — Je commence à comprendre
Ce qui fait qu'un mourant que le frisson va prendre
A regarder son or trouve encor des douceurs,
Et pourquoi les vieillards se font enfouisseurs.

Comptant.
Quinze mille en argent, — le reste en signature.
C'est un coup du destin. — Quelle étrange aventure !
Que ferais-je aujourd'hui, qu'aurais-je fait demain,
Si je n'avais trouvé Stranio sur mon chemin ?
Je tue un grand seigneur, et lui prends sa maîtresse ;
Je m'enivre chez elle, et l'on me mène au jeu.
A jeun, j'aurais perdu, — je gagne dans l'ivresse ;
Je gagne et je me lève. — Ah ! c'est un coup de Dieu.

Il ouvre la fenêtre.
Je voudrais bien me voir passer sous ma fenêtre
Tel que j'étais hier. — Moi, Frank, seigneur et maître
De ce vaste logis, possesseur d'un trésor,
Voir passer là-dessous Frank le coureur de lièvres,
Frank le pauvre, l'œil morne et la faim sur les lèvres,

---

[1]. La terre pourra faire plus de mille danses, etc., etc.
SCHILLER.

Le voir tendre la main et lui jeter cet or.
Tiens, Frank, tiens, mendiant, prends cela, pauvre hère.
Il prend une poignée d'or.
Il me semble en honneur que le ciel et la terre
Ne sauraient plus m'offrir que ce qui me convient,
Et que depuis hier le monde m'appartient.
Exit.

SCÈNE II

UNE ROUTE.

MONTAGNARDS passant.

CHANSON DE CHASSE, dans le lointain.

Chasseur, hardi chasseur, que vois-tu dans l'espace ?
Mes chiens grattent la terre et cherchent une trace,
Debout, mes cavaliers ! c'est le pied du chamois. —
Le chamois s'est levé. — Que ma maîtresse est belle ! —
Le chamois tremble et fuit. — Que Dieu veille sur elle ! —
Le chamois rompt la meute et s'enfuit dans le bois. —
Je voudrais par la main tenir ma belle amie. —
La meute et le chamois traversent la prairie :
Hallali, compagnons, la victoire est à nous ! —
Que ma maîtresse est belle, et que ses yeux sont doux !

LE CHOEUR.

Amis, dans ce palais, sur la place où nous sommes,
Respire le premier et le dernier des hommes,
Frank, qui vécut vingt ans comme un hardi chasseur.
Aujourd'hui dans les fers d'une prostituée,
Que fait-il ? — Nuit et jour cette enceinte est fermée.
La solitude y règne, image de la mort.
Quelquefois seulement, quand la nuit est venue,
On voit à la fenêtre une femme inconnue
Livrer ses cheveux noirs aux vents affreux du nord.
Frank n'est plus ! sur les monts nul ne l'a vu paraître,
Puisse-t-il s'éveiller ! — Puisse-t-il reconnaître
La voix des temps passés ! — Frères, pleurons sur lui.
Charles ne viendra plus au joyeux hallali,
Entouré de ses chiens sur les herbes sanglantes,
Découdre, les bras nus, les biches expirantes,

S'asseoir au rendez-vous, et boire dans ses mains
La neige des glaciers, vierge de pas humains.

Exeunt.

SCÈNE III

LA NUIT. — UNE TERRASSE AU BORD D'UN CHEMIN.

MONNA BELCOLORE, FRANK, assis dans un kiosque.

BELCOLORE.

Dors, ô pâle jeune homme, épargne ta faiblesse.
Pose jusqu'à demain ton cœur sur ta maîtresse ;
La force t'abandonne, et le jour va venir
Carlo, tes beaux yeux bleus sont las, — tu vas dormir.

FRANK.

Non, le jour ne vient pas, — non, je veille et je brûle !
O Belcolor ! le feu dans mes veines circule,
Mon cœur languit d'amour, et si le temps s'enfuit,
Que m'importe ce ciel, et son jour et sa nuit ?

BELCOLORE.

Ah! Carlo, mon Carlo, ta tête chancelante
Va tomber dans mes mains, sur ta coupe brûlante.
Tu t'endors, tu te meurs, tu t'enfuis loin de moi.
Ah! lâche efféminé, tu t'endors malgré toi.

FRANK.

Oui, le jour va venir. — O ma belle maîtresse !
Je me meurs ; oui, je suis sans force et sans jeunesse,
Une ombre de moi-même, un reste, un vain reflet,
Et quelquefois la nuit mon spectre m'apparaît.
Mon Dieu ! si jeune hier, aujourd'hui je succombe.
C'est toi qui m'as tué, ton beau corps est ma tombe.
Mes baisers sur ta lèvre en ont usé le seuil.
De tes longs cheveux noirs tu m'as fait un linceul.
Éloigne ces flambeaux, — entr'ouvre la fenêtre.
Laisse entrer le soleil, c'est mon dernier peut-être,
Laisse-le moi chercher, laisse-moi dire adieu
A ce beau ciel si pur qu'il a fait croire en Dieu !

BELCOLORE.

Pourquoi me gardes-tu, si c'est moi qui te tue,
Et si tu te crois mort pour deux nuits de plaisir ?

FRANK.
Tous les amants heureux ont parlé de mourir.
Toi, me tuer, mon Dieu ! Du jour où je t'ai vue,
Ma vie a commencé ; le reste n'était rien ;
Et mon cœur n'a jamais battu que sur le tien.
Tu m'as fait riche, heureux, tu m'as ouvert le monde.
Regarde, ô mon amour ! quelle superbe nuit !
Devant de tels témoins, qu'importe ce qu'on dit,
Pourvu que l'âme parle, et que l'âme réponde ?
L'ange des nuits d'amour est un ange muet.

BELCOLORE.
Combien as-tu gagné ce soir au lansquenet ?

FRANK.
Qu'importe ? Je ne sais. — Je n'ai plus de mémoire.
Voyons, — viens dans mes bras, — laisse-moi t'admirer. —
Parle, réveille-moi, — conte-moi ton histoire. —
Quelle superbe nuit ! je suis prêt à pleurer.

BELCOLORE.
Si tu veux t'éveiller, dis-moi plutôt la tienne.

FRANK.
Nous sommes trop heureux pour que je m'en souvienne.
Que dirais-je, d'ailleurs ? Ce qui fait les récits,
Ce sont des actions, des périls dont l'empire
Est vivace, et résiste à l'heure des oublis.
Mais moi qui n'ai rien vu, rien fait, qu'ai-je à te dire ?
L'histoire de ma vie est celle de mon cœur ;
C'est un pays étrange où je fus voyageur.
Ah ! soutiens-moi le front, la force m'abandonne !
Parle, parle, je veux t'entendre jusqu'au bout.
Allons, un beau baiser, et c'est moi qui le donne,
Un baiser pour ta vie et qu'on me dise tout.

BELCOLORE, soupirant.
Ah ! je n'ai pas toujours vécu comme l'on pense.
Ma famille était noble et puissante à Florence.
On nous a ruinés ; ce n'est que le malheur
Qui m'a forcée à vivre aux dépens de l'honneur..
Mon cœur n'était pas fait...

FRANK, se détournant.
Toujours la même histoire.

Voici peut-être ici la vingtième catin
A qui je le demande, et toujours ce refrain !
Qui donc ont-elles vu d'assez sot pour y croire ?
Mon Dieu ! dans quel bourbier me suis-je donc jeté ?
J'avais cru celle-ci plus forte, en vérité !

BELCOLORE.

Quand mon père mourut...

FRANK.

Assez, je t'en supplie.
Je me ferai conter le reste par Julie
Au premier carrefour où je la trouverai.

Tous deux restent en silence quelque temps.

Dis-moi, ce fameux jour que tu m'as rencontré,
Pourquoi, par quel hasard, — par quelle sympathie,
T'es-tu de m'emmener senti la fantaisie ?
J'étais couvert de sang, poudreux et mal vêtu.

BELCOLORE.

Je te l'ai déjà dit, tu t'étais bien battu.

FRANK.

Parlons sincèrement, je t'ai semblé robuste.
Tes yeux, ma chère enfant, n'ont pas deviné juste.
Je comprends qu'une femme aime les portefaix ;
C'est un goût comme un autre, il est dans la nature.
Mais moi, si j'étais femme, et si je les aimais,
Je n'irais pas chercher mes gens à l'aventure ;
J'irais tout simplement les prendre aux cabarets ;
J'en ferais lutter six, et puis je choisirais.
Encore un mot : cet homme à qui je t'ai volée
T'entretenait sans doute, — il était ton amant.

BELCOLORE.

Oui.

FRANK.

— Cette affreuse mort ne t'a pas désolée ?
Cet homme, il m'en souvient, râlait horriblement.
L'œil gauche était crevé, — le pommeau de l'épée
Avait ouvert le front, — la gorge était coupée.
Sous les pieds des chevaux l'homme était étendu.
Comme un lierre arraché qui rampe et qui se traîne
Pour se suspendre encore à l'écorce d'un chêne,
Ainsi ce malheureux se traînait suspendu

Aux restes de sa vie. — Et toi, ce meurtre infâme
Ne t'a pas de dégoût levé le cœur et l'âme?
Tu n'as pas dit un mot, tu n'as pas fait un pas !

BELCOLORE.

Prétends-tu me prouver que j'aie un cœur de pierre?

FRANK.

Et ce que je te dis ne te le lève pas !

BELCOLORE.

Je hais les mots grossiers, — ce n'est pas ma manière.
Mais quand il n'en faut qu'un, je n'en dis jamais deux.
Frank, tu ne m'aimes plus.

FRANK.

    Qui? moi? Je vous adore.
J'ai lu, je ne sais où, ma chère Belcolore,
Que les plus doux instants pour deux amants heureux,
Ce sont les entretiens d'une nuit d'insomnie,
Pendant l'enivrement qui succède au plaisir,
Quand les sens apaisés sont morts pour le désir ;
Quand, la main à la main, et l'âme à l'âme unie,
On ne fait plus qu'un être, et qu'on sent s'élever
Ce parfum du bonheur qui fait longtemps rêver ;
Quand l'amie, en prenant la place de l'amante,
Laisse son bien-aimé regarder dans son cœur,
Comme une fraîche source, où l'onde est confiante,
Laisse sa pureté trahir sa profondeur.
C'est alors qu'on connaît le prix de ce qu'on aime,
Que du choix qu'on a fait on s'estime soi-même,
Et que dans un doux songe on peut fermer les yeux !
N'est-ce pas, Belcolor? n'est-ce pas, mon amie?

BELCOLORE.

Laisse-moi.

FRANK.

   N'est-ce pas que nous sommes heureux? —
Mais, j'y pense ! — il est temps de régler notre vie.
Comme on ne peut compter sur les jeux de hasard,
Nous piperons d'abord quelque honnête vieillard,
Qui fournira le vin, les meubles et la table.
Il gardera la nuit, et moi j'aurai le jour.

Tu pourras bien parfois lui jouer quelque tour.
J'entends quelque bon tour, adroit et profitable.
Il aura des amis que nous pourrons griser;
Tu seras le chasseur, et moi, le lévrier.
Avant tout, pour la chambre, une fille discrète,
Capable de graisser une porte secrète,
Mais nous la paierons bien ; aujourd'hui tout se vend.
Quant à moi, je serai le chevalier servant.
Nous ferons à nous deux la perle des ménages.

BELCOLORE.

Ou tu vas en finir avec tes persiflages,
Ou je vais tout à l'heure en finir avec toi.
Veux-tu faire la paix? Je ne suis pas boudeuse.
Voyons, viens m'embrasser.

FRANK.

Cette fille est hideuse...
Mon Dieu, deux jours plus tard, c'en était fait de moi!

Il va s'appuyer sur la terrasse ; un soldat passe à cheval sur la route.

LE SOLDAT, chantant.

Un soldat qui va son chemin
Se moque du tonnerre.
Il tient son sabre d'une main,
Et de l'autre son verre.
Quand il meurt, on le porte en terre
Comme un seigneur.
Son cœur est à son amie,
Son bras est à sa patrie,
Et sa tête à l'empereur.

FRANK, l'appelant.

Holà, l'ami! deux mots. — Vous semblez un compère
De bonne contenance et de joyeuse humeur.
Vos braves compagnons vont-ils entrer en guerre?
Dans quelle place forte est donc votre empereur?

LE SOLDAT.

A Glurens. — Dans deux jours nous serons en campagne.
Je rejoins de ce pas ma corporation.

FRANK.

Venez-vous de la plaine, ou bien de la montagne?
Connaissez-vous mon père, et savez-vous mon nom?

LE SOLDAT.

Oh! je vous connais bien. — Vous êtes du village,

LA COUPE ET LES LÈVRES. Page 196.

Vis-à-vis le moulin. — Que faites-vous donc là ?
Venez-vous avec nous ?

FRANK.

Oui, certes, et me voilà.
Il descend dans le chemin.

Je ne me suis pas mis en habit de voyage ;
Vous me prêterez bien un vieux sabre là-bas !
A Belcolore.
Adieu, ma belle enfant, je ne souperai pas.

LE SOLDAT.

On vous équipera. — Montez toujours en croupe.
Parbleu ! compagnon Frank, vous manquiez à la troupe.
Ah çà ! dites-moi donc, tout en nous en allant,
S'il est vrai qu'un beau soir...
Ils partent au galop.

BELCOLORE, sur le balcon.

Je l'aime cependant.

ACTE TROISIÈME

SCÈNE I

DEVANT UN PALAIS. — GLURENS.

CHŒUR DE SOLDATS.

Telles par l'ouragan les neiges flagellées
Bondissent en sifflant des glaciers aux vallées,
Tels se sont élancés, au signal du combat,
Les enfants du Tyrol et du Palatinat.
Maintenant l'empereur a terminé la guerre.
Les cantons sur leur porte ont plié leur bannière.
Écoutez, écoutez : c'est l'adieu des clairons,
C'est la vieille Allemagne appelant ses barons.
Remonte, maintenant, chasseur du cerf timide ;
Remonte, fils du Rhin, compagnon intrépide,
Tes enfants sur ton cœur vont venir se presser.
Sors de la lourde armure, et va les embrasser.
Soldats, arrêtons-nous. — C'est ici la demeure
Du capitaine Frank, du plus grand des soldats.

Notre vieil empereur l'a serré dans ses bras.
Couronné par le peuple, il viendra tout à l'heure
Souper dans ce palais avec ses compagnons.
Jamais preux chevalier n'a mieux conquis sa gloire.
Il a seul, près d'Inspruck, emporté l'aigle noire
Du cœur de la mêlée aux bouches des canons.
Vingt fois, ses cuirassiers l'ont cru, dans la bataille,
Coupé par les boulets, brisé par la mitraille.
Il avançait toujours, toujours en éclaireur,
On le voyait du feu sortir comme un plongeur.
Trois balles l'ont frappé ; — sa trace était suivie ;
Mais le Dieu des hasards n'a voulu de sa vie
Que ce qu'il en fallait pour gagner ses chevrons,
Et pouvoir de son sang dorer ses éperons.
Mais que nous veut ici cette fille italienne,
Les cheveux en désordre et marchant à grands pas ?
Où courez-vous si fort, femme ? On ne passe pas.

Entre Belcolore.

BELCOLORE.

Est-ce ici la maison de votre capitaine ?

LES SOLDATS.

Oui. — Que lui voulez-vous ? — Parlez au lieutenant.

LE LIEUTENANT.

On ne peut ni passer ni monter, ma princesse.

BELCOLORE.

Il faut bien que je passe et que j'entre pourtant.
Mon nom est Belcolore, et je suis sa maîtresse.

LE LIEUTENANT.

Parbleu ! ma chère enfant, je vous reconnais bien.
J'en suis au désespoir, mais je suis ma consigne.
Si Frank est votre amant, tant mieux ; je n'en crois rien :
Ce serait un honneur dont vous n'êtes pas digne.

BELCOLORE.

S'il n'est pas mon amant, il le sera ce soir.
Je l'aime ; comprends-tu ? Je l'aime. — Il m'a quittée,
Et je viens le chercher, si tu veux le savoir.

LES SOLDATS.

Quelle tête de fer a donc cette effrontée,
Qui court après les gens, un stylet à la main ?

BELCOLORE.

Il me sert de flambeau pour m'ouvrir le chemin.
Allons, écartez-vous, et montrez-moi la porte.

LE LIEUTENANT.

Puisque vous le voulez, ma belle, la voilà.
Qu'elle entre, et qu'on lui donne un homme pour escorte.
C'est un diable incarné que cette femme-là.

Belcolore entre dans le palais. Entre Frank couronné, à cheval.

CHOEUR DU PEUPLE.

Couvert de ces lauriers, il te sied, ô grand homme,
De marcher parmi nous comme un triomphateur.
La guerre est terminée, et l'empereur se nomme
  Ton royal débiteur.
Descends, repose-toi. — Reste dans l'hippodrome,
Lave tes pieds sanglants, victorieux lutteur.

Frank descend de cheval.

CHOEUR DES CHEVALIERS.

Homme heureux, jeune encor tu récoltes la gloire,
Cette plante tardive, amante des tombeaux.
La terre qui t'a vu chasse de sa mémoire
  L'ombre de ses héros.
Pareil à Béatrix au seuil du purgatoire,
Tes ailes vont s'ouvrir vers des chemins nouveaux.

LE PEUPLE.

Allons, que ce beau jour, levé sur une fête,
Dans un joyeux banquet finisse dignement.
Tes convives de fleurs ont couronné leur tête ;
  Ton vieux père t'attend.
Que tardons-nous encor? Allons, la table est prête.
Entrons dans ton palais; déjà la nuit descend.

Ils entrent dans le palais.

SCÈNE II

FRANK, GUNTHER, restés seuls.

GUNTHER.

Ne les suivez-vous pas, seigneur, sous ce portique?
O mon maître, au milieu d'une fête publique,
Qui d'un si juste coup frappe nos ennemis,

Avez-vous distingué le cœur de vos amis?
Hélas! les vrais amis se taisent dans la foule ;
Il leur faut, pour s'ouvrir, que ce vain flot s'écoule.
O mon frère, ô mon maître ! ils t'ont proclamé roi !
Dieu merci, quoique vieux, je puis encor te suivre,
Jeune soleil levant, si le ciel me fait vivre.
Je ne suis qu'un soldat, seigneur, excusez-moi.
Mon amitié vous blesse, et vous est importune.
Ne partagez-vous point l'allégresse commune ?
Qui vous arrête ici ! Vous devez être las.
La peine et le danger font les joyeux repas.

LE CHOEUR, dans la maison.

Chantons, et faisons vacarme,
Comme il convient à de dignes buveurs.
Vivent ceux que le vin désarme !
Les jours de combat ont leur charme ;
Mais la paix a bien ses douceurs.

GUNTHER.

Seigneur, mon cher seigneur, pourquoi ces regards sombres?
Le vin coule et circule. — Entendez-vous ces chants?
Des convives joyeux je vois flotter les ombres
Derrière ces vitraux de feux resplendissants.

LE CHOEUR, à la fenêtre.

Frank, pourquoi tardes-tu? — Gunther, si notre troupe
Ne fait pas, sous ce toit, peur à vos cheveux blancs,
Soyez le bienvenu pour vider une coupe.
Nous sommes assez vieux pour oublier les ans.

GUNTHER.

La pâleur de la mort est sur votre visage,
Seigneur. — D'un noir souci votre esprit occupé
Méconnaît-il ma voix? — De quel sombre nuage
Les rêves de la nuit l'ont-ils enveloppé?

FRANK.

Fatigué de la route et du bruit de la guerre,
Ce matin de mon camp je me suis écarté :
J'avais soif; mon cheval marchait dans la poussière ;
Et sur le bord d'un puits je me suis arrêté.
J'ai trouvé sur un banc une femme endormie,
Une pauvre laitière, un enfant de quinze ans,

Que je connais, Gunther. — Sa mère est mon amie,
J'ai passé de beaux jours chez ces bons paysans.
Le cher ange dormait les lèvres demi-closes. —
(Les lèvres des enfants s'ouvrent, comme les roses,
Au souffle de la nuit.) — Ses petits bras lassés
Avaient dans son panier roulé les mains ouvertes.
D'herbes et d'églantine elles étaient couvertes.
De quel rêve enfantin ses sens étaient bercés,
Je l'ignore. — On eût dit qu'en tombant sur sa couche,
Elle avait à moitié laissé quelque chanson,
Qui revenait encor voltiger sur sa bouche,
Comme un oiseau léger sur la fleur d'un buisson.
Nous étions seuls. J'ai pris ses deux mains dans les miennes,
Je me suis incliné, — sans l'éveiller pourtant. —
O Gunther! J'ai posé mes lèvres sur les siennes,
Et puis je suis parti, pleurant comme un enfant.

ACTE QUATRIÈME

SCÈNE 1

DEVANT LE PALAIS DE FRANK. — LA PORTE EST TENDUE EN NOIR. —
ON DRESSE UN CATAFALQUE.

FRANK, vêtu en moine et masqué; DEUX SERVITEURS.

FRANK.

Que l'on apporte ici les cierges et la bière.
Souvenez-vous surtout que c'est moi qu'on enterre,
Moi, capitaine Frank, mort hier dans un duel.
Pas un mot, — ni regard, — ni haussement d'épaules;
Pas un seul mouvement qui sorte de vos rôles.
Songez-y. — Je le veux.

Les serviteurs s'en vont.

Eh bien! juge éternel,
Je viens t'interroger. Les transports de la fièvre
N'agitent pas mon sein. — Je ne viens ni railler
Ni profaner la mort. — J'agis sans conseiller.
Regarde, et réponds-moi. — Je fais comme l'orfèvre
Qui frappe sur le marbre une pièce d'argent.
Il reconnaît au son la pure fonderie;

Et moi, je viens savoir quel son rendra ma vie,
Quand je la frapperai sur ce froid monument.
Déjà le jour paraît; — le soldat sort des tentes.
Maintenant le bois vert chante dans le foyer;
Les rames du pêcheur et du contrebandier
Se lèvent, de terreur et d'espoir palpitantes.
Quelle agitation, quel bruit dans la cité !
Quel monstre remuant que cette humanité !
Sous ces dix mille toits, que de corps, que d'entrailles !
Que de sueurs sans but, que de sang, que de fiel !
Sais-tu pourquoi tu dors et pourquoi tu travailles,
Vieux monstre aux mille pieds, qui te crois éternel ?
Cet honnête cercueil a quelques pieds, je pense,
De plus que mon berceau. — Voilà leur différence.
Ah ! pourquoi mon esprit va-t-il toujours devant,
Lorsque mon corps agit ? Pourquoi dans ma poitrine
Ai-je un ver travailleur, qui toujours creuse et mine,
Si bien que sous mes pieds tout manque en arrivant ?

Entre le chœur des soldats et du peuple.

LE CHOEUR.

On dit que Frank est mort. Quand donc ? Comment s'appelle
Celui qui l'a tué ? — Quelle était la querelle?
On parle d'un combat. — Quand se sont-ils battus ?

FRANK, masqué.[1]

A qui parlez-vous donc ? Il ne vous entend plus.

Il leur montre la bière.
LE CHOEUR, s'inclinant.

S'il est un meilleur monde au-dessus de nos têtes,
O Frank ! si du séjour des vents et des tempêtes
Ton âme sur ces monts plane et voltige encor,
Si ces rideaux de pourpre et ces ardents nuages,
Que chasse dans l'éther le souffle des orages,
Sont des guerriers couchés dans leurs armures d'or,
Penche-toi, noble cœur, sur ces vertes collines,
Et vois tes compagnons briser leurs javelines
Sur cette froide terre, où ton corps est resté !

---

1. Frank, durant cette scène, doit déguiser sa voix. Je prie ceux qui la trouveraient invraisemblable d'aller au bal de l'Opéra. Un de mes amis fit déguiser sa servante au carnaval et la plaça dans son salon, au milieu d'un bal où personne n'était masqué. On ne lui avait mis qu'un petit masque sans barbe qui ne cachait point la bouche; et cependant elle dansa presque deux heures entières, sans être reconnue, avec des jeunes gens à qui elle avait apporté deux cents verres d'eau dans sa vie.

GUNTHER, accourant.

Quoi ! si brave et si jeune, et si tôt emporté !
Mon Frank ! Est-ce bien vrai, messieurs ? Ah ! mort funeste !
Moi qui ne demandais qu'à vivre assez longtemps
Pour te voir accomplir ta mission céleste !
Me voilà seul au monde avec mes cheveux blancs !
Moi qui n'avais de jeune encor que ta jeunesse !
Moi qui n'aimais que toi ! Misérable vieillesse !
Je ne te verrai plus, mon Frank ! On t'a tué.

FRANK, à part.

Ce pauvre vieux Gunther, je l'avais oublié.

LE CHŒUR.

Qu'on voile les tambours, que le prêtre s'avance,
A genoux, compagnons, tête nue et silence.
Qu'on dise devant nous la prière des morts.
Nous voulons au tombeau porter le capitaine.
Il est mort en soldat sur la terre chrétienne.
L'âme appartient à Dieu ; l'armée aura le corps.

TROIS MOINES, s'avançant.

CHANT.

Le Seigneur sur l'ombre éternelle
Suspend son ardente prunelle,
Et, glorieuse sentinelle,
Attend les bons et les damnés.
Il sait qui tombe dans sa voie ;
Lorsqu'il jette au néant sa proie,
Il dit aux maux qu'il nous envoie :
« Comptez les morts que vous prenez. »

LE CHŒUR, à genoux.

Seigneur, j'ai plus péché que vous ne pardonnez.

LES MOINES.

Il dit aux épaisses batailles :
« Comptez vos chefs sans funérailles,
Qui pour cercueil ont les entrailles
De la panthère et du lion ;
Que le juste triomphe ou fuie,
Comptez, quand le glaive s'essuie,
Les morts tombés comme la pluie
Sur la montagne et le sillon. »

LE CHŒUR.

Seigneur, préservez-moi de la tentation.

LA COUPE ET LES LÈVRES. Page 205.

Bibl. Charpentier. LIV. 26.

LES MOINES.

« Car un jour de pitié profonde,
Ma parole, en terreur féconde,
Sur le pôle arrêtant le monde,
Les trépassés se lèveront ;
Et des mains vides de l'abîme
Tombera la frêle victime,
Qui criera : Grâce ! — et de son crime
Trouvera la tache à son front. »

LE CHOEUR.

Et mes dents grinceront ! mes os se sécheront !

LES MOINES.

Qu'il vienne d'en bas ou du faîte,
Selon le dire du prophète,
Justice à chacun sera faite,
Ainsi qu'il aura mérité.
Or donc, gloire à Dieu notre père !
Si l'impie a vécu prospère,
Que le juste en son âme espère !
Gloire à la sainte Trinité !

FRANK, à part.

C'est une jonglerie atroce, en vérité !
O toi qui les entends, suprême Intelligence,
Quelle pagode ils font de leur Dieu de vengeance !
Quel bourreau rancunier, brûlant à petit feu !
Toujours la peur du feu. — C'est bien l'esprit de Rome.
Ils vous diront après que leur Dieu s'est fait homme.
J'y reconnais plutôt l'homme qui s'est fait Dieu.

LE CHOEUR.

Notre tâche, messieurs, n'est pas encor remplie,
Nous avons pour son âme imploré le pardon.
Si l'un de nous connaît l'histoire de sa vie,
Qu'il s'avance et qu'il parle.

FRANK, à part.

Ah ! nous y voilà donc.

UN OFFICIER, sortant des rangs.

Soldats et chevaliers, braves compagnons d'armes,
Si jamais homme au monde a mérité vos larmes,
C'est celui qui n'est plus. — Charle était mon ami.
J'ai le droit d'être fier dès qu'il s'agit de lui.
— Né dans un bourg obscur, au fond d'une chaumière,
Frank chez des montagnards vécut longtemps en frère.
En fils, — chéri de tous, et de tous bienvenu.

FRANK, s'avançant.

Vous vous trompez, monsieur, vous l'avez mal connu.
Frank était détesté de tout le voisinage.
Est-il ici quelqu'un qui soit de son village?
Demandez si c'est vrai. — Moi, j'en étais aussi.

LE PEUPLE.

Moine, n'interromps pas. — Cet homme est son ami.

LES SOLDATS.

C'est vrai que le cher homme avait l'âme un peu fière :
S'il aimait ses voisins, il n'y paraissait guère,
Un certain jour surtout qu'il brûla sa maison.
Je n'en ai jamais su, quant à moi, la raison.

L'OFFICIER.

Si Charle eut des défauts, ne troublons pas sa cendre.
Sont-ce de tels témoins qu'il nous convient d'entendre?
Soldats, Frank se sentait une autre mission.
Qui jamais s'est montré plus vif dans l'action,
Plus fort dans le conseil? Qui jamais mieux que Charle
Prouva son éloquence à l'heure où le bras parle?
Vous le savez, soldats, j'ai combattu sous lui;
Je puis dire à mon tour : Moi, j'en étais aussi.
Une ardeur sans égale, un courage indomptable,
Un homme encor meilleur qu'il n'était redoutable,
Une âme de héros, — voilà ce que j'ai vu.

FRANK.

Vous vous trompez, monsieur, vous l'avez mal connu.
Frank n'a jamais été qu'un coureur d'aventure,
Qu'un fou, risquant sa vie et celle des soldats,
Pour briguer des honneurs qu'il ne méritait pas.
Né sans titres, sans bien, parti d'une masure,
Il faisait au combat ce qu'on fait aux brelans,
Il jouait tout ou rien, — la mort ou la fortune.
Ces gens-là bravent tout, l'espèce en est commune;
Ils inondent les ports, l'armée et les couvents.
Croyez-vous que ce Frank valût sa renommée?
Qu'il respectât les lois, qu'il aimât l'empereur?
Il a vécu huit jours, avant d'être à l'armée,
Avec la Belcolor, comme un entremetteur.
Est-il ici quelqu'un qui dise le contraire?

LES SOLDATS.

Ma foi! depuis le jour qu'il a quitté son père,
C'est vrai que ledit Frank a fait plus d'un métier.
Nous la connaissons bien, nous, Monna Belcolore.
Elle couchait chez lui, — nous l'avons vue hier.

LE PEUPLE.

Laissez parler le moine! —

FRANK.

Il a fait pis encore :
Il a réduit son père à la mendicité.
Il avait besoin d'or pour cette courtisane ;
Le peu qu'il possédait c'est là qu'il l'a porté.
Soldats, que faites-vous à celui qui profane
La cendre d'un bon fils et d'un homme de bien ?
J'ai mérité la mort, si ce crime est le mien.

LE PEUPLE.

Dis-nous la vérité, moine, et parle sans crainte.

FRANK.

Mais si les Tyroliens qui sont dans cette enceinte
Trouvent que j'ai raison, s'ils sont prêts au besoin
A faire comme moi, qui prends Dieu pour témoin...

LES TYROLIENS.

Oui, oui, nous l'attestons, Frank est un misérable.

FRANK.

Le jour qu'il refusa sa place à votre table,
Vous en souvenez-vous ?

LES TYROLIENS.

Oui, oui, qu'il soit maudit.

FRANK.

Le jour qu'il a brûlé la maison de son père ?

LES SOLDATS.

Oui ! le moine sait tout.

FRANK.

Et si, comme on le dit,
Il a tué Stranio sur le bord de la route...

LE PEUPLE.

Stranio, ce palatin que Brandel a trouvé

Au fond de la forêt, couché sur le pavé ?

FRANK.

C'est lui qui l'a tué !

LES SOLDATS.

Pour le piller, sans doute !
Misérable assassin ! meurtrier sans pitié !

FRANK.

Et son orgueil de fer, l'avez-vous oublié ?

TOUS.

Jetons sa cendre au vent !

FRANK.

Au vent le parricide !
Le coupeur de jarrets, l'incendiaire au vent !
Allons, brisons ceci.

Il ouvre la bière.

LE PEUPLE ET LES SOLDATS.

Moine, la bière est vide.

FRANK, se démasquant.

La bière est vide ? alors c'est que Frank est vivant.

LES SOLDATS.

Capitaine, c'est vous !

FRANK, à l'officier.

Lieutenant, votre épée.
Vous avez laissé faire une étrange équipée.
Si j'avais été mort, où serais-je à présent ?
Vous ne savez donc pas qu'il y va de la tête !
Au nom de l'empereur, monsieur, je vous arrête ;
Ramenez vos soldats, et rendez-vous au camp.

Tout le monde sort en silence.

FRANK, seul.

C'en est fait, — une soif ardente, inextinguible,
Dévorera mes os tant que j'existerai.
O mon Dieu ! tant d'efforts, un combat si terrible,
Un dévouement sans borne, un corps tout balafré....
Allons, un peu de calme, il n'est pas temps encore.
Qui vient de ce côté ? n'est-ce pas Belcolore ?
Ah ! ah ! nous allons voir ; — tout n'est pas fini là.

Il remet son masque et recouvre la bière. — Entre Belcolore en grand deuil ; elle va s'agenouiller sur les marches du catafalque.

C'est bien elle ; elle approche, elle vient, — la voilà.
Voilà bien ce beau corps, cette épaule charnue,
Cette gorge superbe et toujours demi-nue,
Sous ces cheveux plaqués ce front stupide et fier.
Avec ces deux grands yeux qui sont d'un noir d'enfer,
Voilà bien la sirène et la prostituée ; —
Le type de l'égout ; — la machine inventée
Pour désopiler l'homme et pour boire son sang ;
La meule de pressoir de l'abrutissement.
Quelle atmosphère étrange on respire autour d'elle !
Elle épuise, elle tue, et n'en est que plus belle.
Deux anges destructeurs marchent à son côté ;
Doux et cruels tous deux, — la mort, — la volupté. —
 Je me souviens encor de ces spasmes terribles,
De ces baisers muets, de ces muscles ardents,
De cet être absorbé, blême et serrant les dents.
S'ils ne sont pas divins, ces moments sont horribles.
Quel magnétisme impur peut-il donc en sortir ?
Toujours en l'embrassant j'ai désiré mourir.
 Ah ! malheur à celui qui laisse la débauche
Planter le premier clou sous sa mamelle gauche !
Le cœur d'un homme vierge est un vase profond :
Lorsque la première eau qu'on y verse est impure,
La mer y passerait sans laver la souillure ;
Car l'abîme est immense et la tache est au fond.

Il s'approche du tombeau.

Qui donc pleurez-vous là, madame ? êtes-vous veuve ?

BELCOLORE.

Veuve, vous l'avez dit, — de mes seules amours.

FRANK.

D'hier, apparemment, — car cette robe est neuve.
Comme le noir vous sied !

BELCOLORE.

D'hier, et pour toujours.

FRANK.

Toujours, avez-vous dit ? — Ah! Monna Belcolore,
Toujours, c'est bien longtemps.

BELCOLORE.

D'où me connaissez-vous ?

FRANK.

De Naple, où cet hiver je te cherchais encore.
Naple est si beau, ma chère, et son ciel est si doux !
Tu devrais bien venir m'aider à m'y distraire.

BELCOLORE.

Je ne vous remets pas.

FRANK.

Bon ! tu m'as oublié !
Je suis masqué, d'ailleurs, et que veux-tu, ma chère ?
Ton cœur est si peuplé, je m'y serai noyé.

BELCOLORE.

Passez votre chemin, moine, et laissez-moi seule.

FRANK.

Bon ! si tu pleures tant, tu deviendras bégueule.
Voyons, ma belle amie, à parler franchement,
Tu vas te trouver seule, et tu n'as plus d'amant.
Ton capitaine Frank n'avait ni sou ni maille.
C'était un bon soldat, charmant à la bataille ;
Mais quel pauvre écolier en matière d'amour !
Sentimental la nuit, et persifleur le jour.

BELCOLORE.

Tais-toi, moine insolent, si tu tiens à ton âme ;
Il n'est pas toujours bon de me parler ainsi.

FRANK.

Ma foi, les morts sont morts : — si vous voulez, madame,
Cette bourse est à vous, cette autre et celle-ci :
Et voilà le papier pour faire l'enveloppe.

Il couvre la bière d'or et de billets.

BELCOLORE.

Si je te disais oui, tu serais mal tombé.

FRANK, à part.

Ah ! voilà Jupiter qui tente Danaé.

Haut.

Je vous en avertis, je suis très misanthrope ;
Je vous enfermerai dans le fond d'un palais.
J'ai l'humeur bilieuse, et je bats mes valets.
Quand je digère mal, j'entends qu'on m'obéisse.
J'aime qu'on soit joyeux lorsque j'ai la jaunisse.
Et quand je ne dors pas tout le monde est debout.
Je suis capricieux, — êtes-vous de mon goût ?

BELCOLORE.

Non, par la sainte croix !

FRANK.

Si vous aimez les roubles,
Il m'en reste encor là, mais je n'ai que des doubles.
Il jette une autre bourse sur la bière.

BELCOLORE.

Tu me donnes cela ?

FRANK, à part.

Voyez l'attraction !
Comme la chair est faible à la tentation !
Haut.
J'ai de plus un ulcère à côté de la bouche
Qui m'a défiguré ; — je suis maigre, et je louche :
Mais ces misères-là ne te dégoûtent pas.

BELCOLORE.

Vous me faites frémir.

FRANK.

J'ai là, Dieu me pardonne,
Certain bracelet d'or qu'il faut que je vous donne.
Il ira bien, je pense, avec ce joli bras.
Il jette un bracelet sur la bière.
Cet ulcère est horrible, il m'a rongé la joue,
Il m'a brisé les dents. — J'étais laid, je l'avoue,
Mais depuis que je l'ai, je suis vraiment hideux ;
J'ai perdu mes sourcils, ma barbe et mes cheveux.

BELCOLORE.

Dieu du ciel, quelle horreur !

FRANK.

J'ai là, sous ma simarre,
Un collier de rubis d'une espèce assez rare.
Il jette un collier sur la bière.

BELCOLORE.

Il est fait à Paris ?

FRANK, à part.

Voyez-vous le poisson,
Comme il vient à fleur d'eau reprendre l'hameçon !
Haut.
Si c'était tout, du moins ! Mais cette affreuse plaie
Me donne l'air d'un mort traîné sur une claie ;

La Coupe et les Lèvres.

Bibl. Charpentier.

Page 210.

Liv. 27.

Elle pompe mon sang, mes os sont cariés
De la nuque du crâne à la plante des pieds...

BELCOLORE.

Assez, au nom du ciel! je vous demande grâce!

FRANK.

Si tu t'en vas, rends-moi ce que je t'ai donné.

BELCOLORE.

Vous mentez à plaisir.

FRANK.

Veux-tu que je t'embrasse?

BELCOLORE.

Eh bien! oui, je le veux.

FRANK, à part.

Tu pâlis, Danaé.

Il lui prend la main.

Haut.

Regarde, mon enfant, cette rue est déserte.
Dessous ce catafalque est un profond caveau.
Descendons-y tous deux; — la porte en est ouverte.

BELCOLORE.

Sous la maison de Frank!

FRANK, à part.

— Pourquoi pas mon tombeau?

Haut.

— Au fait, nous sommes seuls; cette bière est solide.
Asseyons-nous dessus. — Nous serons en plein vent.
Qu'en dites-vous, mon cœur?

Il écarte le drap mortuaire; la bière s'ouvre.

BELCOLORE

Moine, la bière est vide.

FRANK, se démasquant.

La bière est vide? Alors c'est que Frank est vivant.
— Va-t'en, prostituée, ou ton heure est venue!
— Va-t'en, ne parle pas! ne te retourne pas!

Il la chasse son poignard à la main.

FRANK, seul.

Ta lame, ô mon stylet, est belle toute nue
Comme une belle vierge. O mon cœur et mon bras,
Pourquoi donc tremblez-vous, et pourquoi l'un de l'autre
Vous approchez-vous donc, comme pour vous unir?

Oui, c'était ma pensée; — était-ce aussi la vôtre,
Providence de Dieu, que tout allait finir?
Et toi, morne tombeau, tu m'ouvres ta mâchoire.
Tu ris, spectre affamé. Je n'ai pas peur de toi.
Je renierai l'amour, la fortune et la gloire;
Mais je crois au néant, comme je crois en moi.
Le soleil le sait bien, qu'il n'est sous la lumière
Qu'une immortalité, celle de la matière.
La poussière est à Dieu; — le reste est au hasard.
Qu'a fait le vent du nord des cendres de César?
Une herbe, un grain de blé, mon Dieu, voilà la vie.
Mais moi, fils du hasard, moi Frank, avoir été
Un petit monde, un tout, une forme pétrie,
Une lampe où brûlait l'ardente volonté,
Et que rien, après moi, ne reste sur le sable,
Où l'ombre de mon corps se promène ici-bas,
Rien! pas même un enfant, un être périssable!
Rien qui puisse y clouer la trace de mes pas!
Rien qui puisse crier d'une voix éternelle
A ceux qui téteront la commune mamelle :
Moi, votre frère aîné, je m'y suis suspendu!
Je l'ai tétée aussi, la vivace marâtre;
Elle m'a, comme à vous, livré son sein d'albâtre...
— Et pourtant, jour de Dieu, si je l'avais mordu?
Si je l'avais mordu, le sein de la nourrice?
Si je l'avais meurtri d'une telle façon
Qu'elle en puisse à jamais garder la cicatrice,
Et montrer sur son cœur les dents du nourrisson?
Qu'importe le moyen, pourvu qu'on s'en souvienne?
Le bien a pour tombeau l'ingratitude humaine.
Le mal est plus solide : Érostrate a raison.
Empédocle a vaincu les héros de l'histoire,
Le jour qu'en se lançant dans le cœur de l'Etna,
Du plat de sa sandale il souffleta la gloire,
Et la fit trébucher si bien qu'elle y tomba.
Que lui faisait le reste? Il a prouvé sa force.
Les siècles maintenant peuvent se remplacer;
Il a si bien gravé son chiffre sur l'écorce
Que l'arbre peut changer de peau sans l'effacer.
Les parchemins sacrés pourriront dans les livres;
Les marbres tomberont comme des hommes ivres,

Et la langue d'un peuple avec lui s'éteindra.
Mais le nom de cet homme est comme une momie,
Sous les baumes puissants pour toujours endormie,
Sur laquelle jamais l'herbe ne poussera.
Je ne veux pas mourir. — Regarde-moi, Nature.
Ce sont deux bras nerveux que j'agite dans l'air.
C'est dans tous les néants que j'ai trempé l'armure
Qui me protégera de ton glaive de fer.
J'ai faim. — Je ne veux pas quitter l'hôtellerie.
Allons, qu'on se remue, et qu'on me rassasie,
Ou sinon, je me fais l'intendant de ma faim.
Prends-y garde; je pars. — N'importe le chemin. —
Je marcherai, — j'irai, — partout où l'âme humaine
Est en spectacle, et souffre. — Ah! la haine! la haine!
La seule passion qui survive à l'espoir!
Tu m'as déjà hanté, boiteuse au manteau noir.
Nous nous sommes connus dans la maison de chaume;
Mais je ne croyais pas que ton pâle fantôme,
De tous ceux qui dans l'air voltigeaient avec toi,
Dût être le dernier qui restât près de moi.
Eh bien! baise-moi donc, triste et fidèle amie.
Tu vois, j'ai soulevé les voiles de ma vie. —
Nous partirons ensemble; — et toi qui me suivras,
Comme une sœur pieuse, aux plus lointains climats,
Tu seras mon asile et mon expérience.
Si le doute, ce fruit tardif et sans saveur,
Est le dernier qu'on cueille à l'arbre de science,
Qu'ai-je à faire de plus, moi qui le porte au cœur?
Le doute! il est partout; et le courant l'entraîne,
Ce linceul transparent, que l'incrédulité
Sur le bord de la tombe a laissé par pitié
Au cadavre flétri de l'espérance humaine!
   O siècles à venir! quel est donc votre sort?
La gloire comme une ombre au ciel est remontée.
L'amour n'existe plus; — la vie est dévastée,
Et l'homme, resté seul, ne croit plus qu'à la mort.
   Tels que dans un pillage, en un jour de colère,
On voit, à la lueur d'un flambeau funéraire,
Des meurtriers, courbés dans un silence affreux,
Égorger une vierge, et dans ses longs cheveux
Plonger leurs mains de sang; — la frêle créature

Tombe comme un roseau sur ses bras mutilés : —
Tels les analyseurs égorgent la nature
Silencieusement, sous les cieux dépeuplés.
 Que vous restera-t-il, enfants de nos entrailles,
Le jour où vous viendrez suivre les funérailles
De cette moribonde et vieille humanité ?
Ah ! tu nous maudiras, pâle postérité !
Nos femmes ne mettront que des vieillards au monde.
Ils frapperont la terre avant de s'y coucher ;
Puis ils crieront à Dieu : Père, elle était féconde.
A qui donc as-tu dit de nous la dessécher ?
 Mais vous, analyseurs, persévérants sophistes,
Quand vous aurez tari tous les puits des déserts,
Quand vous aurez prouvé que ce large univers
N'est qu'un mort étendu sous les anatomistes ;
Quand vous nous aurez fait de la création
Un cimetière en ordre, où tout aura sa place,
Où vous aurez sculpté, de votre main de glace,
Sur tous les monuments la même inscription ;
Vous, que ferez-vous donc, dans les sombres allées
De ce jardin muet ? — Les plantes désolées
Ne voudront plus aimer, nourrir, ni concevoir ; —
Les feuilles des forêts tomberont une à une,
Et vous, noirs fossoyeurs, sur la bière commune
Pour ergoter encor vous viendrez vous asseoir ;
Vous vous entretiendrez de l'homme perfectible ; —
Vous galvaniserez ce cadavre insensible,
Habiles vermisseaux, quand vous l'aurez rongé ;
Vous lui commanderez de marcher sur sa tombe,
A cette ombre d'un jour, — jusqu'à ce qu'elle tombe,
Comme une masse inerte, et que Dieu soit vengé.
 Ah ! vous avez voulu faire les Prométhées ;
Et vous êtes venus, les mains ensanglantées,
Refondre et repétrir l'œuvre du Créateur !
Il valait mieux que vous, ce hardi tentateur,
Lorsqu'ayant fait son homme, et le voyant sans âme,
Il releva la tête et demanda le feu.
Vous, votre homme était fait ! vous, vous aviez la flamme !
Et vous avez soufflé sur le souffle de Dieu.
 Le mépris, Dieu puissant, voilà donc la science !
L'éternelle sagesse est l'éternel silence ;

Et nous aurons réduit, quand tout sera compté,
Le balancier de l'âme à l'immobilité.
　Quel hideux océan est-ce donc que la vie,
Pour qu'il faille y marcher à la superficie,
Et glisser au soleil en effleurant les eaux,
Comme ce fils de Dieu qui marchait sur les flots ?
Quels monstres effrayants, quels difformes reptiles
Labourent donc les mers sous les pieds des nageurs,
Pour qu'on trouve toujours les vagues si tranquilles,
Et la pâleur des morts sur le front des plongeurs !
A-t-elle assez traîné, cette éternelle histoire
Du néant de l'amour, du néant de la gloire,
Et de l'enfant prodigue auprès de ses pourceaux !
Ah ! sur combien de lits, sur combien de berceaux
Elle est venue errer, d'une voix lamentable,
Cette complainte usée et toujours véritable,
De tous les insensés que l'espoir a conduit !
　Pareil à ce Gygès, qui fuyait dans la nuit
Le fantôme royal de la pâle baigneuse
Livrée un seul instant à son ardent regard,
Le jeune ambitieux porte une plaie affreuse,
Tendre encor, mais profonde, et qui saigne à l'écart.
Ce qu'il sait, ce qu'il voit des choses de la vie,
Tout le porte, l'entraîne à son but idéal,
Clarté fuyant toujours, et toujours poursuivie,
Étrange idole, à qui tout sert de piédestal.
Mais si tout en courant la force l'abandonne,
S'il se retourne, et songe aux êtres d'ici-bas,
Il trouve tout à coup que ce qui l'environne
Est demeuré si loin qu'il n'y reviendra pas.
C'est alors qu'il comprend l'effet de son vertige,
Et que, s'il ne regarde au ciel, il va tomber.
Il marche, — son génie à poursuivre l'oblige ; —
Il marche ; et le terrain commence à surplomber. —
Enfin, — mais n'est-il pas une heure dans la vie
Où le génie humain rencontre la folie ?
Ils luttent corps à corps sur un rocher glissant.
Tous deux y sont montés ; mais un seul redescend.
O mondes, ô Saturne, immobiles étoiles,
Magnifique univers, en est-ce ainsi partout ?
O nuit, profonde nuit, spectre toujours debout,

Large création, quand tu lèves tes voiles
Pour te considérer dans ton immensité,
Vois-tu du haut en bas la même nudité ?
Dis-moi donc, en ce cas, dis-moi, mère imprudente,
Pourquoi m'obsèdes-tu de cette soif ardente,
Si tu ne connais pas de source où l'étancher ?
Il fallait la créer, marâtre, ou la chercher.
L'arbuste a sa rosée, et l'aigle a sa pâture.
Et moi, que t'ai-je fait pour m'oublier ainsi ?
Pourquoi les arbrisseaux n'ont-ils pas soif aussi ?
Pourquoi forger la flèche, éternelle Nature,
Si tu savais toi-même, avant de la lancer,
Que tu la dirigeais vers un but impossible,
Et que le dard, parti de ta corde terrible,
Sans rencontrer l'oiseau, pouvait te traverser ?
Mais cela te plaisait. — C'était réglé d'avance.
Ah ! le vent du matin ! le souffle du printemps !
C'est le cri des vieillards. — Moi, mon Dieu, j'ai vingt ans !
   Oh ! si tu vas mourir, ange de l'espérance,
Sur mon cœur, en partant, viens encor te poser ;
Donne-moi tes adieux et ton dernier baiser.
Viens à moi. — Je suis jeune et j'aime encor la vie.
Intercède pour moi ; — demande si les cieux
Ont une goutte d'eau pour une fleur flétrie. —
Bel ange, en la buvant, nous mourrons tous les deux.

Il se jette à genoux ; un bouquet tombe de son sein.

Qui me jette à mes pieds mon bouquet d'églantine ?
As-tu donc si longtemps vécu sur ma poitrine,
Pauvre herbe ? — C'est ainsi que ma Déidamia
Sur le bord de la route à mes pieds te jeta.

ACTE CINQUIÈME

SCÈNE I

UNE PLACE.

DÉIDAMIA, LES VIERGES ET LES FEMMES.

DÉIDAMIA.

Tressez-moi ma guirlande, ô mes belles chéries !
Couronnez de vos fleurs mes pauvres rêveries.

Posez sur ma langueur votre voile embaumé ;
Au coucher du soleil j'attends mon bien-aimé.

LES VIERGES.

Adieu, nous te perdons, ô fille des montagnes !
Le bonheur nous oublie en venant te chercher.
Arrose ton bouquet des pleurs de tes compagnes ;
Fleur de notre couronne, on va t'en arracher.

LES FEMMES.

Vierge, à ton beau guerrier nous allons te conduire.
Nous te dépouillerons du manteau virginal.
Bientôt les doux secrets qu'il nous reste à te dire,
Feront trembler ta main sous l'anneau nuptial.

LES VIERGES.

L'écho n'entendra plus ta chanson dans la plaine ;
Tu ne jetteras plus la toison des béliers
Sous les lions d'airain, pères de la fontaine,
Et la neige oubliera la forme de tes pieds.

LES FEMMES.

Que ton visage est beau ! comme on y voit, ma chère,
Le premier des attraits, la beauté du bonheur !
Comme Frank va t'aimer ! comme tu vas lui plaire,
O ma belle Diane, à ton hardi chasseur !

DÉIDAMIA.

Je souffre cependant. — Si vous me trouvez belle,
Dites-le-lui, mes sœurs, il m'en aimera mieux.
Mon Dieu, je voudrais l'être, afin qu'il fût heureux.
Ne me comparez pas à la jeune immortelle :
Hélas ! de ta beauté je n'ai que la pâleur,
O Diane, et mon front la doit à ma douleur.
Ah ! comme j'ai pleuré ! comme tout sur la terre
Pleurait autour de moi, quand mon Charle avait fui !
Comme je m'asseyais, à côté de ma mère,
Le cœur gros de soupirs ! — Mes sœurs, dites-le-lui.

SCÈNE II

LES MONTAGNARDS.

Ainsi Frank n'est pas mort : — c'est la fable éternelle
Des chasseurs à l'affût d'une fausse nouvelle,

OEUVRES D'ALFRED DE MUSSET 217

La Coupe et les Lèvres.   Page 223.

Bibl. Charpentier.   Liv. 28.

Et ceux qui vendaient l'ours ne l'avaient pas tué.
Comme il leur a fait peur, quand il s'est réveillé !
Mais aujourd'hui qu'il parle, il faut bien qu'on se taise.
On avait fait jadis, quand l'Hercule Farnèse
Fut jeté dans le Tibre, un Hercule nouveau.
On le trouvait pareil, on le disait plus beau :
Le modèle était mort, et le peuple crédule
Ne sait que ce qu'il voit. — Pourtant le vieil Hercule
Sortit un jour des eaux ; l'athlète colossal
Fut élevé dans l'air à côté de son ombre,
Et le marbre insensé tomba du piédestal.
Frank renaît : — ce n'est plus cet homme au regard sombre,
Au front blême, au cœur dur, et dont l'oisiveté
Laissait sur ses talons traîner sa pauvreté.
C'est un gai compagnon, un brave homme de guerre,
Qui frappe sur l'épaule aux honnêtes fermiers ;
Aussi, Dieu soit loué, ses torts sont oubliés ;
Et nous voilà tous prêts à boire dans son verre.
C'est aujourd'hui sa noce avec Déidamia.
Quel bon cœur de quinze ans ! et quelle ménagère !
S'il fut jamais aimé, c'est bien de celle-là.
Un soldat m'a conté l'histoire de la bière.
Il paraît que d'abord Frank s'était mis dedans.
Deux de ses serviteurs, ses deux seuls confidents,
Fermèrent le couvercle, et, dès la nuit venue,
Le prêtre et les flambeaux traversèrent la rue.
Après que sur leur dos les porteurs l'eurent pris :
« Vous laisserez, dit-il, un trou pour que l'air passe,
Puisque je dois un jour voir la mort face à face,
Nous ferons connaissance, et serons vieux amis. »
Il se fit emporter dans une sacristie ;
Regardant par son trou le ciel de la patrie,
Il s'en fut au saint lieu dont les chiens sont chassés,
Sifflant dans son cercueil l'hymne des trépassés.
Le lendemain matin, il voulut prendre un masque,
Pour assister lui-même à son enterrement.
Eh ! quel homme ici-bas n'a son déguisement?
Le froc du pèlerin, la visière du casque,
Sont autant de cachots pour voir sans être vu.
Et n'en est-ce pas un souvent que la vertu !
Vrai masque de bouffon, que l'humble hypocrisie

Promène sur le vain théâtre de la vie,
Mais qui, mal fixé, tremble, et que la passion
Peut faire à chaque instant tomber dans l'action.

Exeunt.

SCÈNE III

UNE PETITE CHAMBRE.

FRANK, DÉIDAMIA.

FRANK.

Et tu m'as attendu, ma petite Mamette !
Tu comptais jour par jour dans ton cœur et ta tête.
Tu restais là, debout, sur ton seuil entr'ouvert.

DÉIDAMIA.

Mon ami, mon ami, Mamette a bien souffert !

FRANK.

Les heures s'envolaient — et l'aurore et la brune
Te retrouvaient toujours sur ce chemin perdu.
Ton Charle était bien loin. — Toi, comme la fortune,
Tu restais à sa porte, — et tu m'as attendu !

DÉIDAMIA.

Comme vous voilà pâle et la voix altérée !
Mon Dieu ! qu'avez-vous fait si loin et si longtemps ?
Ma mère, savez-vous, était désespérée.
Mais vous pensiez à nous quand vous aviez le temps ?

FRANK.

J'ai connu dans ma vie un pauvre misérable
Que l'on appelait Frank, — un être insociable,
Qui de tous ses voisins était l'aversion.
La famine et la peur, sœurs de l'oppression,
Vivaient dans ses yeux creux ; — la maigreur dévorante
L'avait horriblement décharné jusqu'aux os.
Le mépris le courbait, et la honte souffrante
Qui suit le pauvre était attachée à son dos.
L'univers et ses lois le remplissaient de haine.
Toujours triste, toujours marchant de ce pas lent
Dont un vieux pâtre suit son troupeau nonchalant,
Il errait dans les bois, par les monts et la plaine,

En braconnant partout, et partout rejeté,
Il allait gémissant sur la fatalité ;
Le col toujours courbé comme sous une hache :
On eût dit un larron qui rôde et qui se cache,
Si ce n'est pis encore, — un mendiant honteux
Qui n'ose faire un coup, crainte d'être victime,
Et, pour toute vertu, garde la peur du crime,
Ce chétif et dernier lien des malheureux.
Oui, ma chère Mamette, oui, j'ai connu cet être.

DÉIDAMIA.

Qui donc est là, debout, derrière la fenêtre,
Avec ces deux grands yeux, et cet air étonné ?

FRANK.

Où donc ? Je ne vois rien.

DÉIDAMIA.

         Si. — Quelqu'un nous écoute,
Qui vient de s'en aller quand tu t'es retourné.

FRANK.

C'est quelque mendiant qui passe sur la route.
Allons, Déidamia, cela t'a fait pâlir.

DÉIDAMIA.

Eh bien ! et ton histoire, où veut-elle en venir ?

FRANK.

Une autre fois, — c'était au milieu des orgies ;
Je vis dans un miroir, aux clartés des bougies,
Un joueur pris de vin, couché sur un sofa.
Une femme, ou du moins la forme d'une femme,
Le tenait embrassé, comme je te tiens là.
Il se tordait en vain sous le spectre sans âme :
Il semblait qu'un noyé l'eût pris entre ses bras.
Cet homme infortuné... Tu ne m'écoutes pas ?
Voyons, viens m'embrasser.

DÉIDAMIA.

         Oh ! non, je vous en prie.
Il l'embrasse de force.

Frank, mon cher petit Charle, attends qu'on nous marie ;
Attends jusqu'à ce soir. — Ma mère va venir.
Je ne veux pas, monsieur. — Ah ! tu me fais mourir !

FRANK.

Lumière du soleil, quelle admirable fille !

DÉIDAMIA.

Il faudra, mon ami, nous faire une famille ;
Nous aurons nos voisins, ton père, tes parents,
Et ma mère surtout. — Nous aurons nos enfants.
Toi, tu travailleras à notre métairie ;
Moi, j'aurai soin du reste et de la laiterie ;
Et tant que nous vivrons, nous serons tous les deux,
Tous les deux pour toujours, et nous mourrons bien vieux.
Vous riez ? Pourquoi donc ?

FRANK.

Oui, je ris du tonnerre.
Oui ; le diable m'emporte ! il peut tomber sur moi.

DÉIDAMIA.

Qu'est-ce que c'est, monsieur ? voulez-vous bien vous taire ?

FRANK.

Va toujours, mon enfant, je ne ris pas de toi.

DÉIDAMIA.

Qui donc est encor là ? Je te dis qu'on nous guette.
Tu ne vois pas là-bas, remuer une tête ?
Là, — dans l'ombre du mur ?

FRANK.

Où donc ? de quel côté ?
Vous avez des terreurs, ma chère, en vérité.

Il la prend dans ses bras.

Il me serait cruel de penser qu'une femme,
O Mamette, moins belle et moins pure que toi,
Dans des lieux étrangers, par un autre que moi,
Pût être autant aimée. — Ah ! j'ai senti mon âme
Qui redevenait vierge à ton doux souvenir,
Comme l'onde où tu viens mirer ton beau visage
Se fait vierge, ma chère, et dans ta chaste image
Sous son cristal profond semble se recueillir !
C'est bien toi ! je te tiens, — toujours fraîche et jolie,
Toujours comme un oiseau, prête à tout oublier.
Voilà ton petit lit, ton rouet, ton métier,
OEuvre de patience et de mélancolie.

O toi, qui tant de fois as reçu dans ton sein
Mes chagrins et mes pleurs, et qui m'as en échange
Rendu le doux repos d'un front toujours serein,
Comment as-tu donc fait, dis-moi, mon petit ange,
Pour n'avoir rien gardé de mes maux, quand mon cœur
A tant et si souvent gardé de ton bonheur?

DÉIDAMIA.

Ah! vous savez toujours, vous autres hypocrites,
De beaux discours flatteurs bien souvent répétés.
Je les aime, mon Dieu! quand c'est vous qui les dites;
Mais ce n'est pas pour moi qu'ils étaient inventés.

FRANK.

Dis-moi, tu ne veux pas venir en Italie?
En Espagne? à Paris? nous mènerions grand train.
Avec si peu de frais tu serais si jolie!

DÉIDAMIA.

Est-ce que vous trouvez ce bonnet-là vilain?
Vous verrez tout à l'heure, avec ma robe blanche,
Mes bas à coins brodés, mon bonnet du dimanche,
Et mon tablier vert. — Vous riez, vous riez?

FRANK.

Dans une heure d'ici nous serons mariés.
Ce baiser que tu fuis, et que je te dérobe,
Tu me le céderas, Mamette, de bon cœur.
Dans une heure, ô mon Dieu! tu viendras me le rendre,
Mamette, je me meurs.

DÉIDAMIA.

     Ah! moi, je sais attendre!
Voyons, laissez-moi donc être un peu votre sœur.
Une heure, une heure encore, et je serai ta femme.
Oui, je vais te le rendre, et de toute mon âme,
Ton baiser dévorant, mon Frank, ton beau baiser!
Et ton tonnerre alors pourra nous écraser.

FRANK.

Oh! que cette heure est longue! oh! que vous êtes belle!
De quelle volupté déchirante et cruelle
Vous me noyez le cœur, froide Déidamia!

DÉIDAMIA.

Regardez, regardez, la tête est toujours là.
Qui donc nous guette ainsi?

FRANK.
Mamette, ô mon amante,
Ne me détourne pas cette lèvre charmante.
Non ! quand l'éternité devrait m'ensevelir !

DÉIDAMIA.
Mon ami, mon amant, respectez votre femme.

FRANK.
Non ! non ! quand ton baiser devrait brûler mon âme !
Non ! quand ton Dieu jaloux devrait nous en punir !

DÉIDAMIA.
Eh bien ! oui, ta maîtresse, — eh bien ! oui, ton amante,
Ta Mamette, ton bien, ta femme et ta servante.
Et la mort peut venir, et je t'aime, et je veux
T'avoir là dans mes bras et dans mes longs cheveux,
Sur ma robe de lin ton haleine embaumée.
Je sais que je suis belle, et plusieurs m'ont aimée ;
Mais je t'appartenais, j'ai gardé ton trésor.
Elle tombe dans ses bras.

FRANK, *se levant brusquement.*
Quelqu'un est là, c'est vrai.

DÉIDAMIA.
Qu'importe ? Charle, Charle.

FRANK.
Ah ! massacre et tison d'enfer ! — C'est Belcolor !
Restez ici Mamette, il faut que je lui parle.
Il saute par la fenêtre.

DÉIDAMIA.
Mon Dieu ! que va-t-il faire, et qu'est-il arrivé ?
Le voilà qui revient. — Eh bien ! l'as-tu trouvé ?

FRANK, *à la fenêtre, en dehors.*
Non, mais, par le tonnerre, il faudra qu'il y vienne ;
Je crois que c'est un spectre, et vous aviez raison.
Attendez-moi. — Je fais le tour de la maison

DÉIDAMIA, *courant à la fenêtre.*
Charles, ne t'en vas pas ! S'il s'enfuit dans la plaine,
Laisse-le s'envoler, ce spectre de malheur.
Belcolore paraît de l'autre côté de la fenêtre et s'enfuit aussitôt.
Au secours ! au secours ! on m'a frappée au cœur.
Déidamia tombe et sort en se traînant.

LES MONTAGNARDS, accourant du dehors.

Frank ! que se passe-t-il ? On nous appelle, on crie.
Qui donc est là par terre étendu dans son sang ?
Juste Dieu ! c'est Mamette ! Ah ! son âme est partie.
Un stylet italien est entré dans son flanc.
Au meurtre ! Frank, au meurtre !

FRANK, rentrant dans la cabane, avec Déidamia morte dans ses bras.

O toi, ma bien-aimée !
Sur mon premier baiser ton âme s'est fermée,
Pendant plus de quinze ans tu l'avais attendu,
Mamette, et tu t'en vas sans me l'avoir rendu.

Juillet et août 1832.

A QUOI RÊVENT LES JEUNES FILLES

COMÉDIE

PERSONNAGES

Le duc LAERTE.
Le comte IRUS, son neveu.
SYLVIO.
NINON, } jumelles, filles du duc
NINETTE, } Laërte.

FLORA, servante.
SPADILLE, } domestiques.
QUINOLA, }

LA SCÈNE SE PASSE OU L'ON VOUDRA.

ACTE PREMIER

SCÈNE I

UNE CHAMBRE A COUCHER.
NINON, NINETTE

NINETTE.

Onze heures vont sonner. — Bonsoir, ma chère sœur,
Je m'en vais me coucher.

NINON.

Bonsoir. Tu n'as pas peur
De traverser le parc pour aller à ta chambre ?
Il est si tard ! — Veux-tu que j'appelle Flora !

À QUOI RÊVENT LES JEUNES FILLES. Page 226.

Bibl. Charpentier. LIV. 29.

NINETTE.

Pas du tout. — Mais vois donc quel beau ciel de septembre !
D'ailleurs, j'ai Bacchanal qui m'accompagnera.
Bacchanal ! Bacchanal !

Elle sort en appelant son chien.

NINON, *s'agenouillant à son prie-Dieu.*

O Christe ! dum flœus cruci
Expandis orbi brachia,
Amare da crucem, tuo
Da nos in amplexu mori.

Elle se déshabille

NINETTE, *rentrant épouvantée, et se jetant dans un fauteuil.*

Ma chère, je suis morte.

NINON.

Qu'as-tu ? qu'arrive-t-il ?

NINETTE.

Je ne peux plus parler.

NINON.

Pourquoi ? mon Dieu ! je tremble en te voyant trembler.

NINETTE

Je n'étais pas, ma chère, à trois pas de ta porte ;
Un homme vient à moi, m'enlève dans ses bras,
M'embrasse tant qu'il peut, me repose par terre,
Et se sauve en courant.

NINON.

Ah ! mon Dieu ! comment faire ?
C'est peut-être un voleur.

NINETTE.

Oh ! non, je ne crois pas.
Il avait sur l'épaule une chaîne superbe,
Un manteau d'Espagnol, doublé de velours noir,
Et de grands éperons qui reluisaient dans l'herbe.

NINON.

C'est pourtant une chose étrange à concevoir,
Qu'un homme comme il faut tente une horreur semblable.
Un homme en manteau noir, c'est peut-être le diable.
Oui, ma chère. Qui sait ? Peut-être un revenant.

NINETTE.

Je ne crois pas, ma chère : il avait des moustaches.

NINON.

J'y pense, dis-moi donc, si c'était un amant !

NINETTE.

S'il allait revenir ! — Il faut que tu me caches.

NINON.

C'est peut-être papa qui veut te faire peur.
Dans tous les cas, Ninette, il faut qu'on te ramène.
Holà ! Flora, Flora ! reconduisez ma sœur.
Flora paraît sur la porte.
Adieu, va, ferme bien ta porte.

NINETTE.

Et toi la tienne.
Elles s'embrassent. Ninette sort avec Flora.

NINON, *seule, mettant son verrou.*

Des éperons d'argent, un manteau de velours !
Une chaîne ! un baiser ! — c'est extraordinaire.
Elle se décoiffe.
Je suis mal en bandeaux ; mes cheveux sont trop courts.
Bah ! j'avais deviné ! — C'est sans doute mon père.
Ninette est si poltronne ! — Il l'aura vue passer.
C'est tout simple, sa fille, il peut bien l'embrasser.
Mes bracelets vont bien.
Elle les détache.
Ah ! demain, quand j'y pense,
Ce jeune homme étranger qui va venir dîner !
C'est un mari, je crois, que l'on veut nous donner.
Quelle drôle de chose ! Ah ! j'en ai peur d'avance.
Quelle robe mettrai-je ?
Elle se couche.
Une robe d'été ?
Non, d'hiver : cela donne un air plus convenable.
Non, d'été : c'est plus jeune et c'est moins apprêté.
On le mettra sans doute entre nous deux à table.
Ma sœur lui plaira mieux. — Bah ! nous verrons toujours.
— Des éperons d'argent ! — un manteau de velours !
Mon Dieu ! comme il fait chaud pour une nuit d'automne !
Il faut dormir, pourtant. — N'entends-je pas du bruit ?
C'est Flora qui revient ; non, non, ce n'est personne.
Tra la, tra deri da. — Qu'on est bien dans son lit !
Ma tante était bien laide avec ses vieux panaches,
Hier soir à souper. — Comme mon bras est blanc !

Tra deri da. — Mes yeux se ferment. — Des moustaches...
Il la prend, il l'embrasse et se sauve en courant.

<small>Elle s'assoupit. — On entend par la fenêtre le bruit d'une guitare et une voix.</small>

— Ninon, Ninon, que fais-tu de la vie ?
L'heure s'enfuit, le jour succède au jour.
Rose ce soir, demain flétrie.
Comment vis-tu, toi qui n'as pas d'amour ?

NINON, s'éveillant.

Est-ce un rêve ? J'ai cru qu'on chantait dans la cour.

LA VOIX, au dehors.

Regarde-toi, la jeune fille,
Ton cœur bat et ton œil pétille.
Aujourd'hui le printemps, Ninon, demain l'hiver.
Quoi ! tu n'as pas d'étoile, et tu vas sur la mer !
Au combat sans musique, en voyage sans livre !
Quoi ! tu n'as pas d'amour, et tu parles de vivre !
Moi, pour un peu d'amour je donnerais mes jours ;
Et je les donnerais pour rien sans les amours.

NINON.

Je ne me trompe pas ; — singulière romance !
Comment ce chanteur-là peut-il savoir mon nom ?
Peut-être sa beauté s'appelle aussi Ninon.

LA VOIX.

Qu'importe que le jour finisse et recommence,
Quand d'une autre existence
Le cœur est animé ?
Ouvrez-vous, jeunes fleurs. Si la mort vous enlève,
La vie est un sommeil, l'amour en est le rêve,
Et vous aurez vécu, si vous avez aimé.

NINON, soulevant sa jalousie.

Ses éperons d'argent brillent dans la rosée ;
Une chaîne à glands d'or retient son manteau noir.
Il relève en marchant sa moustache frisée. —
Quel est ce personnage et comment le savoir ?

SCÈNE II

IRUS, à sa toilette ; SPADILLE, QUINOLA.

IRUS.

Lequel de vous, marauds, m'a posé ma perruque ?
Outre que les rubans me font mal à la nuque,
Je suis couvert de poudre, et j'en ai plein les yeux.

QUINOLA.

Ce n'est pas moi.

SPADILLE.

Ni moi.

QUINOLA.

Moi, je tenais la queue.

SPADILLE.

Moi, monsieur, je peignais.

IRUS.

Vous mentez tous les deux.
Allons, mon habit rose et ma culotte bleue.
Hum ! Brum ! Diable de poudre ! — Hatsch ! Je suis aveuglé.

Il éternue.

QUINOLA, ouvrant une armoire.

Monsieur, vous ne sauriez mettre cette culotte.
La lampe était auprès ; toute l'huile a coulé.

SPADILLE, ouvrant une autre armoire.

Monsieur, votre habit rose est tout rempli de crotte :
Quand je l'ai déployé le chat était dessus.

IRUS.

Ciel ! de cette façon voir tous mes plans déçus !
Écoutez, mes amis ; — il me vient une idée :
Quelle heure est-il ?

SPADILLE.

Monsieur, l'horloge est arrêtée.

IRUS.

A-t-on sonné déjà deux coups pour le dîné ?

QUINOLA.

Non, l'on n'a pas sonné.

SPADILLE.

Si, si, l'on a sonné.

IRUS.

Je tremble à chaque instant que le nouveau convive
Qui doit venir dîner ne paraisse et n'arrive.

SPADILLE.

Il faut vous mettre en vert.

QUINOLA.

Il faut vous mettre en gris.

IRUS.

Dans quel mois sommes-nous?

SPADILLE.

Nous sommes en novembre.

QUINOLA.

En août! en août!

IRUS.

Mettez ces deux habits.
Vous vous promènerez ensuite par la chambre
Pour que je voie un peu l'effet que je ferai.

<small>Les valets obéissent.</small>

SPADILLE.

Moi, j'ai l'air d'un marquis.

QUINOLA.

Moi, j'ai l'air d'un ministre.

IRUS, les regardant.

Spadille a l'air d'une oie, et Quinola d'un cuistre.
Je ne sais pas à quoi je me déciderai.

LAERTE, entrant.

Et vous, vous avez l'air, mon neveu, d'une bête.
N'êtes-vous pas honteux de vous poudrer la tête,
Et de perdre, à courir dans votre cabinet,
Plus de temps qu'il n'en faut pour écrire un sonnet?
Allons, venez dîner; — votre assiette s'ennuie.

IRUS.

Vous ne voudriez pas, au prix de votre vie,
Me traîner au salon, sans rouge et demi-nu?
Quel habit faut-il mettre?

LAERTE.

Eh! le premier venu.
Allons, écoutez-moi. Vous trouverez à table
Le nouvel arrivé ; — c'est un jeune homme aimable,
Qui vient pour épouser un de mes chers enfants.
Jetez, au nom de Dieu, vos regards triomphants
Sur un autre que lui : ne cherchez pas à plaire,
Et n'avalez pas tout comme à votre ordinaire.
Il est simple et timide, et de bonne façon ;
Enfin c'est ce qu'on nomme un honnête garçon.
Tâchez, si vous trouvez ses manières communes,
De ne point décocher, en prenant du tabac,
Votre charmant sourire et vos mots d'almanach.
Tarissez, s'il se peut, sur vos bonnes fortunes.
Ne vous inondez pas de vos flacons damnés ;
Qu'on puisse vous parler sans se boucher le nez;
Vos gants blancs sont de trop ; on dîne les mains nues.

IRUS.

Je suis presque tenté, pour cadrer à vos vues,
D'ôter mon habit vert, et de me mettre en noir.

LAERTE.

Non, de par tous les saints, non, je vous remercie.
La peste soit de vous ! — Qui diantre se soucie,
Si votre habit est vert, de s'en apercevoir ?

IRUS.

Puis-je savoir, du moins, le nom de ce jeune homme ?

LAERTE.

Qu'est-ce que ça vous fait ? C'est Silvio qu'il se nomme.

IRUS.

Silvio ! ce n'est pas mal. — Silvio ! — le nom est bien ;
Irus, — Irus, — Silvio ; — mais j'aime mieux le mien.

LAERTE.

Son père est mon ami, — celui de votre mère.
Nous avons le projet, depuis plus de vingt ans,
De mourir en famille, et d'unir nos enfants.
Plût au ciel, pour tous deux, que son fils eût un frère !

IRUS.

Vrai Dieu ! monsieur le duc, qu'entendez-vous par là?

Ne dois-je pas aussi devenir votre gendre ?

LAERTE.

C'est bon, je le sais bien ; vous pouvez vous attendre
A trouver votre tour ; — mais Silvio choisira.

Exeunt.

SCÈNE III

LE JARDIN DU DUC.

NINON, NINETTE, dans deux bosquets séparés.

NINON.

Cette voix retentit encore à mon oreille.

NINETTE.

Ce baiser singulier me fait encor frémir.

NINON.

Nous verrons cette nuit ; il faudra que je veille.

NINETTE.

Cette nuit, cette nuit, je ne veux pas dormir.

NINON.

Toi dont la voix est douce, et douce la parole,
Chanteur mystérieux, reviendras-tu me voir ?
Ou, comme en soupirant l'hirondelle s'envole,
Mon bonheur fuira-t-il, n'ayant duré qu'un soir ?

NINETTE.

Audacieux fantôme à la forme voilée,
Les ombrages ce soir seront-ils sans danger ?
Te reverrai-je encor dans cette sombre allée,
Ou disparaîtras-tu comme un chamois léger ?

NINON.

L'eau, la terre et les vents, tout s'emplit d'harmonies.
Un jeune rossignol chante au fond de mon cœur.
J'entends sous les roseaux murmurer des génies...
Ai-je de nouveaux sens inconnus à ma sœur ?

NINETTE.

Pourquoi ne puis-je voir sans plaisir et sans peine

OEUVRES D'ALFRED DE MUSSET

A QUOI RÊVENT LES JEUNES FILLES.   Page 235.

Bibl. Charpentier.   LIV. 30.

Les baisers du zéphyr trembler sur la fontaine
Et l'ombre des tilleuls passer sur mes bras nus?
Ma sœur est une enfant, — et je ne le suis plus.

NINON.

O fleurs des nuits d'été, magnifique nature!
O plantes! ô rameaux, l'un dans l'autre enlacés!

NINETTE.

O feuilles des palmiers, reines de la verdure,
Qui versez vos amours dans les vents embrasés!

SILVIO, entrant.

Mon cœur hésite encor; — toutes les deux si belles!
Si conformes en tout, si saintement jumelles!
Deux corps si transparents attachés par le cœur!
On dirait que l'aînée est l'étui de sa sœur.
Pâles toutes les deux, toutes les deux craintives,
Frêles comme un roseau, blondes comme les blés;
Prêtes à tressaillir comme deux sensitives,
Au toucher de la main. — Tous mes sens sont troublés.
Je n'ai pu leur parler, — j'agissais dans la fièvre;
Mon âme à chaque mot arrivait sur ma lèvre.
Mais elles, quel bon goût! quelle simplicité!
Hélas! je sors d'hier de l'université.

Entrent Laërte et Irus, un cigare à la bouche.

LAERTE.

Eh bien! notre convive, où ces dames sont-elles?

IRUS.

Quoi! vous sortez de table, et vous ne fumez pas?

SILVIO, embrassant Laërte.

O mon père! ô mon duc! je ne puis faire un pas.
Tout mon être est brisé.

Ninon et Ninette paraissent.

IRUS.

Voilà ces demoiselles.
Ninon, ma barbe est fraîche, et je vais t'embrasser.

Ninon se sauve. — Irus court après elle.

LAERTE.

Ne sauriez-vous, Irus, dîner sans vous griser.

Ils sortent en se promenant.

SCÈNE IV

NINETTE, restée seule; FLORA.

NINETTE.

Où cours-tu donc, Flora ? Mon Dieu ! la belle chaîne !
Voyez donc ! les beaux glands ! Qui t'a donné cela ?

NINON, accourant.

Voyons ! laisse-moi voir. — Ah ! je suis hors d'haleine.
Quel sot que cet Irus ! — Tu l'as trouvé, Flora ?
Le beau collier, ma foi ! Vraiment, comme elle est fière.

FLORA, à Ninon.

Je voudrais vous parler.

Elle l'entraîne dans un coin.

NINETTE.

Quoi donc ? c'est un mystère ?

FLORA, à Ninon.

Rentrez dans votre chambre, et lisez ce billet.

NINON.

Un billet ? d'où vient-il ?

FLORA.

Mettez-le, s'il vous plaît,
Dans ce petit coin-là, sur votre cœur, ma belle.

Elle le lui met dans son sein.

NINON.

Tu sais donc ce que c'est ?

FLORA.

Moi, non, je n'en sais rien.

Ninon sort en courant.

NINETTE.

Qu'as-tu dit à ma sœur, et pourquoi s'en va-t-elle ?

FLORA, tirant un autre billet.

Tenez, lisez ceci.

NINETTE.

Pourquoi ? Je le veux bien.
Mais qu'est-ce que c'est donc ?

FLORA.

       Lisez toujours, ma chère.
Mais prenez garde à vous. — J'aperçois votre père ;
Allez vous enfermer dans votre appartement.

NINETTE.

Pourquoi ?

FLORA.

    Vous lirez mieux, et plus commodément.
Elles sortent. Entrent Laërte et Silvio.

SILVIO.

Je crois que notre abord met ces dames en fuite.
Ah ! monseigneur, j'ai peur de leur avoir déplu.

LAERTE.

Bon, bon, laissez-les fuir, vous leur plairez bien vite.
Dites-moi, mon ami, dans votre temps perdu,
N'avez-vous jamais fait la cour à quelques belles ?
Quel moyen preniez-vous pour dompter les cruelles ?

SILVIO.

Père, ne raillez pas, je me défendrais mal.
Bien que je sois sorti d'un sang méridional,
Jamais les imbroglios, ni les galanteries,
Ni l'art mystérieux des douces flatteries,
Ce bel art d'être aimé, ne m'ont appartenu ;
Je vivrai sous le ciel comme j'y suis venu.
Un serrement de main, un regard de clémence,
Une larme, un soupir, voilà pour moi l'amour ;
Et j'aimerai dix ans comme le premier jour.
J'ai de la passion, et n'ai point d'éloquence.
Mes rivaux, sous mes yeux, sauront plaire et charmer.
Je resterai muet ; — moi, je ne sais qu'aimer.

LAERTE.

Les femmes cependant demandent autre chose.
Bien plus, sans les aimer, du moment que l'on ose,
On leur plaît. La faiblesse est si chère à leur cœur
Qu'il leur faut un combat pour avoir un vainqueur.
Croyez-moi, j'ai connu ces êtres variables.
Il n'existe, dit-on, ni deux feuilles semblables,
Ni deux cœurs faits de même, et moi, je vous promets
Qu'en en séduisant une, on séduit tout un monde.

L'une aura les pieds plats, l'autre la jambe ronde,
Mais la communauté ne changera jamais.
Avez-vous jamais vu les courses d'Angleterre?
On prend quatre coureurs, — quatre chevaux sellés ;
On leur montre un clocher, puis on leur dit : Allez !
Il s'agit d'arriver, n'importe la manière.
L'un choisit un ravin, — l'autre un chemin battu.
Celui-ci gagnera, s'il ne rencontre un fleuve ;
Celui-là fera mieux, s'il n'a le cou rompu.
Tel est l'amour, Silvio ; — l'amour est une épreuve ;
Il faut aller au but, — la femme est le clocher.
Prenez garde au torrent, prenez garde au rocher ;
Faites ce qui vous plaît, le but est immobile.
Mais croyez que c'est prendre une peine inutile
Que de rester en place et de crier bien fort :
Clocher ! clocher ! je t'aime, arrive ou je suis mort.

SILVIO.

Je sens la vérité de votre parabole,
Mais si je ne puis rien trouver même en parole,
Que pourrai-je valoir, seigneur, en action ?
Tout le réel pour moi n'est qu'une fiction ;
Je suis dans un salon comme une mandoline
Oubliée en passant sur le bord d'un coussin.
Elle renferme en elle une langue divine,
Mais si son maître dort, tout reste dans son sein.

LAERTE.

Écoutez donc, alors, ce qu'il vous faudra faire.
Recevoir un mari de la main de son père,
Pour une jeune fille est un pauvre régal.
C'est un serpent doré qu'un anneau conjugal.
C'est dans les nuits d'été, sur une mince échelle,
Une épée à la main, un manteau sur les yeux,
Qu'une enfant de quinze ans rêve ses amoureux.
Avant de se montrer, il faut leur apparaître.
Le père ouvre la porte au matériel époux,
Mais toujours l'idéal entre par la fenêtre.
Voilà, mon cher Silvio, ce que j'attends de vous.
Connaissez-vous l'escrime ?

SILVIO.
Oui, je tire l'épée.

LAERTE.

Et pour le pistolet, vous tuez la poupée,
N'est-ce pas ? C'est très bien ; vous tuerez mes valets.
Mes filles tout à l'heure ont reçu deux billets ;
Ne cherchez pas, c'est moi qui les ai fait remettre.
Ah ! si vous compreniez ce que c'est qu'une lettre !
Une lettre d'amour lorsque l'on a quinze ans !
Quelle charmante place elle occupe longtemps !
D'abord auprès du cœur, ensuite à la ceinture.
La poche vient après, le tiroir vient enfin.
Mais comme on la promène, en traîneaux, en voiture !
Comme on la mène au bal ! que de fois en chemin,
Dans le fond de la poche on la presse, on la serre !
Et comme on rit tout bas du bonhomme de père
Qui ne voit jamais rien, de temps immémorial !
Quel travail il se fait dans ces petites têtes !
Voulez-vous, mon ami, savoir ce que vous êtes?
Vous, à l'heure qu'il est ? — Vous êtes l'idéal,
Le prince Galaor, le berger d'Arcadie ;
Vous êtes un Lara ; — j'ai signé votre nom.
Le vieux duc vous prenait pour son gendre, — mais non,
Non ! Vous tombez du ciel comme une tragédie ;
Vous rossez mes valets ; vous forcez mes verrous ;
Vous caressez le chien ; vous séduisez la fille ;
Vous faites le malheur de toute la famille.
Voilà ce que l'on veut trouver dans un époux.

SILVIO.

Quelle mélancolique et déchirante idée !
Elle est juste pourtant ; — qu'elle me fait de mal !

LAERTE.

Ah ! jeune homme, avez-vous aussi votre idéal ?

SILVIO.

Pourquoi pas comme tous ? Leur étoile est guidée
Vers un astre inconnu qu'ils ont toujours rêvé ;
Et la plupart de nous meurt sans l'avoir trouvé.

LAERTE.

Attachez-vous du prix à des enfantillages ?
Cela n'empêche pas les femmes d'être sages,
Bonnes, franches de cœur ; c'est un goût seulement ;

Cela leur va, leur plaît, — tout cela, c'est charmant.
Écoutez-moi, Silvio : — ce soir, à la veillée,
Vous vous cuirasserez d'un large manteau noir.
Flora dormira bien, c'est moi qui l'ai payée.
Ces dames, pour leur part, descendront en peignoir.
Or vous vous doutez bien, par cette double lettre,
Que ce que vous vouliez, c'était un rendez-vous.
Car, excepté cela, que veut un billet doux ?
Vous pénétrerez donc par la chère fenêtre.
On vous introduira comme un conspirateur.
Que ferez-vous alors, vous, double séducteur ?
Vous entendrez des cris. — C'est alors que le père,
Semblable au commandeur dans *le Festin de Pierre*,
Dans sa robe de chambre apparaîtra soudain.
Il vous provoquera, sa chandelle à la main.
Vous la lui soufflerez du vent de votre épée.
S'il ne reste par terre une tête coupée,
Il y pourra du moins rester un grand seau d'eau,
Que Flora lestement nous versera d'en haut.
Ce sera tout le sang que nous devrons répandre.
Les valets aussitôt le couvriront de cendre ;
On ne saura jamais où vous serez passé,
Et mes filles crieront : « O ciel ! il est blessé ! »

SILVIO.

Je n'achèverai pas cette plaisanterie.
Calculez, mon cher duc, où cela mènera.
Savez-vous, puisqu'il faut enfin qu'on nous marie,
Si je me fais aimer, laquelle m'aimera ?

LAERTE.

Peut-être toutes deux, n'est-il pas vrai, mon gendre ?
Si je le trouve bon, qu'avez-vous à reprendre ?
O mon fils bien-aimé ! laissons parler les sots.

SILVIO.

On a bouleversé la terre avec des mots.

LAERTE.

Eh ! que m'importe à moi ! — Je n'ai que vous au monde
Après mes deux enfants. Que me fait un brocard ?
Vous êtes assez mûr sous votre tête blonde
Pour porter du respect à l'honneur d'un vieillard.

SILVIO.

Ah ! je mourrais plutôt. Ce n'est pas ma pensée.

LAERTE.

Supposons que des deux vous vous fassiez aimer.
Celle qui restera voudra vous pardonner.
Votre image, Silvio, sera bientôt chassée
Par un rêve nouveau, par le premier venu.
Croyez-moi, les enfants n'aiment que l'inconnu.
Dès que vous deviendrez le bourgeois respectable
Qui viendra tous les jours s'asseoir à déjeuner,
Qu'on verra se lever, aller et retourner,
Mettre après le café ses coudes sur la table,
On ne cherchera plus l'être mystérieux.
On aimera le frère, et c'est ce que je veux.
Si mon sot de neveu parle de mariage,
On l'en détestera quatre fois davantage,
C'est encor mon souhait. Mes enfants ont du cœur ;
L'une soit votre femme, et l'autre votre sœur.
Je me confie à vous, — à vous, fils de mon frère,
Qui serez le mari d'une de mes enfants,
Qui ne souillerez pas la maison de leur père,
Et qui ne jouerez pas avec ses cheveux blancs.
Qui sait ? peut-être un jour ma pauvre délaissée
Trouvera quelque part le mari qu'il lui faut.
Mais l'importante affaire est d'éviter ce sot.

Irus entre.

IRUS.

A souper ! à souper ! messieurs, l'heure est passée.

LAERTE.

Vous avez, Dieu me damne, encor changé d'habit.

IRUS.

Oui, celui-là va mieux ; l'autre était trop petit.

Exeunt.

À QUOI RÊVENT LES JEUNES FILLES. Page 250.

Bibl. Charpentier. LIV. 31.

ACTE DEUXIÈME

SCÈNE I

LE JARDIN. — IL EST NUIT.

LE DUC LAERTE, en robe de chambre; SILVIO, enveloppé d'un manteau.

LAERTE.

Lorsque cette lueur, que vous voyez là-bas,
Après avoir erré de fenêtre en fenêtre,
Tournera vers ce coin pour ne plus reparaître,
Il sera temps d'agir. — Elle y marche à grands pas.

SILVIO.

Je vous l'ai dit, seigneur, cela ne me plaît pas.

LAERTE.

Eh bien ! moi, tout cela m'amuse à la folie.
Je ne fais pas la guerre à la mélancolie ;
Après l'oisiveté, c'est le meilleur des maux.
En général d'ailleurs, c'est ma pierre de touche ;
Elle ne pousse pas, cette plante farouche,
Sur la majestueuse obésité des sots.
Mais la gaîté, Silvio, sied mieux à la vieillesse ;
Nous voulons la beauté pour aimer la tristesse.
Il faut bien mettre un peu de rouge à soixante ans ;
C'est le métier des vieux de dérider le temps.
On fait de la vieillesse une chose honteuse :
C'est tout simple : ici-bas, chez les trois quarts des gens,
Quand elle n'est pas prude, elle est entremetteuse.
Cassandre est la terreur des vieillards indulgents.
Croyez-vous cependant, mon cher, que la nature
Laisse ainsi par oubli vivre sa créature ?
Qu'elle nous ait donné trente ans pour exister,
Et le reste pour geindre ou bien pour tricoter ?
Figurez-vous, Silvio, que j'ai, la nuit dernière,
Chanté fort joliment pendant une heure entière.
C'était pour intriguer mes filles ; mais, ma foi,
Je crois, en vérité, que j'ai chanté pour moi.

SILVIO.

Aussi, dans tout cela, cher duc, c'est vous que j'aime.

Il faudra pourtant bien redevenir moi-même.
Songez donc, mon ami, qu'il ne restera rien
Du héros de roman.

LAERTE.

Mon Dieu ! Je le sais bien.
Un roman dans un lit, on n'en saurait que faire.
On réalise là tous ceux qu'on a rêvés.
Après la bagatelle, il faut le nécessaire ;
Et j'espère pour vous, mon cher, que vous l'avez.
Très ordinairement dans ces sortes de choses,
Ceux qui parlent beaucoup savent prouver très peu.
C'est ce qui montre en tout la sagesse de Dieu.
Tous ces galants musqués, fleuris comme des roses,
Qu'on voit soir et matin courir les rendez-vous,
S'assouplir comme un gant autour des jeunes filles,
Escalader les murs, et danser sur les grilles,
Savent au bout du doigt ce qui vous manque, à vous.
Vous avez dans le cœur, Silvio, ce qui leur manque.
Je me moque d'avoir pour gendre un saltimbanque,
Capable de passer par le trou d'une clef.
Si vous étiez comme eux, j'en serais désolé.
Mais la méthode existe : il faut songer à plaire.
Une fois marié, parbleu ! c'est votre affaire.
Permettez-moi, de grâce, une autre question :
Avez-vous jusqu'ici vécu sans passion ?
En un mot... franchement, mon cher, êtes-vous vierge ?

SILVIO.

Vierge du cœur à l'âme, et de la tête aux pieds.

LAERTE.

Bon ! je ne hais rien tant que les jeunes roués.
Le cœur d'un libertin est fait comme une auberge ;
On y trouve à toute heure un grand feu bien nourri,
Un bon gîte, un bon lit, — et la clef sur la porte.
Mais on entre aujourd'hui ? demain il faut qu'on sorte.
Ce n'est pas ce bois-là dont on fait un mari.
Que tout vous soit nouveau, quand la femme est nouvelle.
Ce n'est jamais un bien que l'on soit plus vieux qu'elle,
Ni du corps ni du cœur. — Tâchez de deviner.
Quel bonheur, en amour, de pouvoir s'étonner !
Elle aura ses secrets, et vous aurez les vôtres.

Restez longtemps enfants : vous nous en ferez d'autres.
Ce secret-là surtout est si vite oublié !

SILVIO.

Si ma femme pourtant croit trouver un roué,
Quel misérable effet fera mon ignorance !
N'appréhendez-vous rien de ses étonnements ?

LAERTE.

Ceci pourrait sonner comme une impertinence.
Mes filles n'ont, monsieur, que de très bons romans.
Ah ! Silvio, je vous livre une fleur précieuse.
Effeuillez lentement cette ignorance heureuse.
Si vous saviez quel tort se font bien des maris,
En se livrant, dans l'ombre à des secrets infâmes,
Pour le fatal plaisir d'assimiler leurs femmes
Aux femmes sans pudeur dont ils les ont appris !
Ils ne leur laissent plus de neuf que l'adultère.
Si vous étiez ainsi, j'aimerais mieux Irus.
Rappelez-vous ces mots, qui sont dans l'Hespérus :
« Respectez votre femme, amassez de la terre
« Autour de cette fleur prête à s'épanouir ;
« Mais n'en laissez jamais tomber dans son calice. »

SILVIO.

Mon père, embrassez-moi. — Je vois le ciel s'ouvrir.

LAERTE.

Vous êtes, mon enfant, plus blanc qu'une génisse ;
Votre bon petit cœur est plus pur que son lait ;
Vous vous en défiez, et c'est ce qui me plaît.
Croyez-en un vieillard qui vous donne sa fille.
Puisque je vous ai pris pour remplir ma famille,
Fiez-vous à mon choix. — Je ne me trompe pas.

SILVIO.

La lumière s'en va de fenêtre en fenêtre.

LAERTE.

L'heure va donc sonner. — Mon fils, viens dans mes bras.

SILVIO.

Elle se perd dans l'ombre, elle va disparaître.

LAERTE.

Ton rôle est bien appris ? Tu n'as rien oublié ?

SILVIO.

La lumière s'éteint.

LAERTE.

Bravo ! l'heure est venue.
Suivons tout doucement le mur de l'avenue.
Allons, mon cavalier, sur la pointe du pied.

Exeunt.

SCÈNE II

UNE TERRASSE.

NINON, NINETTE, en déshabillé.

NINON.

Que fais-tu là si tard, ma petite Ninette?
Il est temps de dormir. — Tu prendras le serein.

NINETTE.

Je regardais la lune en mettant ma cornette.
Que d'étoiles au ciel ! — Il fera beau demain.

NINON.

Tra deri.

NINETTE.

Que dis-tu ?

NINON.

C'est une contredanse.
Tra deri. — Sans amour... Ah ! ma chère romance !

NINETTE.

Va te coucher, Ninon ; je ne saurais dormir.

NINON.

Ma foi, ni moi non plus.

A part.

Il n'aurait qu'à venir.

NINETTE, chantant.

Léonore avait un amant
Qui lui disait : Ma chère enfant...

NINON.

Je crains vraiment pour toi que le froid ne te prenne.

NINETTE.

J'étouffe de chaleur.

A part.

Je tremble qu'il ne vienne.

NINON, continuant la chanson.

Qui lui disait : Ma chère enfant....

NINETTE.

Je crois que son dessein est de coucher ici.

NINON.

On monte l'escalier ; mon Dieu ! si c'était lui !

NINETTE, reprenant.

Léonore avait un amant...

NINON.

Elle ne songe pas à me céder la place.
S'il allait arriver !

NINETTE.

Ma chère sœur, de grâce,
Va-t'en te mettre au lit.

NINON.

Pourquoi ? je suis très bien.
Écoute : — promets-moi que tu n'en diras rien ;
Je vais te confier....

NINETTE.

Il faut que je t'avoue...

NINON.

Jure-moi sur l'honneur...

NINETTE.

Garde-moi le secret.

NINON.

Tiens ; ouvre cette lettre.

NINETTE.

Et toi, lis ce billet.

NINON, lisant.

« Si l'amour peut faire excuser la folie, au nom du ciel, ma belle demoiselle, accordez-moi.... »

NINETTE, lisant.

« Si l'amour peut faire excuser la folie, au nom du ciel, ma chère demoiselle... »

TOUTES LES DEUX A LA FOIS.

Grand Dieu ! le même nom !

NINETTE.

Ma chère, l'on nous joue !

NINON.

Quelle horreur !

NINETTE.

J'en mourrai !

NINON.

Faut-il être effronté !

NINETTE.

Flora me paiera cher pour l'avoir apporté !

NINON.

Ce beau collier sans doute était sa récompense. Hélas !

NINETTE.

Hélas !

NINON.

Ma chère, à présent que j'y pense,
C'est lui qui t'a suivie, hier, au parc anglais.

NINETTE.

C'était lui qui chantait.

NINON.

Tu le sais ?

NINETTE.

J'écoutais.

NINON.

Je le trouvais si beau !

NINETTE.

Je l'avais cru si tendre !

NINON.

Nous lui dirons son fait, ma chère, il faut l'attendre.

NINETTE.

Je veux bien ; restons là.

NINON.

Comment crois-tu qu'il soit?

NINETTE.

Brun, avec de grands yeux. Il n'a pas ce qu'il croit;
Nous allons nous venger de la belle manière.

NINON.

Brun, mais pâle. Je crois que c'est un mousquetaire.
Nous allons joliment lui faire la leçon.

NINETTE.

Bien tourné, la main blanche, et de bonne façon.
C'est un monstre, ma chère, un être abominable!

NINON.

Les dents belles, l'œil vif. — Un monstre véritable.
Quant à moi, je voudrais déjà qu'il fût ici.

NINETTE.

Et le parler si doux! — Je le voudrais aussi.

NINON.

Pour lui en dire deux mots...

NINETTE.

Pour lui pouvoir apprendre....

NINON.

Et l'air si langoureux qu'on pourrait s'y méprendre!...

NINETTE.

Ah! mon Dieu, quelqu'un vient; j'ai cru que c'était lui.

NINON.

C'est lui, c'est lui, ma chère.

Silvio entre, le visage couvert de son manteau et l'épée à la main.

NINETTE, voyant qu'il hésite.

Entrez donc par ici!

Irus entre, l'épée à la main, d'un côté; le duc Laërte de l'autre.

IRUS.

Holà! quel est ce bruit?

LAERTE.

Holà! quel est cet homme?

Laërte et Silvio croisent l'épée.

OEUVRES D'ALFRED DE MUSSET

A QUOI RÊVENT LES JEUNES FILLES.   Page 259.

Bibl. Charpentier.   LIV. 32.

IRUS, s'interposant.
Monsieur, demandez-lui s'il est bon gentilhomme.

LAERTE, donnant dans l'obscurité un coup de plat d'épée à Irus.
Non, non, c'est un voleur !

IRUS, tombant.
Aïe ! aïe ! il m'a tué.

Flora jette par la fenêtre un seau d'eau sur la tête d'Irus.
Au secours ! on m'inonde. Ah ! je suis tout mouillé !

Laerte et Silvio se retirent.

NINON.
Qu'est devenu Silvio ?

NINETTE.
Je ne vois pas mon père.

Elles cherchent et rencontrent Irus.

TOUTES LES DEUX.
A l'assassin ! au meurtre ! un homme est là par terre.

Elles se sauvent.

IRUS, seul, couché.
Oui, oui, n'attendez pas que j'aille me lever ;
Si je disais un mot, ils viendraient m'achever.

Flora entre dans l'obscurité ; elle rencontre Irus, qu'elle prend pour Silvio.

FLORA.
Êtes-vous là, seigneur Silvio ?

IRUS, à part.
Laissons-la croire.
C'est moi ! je suis Silvio.

FLORA, reconnaissant Irus.
Vous avez donc reçu
Quelque coup de rapière ? Entrez dans cette armoire.

Elle le pousse dans une fenêtre ouverte.

NINETTE, rencontrant Silvio au fond du balcon.
Entrez dans cette chambre, ou vous êtes perdu.

Elle l'enferme dans sa chambre.

SCÈNE III

UNE CHAMBRE. — LE POINT DU JOUR.

IRUS, sortant d'une armoire ; SILVIO, d'un cabinet.

IRUS.
Je n'entends plus de bruit.

SILVIO.

    Je ne vois plus personne.

IRUS.

Par la mort-Dieu ! monsieur, que faites-vous ici ?

SILVIO.

C'est une question qui m'appartient aussi.

IRUS.

Ah ! tant que vous voudrez, mais la mienne est bonne.

SILVIO.

Je vous la laisse donc, en n'y répondant pas.

IRUS.

Eh bien ! moi, j'y réponds. — Si j'y suis, c'est ma place.
Ce n'est par par-dessus le mur de la terrasse
Que j'y suis arrivé, comme un larron d'honneur.
J'y suis venu, cordieu ! comme un homme de cœur.
Je ne m'en cache pas.

SILVIO.

    Vous sortez d'une armoire.

IRUS.

S'il faut vous le prouver pour vous y faire croire,
Je suis votre homme, au moins, mon petit-hobereau.

SILVIO.

Je ne suis pas le vôtre, et vous criez trop haut.

Il veut s'en aller.

IRUS.

Par le sang ! par la mort ! mon petit gentilhomme,
Il faut donc vous apprendre à respecter les gens ?
Voilà votre façon de relever les gants !

SILVIO.

Écoutez-moi, monsieur, votre scène m'assomme.
Je ne sais ni pourquoi, ni de quoi vous criez.

IRUS.

C'est qu'il ne fait pas bon me marcher sur les pieds.
Vive Dieu ! savez-vous que je n'en crains pas quatre ?
Palsambleu ! ventrebleu ! je vous avalerais.

SILVIO.

Tenez, mon cher monsieur, allons plutôt nous battre.
Si vous continuiez je vous souffletterais.

IRUS.

Mort-Dieu ! ne croyez pas, au moins, que je balance.

LAERTE, dans la coulisse.

Ninette ! holà, Ninon !

IRUS.

C'est le père. — Silence.
Esquivons-nous, monsieur, nous nous retrouverons.

Il rentre dans son armoire, et Silvio dans le cabinet.

LAERTE.

Ninon ! Ninon !

NINON, entrant.

Mon père, après l'histoire affreuse
Qui s'est passée ici, j'attends tous vos pardons.
Je n'aime plus Silvio. — Je vivrai malheureuse,
Et mon intention est d'épouser Irus.

Elle se jette à genoux.

LAERTE.

Je suis vraiment ravi que vous ne l'aimiez plus.
Quel roman lisiez-vous, Ninon, cette semaine ?

NINETTE, entrant et se jetant à genoux de l'autre côté.

O mon père ! ô mon maître ! après l'horrible scène
Dont cette nuit nos murs ont été les témoins,
A supporter mon sort je mettrai tous mes soins.
Je hais mon séducteur, et je me hais moi-même.
Si vous y consentez, Irus peut m'épouser.

LAERTE.

Je n'ai, mes chers enfants, rien à vous refuser.
Vous m'avez offensé. — Cependant je vous aime,
Et je ne prétends pas m'opposer à vos vœux.
Enfermez-vous chez vous. — Ce soir, à la veillée,
Vous trouverez en bas la famille assemblée.
Comme vous ne pouvez l'épouser toutes deux,
Irus fera son choix. Tâchons donc d'être belles ;
Il n'est point ici-bas de douleurs éternelles.
Allez, retirez-vous.

Il sort. Ninon et Ninette le suivent.

SCÈNE IV
IRUS, ouvrant l'armoire; SILVIO.

IRUS.

Vous avez entendu ?

SILVIO.

A merveille, monsieur, et je suis confondu.
Laquelle prendrez-vous ?

IRUS.

Je ne rends point de compte.

SILVIO.

Vous daignerez me dire, au moins, monsieur le comte,
Laquelle des deux sœurs il me reste à fléchir.

IRUS.

Je n'en sais rien, monsieur, laissez-moi réfléchir.

SILVIO.

Ninette vous plaisait davantage, il me semble.

IRUS.

Vous l'avez dit. Je crois que je la préférais.

SILVIO.

Fort bien. Maintenant donc allons nous battre ensemble.

IRUS.

Je vous ai dit, monsieur, que je réfléchirais.

Ils sortent.

SCÈNE V
LE JARDIN.

LAERTE, seul.

Mon Dieu ! tu m'as béni. — Tu m'as donné deux filles.
Autour de mon trésor je n'ai jamais veillé.
Tu me l'avais donné, — je te l'ai confié.
Je ne suis point venu sur les barreaux des grilles
Briser les ailes d'or de leur virginité.

J'ai laissé dans leur sein fleurir ta volonté.
La vigilance humaine est une triste affaire.
C'est la tienne, ô mon Dieu ! qui n'a jamais dormi.
Mes enfants sont à toi ; je leur savais un père,
J'ai voulu seulement leur donner un ami ; —
Tu les as vu grandir, — tu les as faites belles.
De leurs bras enfantins, comme deux sœurs fidèles,
Elles ont entouré leur frère à cheveux blancs ;
Aux forces du vieillard leur sève s'est unie,
Ces deux fardeaux si doux suspendus à sa vie
Le font vers son tombeau marcher à pas plus lents.
  La nature aujourd'hui leur ouvre son mystère.
Ces beaux fruits en tombant vont perdre la poussière
Qui dorait au soleil leur contour velouté.
L'amour va déflorer leurs tiges chancelantes.
Je te livre, ô mon Dieu ! ces deux herbes tremblantes.
Donne-leur le bonheur, si je l'ai mérité.
<small>On entend deux coups de pistolet.</small>
Qui se bat par ici ? Quel est donc ce tapage ?
<small>Irus entre la tête enveloppée de son mouchoir, Spadille portant son chapeau, et Quinola sa perruque</small>
Que diantre faites-vous dans ce sot équipage,
Mon neveu ?

IRUS.

Je suis mort. Il vient de me viser.

LAERTE.

Il était bien matin, Irus, pour vous griser.

IRUS.

Regardez mon chapeau, vous y verrez sa balle.

LAERTE.

Alors votre chapeau se meurt, mais non pas vous.
<small>Entrent Ninon et Ninette, toutes deux vêtues en religieuses.</small>
Que nous veut à présent cet habit de vestale ?
Sommes-nous par hasard à l'hôpital des fous ?

NINON.

Mon père, permettez à deux infortunées
D'aller finir leurs jours dans le fond d'un couvent.

LAERTE.

Ah ! voilà ce matin par où souffle le vent ?

NINETTE.

Mon père et mon seigneur, vos filles sont damnées ;
Elles n'auront jamais que leur Dieu pour époux.

LAERTE.

Voyez, mon cher Irus, jusqu'où va votre empire.
On prend toujours le mal pour éviter le pire.
Mes filles aiment mieux épouser Dieu que vous.
Levez-vous, mes enfants ; — je suis ravi, du reste,
De voir que vous aimez Silvio toutes les deux.
Rentrez chez moi. — Ce jour doit être un jour heureux,
Et vous, mon cher garçon, allez changer de veste.

IRUS.

Ai-je du sang sur moi ? Mon oreille me cuit.

SPADILLE.

Oui, monsieur.

QUINOLA.

Non, monsieur.

IRUS.

Je me suis bien conduit.

Exeunt.

SCÈNE VI

LA TERRASSE.

NINON, SILVIO, sur un banc.

SILVIO.

Écoutez-moi, Ninon, je ne suis point coupable.
Oubliez un roman où rien n'est véritable
Que l'amour de mon cœur, dont je me sens pâmer.

NINON.

Taisez-vous ; — j'ai promis de ne pas vous aimer.

SILVIO.

Flora seule a tout fait par une maladresse.
Les billets d'hier soir portaient la même adresse.
C'est en les envoyant que je me suis trompé ;
Le nom de votre sœur sous ma plume est tombé.

Le vôtre de si près, comme vous, lui ressemble.
La main n'est pas bien sûre, hélas ! quand le cœur tremble,
Et je tremblais ; — je suis un enfant comme vous.

NINON.

De quoi pouvaient servir ces deux lettres pareilles ?
Je vous écouterais de toutes mes oreilles,
Si vous ne mentiez pas avec ces mots si doux.

SILVIO.

Je vous aime, Ninon, je vous aime à genoux.

NINON.

On relit un billet, monsieur, quand on l'envoie.
Quand on le recopie, on jette le brouillon.
Ce n'est pas malaisé de bien écrire un nom.
Mais comment voulez-vous, Silvio, que je vous croie ?
Vous ne répondez rien.

SILVIO.

Je vous aime, Ninon.

NINON.

Lorsqu'on n'est pas coupable, on sait bien se défendre.
Quand vous chantiez hier de cette voix si tendre,
Vous saviez bien mon nom, je l'ai bien entendu.
Et ce baiser du parc que ma sœur a reçu,
Aviez-vous oublié d'y mettre aussi l'adresse ?
Regardez donc, monsieur, quelle scélératesse !
Chanter sous mon balcon en embrassant ma sœur !

SILVIO.

Je vous aime, Ninon, comme voilà mon cœur.
Vos yeux sont de cristal, — vos lèvres sont vermeilles
Comme ce ciel de pourpre autour de l'occident.
Je vous trompais hier, vous m'aimiez cependant.

NINON.

Que voulez-vous qu'on dise à des raisons pareilles ?

SILVIO.

Votre taille flexible est comme un palmier vert ;
Vos cheveux sont légers comme la cendre fine
Qui voltige au soleil autour d'un feu d'hiver.
Ils frémissent au vent comme la balsamine ;

NAMOUNA. Page 260.

Bibl. Charpentier.

LIV. 33.

Sur votre front d'ivoire ils courent en glissant,
Comme une huile craintive au bord d'un lac d'argent.
Vos yeux sont transparents comme l'ambre fluide
Au bord du Niémen ; — leur regard est limpide
Comme une goutte d'eau sur la grenade en fleurs.

NINON.

Les vôtres, mon ami, sont inondés de pleurs.

SILVIO.

Le son de votre voix est comme un bon génie
Qui porte dans ses mains un vase plein de miel.
Toute votre nature est comme une harmonie ;
Le bonheur vient de vous, comme il vous vient du ciel.
Laissez-moi seulement baiser votre chaussure ;
Laissez-moi me repaître et m'ouvrir ma blessure.
Ne vous détournez pas ; laissez-moi vos beaux yeux.
N'épousez pas Irus, je serai bien heureux.
Laissez-moi rester là près de vous, en silence,
La main dans votre main passer mon existence
A sentir jour par jour mon cœur se consumer...

NINON.

Taisez-vous ; — j'ai promis de ne pas vous aimer.

SCÈNE VII

UN SALON.

LE DUC LAERTE, assis sur une estrade ; IRUS, à sa droite, en habit cramoisi et l'épée à la main ; SILVIO à sa gauche ; SPADILLE, QUINOLA, debout.

LAERTE.

Me voici sur mon trône assis comme un grand juge.
L'innocence à mes pieds peut chercher un refuge.
Irus est le bourreau, Silvio le confesseur.
Nous sommes justiciers de l'honneur des familles.
Chambellan Quinola, faites venir mes filles.

Ninon et Ninette entrent, habillées en bergères.

NINON.

C'est en mon nom, grand duc, comme au nom de ma sœur,
Que je viens déclarer à votre seigneurie

L'immuable dessein que nous avons formé.

LAERTE.

Voilà l'habit claustral galamment transformé.

NINETTE.

Nous vivrons loin du monde, au fond d'une prairie,
A garder nos moutons sur le bord des ruisseaux.
Nous filerons la laine ainsi que vos vassaux,
Nous renonçons au monde, au bien de notre mère.
Il nous suffit, seigneur, qu'une juste colère
Vous ait donné le droit d'oublier vos enfants.

LAERTE.

Vous viendrez, n'est-ce pas, dîner de temps en temps?

NINETTE.

Nous vous demanderons un éternel silence.
Si notre séducteur vous brave et vous offense,
Notre avis, monseigneur, est d'en écrire au roi.

LAERTE.

Le roi, si j'écrivais, me répondrait, je crois,
Que nous sommes bien loin, et qu'il est en affaire.
Tout ce que je puis donc, c'est d'en écrire au maire,
Et c'est ce que j'ai fait, car il soupe avec nous.

Il entre un maire et un notaire.

A Ninon.

Allons, mon Angélique, embrassez votre époux.

A Ninette.

Il ne s'en ira point, ne pleurez pas, Ninette.
Embrassez votre frère, il est aussi le mien.

A Irus.

Et vous, mon cher Irus, ne baissez point la tête ;
Soyez heureux aussi ; — votre habit vous va bien.

Septembre 1832.

NAMOUNA

CONTE ORIENTAL

CHANT PREMIER

> Une femme est comme votre ombre : courez après, elle vous fuit ; fuyez-la, elle court après vous.

I

Le sofa sur lequel Hassan était couché
Était dans son espèce une admirable chose.
Il était de peau d'ours, — mais d'un ours bien léché :
Moelleux comme une chatte, et frais comme une rose.
Hassan avait d'ailleurs une très noble pose,
Il était nu comme Ève à son premier péché.

II

Quoi ! tout nu ! dira-t-on, n'avait-il pas de honte ?
Nu, dès le second mot ! — Que sera-ce à la fin ? —
Monsieur, excusez-moi, — je commence ce conte
Juste quand mon héros vient de sortir du bain.
Je demande pour lui l'indulgence, et j'y compte.
Hassan était donc nu, — mais nu comme la main, —

III

Nu comme un plat d'argent, — nu comme un mur d'église,
Nu comme le discours d'un académicien.
Ma lectrice rougit, et je la scandalise.
Mais comment se fait-il, madame, que l'on dise
Que vous avez la jambe et la poitrine bien ?
Comment le dirait-on, si l'on n'en savait rien ?

IV

Madame alléguera qu'elle monte en berline ;
Qu'elle a passé les ponts quand il faisait du vent ;
Que lorsqu'on voit le pied, la jambe se devine ;
Et tout le monde sait qu'elle a le pied charmant.
Mais moi qui ne suis pas du monde, j'imagine
Qu'elle aura trop aimé quelque indiscret amant.

V

Et quel crime est-ce donc de se mettre à son aise,
Quand on est tendrement aimée, — et qu'il fait chaud?
On est si bien tout nu dans une large chaise!
Croyez-m'en, belle dame, et, ne vous en déplaise,
Si vous m'apparteniez, vous y seriez bientôt.
Vous en crieriez sans doute un peu, — mais pas bien haut.

VI

Dans un objet aimé qu'est-ce donc que l'on aime?
Est-ce du taffetas ou du papier gommé?
Est-ce un bracelet d'or, un peigne parfumé?
Non, — ce qu'on aime en vous, madame, c'est vous-même.
La parure est une arme, et le bonheur suprême,
Après qu'on a vaincu, c'est d'avoir désarmé.

VII

Tout est nu sur la terre, hormis l'hypocrisie;
Tout est nu dans les cieux, tout est nu dans la vie,
Les tombeaux, les enfants et les divinités,
Tous les cœurs vraiment beaux laissent voir leurs beautés.
Ainsi donc le héros de cette comédie
Restera nu, madame, — et vous y consentez.

VIII

Un silence parfait règne dans cette histoire,
Sur les bras du jeune homme et sur ses pieds d'ivoire.
La naïade aux yeux verts pleurait en le quittant.
On entendait à peine au fond de la baignoire
Glisser l'eau fugitive, et d'instant en instant
Les robinets d'airain chanter en s'égouttant.

IX

Le soleil se couchait; — on était en septembre:
Un triste mois chez nous, — mais un mois sans pareil
Chez ces peuples dorés qu'a bénis le soleil.
Hassan poussa du pied la porte de la chambre.
Heureux homme! — il fumait de l'opium dans l'ambre,
Et, vivant sans remords, il aimait le sommeil.

X

Bien qu'il ne s'élevât qu'à quelques pieds de terre,
Hassan était peut-être un homme à caractère ;
Il ne le montrait pas, n'en ayant pas besoin.
Sa petite médaille annonçait un bon coin.
Il était très bien pris ; on eût dit que sa mère
L'avait fait tout petit pour le faire avec soin.

XI

Il était indolent, et très opiniâtre ;
Bien cambré, bien lavé, le visage olivâtre,
Des mains de patricien, — l'aspect fier et nerveux,
La barbe et les sourcils très noirs, — un corps d'albâtre.
Ce qu'il avait de beau surtout, c'étaient les yeux.
Je ne vous dirai pas un mot de ses cheveux ;

XII

C'est une vanité qu'on rase en Tartarie.
Ce pays-là pourtant n'était pas sa patrie.
Il était renégat, — Français de nation, —
Riche aujourd'hui, jadis chevalier d'industrie,
Il avait dans la mer jeté comme un haillon
Son titre, sa famille et sa religion.

XIII

Il était très joyeux, et pourtant très maussade,
Détestable voisin, — excellent camarade,
Extrêmement futile, — et pourtant très posé,
Indignement naïf, — et pourtant très blasé,
Horriblement sincère, — et pourtant très rusé.
Vous souvient-il, lecteur, de cette sérénade

XIV

Que don Juan déguisé chante sous un balcon ?
— Une mélancolique et piteuse chanson,
Respirant la douleur, l'amour et la tristesse.
Mais l'accompagnement parle d'un autre ton.
Comme il est vif, joyeux ! avec quelle prestesse
Il sautille ! — On dirait que la chanson caresse

XV

Et couvre de langueur le perfide instrument,
Tandis que l'air moqueur de l'accompagnement
Tourne en dérision la chanson elle-même,
Et semble la railler d'aller si tristement.
Tout cela cependant fait un plaisir extrême.
C'est que tout en est vrai, — c'est qu'on trompe et qu'on aime.

XVI

C'est qu'on pleure en riant ; — c'est qu'on est innocent
Et coupable à la fois ; — c'est qu'on se croit parjure
Lorsqu'on n'est qu'abusé ; c'est qu'on verse le sang
Avec des mains sans tache, et que notre nature
A de mal et de bien pétri sa créature :
Tel est le monde, hélas ! et tel était Hassan.

XVII

C'était un bon enfant dans la force du terme ;
Très bon — et très enfant ; — mais quand il avait dit
« Je veux que cela soit, » il était comme un terme.
Il changeait de dessein comme on change d'habit ;
Mais il fallait toujours que le dernier se fit.
C'était un océan devenu terre ferme.

XVIII

Bizarrerie étrange ! avec ses goûts changeants,
Il ne pouvait souffrir rien d'extraordinaire.
Il n'aurait pas marché sur une mouche à terre ;
Mais s'il l'avait trouvée à dîner dans son verre,
Il aurait assommé quatre ou cinq de ses gens. —
Parlez après cela des bons et des méchants !

XIX

Venez après cela crier d'un ton de maître
Que c'est le cœur humain qu'un auteur doit connaître !
Toujours le cœur humain pour modèle et pour loi.
Le cœur humain de qui ? le cœur humain de quoi ?
Celui de mon voisin a sa manière d'être ;
Mais, morbleu ! comme lui, j'ai mon cœur humain, moi.

XX

Cette vie est à tous, et celle que je mène,
Quand le diable y serait, est une vie humaine.
« Alors, me dira-t-on, c'est vous que vous peignez,
Vous êtes le héros, vous vous mettez en scène. »
— Pas du tout, — cher lecteur, — je prends à l'un le nez,
— A l'autre, le talon, — à l'autre, — devinez.

XXI

« En ce cas, vous créez un monstre, une chimère,
Vous faites un enfant qui n'aura point de père. »
— Point de père, grand Dieu ! quand, comme Trissotin,
J'en suis chez mon libraire accouché ce matin !
D'ailleurs *is pater est quem nuptiæ*... j'espère
Que vous m'épargnerez de vous parler latin.

XXII

Consultez les experts, le moderne et l'antique ;
On est, dit Brid'oison, toujours fils de quelqu'un.
Que l'on fasse, après tout, un enfant blond ou brun,
Pulmonique ou bossu, borgne ou paralytique,
C'est déjà très joli quand on en a fait un ;
Et le mien a pour lui qu'il n'est point historique.

XXIII

Considérez aussi que je n'ai rien volé
A la Bibliothèque ; — et bien que cette histoire
Se passe en Orient, je n'en ai point parlé.
Il est vrai que, pour moi, je n'y suis point allé.
Mais c'est si grand, si loin ! — Avec de la mémoire
On se tire de tout : — allez voir pour y croire.

XXIV

Si d'un coup de pinceau je vous avais bâti
Quelque ville *aux toits bleus*, quelque *blanche* mosquée,
Quelque tirade en vers, d'or et d'argent plaquée,
Quelque description de minarets flanquée,
Avec l'horizon *rouge* et le ciel assorti,
M'auriez-vous répondu : « Vous en avez menti ? »

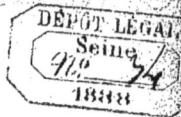

NAMOUNA.   Page 272.

Bibl. Charpentier.   LIV. 34.

XXV

Je vous dis tout cela, lecteur, pour qu'en échange
Vous me fassiez aussi quelque concession.
J'ai peur que mon héros ne vous paraisse étrange ;
Car l'étrange, à vrai dire, était sa passion.
« Mais, madame, après tout, je ne suis pas un ange. »
Et qui l'est ici-bas ? — Tartuffe a bien raison.

XXVI

Hassan était un être impossible à décrire.
C'est en vain qu'avec lui je voudrais vous lier.
Son cœur est un logis qui n'a plus d'escalier.
Ses intimes amis ne savaient trop qu'en dire,
Parler est trop facile, et c'est trop long d'écrire ;
Ses secrets sentiments restaient sur l'oreiller.

XXVII

Il n'avait ni parents, ni guenon, ni maîtresse.
Rien d'ordinaire en lui, — rien qui le rattachât
Au commun des martyrs, — pas un chien, pas un chat.
Il faut cependant bien que je vous intéresse
A mon pauvre héros, — dire qu'il est pacha,
C'est un moyen usé, c'est une maladresse.

XXVIII

Dire qu'il est grognon, sombre et mystérieux,
Ce n'est pas vrai d'abord, et c'est encor plus vieux.
Dire qu'il me plaît fort, cela n'importe guère.
C'est tout simple d'ailleurs, puisque je suis son père.
Dire qu'il est gentil comme un cœur, c'est vulgaire.
J'ai déjà dit là-haut qu'il avait de beaux yeux.

XXIX

Dire qu'il n'avait peur ni de Dieu ni du diable,
C'est chanceux d'une part, et de l'autre immoral.
Dire qu'il vous plaira, ce n'est pas vraisemblable.
Ne rien dire du tout, cela vous est égal.
Je me contente donc du seul terme passable
Qui puisse l'excuser : — c'est un original.

XXX

Plût à Dieu, qui peut tout, que cela pût suffire
A le justifier de ce que j'en vais dire !
Il le faut cependant, — le vrai seul est ma loi.
Au fait, s'il agit mal, on pourrait rêver pire. —
Ma foi, tant pis pour lui : — je ne vois pas pourquoi
Les sottises d'Hassan retomberaient sur moi.

XXXI

D'ailleurs on verra bien, si peu qu'on me connaisse,
Que mon héros de moi diffère entièrement.
J'ai des prétentions à la délicatesse ;
Quand il m'est arrivé d'avoir une maîtresse,
Je me suis comporté très pacifiquement.
En honneur devant Dieu, je ne sais pas comment

XXXII

J'ai pu, tel que je suis, entamer cette histoire,
Pleine, telle qu'elle est, d'une atrocité noire.
C'est au point maintenant que je me sens tenté
De l'abandonner là pour ma plus grande gloire,
Et que je brûlerais mon œuvre, en vérité,
Si ce n'était respect pour la postérité.

XXXIII

Je disais donc qu'Hassan était natif de France.
Mais je ne disais pas par quelle extravagance
Il en était venu jusqu'à croire, à vingt ans,
Qu'une femme ici-bas n'était qu'un passe-temps.
Quand il en rencontrait une à sa convenance,
S'il la gardait huit jours, c'était déjà longtemps.

XXXIV

On sent l'absurdité d'un semblable système,
Puisqu'il est avéré que, lorsqu'on dit qu'on aime,
On dit en même temps qu'on aimera toujours, —
Et qu'on n'a jamais vu ni rois ni troubadours
Jurer à leurs beautés de les aimer huit jours.
Mais cet enfant gâté ne vivait que de crème.

XXXV

« Je sais bien, disait-il un jour qu'on en parlait,
Que les trois quarts du temps ma crème a le goût d'aigre.
Nous avons sur ce point un siècle de vinaigre,
Où c'est déjà beaucoup que de trouver du lait.
Mais toute servitude en amour me déplaît.
J'aimerais mieux, je crois, être le chien d'un nègre,

XXXVI

Ou mourir sous le fouet comme un cheval rétif,
Que de craindre une jupe, et d'avoir pour maîtresse
Un de ces beaux geôliers, au regard attentif,
Qui, d'un pas mesuré marchant sur la souplesse,
Du haut de leurs yeux bleus vous promènent en laisse.
Un bâton de noyer, au moins, c'est positif.

XXXVII

On connaît son affaire, — on sait à quoi s'attendre ;
On se frotte le dos, — on s'y fait par degré.
Mais vivre ensorcelé sous un ruban doré !
Boire du lait sucré dans un maillot vert tendre !
N'avoir à son cachot qu'un mur si délabré,
Qu'on ne s'y saurait même accrocher pour s'y pendre !

XXXVIII

Ajoutez à cela que, pour comble d'horreur,
La femme la plus sèche et la moins malhonnête
Au bout de mes huit jours trouvera dans sa tête,
Ou dans quelque recoin oublié de son cœur,
Un amant qui jadis lui faisait plus d'honneur,
Un cœur plus expansif, une jambe mieux faite,

XXXIX

Plus de douceur dans l'âme ou de nerfs dans les bras. »
— Je rappelle au lecteur qu'ici comme là-bas
C'est mon héros qui parle, et je mourrais de honte
S'il croyait un instant que ce que je raconte
Ici plus que jamais ne me révolte pas.
« Or donc, disait Hassan, plus la rupture est prompte,

XL

Plus mes petits talents gardent de leur fraîcheur.
C'est la satiété qui calcule et qui pense.
Tant qu'un grain d'amitié reste dans la balance,
Le souvenir souffrant s'attache à l'espérance,
Comme un enfant malade aux lèvres de sa sœur.
L'esprit n'y voit pas clair avec les yeux du cœur.

XLI

Le dégoût, c'est la haine — et quel motif de haine
Pourrais-je soulever? — pourquoi m'en voudrait-on?
Une femme dira qu'elle pleure : — et moi donc!
Je pleure horriblement! — je me soutiens à peine;
Que dis-je, malheureux! il faut qu'on me soutienne.
Je n'ose même pas demander mon pardon.

XLII

Je me prive du corps, mais je conserve l'âme.
Il est vrai, dira-t-on, qu'il est plus d'une femme
Près de qui l'on ne fait, avec un tel moyen,
Que se priver de tout et ne conserver rien.
Mais c'est un pur mensonge, un calembour infâme,
Qui ne mordra jamais sur un homme de bien. »

XLIII

Voilà ce que disait Hassan pour sa défense.
Bien entendu qu'alors tout se passait en France,
Du temps que sur l'oreille il avait ce bonnet
Qui fit à son départ une si belle danse
Par-dessus les moulins. Du reste, s'il tenait
A son raisonnement, c'est qu'il le comprenait.

XLIV

Bien qu'il traitât l'amour d'après un catéchisme,
Et qu'il mît tous ses soins à dorer son sophisme,
Hassan avait des nerfs qu'il ne pouvait railler.
Chez lui la jouissance était un paroxysme
Vraiment inconcevable, et fait pour effrayer :
Non pas qu'on l'entendît ni pleurer ni crier.

XLV

Un léger tremblement, — une pâleur extrême, —
Une convulsion de la gorge, — un blasphème,
Quelques mots sans raison balbutiés tout bas,
C'est tout ce qu'on voyait ; — sa maîtresse elle-même
N'en sentait rien, sinon qu'il restait dans ses bras
Sans haleine et sans force, et ne répondait pas.

XLVI

Mais à cette bizarre et ridicule ivresse
Succédait d'ordinaire un tel enchantement
Qu'il commençait d'abord par faire à sa maîtresse
Mille et un madrigaux, le tout très lourdement ;
Il devenait tout miel, tout sucre et tout caresse.
Il eût communié dans un pareil moment.

XLVII

Il n'existait alors secret ni confidence
Qui pût y résister. — Tout partait, tout roulait ;
Tous les épanchements du monde entraient en danse.
Illusions, soucis, gloire, amour, espérance ;
Jamais confessionnal ne vit de chapelet
Comparable en longueur à ceux qu'il défilait.

XLVIII

Ah ! c'est un grand malheur, quand on a le cœur tendre,
Que ce lien de fer que la nature a mis
Entre l'âme et le corps, ces frères ennemis !
Ce qui m'étonne, moi, c'est que Dieu l'ait permis.
Voilà le nœud gordien qu'il fallait qu'Alexandre
Rompît de son épée, et réduisît en cendre.

XLIX

L'âme et le corps, hélas ! ils iront deux à deux,
Tant que le monde ira, — pas à pas, — côte à côte, —
Comme s'en vont les vers classiques et les bœufs.
L'un disant : « Tu fais mal ! » et l'autre : « C'est ta faute. »
Ah ! misérable hôtesse, et plus misérable hôte !
Ce n'est vraiment pas vrai que tout soit pour le mieux.

L

Et la preuve, lecteur, la preuve irrécusable
Que ce monde est mauvais, c'est que, pour y rester,
Il a fallu s'en faire un autre, et l'inventer.
Un autre ! — monde étrange, absurde, inhabitable,
Et qui, pour valoir mieux que le seul véritable,
N'a pas même un instant eu besoin d'exister.

LI

Oui, oui, n'en doutez pas, c'est un plaisir perfide
Que d'enivrer son âme avec le vin des sens ;
Que de baiser au front la volupté timide,
Et de laisser tomber, comme la jeune Elfride,
La clef d'or de son cœur dans les eaux des torrents.
Heureux celui qui met, dans de pareils moments,

LII

Comme ce vieux vizir qui gardait sa sultane,
La lame de son sabre entre une femme et lui !
Heureux l'autel impur qui n'a pas de profane !
Heureux l'homme indolent pour qui tout est fini
Quand le plaisir s'émousse, et que la courtisane
N'a jamais vu pleurer après qu'il avait ri !

LIII

Ah ! l'abîme est si grand ! la pente est si glissante !
Une maîtresse aimée est si près d'une sœur !
Elle vient si souvent, plaintive et caressante,
Poser, en chuchotant, son cœur sur votre cœur !
L'homme est si faible alors ! la femme est si puissante !
Le chemin est si doux du plaisir au bonheur !

LIV

Pauvres gens que nous tous ! — Et celui qui se livre,
De ce qu'il aura fait doit tôt ou tard gémir !
La coupe est là, brûlante, — et celui qui s'enivre
Doit rire de pitié s'il ne veut pas frémir !
Voilà le train du monde, et ceux qui savent vivre
Vous diront à cela qu'il valait mieux dormir.

LV

Oui, dormir — et rêver ! — Ah ! que la vie est belle,
Quand un rêve divin fait sur sa nudité
Pleuvoir les rayons d'or de son prisme enchanté !
Frais comme la rosée, et fils du ciel comme elle !
Jeune oiseau de la nuit, qui, sans mouiller son aile,
Voltige sur les mers de la réalité !

LVI

Ah ! si la rêverie était toujours possible !
Et si le somnambule, en étendant la main,
Ne trouvait pas toujours la nature inflexible
Qui lui heurte le front contre un pilier d'airain !
Si l'on pouvait se faire une armure insensible !
Si l'on rassasiait l'amour comme la faim !

LVII

Pourquoi Manon Lescaut, dès la première scène,
Est-elle si vivante et si vraiment humaine,
Qu'il semble qu'on l'a vue, et que c'est un portrait ?
Et pourquoi l'Héloïse est-elle une ombre vaine
Qu'on aime sans y croire, et que nul ne connaît ?
Ah ! rêveurs, ah ! rêveurs, que vous avons-nous fait ?

LVIII

Pourquoi promenez-vous ces spectres de lumière
Devant le rideau noir de nos nuits sans sommeil,
Puisqu'il faut qu'ici-bas tout songe ait son réveil,
Et puisque le désir se sent cloué sur terre,
Comme un aigle blessé qui meurt dans la poussière,
L'aile ouverte, et les yeux fixés sur le soleil ?

LIX

Manon ! sphinx étonnant ! véritable sirène !
Cœur trois fois féminin, Cléopâtre en paniers !
Quoi qu'on dise ou qu'on fasse, et bien qu'à Sainte-Hélène
On ait trouvé ton livre écrit pour des portiers,
Tu n'en es pas moins vraie, infâme, et Cléomène[1]
N'est pas digne, à mon sens, de te baiser les pieds.

---

1. Sculpteur grec à qui l'on attribue la Vénus.

NAMOUNA. Page 274.

LX

Tu m'amuses autant que Tiberge m'ennuie.
Comme je crois en toi ! que je t'aime et te hais !
Quelle perversité ! quelle ardeur inouïe
Pour l'or et le plaisir ! Comme toute la vie
Est dans tes moindres mots ! Ah ! folle que tu es !
Comme je t'aimerais demain, si tu vivais !

LXI

En vérité, lecteur, je crois que je radote.
Si tout ce que je dis vient à propos de botte,
Comment goûteras-tu ce que je dis de bon ?
J'ai fait un hiatus indigne de pardon ;
Je compte là-dessus rédiger une note.
J'en suis donc à te dire... Où diable en suis-je donc ?

LXII

M'y voilà. — Je disais qu'Hassan, près d'une femme,
Était très expansif, il voulait tout ou rien.
Je confesse, pour moi, que je ne sais pas bien
Comment on peut donner le corps sans donner l'âme,
L'un étant la fumée, et l'autre étant la flamme.
Je ne sais pas non plus s'il était bon chrétien ;

LXIII

Je ne sais même pas quelle était sa croyance,
Ni quel secret si tendre il avait confié,
Ni de quelle façon, quand il était en France,
Ses maîtresses d'un jour l'avaient mystifié,
Ni ce qu'il en pensait, — ni quelle extravagance
L'avait fait blasphémer l'amour et l'amitié.

LXIV

Mais enfin, certain soir qu'il ne savait que faire,
Se trouvant mal en train vis-à-vis de son verre,
Pour tuer un quart d'heure il prit monsieur Galland.
Dieu voulut qu'il y vît comme quoi le sultan
Envoyait tous les jours une sultane en terre,
Et ce fut là-dessus qu'il se fit musulman.

LXV

Tous les premiers du mois un juif aux mains crochues
Amenait chez Hassan deux jeunes filles nues.
Tous les derniers du mois on leur donnait un bain,
Un déjeuner, un voile, un sequin dans la main,
Et puis on les priait d'aller courir les rues.
Système assurément qui n'a rien d'inhumain.

LXVI

C'était ainsi qu'Hassan, quatre fois par semaine,
Abandonnait son âme au doux plaisir d'aimer.
Ne sachant pas le turc, il se livrait sans peine :
A son aise en français il pouvait se pâmer.
Le lendemain, bonsoir. — Une vieille Égyptienne
Venait ouvrir la porte au maître, et la fermer.

LXVII

Ceci pourra sembler fort extraordinaire,
Et j'en sais qui riront d'un système pareil.
Mais il paraît qu'Hassan se croyait, au contraire,
L'homme le plus heureux qui fût sous le soleil.
Ainsi donc, pour l'instant, lecteur, laissons-le faire.
Le voilà, tel qu'il est, attendant le sommeil.

LXVIII

Le sommeil ne vint pas, — mais cette douce ivresse
Qui semble être sa sœur, ou plutôt sa maîtresse ;
Qui, sans fermer les yeux, ouvre l'âme à l'oubli ;
Cette ivresse du cœur, si douce à la paresse
Que, lorsqu'elle vous quitte, on croit qu'on a dormi ;
Pâle comme Morphée, et plus belle que lui.

LXIX

C'est le sommeil de l'âme, et non du corps. — On fume,
On se remue, on bâille, et cependant on dort.
On se sent très bien vivre, et pourtant on est mort.
On ne parlerait pas d'amour, mais je présume
Que l'on serait capable, avec un peu d'effort...
Je crois qu'une sottise est au bout de ma plume.

LXX

Avez-vous jamais vu, dans le creux d'un ravin,
Un bon gros vieux faisan, qui se frotte le ventre,
S'arrondir au soleil, et ronfler comme un chantre?
Tous les points de sa boule aspirent vers le centre.
On dirait qu'il rumine, ou qu'il cuve du vin,
Enfin, quoi qu'il en soit, c'est un état divin.

LXXI

Lecteur, si tu t'en vas jamais en Terre sainte,
Regarde sous tes pieds : tu verras des heureux.
Ce sont de vieux fumeurs qui dorment dans l'enceinte
Où s'élevait jadis la cité des Hébreux.
Ces gens-là savent seuls vivre et mourir sans plainte :
Ce sont des mendiants qu'on prendrait pour des dieux.

LXXII

Ils parlent rarement, — ils sont assis par terre,
Nus, ou déguenillés, le front sur une pierre,
N'ayant ni sous ni poche, et ne pensant à rien.
Ne les réveille pas : ils t'appelleraient chien.
Ne les écrase pas : ils te laisseraient faire.
Ne les méprise pas : car ils te valent bien.

LXXIII

C'est le point capital du mahométanisme
De mettre le bonheur dans la stupidité.
Que n'en est-il ainsi dans le christianisme!
J'en citerais plus d'un qui l'aurait mérité,
Et qui mourrait heureux sans s'en être douté!
Diable! j'ai du malheur, — encor un barbarisme!

LXXIV

On dit mahométisme, et j'en suis bien fâché.
Il fallait me lever pour prendre un dictionnaire
Et j'avais fait mon vers avant d'avoir cherché.
Je me suis retourné, — ma plume était par terre;
J'avais marché dessus, j'ai soufflé de colère
Ma bougie et ma verve, et je me suis couché.

LXXV

Tu vois, ami lecteur, jusqu'où va ma franchise.
Mon héros est tout nu, — moi je suis en chemise.
Je pousse la candeur jusqu'à l'entretenir
D'un chagrin domestique. — Où voulais-je en venir?
Je ne sais vraiment pas comment je vais finir.
Je suis comme Énéas portant son père Anchise.

LXXVI

Énéas s'essoufflait et marchait à grands pas.
Sa femme à chaque instant demeurait en arrière.
« Créuse, disait-il, pourquoi ne viens-tu pas? »
Créuse répondait : « Je mets ma jarretière.
— Mets-la donc, et suis-nous, répondait Énéas.
Je vais, si tu ne viens, laisser tomber mon père. »

LXXVII

Lecteur, nous allons voir si tu comprends ceci :
Anchise est mon poème; et, ma femme Créuse
Qui va toujours traînant en chemin, c'est ma muse.
Elle s'en va là-bas quand je la crois ici.
Une pierre l'arrête, un papillon l'amuse.
Quand arriverons-nous, si nous marchons ainsi?

LXXVIII

Énéas, d'une part, a besoin de sa femme;
Sans elle, à dire vrai, ce n'est qu'un corps sans âme.
Anchise, d'autre part, est horriblement lourd.
Le troisième péril, c'est que Troie est en flamme.
Mais, dès qu'Anchise grogne ou que sa femme court,
Énéas est forcé de s'arrêter tout court.

CHANT DEUXIÈME

> Qu'est-ce que l'amour? L'échange de deux
> fantaisies et le contact de deux épidermes.
> CHAMFORT.

I

Eh bien! en vérité, les sots auront beau dire,
Quand on n'a pas d'argent, c'est amusant d'écrire.

Si c'est un passe-temps pour se désennuyer,
Il vaut bien la bouillotte ; et si c'est un métier,
Peut-être qu'après tout ce n'en est pas un pire
Que fille entretenue, avocat ou portier.

II

J'aime surtout les vers, cette langue immortelle.
C'est peut-être un blasphème, et je le dis tout bas ;
Mais je l'aime à la rage. Elle a cela pour elle
Que les sots d'aucun temps n'en ont pu faire cas,
Qu'elle nous vient de Dieu, — qu'elle est limpide et belle,
Que le monde l'entend et ne la parle pas.

III

Eh bien ! sachez-le donc, vous qui voulez sans cesse
Mettre votre scalpel dans un couteau de bois ;
Vous qui cherchez l'auteur à de certains endroits,
Comme un amant heureux cherche, dans son ivresse,
Sur un billet d'amour les pleurs de sa maîtresse,
Et rêve, en le lisant, au doux son de sa voix ;

IV

Sachez-le, — c'est le cœur qui parle et qui soupire
Lorsque la main écrit, — c'est le cœur qui se fond ;
C'est le cœur qui s'étend, se découvre et respire,
Comme un gai pèlerin sur le sommet d'un mont.
Et puissiez-vous trouver, quand vous en voudrez rire,
A dépecer nos vers le plaisir qu'ils nous font !

V

Qu'importe leur valeur ? la muse est toujours belle,
Même pour l'insensé, même pour l'impuissant ;
Car sa beauté pour nous, c'est notre amour pour elle.
Mordez et croassez, corbeaux, battez de l'aile ;
Le poète est au ciel, et lorsqu'en vous poussant
Il vous y fait monter, c'est qu'il en redescend.

VI

Allez, exercez-vous, — débrouillez la quenouille,
Essoufflez-vous à faire un bœuf d'une grenouille ;
Avant de lire un livre, et de dire : « J'y crois ! »
Analysez la plaie, et fourrez-y les doigts ;

Il faudra de tout temps que l'incrédule y fouille,
Pour savoir si son Christ est monté sur la croix.

VII

Eh! depuis quand un livre est-il donc autre chose
Que le rêve d'un jour qu'on raconte un instant;
Un oiseau qui gazouille et s'envole; — une rose
Qu'on respire et qu'on jette, et qui meurt en tombant; —
Un ami qu'on aborde, avec lequel on cause,
Moitié lui répondant, et moitié l'écoutant?

VIII

Aujourd'hui, par exemple, il plaît à ma cervelle
De rimer en sixains le conte que voici.
Va-t-on le maltraiter et lui chercher querelle?
Est-ce sa faute, à lui, si je l'écris ainsi?
Byron, me direz-vous, m'a servi de modèle.
Vous ne savez donc pas qu'il imitait Pulci?

IX

Lisez les Italiens, vous verrez s'il les vole.
Rien n'appartient à rien, tout appartient à tous.
Il faut être ignorant comme un maître d'école
Pour se flatter de dire une seule parole
Que personne ici-bas n'ait pu dire avant vous.
C'est imiter quelqu'un que de planter des choux.

X

Ah! pauvre Laforêt[1] qui ne savais pas lire,
Quels vigoureux soufflets ton nom seul a donnés
Au peuple travailleur des discuteurs damnés!
Molière t'écoutait lorsqu'il venait d'écrire.
Quels mépris des humains dans le simple et gros rire
Dont tu lui baptisais ses hardis nouveau-nés!

XI

Il ne te lisait pas, dit-on, les vers d'Alceste;
Si je les avais faits, je te les aurais lus.
L'esprit et les bons mots auraient été perdus;
Mais les meilleurs accords de l'instrument céleste

---

1. Servante de Molière.

Seraient allés au cœur comme ils en sont venus.
J'aurais dit aux bavards du siècle : « A vous le reste. »

XII

Pourquoi donc les amants veillent-ils nuit et jour?
Pourquoi donc le poète aime-t-il sa souffrance?
Que demandent-ils donc tous les deux en retour?
Une larme, ô mon Dieu, voilà leur récompense ;
Voilà pour eux le ciel, la gloire et l'éloquence,
Et par là le génie est semblable à l'amour.

XIII

Mon premier chant est fait. — Je viens de le relire.
J'ai bien mal expliqué ce que je voulais dire ;
Je n'ai pas dit un mot de ce que j'aurais dit
Si j'avais fait un plan une heure avant d'écrire ;
Je crève de dégoût, de rage et de dépit.
Je crois en vérité que j'ai fait de l'esprit.

XIV

Deux sortes de roués existent sur la terre :
L'un, beau comme Satan, froid comme la vipère,
Hautain, audacieux, plein d'imitation,
Ne laissant palpiter sur son cœur solitaire
Que l'écorce d'un homme et de la passion ;
Faisant un manteau d'or à son ambition ;

XV

Corrompant sans plaisir, amoureux de lui-même,
Et, pour s'aimer toujours, voulant toujours qu'on l'aime ;
Regardant au soleil son ombre se mouvoir ;
Dès qu'une source est pure et que l'on peut s'y voir,
Venant comme Narcisse y pencher son front blême,
Et chercher la douleur pour s'en faire un miroir.

XVI

Son idéal, c'est lui. — Quoi qu'il dise ou qu'il fasse,
Il se regarde vivre et s'écoute parler.
Car il faut que demain on dise, quand il passe :
« Cet homme que voilà, c'est Robert Lovelace. »
Autour de ce mot-là le monde peut rouler ;
Il est l'axe du monde et lui permet d'aller.

NAMOUNA. Page 284.

XVII

Avec lui ni procès, ni crainte, ni scandale.
Il jette un drap mouillé sur son père qui râle ;
Il rôde en chuchotant, sur la pointe du pied.
Un amant plus sincère, à la main plus loyale,
Peut serrer une main trop fort et l'effrayer ;
Mais lui, n'ayez pas peur de lui, c'est son métier.

XVIII

Qui pourrait se vanter d'avoir surpris son âme ?
L'étude de sa vie est d'en cacher le fond...
On en parle, — on en pleure, — on en rit, — qu'en voit-on ?
Quelques duels oubliés, quelques soupirs de femme,
Quelque joyau de prix sur une épaule infâme,
Quelque croix de bois noir sur un tombeau sans nom.

XIX

Mais comme tout se tait dès qu'il vient à paraître !
Clarisse l'aperçoit et commence à souffrir.
Comme il est beau ! brillant ! comme il s'annonce en maître !
Si Clarisse s'indigne et tarde à consentir, —
Il dira qu'il se tue, — il se tuera peut-être ;
Mais Clarisse aime mieux le sauver et mourir.

XX

C'est le roué sans cœur, le spectre à double face,
A la patte de tigre, aux serres de vautour,
Le roué sérieux qui n'eut jamais d'amour,
Méprisant la douleur comme la populace ;
Disant au genre humain de lui laisser son jour, —
Et qui serait César, s'il n'était Lovelace.

XXI

Ne lui demandez pas s'il est heureux ou non ;
Il n'en sait rien lui-même, il est ce qu'il doit être.
Il meurt silencieux, tel que Dieu l'a fait naître.
L'antilope aux yeux bleus est plus tendre peut-être
Que le roi des forêts ; mais le lion répond
Qu'il n'est pas antilope, et qu'il a nom : lion.

XXII

Voilà l'homme d'un siècle, et l'étoile polaire
Sur qui les écoliers fixent leurs yeux ardents,
L'homme dont Robertson fera le commentaire,
Qui donnera sa vie à lire à nos enfants.
Ses crimes noirciront un large bréviaire,
Qui brûlera les mains et les cœurs de vingt ans.

XXIII

Quant au roué français, au don Juan ordinaire,
Ivre, riche, joyeux, raillant l'homme de pierre,
Ne demandant partout qu'à trouver le vin bon,
Bernant monsieur Dimanche et disant à son père
Qu'il serait mieux assis pour lui faire un sermon,
C'est l'ombre d'un roué qui ne vaut pas Valmont.

XXIV

Il en est un plus grand, plus beau, plus poétique,
Que personne n'a fait, que Mozart a rêvé,
Qu'Hoffmann a vu passer, au son de la musique,
Sous un éclair divin de sa nuit fantastique,
Admirable portrait qu'il n'a point achevé,
Et que de notre temps Shakspeare aurait trouvé.

XXV

Un jeune homme est assis au bord d'une prairie,
Pensif comme l'amour, beau comme le génie ;
Sa maîtresse enivrée est prête à s'endormir.
Il vient d'avoir vingt ans, son cœur vient de s'ouvrir,
Rameau tremblant encor de l'arbre de la vie,
Tombé, comme le Christ, pour aimer et souffrir.

XXVI

Le voilà se noyant dans des larmes de femme,
Devant cette nature aussi belle que lui ;
Pressant le monde entier sur son cœur qui se pâme,
Faible, et, comme le lierre, ayant besoin d'autrui ;
Et ne le cachant pas, et suspendant son âme,
Comme un luth éolien, aux lèvres de la Nuit.

XXVII

Le voilà demandant pourquoi son cœur soupire,
Jurant, les yeux en pleurs, qu'il ne désire rien,
Caressant sa maîtresse, et des sons de sa lyre
Égayant son sommeil comme un ange gardien ;
Tendant sa coupe d'or à ceux qu'il voit sourire,
Voulant voir leur bonheur pour y chercher le sien.

XXVIII

Le voilà, jeune et beau, sous le ciel de la France,
Déjà riche à vingt ans comme un enfouisseur ;
Portant sur la nature un cœur plein d'espérance,
Aimant, aimé de tous, ouvert comme une fleur ;
Si candide et si frais que l'ange d'innocence
Baiserait sur son front la beauté de son cœur.

XXIX

Le voilà, regardez, devinez-lui sa vie.
Quel sort peut-on prédire à cet enfant du ciel ?
L'amour en l'approchant jure d'être éternel ;
Le hasard pense à lui, — la sainte poésie
Retourne en souriant sa coupe d'ambroisie
Sur ses cheveux plus doux et plus blonds que le miel.

XXX

Ce palais, c'est le sien ; — le serf et la campagne
Sont à lui ; — la forêt, le fleuve et la montagne
Ont retenu son nom en écoutant l'écho.
C'est à lui le village, et le pâle troupeau
Des moines. — Quand il passe et traverse un hameau,
Le bon ange du lieu se lève et l'accompagne.

XXXI

Quatre filles de prince ont demandé sa main.
Sachez que s'il voulait la reine pour maîtresse,
Et trois palais de plus, il les aurait demain ;
Qu'un juif deviendrait chauve à compter sa richesse,
Et qu'il pourrait jeter, sans que rien en paraisse,
Les blés de ses moissons aux oiseaux du chemin.

XXXII

Eh bien ! cet homme-là vivra dans les tavernes
Entre deux charbonniers autour d'un poêle assis ;
La poudre noircira sa barbe et ses sourcils ;
Vous le verrez un jour, tremblant et les yeux ternes,
Venir dans son manteau dormir sous les lanternes,
La face ensanglantée et les coudes noircis.

XXXIII

Vous le verrez sauter sur l'échelle dorée,
Pour courir dans un bouge au sortir d'un boudoir ;
Portant sa lèvre ardente à la prostituée,
Avant qu'à son balcon donc Elvire éplorée,
Dans la profonde nuit croyant encor le voir,
Ait cessé d'agiter sa lampe et son mouchoir.

XXXIV

Vous le verrez, laquais pour une chambrière,
Cachant sous ses habits son valet grelottant ;
Vous le verrez, tranquille et froid comme une pierre,
Pousser dans les ruisseaux le cadavre d'un père,
Et laisser le vieillard traîner ses mains de sang
Sur des murs chauds encor du viol de son enfant.

XXXV

Que direz-vous alors ? Ah ! vous croirez peut-être
Que le monde a blessé ce cœur vaste et hautain,
Que c'est quelque Lara qui se sent méconnaître,
Que l'homme a mal jugé, qui sait ce qu'il peut être,
Et qui, s'apercevant qu'il le serait en vain,
Rend haine contre haine, et dédain pour dédain.

XXXVI

Eh bien ! vous vous trompez. — Jamais personne au monde
N'a pensé moins que lui qu'il était oublié.
Jamais il n'a frappé sans qu'on ne lui réponde ;
Jamais il n'a senti l'inconstance de l'onde,
Et jamais il n'a vu se dresser sous son pié
Le vivace serpent de la fausse amitié.

XXXVII

Que dis-je? tel qu'il est, le monde l'aime encore ;
Il n'a perdu chez lui ni ses biens ni son rang.
Devant Dieu, devant tous, il s'assoit à son banc.
Ce qu'il a fait de mal, personne ne l'ignore ;
On connaît son génie, on l'admire, on l'honore ;
Seulement, voyez-vous, cet homme, c'est don Juan.

XXXVIII

Oui, don Juan. Le voilà, ce nom que tout répète.
Ce nom mystérieux que tout l'univers prend,
Dont chacun vient parler et que nul ne comprend ;
Si vaste et si puissant qu'il n'est pas de poète
Qui ne l'ait soulevé dans son cœur et sa tête,
Et pour l'avoir tenté ne soit resté plus grand.

XXXIX

Insensé que je suis ! que fais-je ici moi-même !
Était-ce donc mon tour de leur parler de toi,
Grande ombre, et d'où viens-tu pour tomber jusqu'à moi ?
C'est qu'avec leurs horreurs, leur doute et leur blasphème,
Pas un d'eux ne t'aimait, don Juan ; et moi, je t'aime
Comme le vieux Blondel aimait son pauvre roi.

XL

Oh ! qui me jettera sur ton coursier rapide !
Oh ! qui me prêtera le manteau voyageur [1],
Pour te suivre en pleurant, candide corrupteur !
Qui me déroulera cette liste homicide,
Cette liste d'amour si remplie et si vide,
Et que ta main peuplait des oublis de ton cœur !

XLI

Trois mille noms charmants ! trois mille noms de femme !
Pas un qu'avec des pleurs tu n'aies balbutié !
Et ce foyer d'amour qui dévorait ton âme,
Qui, lorsque tu mourus, de tes veines de flamme
Remonta dans le ciel comme un ange oublié,
De ces trois mille amours pas un qui t'ait noyé !

1. Méphistophélès et Faust voyagent dans un manteau magique. (Voyez *Faust*, première partie.)

XLII

Elles t'aimaient pourtant, ces filles insensées
Que sur ton cœur de fer tu pressais tour à tour;
Le vent qui t'emportait les avait traversées;
Elles t'aimaient, don Juan, ces pauvres délaissées
Qui couvraient de baisers l'ombre de ton amour,
Qui te donnaient leur vie, et qui n'avaient qu'un jour!

XLIII

Mais toi, spectre énervé, toi, que faisais-tu d'elles?
Ah! massacre et malheur! tu les aimais aussi,
Toi! croyant toujours voir sur tes amours nouvelles
Se lever le soleil de tes nuits éternelles,
Te disant chaque soir : « Peut-être le voici, »
Et l'attendant toujours, et vieillissant ainsi!

XLIV

Demandant aux forêts, à la mer, à la plaine,
Aux brises du matin, à toute heure, à tout lieu,
La femme de ton âme et de ton premier vœu!
Prenant pour fiancée un rêve, une ombre vaine,
Et fouillant dans le cœur d'une hécatombe humaine,
Prêtre désespéré, pour y chercher ton Dieu.

XLV

Et que voulais-tu donc? — Voilà ce que le monde
Au bout de trois cents ans demande encor tout bas.
Le sphinx aux yeux perçants attend qu'on lui réponde.
Ils savent compter l'heure, et que leur terre est ronde,
Ils marchent dans leur ciel sur le bout d'un compas,
Mais ce que tu voulais, ils ne le savent pas.

XLVI

« Quelle est donc, disent-ils, cette femme inconnue,
Qui seule eût mis la main au frein de son coursier?
Qu'il appelait toujours et qui n'est pas venue?
Où l'avait-il trouvée? où l'avait-il perdue?
Et quel nœud si puissant avait su les lier,
Que, n'ayant pu venir, il n'ait pu l'oublier?

XLVII

N'en était-il pas une, ou plus noble, ou plus belle,
Parmi tant de beautés, qui, de loin ou de près,
De son vague idéal eût du moins quelques traits?
Que ne la gardait-il! qu'on nous dise laquelle. »
Toutes lui ressemblaient, — ce n'était jamais elle;
Toutes lui ressemblaient, don Juan, et tu marchais!

XLVIII

Tu ne t'es pas lassé de parcourir la terre!
Ce vain fantôme à qui Dieu t'avait envoyé,
Tu n'en a pas brisé la forme sous ton pié!
Tu n'es pas remonté, comme l'aigle à son aire
Sans avoir sa pâture, ou comme le tonnerre
Dans sa nue aux flancs d'or, sans avoir foudroyé!

XLIX

Tu n'as jamais médit de ce monde stupide
Qui te dévisageait d'un regard hébété;
Tu l'as vu, tel qu'il est, dans sa difformité;
Et tu montais toujours cette montagne aride,
Et tu suçais toujours, plus jeune et plus avide
Les mamelles d'airain de la Réalité.

L

Et la vierge aux yeux bleus, sur la souple ottomane,
Dans ses bras parfumés te berçait mollement;
De la fille de roi jusqu'à la paysanne
Tu ne méprisais rien, même la courtisane,
A qui tu disputais son misérable amant;
Mineur, qui dans un puits cherchais un diamant.

LI

Tu parcourais Madrid, Paris, Naple et Florence;
Grand seigneur aux palais, voleur aux carrefours;
Ne comptant ni l'argent, ni les nuits, ni les jours;
Apprenant du passant à chanter sa romance;
Ne demandant à Dieu, pour aimer l'existence,
Que ton large horizon et tes larges amours.

NAMOUNA. Page 293.

LII

Tu retrouvais partout la vérité hideuse,
Jamais ce qu'ici-bas cherchaient tes vœux ardents,
Partout l'hydre éternel qui te montrait les dents ;
Et poursuivant toujours ta vie aventureuse,
Regardant sous tes pieds cette mer orageuse,
Tu te disais tout bas : « Ma perle est là dedans. »

LIII

Tu mourus plein d'espoir dans ta route infinie,
Et te souciant peu de laisser ici-bas
Des larmes et du sang aux traces de tes pas.
Plus vaste que le ciel et plus grand que la vie,
Tu perdis ta beauté, ta gloire et ton génie
Pour un être impossible et qui n'existait pas.

LIV

Et le jour que parut le convive de pierre,
Tu vins à sa rencontre et lui tendis la main ;
Tu tombas foudroyé sur ton dernier festin ;
Symbole merveilleux de l'homme sur la terre
Cherchant de la main gauche à soulever ton verre,
Abandonnant ta droite à celle du Destin !

LV

Maintenant, c'est à toi, lecteur, de reconnaître
Dans quel gouffre sans fond peut descendre ici-bas
Le rêveur insensé qui voudrait d'un tel maître.
Je ne dirai qu'un mot, et tu le comprendras :
Ce que don Juan aimait, Hassan l'aimait peut-être ;
Ce que don Juan cherchait, Hassan n'y croyait pas.

CHANT TROISIÈME

> Où vais-je ? — où suis-je ?
> *Classiques français.*

I

Je jure devant Dieu que mon unique envie
Était de raconter une histoire suivie.

Le sujet de ce conte avait quelque douceur,
Et mon héros peut-être eût su plaire au lecteur.
J'ai laissé s'envoler ma plume avec sa vie,
En voulant prendre au vol les rêves de son cœur.

II

Je reconnais bien là ma tactique admirable.
Dans tout ce que je fais j'ai la triple vertu
D'être à la fois trop court, trop long et décousu.
Le poëme et le plan, les héros et la fable,
Tout s'en va de travers, comme sur une table
Un plat cuit d'un côté, pendant que l'autre est cru.

III

Le théâtre à coup sûr n'était pas mon affaire.
Je vous demande un peu quel métier j'y ferais,
Et de quelle façon je m'y hasarderais,
Quand j'y vois trébucher ceux qui, dans la carrière,
Debout depuis vingt ans sur leur pensée altière,
Du pied de leurs coursiers ne doutèrent jamais.

IV

Mes amis à présent me conseillent d'en rire,
De couper sous l'archet les cordes de ma lyre
Et de remettre au vert Hassan et Namouna.
Mais j'ai dit que l'histoire existait, — la voilà.
Puisqu'en son temps et lieu je n'ai pas pu l'écrire,
Je vais la raconter ; l'écrira qui voudra.

V

Un jeune musulman avait donc la manie
D'acheter aux bazars deux esclaves par mois.
L'une et l'autre à son lit ne touchait que trois fois.
Le quatrième jour, l'une et l'autre bannie,
Libre de toute chaîne, et la bourse garnie,
Laissait la porte ouverte à quelque nouveau choix.

VI

Il se trouva du nombre une petite fille
Enlevée à Cadix chez un riche marchand.

Un vieux pirate grec l'avait trouvé gentille,
Et, comme il connaissait quelqu'un de sa famille,
La voyant au logis toute seule en passant
Il l'avait à son brick emportée en causant.

VII

Hassan toute sa vie aima les Espagnoles.
Celle-ci l'enchanta, — si bien qu'en la quittant,
Il lui donna lui-même un sac plein de pistoles.
Par-dessus le marché quelques douces paroles
Et voulut la conduire à bord d'un bâtiment
Qui pour son cher pays partait par un bon vent.

VIII

Mais la pauvre Espagnole au cœur était blessée.
Elle le laissait faire et n'y comprenait rien,
Sinon qu'elle était belle et qu'elle l'aimait bien.
Elle lui répondit : « Pourquoi m'as-tu chassée ?
Si je te déplaisais, que ne m'as-tu laissée ?
N'as-tu rien dans le cœur de m'avoir pris le mien ? »

IX

Elle s'en fut au port et s'assit en silence
Tenant son petit sac et n'osant murmurer.
Mais quand elle sentit sur cette mer immense
Le vaisseau s'émouvoir et les vents soupirer,
Le cœur lui défaillit, et, perdant l'espérance,
Elle baissa son voile et se prit à pleurer

X

Il arriva qu'alors six jeunes Africaines
Entraient dans un bazar, les bras chargés de chaînes.
Sur les tapis de soie un vieux juif étalait
Ces beaux poissons dorés, pris d'un coup de filet.
La foule trépignait, les cages étaient pleines,
Et la chair marchandée au soleil se tordait.

XI

Par un double hasard Hassan vint à paraître.
Namouna se leva, s'en fut trouver le vieux :
« Je suis blonde, dit-elle, et je pourrais peut-être
Me vendre un peu plus cher avec de faux cheveux.

Mais je ne voudrais pas qu'on pût me reconnaitre.
Peignez-moi les sourcils le visage et les yeux. »

XII

Alors, comme autrefois Constance pour Camille,
Elle prit son poignard et coupa ses habits.
« Vendez-moi maintenant, dit-elle, et, pour le prix,
Nous n'en parlerons pas. » Ainsi la pauvre fille
Vint reprendre sa chaîne aux barreaux d'une grille
Et rapporter son cœur aux yeux qui l'avaient pris.

XIII

Et si la vérité ne m'était pas sacrée,
Je vous dirais qu'Hassan racheta Namouna;
Qu'au lit de son amant le juif la ramena;
Qu'on reconnut trop tard cette tête adorée;
Et cette douce nuit qu'elle avait espérée,
Que pour prix de ses maux le ciel la lui donna.

XIV

Je vous dirais surtout qu'Hassan dans cette affaire
Sentit que tôt ou tard la femme avait son tour
Et que l'amour de soi ne vaut pas l'autre amour.
Mais le hasard peut tout, — et ce qu'on lui voit faire
Nous a souvent appris que le bonheur sur terre
Peut n'avoir qu'une nuit, comme la gloire un jour.

Décembre 1832.

ROLLA

I

Regrettez-vous le temps où le ciel sur la terre
Marchait et respirait dans un peuple de dieux;
Où Vénus Astarté, fille de l'onde amère,
Secouait, vierge encor, les larmes de sa mère
Et fécondait le monde en tordant ses cheveux?

Regrettez-vous le temps où les nymphes lascives
Ondoyaient au soleil parmi les fleurs des eaux,
Et d'un éclat de rire agaçaient sur les rives
Les Faunes indolents couchés dans les roseaux ;
Où les sources tremblaient des baisers de Narcisse ;
Où, du nord au midi, sur la création
Hercule promenait l'éternelle justice,
Sous son manteau sanglant, taillé dans un lion ;
Où les Sylvains moqueurs, dans l'écorce des chênes
Avec les rameaux verts se balançaient au vent,
Et sifflaient dans l'écho la chanson du passant;
Où tout était divin, jusqu'aux douleurs humaines ;
Où le monde adorait ce qu'il tue aujourd'hui ;
Où quatre mille dieux n'avaient pas un athée ;
Où tout était heureux, excepté Prométhée,
Frère aîné de Satan, qui tomba comme lui?
— Et, quand tout fut changé, le ciel, la terre et l'homme,
Quand le berceau du monde en devint le cercueil,
Quand l'ouragan du Nord sur les débris de Rome
De sa sombre avalanche étendit le linceul, —

Regrettez-vous le siècle où dans un temps barbare
Naquit un siècle d'or, plus fertile et plus beau?
Où le vieil univers fendit avec Lazare
De son front rajeuni la pierre du tombeau?
Regrettez-vous le temps où nos vieilles romances
Ouvraient leurs ailes d'or vers leur monde enchanté ;
Où tous nos monuments et toutes nos croyances
Portaient le manteau blanc de leur virginité ;
Où, sous la main du Christ, tout venait de renaître ;
Où le palais du prince et la maison du prêtre,
Portant la même croix sur leur front radieux,
Sortaient de la montagne en regardant les cieux ;
Où Cologne et Strasbourg, Notre-Dame et Saint-Pierre,
S'agenouillant au loin dans leurs robes de pierre,
Sur l'orgue universel des peuples prosternés,
Entonnaient l'hosanna des siècles nouveau-nés ;
Le temps où se faisait tout ce qu'a dit l'histoire ;
Où sur les saints autels les crucifix d'ivoire
Ouvraient les bras sans tache et blancs comme le lait ;
Où la vie était jeune, où la mort espérait?

O Christ! je ne suis pas de ceux que la prière
Dans les peuples muets amène à pas tremblants;
Je ne suis pas de ceux qui vont à ton Calvaire,
En se frappant le cœur, baiser tes pieds sanglants :
Et je reste debout sous tes sacrés portiques,
Quand ton peuple fidèle, autour des noirs arceaux,
Se courbe en murmurant sous le vent des cantiques,
Comme au souffle du nord un peuple de roseaux.
Je ne crois pas, ô Christ! à ta parole sainte :
Je suis venu trop tard dans un monde trop vieux.
D'un siècle sans espoir naît un siècle sans crainte;
Les comètes du nôtre ont dépeuplé les cieux.
Maintenant le hasard promène au sein des ombres
De leurs illusions les mondes réveillés;
L'esprit des temps passés, errant sur leurs décombres,
Jette au gouffre éternel les anges mutilés.
Les clous du Golgotha te soutiennent à peine;
Sous ton divin tombeau le sol s'est dérobé :
Ta gloire est morte, ô Christ! et sur nos croix d'ébène
Ton cadavre céleste en poussière est tombé!

Eh bien! qu'il soit permis d'en baiser la poussière
Au moins crédule enfant de ce siècle sans foi,
Et de pleurer, ô Christ! sur cette froide terre
Qui vivait de ta mort et qui mourra sans toi!
Oh! maintenant, mon Dieu, qui lui rendra la vie?
Du plus pur de ton sang tu l'avais rajeunie;
Jésus, ce que tu fis, qui jamais le fera?

Nous, vieillards nés d'hier, qui nous rajeunira?
Nous sommes aussi vieux qu'au jour de ta naissance.
Nous attendons autant, nous avons plus perdu.
Plus livide et plus froid, dans son cercueil immense,
Pour la seconde fois Lazare est étendu.
Où donc est le Sauveur pour entr'ouvrir nos tombes?
Où donc le vieux saint Paul haranguant les Romains,
Suspendant tout un peuple à ses haillons divins?
Où donc est le Cénacle? où donc les Catacombes?
Avec qui marche donc l'auréole de feu?
Sur quels pieds tombez-vous, parfums de Madeleine?
Où donc vibre dans l'air une voix plus qu'humaine?

Qui de nous, qui de nous va devenir un Dieu?
La terre est aussi vieille, aussi dégénérée,
Elle branle une tête aussi désespérée
Que lorsque Jean parut sur le sable des mers,
Et que la moribonde, à sa parole sainte
Tressaillant tout à coup comme une femme enceinte,
Sentit bondir en elle un nouvel univers.
Les jours sont revenus de Claude et de Tibère;
Tout ici, comme alors, est mort avec le temps,
Et Saturne est au bout du sang de ses enfants;
Mais l'espérance humaine est lasse d'être mère,
Et, le sein tout meurtri d'avoir tant allaité,
Elle fait son repos de sa stérilité.

II

De tous les débauchés de la ville du monde
Où le libertinage est à meilleur marché,
De la plus vieille en vice et de la plus féconde,
Je veux dire Paris, — le plus grand débauché
Était Jacques Rolla. — Jamais dans les tavernes,
Sous les rayons tremblants des blafardes lanternes,
Plus indocile enfant ne s'était accoudé
Sur une table chaude ou sur un coup de dé.
Ce n'était pas Rolla qui gouvernait sa vie,
C'étaient ses passions; — il les laissait aller
Comme un pâtre assoupi regarde l'eau couler,
Elles vivaient; — son corps était l'hôtellerie
Où s'étaient attablés ces pâles voyageurs :
Tantôt pour y briser les lits et les murailles,
Pour s'y chercher dans l'ombre et s'ouvrir les entrailles,
Comme des cerfs en rut et des gladiateurs;
Tantôt pour y chanter, en s'enivrant ensemble,
Comme de gais oiseaux qu'un coup de vent rassemble,
Et qui, pour vingt amours, n'ont qu'un arbuste en fleurs.
Le père de Rolla, gentillâtre imbécile,
L'avait fait élever comme un riche héritier,
Sans songer que lui-même, à sa petite ville,
Il avait de son bien mangé plus de moitié.
En sorte que Rolla, par un beau soir d'automne,
Se vit à dix-neuf ans maître de sa personne, —

ROLLA. Page 302.

Bibl. Charpentier. LIV. 38.

Et n'ayant dans la main ni talent ni métier,
Il eût trouvé d'ailleurs tout travail impossible;
Un gagne-pain quelconque, un métier de valet,
Soulevait sur sa lèvre un rire inextinguible.
Ainsi, mordant à même au peu qu'il possédait,

Il resta grand seigneur tel que Dieu l'avait fait.
Hercule, fatigué de sa tâche éternelle,
S'assit un jour, dit-on, entre un double chemin.
Il vit la Volupté qui lui tendait la main :
Il suivit la Vertu, qui lui sembla plus belle.
Aujourd'hui rien n'est beau, ni le mal ni le bien.
Ce n'est pas notre temps qui s'arrête et qui doute;
Les siècles, en passant, ont fait leur grande route
Entre les deux sentiers, dont il ne reste rien.

Rolla fit à vingt ans ce qu'avaient fait ses pères.
Ce qu'on voit aux abords d'une grande cité,
Ce sont des abattoirs, des murs, des cimetières :
C'est ainsi qu'en entrant dans la société
On trouve ses égouts. — La virginité sainte
S'y cache à tous les yeux sous une triple enceinte ;
On voile la pudeur, mais la corruption
Y baise en plein soleil la prostitution.
Les hommes dans leur sein n'accueillent leur semblable
Que lorsqu'il a trempé dans le fleuve fangeux
L'acier chaste et brûlant du glaive redoutable
Qu'il a reçu du ciel pour se défendre d'eux.

Jacques était grand, loyal, intrépide et superbe.
L'habitude, qui fait de la vie un proverbe,
Lui donnait la nausée. — Heureux ou malheureux,
Il ne fit rien comme elle et garda pour ses dieux
L'audace et la fierté, qui sont ses sœurs aînées.

Il prit trois bourses d'or, et, durant trois années,
Il vécut au soleil sans se douter des lois ;
Et jamais fils d'Adam, sous la sainte lumière,
N'a, de l'est au couchant, promené sur la terre
Un plus large mépris des peuples et des rois.

Seul, il marchait tout nu dans cette mascarade
Qu'on appelle la vie, en y parlant tout haut.
Tel que la robe d'or du jeune Alcibiade,
Son orgueil indolent, du palais au ruisseau,
Traînait derrière lui comme un royal manteau.

Ce n'était pour personne un objet de mystère
Qu'il eût trois ans à vivre et qu'il mangeât son bien.
Le monde souriait en le regardant faire,
Et lui, qui le faisait, disait à l'ordinaire
Qu'il se ferait sauter quand il n'aurait plus rien.

C'était un noble cœur, naïf comme l'enfance,
Bon comme la pitié, grand comme l'espérance.
Il ne voulut jamais croire sa pauvreté.
L'armure qu'il portait n'allait pas à sa taille ;
Elle était bonne au plus pour un jour de bataille,
Et ce jour-là fut court comme une nuit d'été.

Lorsque dans le désert la cavale sauvage,
Après trois jours de marche, attend un jour d'orage
Pour boire l'eau du ciel sur ses palmiers poudreux,
Le soleil est de plomb, les palmiers en silence
Sous leur ciel embrasé penchent leurs longs cheveux,
Elle cherche son puits dans le désert immense,
Le soleil l'a séché ; sur le rocher brûlant,
Les lions hérissés dorment en grommelant.
Elle se sent fléchir ; ses narines qui saignent
S'enfoncent dans le sable, et le sable altéré
Vient boire avidement son sang décoloré.
Alors elle se couche, et ses grands yeux s'éteignent,
Et le pâle désert roule sur son enfant
Les flots silencieux de son linceul mouvant.

Elle ne savait pas, lorsque les caravanes
Avec leurs chameliers passaient sous les platanes,
Qu'elle n'avait qu'à suivre et qu'à baisser le front,
Pour trouver à Bagdad de fraîches écuries,
Des râteliers dorés, des luzernes fleuries,
Et des puits dont le ciel n'a jamais vu le fond.

Si Dieu nous a tirés tous de la même fange,
Certe, il a dû pétrir dans une argile étrange
Et sécher aux rayons d'un soleil irrité
Cet être quel qu'il soit, ou l'aigle, ou l'hirondelle
Qui ne saurait plier ni son cou ni son aile,
Et qui n'a pour tout bien qu'un mot : la liberté.

III

Est-ce sur de la neige, ou sur une statue,
Que cette lampe d'or, dans l'ombre suspendue,
Fait onduler l'azur de ce rideau tremblant?
Non, la neige est plus pâle et le marbre est moins blanc.
C'est un enfant qui dort. — Sur ses lèvres ouvertes
Voltige par instant un faible et doux soupir ;
Un soupir plus léger que ceux des algues vertes,
Quand, le soir, sur les mers voltige le zéphyr,
Et que, sentant fléchir ses ailes embaumées
Sous les baisers ardents de ses fleurs bien-aimées,
Il boit sur ses bras nus les perles des roseaux.

C'est un enfant qui dort sous ces épais rideaux,
Un enfant de quinze ans, — presque une jeune femme.
Rien n'est encor formé dans cet être charmant.
Le petit chérubin qui veille sur son âme
Doute s'il est son frère ou s'il est son amant.
Ses longs cheveux épars la couvrent tout entière.
La croix de son collier repose dans sa main,
Comme pour témoigner qu'elle a fait sa prière,
Et qu'elle va la faire en s'éveillant demain.

Elle dort, regardez : — quel front noble et candide !
Partout, comme un lait pur sur une onde limpide,
Le ciel sur la beauté répandit la pudeur.
Elle dort toute nue et la main sur son cœur.
N'est-ce pas que la nuit la rend encor plus belle ?
Que ces molles clartés palpitent autour d'elle,
Comme si, malgré lui, le sombre Esprit du soir
Sentait sur ce beau corps frémir son manteau noir?
Les pas silencieux du prêtre dans l'enceinte
Font tressaillir le cœur d'une terreur moins sainte,

O vierge! que le bruit de tes soupirs légers.
Regardez cette chambre et ces frais orangers,
Ces livres, ce métier, cette branche bénite
Qui se penche en pleurant sur ce vieux crucifix;
Ne chercherait-on pas le rouet de Marguerite
Dans ce mélancolique et chaste paradis?
N'est-ce pas qu'il est pur le sommeil de l'enfance?
Que le Ciel lui donna sa beauté pour défense?
Que l'amour d'une vierge est une piété
Comme l'amour céleste, et qu'en approchant d'elle,
Dans l'air qu'elle respire on sent frissonner l'aile
Du séraphin jaloux qui veille à son côté?

Si ce n'est pas ta mère, ô pâle jeune fille!
Quelle est donc cette femme assise à ton chevet,
Qui regarde l'horloge et l'âtre qui pétille,
En secouant la tête et d'un air inquiet?
Qu'attend-elle si tard? — Pour qui, si c'est ta mère,
S'en va-t-elle entr'ouvrir, depuis quelques instants,
Ta porte et ton balcon... si ce n'est pour ton père?
Et ton père, Marie, est mort depuis longtemps.
Pour qui donc ces flacons, cette table fumante,
Que, de ses propres mains, elle vient de servir?
Pour qui donc ces flambeaux, et qui donc va venir?
Qui que ce soit, tu dors, tu n'es pas son amante.
Les songes de tes nuits sont plus purs que le jour,
Et trop jeunes encor pour te parler d'amour.
A qui donc ce manteau que cette femme essuie?
Il est couvert de boue et dégouttant de pluie.
C'est le tien, Maria, c'est celui d'un enfant.
Tes cheveux sont mouillés. Tes mains et ton visage
Sont devenus vermeils au froid souffle du vent.
Où donc t'en allais-tu par cette nuit d'orage?
Cette femme n'est pas ta mère, assurément.

Silence! on a parlé. Des femmes inconnues
Ont entr'ouvert la porte, — et d'autres, demi-nues,
Les cheveux en désordre et se traînant aux murs,
Traversaient en sueur des corridors obscurs.
Une lampe a bougé; — les restes d'une orgie,
Aux dernières lueurs de sa morne clarté

Sont apparus au fond d'un boudoir écarté.
Les verres se heurtaient sur la nappe rougie ;
La porte est retombée au bruit d'un rire affreux.

C'est une vision, n'est-il pas vrai, Marie?
C'est un rêve insensé qui m'a frappé les yeux.
Tout repose, tout dort ; — cette femme est ta mère.
C'est le parfum des fleurs, c'est une huile légère
Qui baigne tes cheveux ; et la chaste rougeur
Qui couve ton beau front vient du sang de ton cœur.

Silence ! quelqu'un frappe, — et, sur les dalles sombres,
Un pas retentissant fait tressaillir la nuit,
Une lueur tremblante approche avec deux ombres...
C'est toi, maigre Rolla? que viens-tu faire ici?
O Faust! n'étais-tu pas prêt à quitter la terre
Dans cette nuit d'angoisse où l'archange déchu,
Sous son manteau de feu, comme une ombre légère,
T'emporta dans l'espace à ses pieds suspendu?
N'avais-tu pas crié ton dernier anathème,
Et, quand tu tressaillis au bruit des chants sacrés,
N'avais-tu pas frappé, dans ton dernier blasphème,
Ton front sexagénaire à tes murs délabrés?
Oui, le poison tremblait sur ta lèvre livide ;
La Mort, qui t'escortait dans tes œuvres sans nom,
Avait à tes côtés descendu jusqu'au fond
La spirale sans fin de ton long suicide ;
Et, trop vieux pour s'ouvrir, ton cœur s'était brisé,
Comme un roc, en hiver, par la froidure usé.
Ton heure était venue, athée à barbe grise ;
L'arbre de ta science était déraciné.
L'ange exterminateur te vit avec surprise
Faire jaillir encor, pour te vendre au Damné,
Une goutte de sang de ton bras décharné.
Oh ! sur quel océan, sur quelle grotte obscure,
Sur quel bois d'aloès et de frais oliviers,
Sur quelle neige intacte au sommet des glaciers,
Souffle-t-il à l'aurore une brise aussi pure,
Un vent d'est aussi plein des larmes du printemps
Que celui qui passa sur ta tête blanchie,
Quand le ciel te donna de ressaisir la vie

Au manteau virginal d'un enfant de quinze ans ?
Quinze ans ! ô Roméo ! l'âge de Juliette !
L'âge où vous vous aimiez, où le vent du matin,
Sur l'échelle de soie, au chant de l'alouette,
Berçait vos longs baisers et vos adieux sans fin !
Quinze ans ! — l'âge céleste où l'arbre de la vie,
Sous la tiède oasis du désert embaumé,
Baigne ses fruits dorés de myrrhe et d'ambroisie,
Et, pour féconder l'air comme un palmier d'Asie,
N'a qu'à jeter au vent son voile parfumé !
Quinze ans ! — l'âge où la femme, au jour de sa naissance,
Sortit des mains de Dieu si blanche d'innocence,
Si riche de beauté, que son père immortel
De ses phalanges d'or en fit l'âge éternel !
Oh ! la fleur de l'Éden, pourquoi l'as-tu fanée,
Insouciante enfant, belle Ève aux blonds cheveux?
Tout trahir et tout perdre était ta destinée ;
Tu fis ton Dieu mortel et tu l'en aimas mieux.
Qu'on te rende le ciel, tu le perdras encore.
Tu sais trop bien qu'ailleurs c'est toi que l'homme adore;
Avec lui de nouveau tu voudrais t'exiler,
Pour mourir sur son cœur et pour l'en consoler !

Rolla considérait d'un œil mélancolique
La belle Marion dormant dans son grand lit;
Je ne sais quoi d'horrible et presque diabolique
Le faisait jusqu'aux os frissonner malgré lui.
Marion coûtait cher. — Pour lui payer sa nuit,
Il avait dépensé sa dernière pistole.
Ses amis le savaient. Lui-même, en arrivant,
Il s'était pris la main et donné sa parole
Que personne, au grand jour, ne le verrait vivant.
Trois ans, — les trois plus beaux de la belle jeunesse, —
Trois ans de volupté, de délire et d'ivresse,
Allaient s'évanouir comme un songe léger,
Comme le chant lointain d'un oiseau passager.
Et cette triste nuit, — nuit de mort, — la dernière, —
Celle où l'agonisant fait encor sa prière,
Quand sa lèvre est muette, — où, pour le condamné,
Tout est si près de Dieu, que tout est pardonné, —
Il venait la passer chez une fille infâme,

Lui, chrétien, homme, fils d'un homme ! Et cette femme,
Cet être misérable, un brin d'herbe, un enfant,
Sur son cercueil ouvert dormait en l'attendant.

O chaos éternel ! prostituer l'enfance !
Ne valait-il pas mieux, sur ce lit sans défense,
Balafrer ce beau corps au tranchant d'une faux ?
Prendre ce cou de neige et lui tordre les os ?
Ne valait-il pas mieux lui poser sur la face
Un masque de chaux vive avec un gant de fer,
Que d'en faire un ruisseau limpide à la surface,
Réfléchissant les fleurs et l'étoile qui passe,
Et d'en salir le fond des poisons de l'enfer ?

Oh ! qu'elle est belle encor ! quel trésor, ô nature !
Oh ! quel premier baiser l'Amour se préparait !
Quels doux fruits eût portés, quand sa fleur sera mûre,
Cette beauté céleste, et quelle flamme pure
Sur cette chaste lampe un jour s'éveillerait !

Pauvreté ! Pauvreté ! c'est toi la courtisane.
C'est toi qui dans ce lit as poussé cet enfant
Que la Grèce eût jeté sur l'autel de Diane !
Regarde, — elle a prié ce soir en s'endormant...
Prié ! — Qui donc, grand Dieu ! C'est toi qu'en cette vie
Il faut qu'à deux genoux elle conjure et prie ;
C'est toi qui, chuchotant dans le souffle du vent,
Au milieu des sanglots d'une insomnie amère,
Es venue un beau soir murmurer à sa mère :
« Ta fille est belle et vierge, et tout cela se vend ! »
Pour aller au sabbat, c'est toi qui l'as lavée,
Comme on lave les morts pour les mettre au tombeau ;
C'est toi qui, cette nuit, quand elle est arrivée,
Aux lueurs des éclairs, courais sous son manteau !
Hélas ! qui peut savoir pour quelle destinée,
En lui donnant du pain, peut-être elle était née ?
D'un être sans pudeur ce n'est pas là le front.
Rien d'impur ne germait sous cette fraîche aurore.
Pauvre fille ! à quinze ans ses sens dormaient encore,
Son nom était Marie, et non pas Marion.
Ce qui l'a dégradée, hélas ! c'est la misère,

ROLLA.   Page 340.

Bibl. Charpentier.   LIV. 39.

Et non l'amour de l'or. — Telle que la voilà
Sous les rideaux honteux de ce hideux repaire,
Dans cet infâme lit, elle donne à sa mère,
En rentrant au logis, ce qu'elle a gagné là.

Vous ne la plaignez pas, vous, femme de ce monde!
Vous qui vivez gaîment dans une horreur profonde
De tout ce qui n'est pas riche et gai comme vous!
Vous ne la plaignez pas, vous, mères de familles,
Qui poussez les verrous aux portes de vos filles
Et cachez un amant sous le lit de l'époux!
Vos amours sont dorés, vivants et poétiques;
Vous en parlez, du moins, — vous n'êtes pas publiques.
Vous n'avez jamais vu le spectre de la Faim
Soulever en chantant les draps de votre couche
Et, de sa lèvre blême effleurant votre bouche,
Demander un baiser pour un morceau de pain.

O mon siècle! est-il vrai que ce qu'on te voit faire
Se soit vu de tout temps? O fleuve impétueux!
Tu portes à la mer des cadavres hideux;
Ils flottent en silence, — et cette vieille terre,
Qui voit l'humanité vivre et mourir ainsi,
Autour de son soleil tournant dans son orbite,
Vers son père immortel n'en monte pas plus vite,
Pour tâcher de l'atteindre et de s'en plaindre à lui.
Eh bien, lève-toi donc, puisqu'il en est ainsi,
Lève-toi, les seins nus, belle prostituée.
Le vin coule et pétille, et la brise du soir
Berce tes rideaux blancs dans ton joyeux miroir.
C'est une belle nuit, — c'est moi qui l'ai payée.
Le Christ à son souper sentit moins de terreur
Que je ne sens au mien de gaîté dans le cœur.
Allons! vive l'amour que l'ivresse accompagne!
Que tes baisers brûlants sentent le vin d'Espagne!
Que l'esprit du vertige et des bruyants repas
A l'ange du plaisir nous porte dans ses bras!
Allons! chantons Bacchus, l'amour et la folie!
Buvons au temps qui passe, à la mort, à la vie!
Oublions et buvons; — vive la liberté!
Chantons l'or et la nuit, la vigne et la beauté!

IV

Dors-tu content, Voltaire, et ton hideux sourire
Voltige-t-il encor sur tes os décharnés ?
Ton siècle était, dit-on, trop jeune pour te lire ;
Le nôtre doit te plaire et les hommes sont nés.
Il est tombé sur nous cet édifice immense
Que de tes larges mains tu sapais nuit et jour.
La Mort devait t'attendre avec impatience,
Pendant quatre-vingts ans que tu lui fis ta cour ;
Vous devez vous aimer d'un infernal amour.
Ne quittes-tu jamais la couche nuptiale
Où vous vous embrassez dans les vers du tombeau
Pour t'en aller tout seul promener ton front pâle
Dans un cloître désert ou dans un vieux château ?
Que te disent alors tous ces grands corps sans vie,
Ces murs silencieux, ces autels désolés,
Que pour l'éternité ton souffle a dépeuplés ?
Que te disent les croix ? que te dit le Messie ?
Oh ! saigne-t-il encor, quand, pour le déclouer,
Sur son arbre tremblant, comme une fleur flétrie,
Ton spectre dans la nuit revient le secouer ?
Crois-tu ta mission dignement accomplie,
Et comme l'Éternel, à la création,
Trouves-tu que c'est bien, et que ton œuvre est bon ?
Au festin de mon hôte alors je te convie.
Tu n'as qu'à te lever ; — quelqu'un soupe ce soir
Chez qui le Commandeur peut frapper et s'asseoir.
Entends-tu soupirer ces enfants qui s'embrassent ?
On dirait, dans l'étreinte où leurs bras nus s'enlacent,
Par une double vie un seul corps animé.
Des sanglots inouïs, des plaintes oppressées,
Ouvrent en frissonnant leurs lèvres insensées.
En les baisant au front le Plaisir s'est pâmé..
Ils sont jeunes et beaux, et, rien qu'à les entendre,
Comme un pavillon d'or le ciel devrait descendre :
Regarde ! — ils n'aiment pas, ils n'ont jamais aimé.
Où les ont-ils appris, ces mots si pleins de charmes,
Que la volupté seule, au milieu de ses larmes,
A le droit de répandre et de balbutier ?

O femme ! étrange objet de joie et de supplice ?
Mystérieux autel où, dans le sacrifice,
On entend tour à tour blasphémer et prier !
Dis-moi, dans quel écho, dans quel air vivent-elles,
Ces paroles sans nom, et pourtant éternelles,
Qui ne sont qu'un délire, et depuis cinq mille ans
Se suspendent encore aux lèvres des amants ?

O profanation ! point d'amour, et deux anges !
Deux cœurs purs comme l'or, que les saintes phalanges
Porteraient à leur père en voyant leur beauté !
Point d'amour ! et des pleurs ! et la nuit qui murmure,
Et le vent qui frémit, et toute la nature
Qui pâlit de plaisir, qui boit la volupté !
Et des parfums fumants, et des flacons à terre,
Et des baisers sans nombre, et peut-être, ô misère !
Un malheureux de plus qui maudira le jour...
Point d'amour ! et pourtant le spectre de l'amour !

Cloîtres silencieux, voûtes des monastères,
C'est vous, sombres caveaux, vous qui savez aimer !
Ce sont vos froides nefs, vos pavés et vos pierres,
Que jamais lèvre en feu n'a baisés sans pâmer.
Oh ! venez donc rouvrir vos profondes entrailles
A ces deux enfants-là qui cherchent le plaisir
Sur un lit qui n'est bon qu'à dormir ou mourir ;
Frappez-leur donc le cœur sur vos saintes murailles,
Que la haire sanglante y fasse entrer ses clous.
Trempez-leur donc le front dans les eaux baptismales,
Dites-leur donc un peu ce qu'avec leurs genoux
Il leur faudrait user de pierres sépulcrales
Avant de soupçonner qu'on aime comme vous !

Oui, c'est un vaste amour qu'au fond de vos calices
Vous buviez à pleins cœurs, moines mystérieux !
La tête du Sauveur errait sur vos cilices
Lorsque le doux sommeil avait fermé vos yeux,
Et, quand l'orgue chantait aux rayons de l'aurore,
Dans vos vitraux dorés vous la cherchiez encore.
Vous aimiez ardemment ! oh ! vous étiez heureux !

Vois-tu, vieil Arouet? cet homme plein de vie,
Qui de baisers ardents couvre ce sein si beau,
Sera couché demain dans un étroit tombeau.
Jetterais-tu sur lui quelques regards d'envie?
Sois tranquille, il t'a lu. Rien ne peut lui donner
Ni consolation ni lueur d'espérance.
Si l'incrédulité devient une science,
On parlera de Jacque, et, sans la profaner,
Dans ta tombe, ce soir, tu pourrais l'emmener.

Penses-tu cependant que si quelque croyance,
Si le plus léger fil le retenait encor,
Il viendrait sur ce lit prostituer sa mort?
Sa mort! — Ah! laisse-lui la plus faible pensée
Qu'elle n'est qu'un passage à quelque lieu d'horreur,
Au plus affreux, qu'importe? il n'en aura pas peur;
Il la relèvera, la jeune fiancée,
Il la regardera, dans l'espace élancée,
Porter au Dieu vivant la clef d'or de son cœur!

Voilà pourtant ton œuvre, Arouet, voilà l'homme
Tel que tu l'as voulu. — C'est dans ce siècle-ci,
C'est d'hier seulement qu'on peut mourir ainsi.
Quand Brutus s'écria, sur les débris de Rome :
« Vertu, tu n'es qu'un nom! » il ne blasphéma pas.
Il avait tout perdu, sa gloire et sa patrie,
Son beau rêve adoré, sa liberté chérie,
Sa Portia, son Cassius, son sang et ses soldats;
Il ne voulait plus croire aux choses de la terre.
Mais quand il se vit seul, assis sur une pierre,
En songeant à la mort, il regarda les cieux.
Il n'avait rien perdu dans cet espace immense;
Son cœur y respirait un air plein d'espérance;
Il lui restait encor son épée et ses dieux.

Et que nous reste-t-il, à nous, les déicides?
Pour qui travailliez-vous, démolisseurs stupides,
Lorsque vous disséquiez le Christ sur son autel?
Que vouliez-vous semer sur sa céleste tombe,
Quand vous jetiez au vent la sanglante colombe
Qui tombe en tournoyant dans l'abîme éternel?

Vous vouliez pétrir l'homme à votre fantaisie;
Vous vouliez faire un monde. — Eh bien, vous l'avez fait;
Votre monde est superbe et votre homme est parfait!
Les monts sont nivelés, la plaine est éclaircie;
Vous avez sagement taillé l'arbre de vie;
Tout est bien balayé sur vos chemins de fer,
Tout est grand, tout est beau, mais on meurt dans votre air.
Vous y faites vibrer de sublimes paroles;
Elles flottent au loin dans les vents empestés.
Elles ont ébranlé de terribles idoles;
Mais les oiseaux du ciel en sont épouvantés.
L'hypocrisie est morte, on ne croit plus aux prêtres;
Mais la vertu se meurt, on ne croit plus à Dieu.
Le noble n'est plus fier du sang de ses ancêtres;
Mais il le prostitue au fond d'un mauvais lieu.
On ne mutile plus la pensée et la scène,
On a mis au plein vent l'intelligence humaine;
Mais le peuple voudra des combats de taureau.
Quand on est pauvre et fier, quand on est riche et triste
On n'est plus assez fou pour se faire trappiste;
Mais on fait comme Escousse, on allume un réchaud.

V

Quand Rolla sur les toits vit le soleil paraître,
Il alla s'appuyer au bord de la fenêtre.
De pesants chariots commençaient à rouler.
Il courba son front pâle et resta sans parler.
En longs ruisseaux de sang se déchiraient les nues;
Tel, quand Jésus cria, des mains du ciel venues
Fendirent en lambeaux le voile aux plis sanglants.

Un groupe délaissé de chanteurs ambulants
Murmurait sur la place une ancienne romance.
Ah! comme les vieux airs qu'on chantait à douze ans
Frappent droit dans le cœur aux heures de souffrance!
Comme ils dévorent tout, comme on se sent loin d'eux!
Comme on baisse la tête en les trouvant si vieux!
Sont-ce là tes soupirs, noir Esprit des ruines?
Ange des souvenirs, sont-ce là tes sanglots?

Ah! comme ils voltigeaient, frais et légers oiseaux,
Sur le palais doré des amours enfantines!
Comme ils savent rouvrir les fleurs des temps passés
Et nous ensevelir, eux qui nous ont bercés!

Rolla se détourna pour regarder Marie.
Elle se trouvait lasse et s'était endormie.
Ainsi tous deux fuyaient les cruautés du sort,
L'enfant dans le sommeil, et l'homme dans la mort!
Quand le soleil se lève aux beaux jours de l'automne,
Les neiges sous ses pas paraissent s'embrasser.
Les épaules d'argent de la nuit qui frissonne
Se couvrent de rougeur sous son premier baiser.
Tel frissonne le corps d'une chaste pucelle,
Quand dans les soirs d'été le sang lui porte au cœur.
Tel le moindre désir qui l'effleure de l'aile
Met un voile de pourpre à la sainte pudeur.
Roi du monde, ô soleil! la terre est ta maîtresse;
Ta sœur dans ses bras nus l'endort à ton côté;
Tu n'as voulu pour toi l'éternelle jeunesse
Qu'afin de lui verser l'éternelle beauté!
Vous qui volez là-bas, légères hirondelles,
Dites-moi, dites-moi, pourquoi vais-je mourir?
Oh! l'affreux suicide! oh! si j'avais des ailes,
Par ce beau ciel si pur je voudrais les ouvrir!
Dites-moi, terre et cieux, qu'est-ce donc que l'aurore?
Qu'importe un jour de plus à ce vieil univers?
Dites-moi, verts gazons, dites-moi, sombres mers,
Quand des feux du matin l'horizon se colore,
Si vous n'éprouvez rien, qu'avez-vous donc en vous
Qui fait bondir le cœur et fléchir les genoux?
O terre! à ton soleil qui donc t'a fiancée?
Que chantent tes oiseaux? que pleure la rosée?
Pourquoi de tes amours viens-tu m'entretenir?
Que me voulez-vous tous, à moi qui vais mourir?

Et pourquoi donc *aimer*? Pourquoi ce mot terrible
Revenait-il sans cesse à l'esprit de Rolla?
Quels étranges accords, quelle voix invisible
Venaient le murmurer quand la mort était là?

A lui, qui, débauché jusques à la folie,

Et dans les cabarets vivant au jour le jour,
Aussi facilement qu'il méprisait la vie
Faisait gloire et métier de mépriser l'amour!
A lui, qui regardait ce mot comme une injure,
Et, comme un vieux soldat vous montre une blessure,
Montrait avec orgueil le rocher de son cœur,
Où n'avait pas germé la plus chétive fleur!
A lui, qui n'avait eu ni logis ni maîtresse,
Qui vivait en plein air, en défiant son sort,
Et qui laissait le vent secouer sa jeunesse,
Comme une feuille sèche au pied d'un arbre mort!
Et maintenant que l'homme avait vidé son verre,
Qu'il venait dans un bouge, à son heure dernière,
Chercher un lit de mort où l'on pût blasphémer;
Quand tout était fini, quand la nuit éternelle
Attendait de ses jours la dernière étincelle,
Qui donc au moribond osait parler d'aimer?

Lorsque le jeune aiglon, voyant partir sa mère,
En la suivant des yeux s'avance au bord du nid,
Qui donc lui dit alors qu'il peut quitter la terre,
Et sauter dans le ciel déployé devant lui?
Qui donc lui parle bas, l'encourage et l'appelle?
Il n'a jamais ouvert sa serre ni son aile;
Il sait qu'il est aiglon; — le vent passe, il le suit.
Il naît sous le soleil des âmes dégradées,
Comme il naît des chacals, des chiens et des serpents,
Qui meurent dans la fange où leurs mères sont nées,
Le ventre tout gonflé de leurs œufs malfaisants.
La nature a besoin de leurs sales lignées,
Pour engraisser la terre autour de ses tombeaux,
Chercher ses diamants et nourrir ses corbeaux.
Mais, quand elle pétrit ses nobles créatures,
Elle qui voit là-haut comme on vit ici-bas,
Elle sait des secrets qui les font assez pures
Pour que le monde entier ne les lui souille pas.

Le moule en est d'airain, si l'espèce en est rare.
Elle peut les plonger dans ses plus noirs marais;
Elle sait ce que vaut son marbre de Carrare
Et que les eaux du ciel ne l'entament jamais.

Une bonne Fortune. Page. 318.

Il peut s'assimiler au débauché vulgaire,
Celui que le ciseau de la commune mère
A taillé dans les flancs de ses plus purs granits.
Il peut pendant trois ans étouffer sa pensée.
Dans la nuit de son cœur la vipère glacée
Déroule tôt ou tard ses anneaux infinis.

Nègres de Saint-Domingue, après combien d'années
De farouche silence et de stupidité,
Vos peuplades sans nombre, au soleil enchaînées,
Se sont-elles de terre enfin déracinées
Au souffle de la haine et de la liberté?
C'est ainsi qu'aujourd'hui s'éveillent tes pensées,
O Rolla! c'est ainsi que bondissent tes fers,
Et que devant tes yeux des torches insensées
Courent à l'infini, traversant les déserts.
Écrase maintenant les débris de ta vie;
Écorche tes pieds nus sur les flacons brisés;
Et dans le dernier toast de ta dernière orgie,
Étouffe le néant dans tes bras épuisés.
Le néant! le néant! vois-tu son ombre immense
Qui ronge le soleil sur son axe enflammé?
L'ombre gagne! il s'éteint, — l'éternité commence :
Tu n'aimeras jamais, toi qui n'as point aimé.

Rolla, pâle et tremblant, referma la croisée.
Il brisa sur sa tige un pauvre dahlia.
« J'aime, lui dit la fleur, et je meurs embrasée
Des baisers du zéphyr, qui me relèvera.
J'ai jeté loin de moi, quand je me suis parée,
Les éléments impurs qui souillaient ma fraîcheur.
Il m'a baisée au front dans ma robe dorée;
Tu peux m'épanouir, et me briser le cœur. »

J'aime! — voilà le mot que la nature entière
Crie au vent qui l'emporte, à l'oiseau qui le suit!
Sombre et dernier soupir que poussera la terre
Quand elle tombera dans l'éternelle nuit!
Oh! vous le murmurez dans vos sphères sacrées,
Étoiles du matin, ce mot triste et charmant!
La plus faible de vous, quand Dieu vous a créées,

A voulu traverser les plaines éthérées,
Pour chercher le soleil, son immortel amant.
Elle s'est élancée au sein des nuits profondes.
Mais une autre l'aimait elle-même; — et les mondes
Se sont mis en voyage autour du firmament.

Jacque était immobile, et regardait Marie.
Je ne sais ce qu'avait cette femme endormie
D'étrange dans ses traits, de grand, de *déjà vu*.
Il se sentait frémir d'un frisson inconnu.
N'était-ce pas sa sœur, cette prostituée?
Les murs de cette chambre obscure et délabrée
N'étaient-ils pas aussi faits pour l'ensevelir?
Ne la sentait-il pas souffrir de sa torture,
Et saigner des douleurs dont il allait mourir?

« Oui, dans cette chétive et douce créature,
La Résignation marche à pas languissants.
Sa souffrance est ma sœur, — oui, voilà la statue
Que je devais trouver sur ma tombe étendue,
Dormant d'un doux sommeil tandis que j'y descends.
Oh! ne l'éveille pas! ta vie est à la terre,
Mais ton sommeil est pur, — ton sommeil est à Dieu!
Laisse-moi le baiser sur ta longue paupière :
C'est à lui, pauvre enfant, que je veux dire adieu;
Lui qui n'a pas vendu sa robe d'innocence;
Lui que je puis aimer, et n'ai point acheté;
Lui qui se croit encore aux jours de ton enfance,
Lui qui rêve! — et qui n'a de toi que la beauté.

O mon Dieu, n'est-ce pas une forme angélique
Qui flotte mollement sous ce rideau léger?
S'il est vrai que l'amour, ce cygne passager,
N'ait besoin, pour dorer son chant mélancolique,
Que des contours divins de la réalité,
Et de ce qui voltige autour de la beauté;
S'il est vrai qu'ici-bas on le trompe sans cesse,
Et que lui qui le sait, de peur de se guérir,
Doive éternellement ne prendre à sa maîtresse
Que les illusions qu'il lui faut pour souffrir;
Qu'ai-je à chercher ailleurs? La jeunesse et la vie

Ne sont-elles pas là dans toute leur fraîcheur?
Amour! tu peux venir. Que t'importe Marie?
Pendant que sur sa tige elle est épanouie,
Si tu n'es qu'un parfum, sors de la triste fleur! »

Lentement, doucement, à côté de Marie,
Les yeux sur ses yeux bleus, leur fraîche haleine unie,
Rolla s'était couché : son regard assoupi
Flottait, puis remontait, puis mourait malgré lui.
Marie, en soupirant, entr'ouvrit sa paupière.
« Je faisais, lui dit-elle, un rêve singulier :
J'étais là, dans ce lit, je croyais m'éveiller;
La chambre me semblait comme un grand cimetière
Tout plein de tertres verts et de vieux ossements.
Trois hommes dans la neige apportaient une bière;
Ils la posèrent là pour faire leur prière;
Puis la bière s'ouvrit, et je vous vis dedans.
Un gros flot de sang noir vous coulait sur la face.
Vous vous êtes levé pour venir à mon lit;
Vous m'avez pris la main, et puis vous avez dit :
« Qu'est-ce que tu fais là? pourquoi prends-tu ma place? »
Alors j'ai regardé, j'étais sur un tombeau.

— Vraiment? répondit Jacque; eh bien, ma chère amie,
Ton rêve est assez vrai, du moins, s'il n'est pas beau.
Tu n'auras pas besoin demain d'être endormie
Pour en voir un pareil; je me tuerai ce soir. »

Marie en souriant regarda son miroir.
Mais elle y vit Rolla si pâle derrière elle,
Qu'elle en resta muette et plus pâle que lui.
« Ah! dit-elle en tremblant, qu'avez-vous aujourd'hui?
— Ce que j'ai? dit Rolla, tu ne sais pas, ma belle,
Que je suis ruiné depuis hier au soir?
C'est pour te dire adieu que je venais te voir.
Tout le monde le sait, il faut que je me tue.
— Vous avez donc joué? — Non, je suis ruiné.
— Ruiné! » dit Marie. Et, comme une statue,
Elle fixait à terre un grand œil étonné.
« Ruiné? ruiné? vous n'avez pas de mère?
Pas d'amis? de parents? personne sur la terre?

Vous voulez vous tuer? pourquoi vous tuez-vous? »
Elle se retourna sur le bord de sa couche.
Jamais son doux regard n'avait été si doux.
Deux ou trois questions flottèrent sur sa bouche ;
Mais, n'osant pas les faire, elle s'en vint poser
Sa tête sur la sienne et lui prit un baiser.
« Je voudrais pourtant bien te faire une demande,
Murmura-t-elle enfin : moi, je n'ai pas d'argent,
Et, sitôt que j'en ai, ma mère me le prend.
Mais j'ai mon collier d'or, veux-tu que je le vende?
Tu prendras ce qu'il vaut et tu l'iras jouer. »
Rolla lui répondit par un léger sourire.

Il prit un flacon noir qu'il vida sans rien dire ;
Puis, se penchant sur elle, il baisa son collier.
Quand elle souleva sa tête appesantie,
Ce n'était déjà plus qu'un être inanimé.
Dans ce chaste baiser son âme était partie,
Et, pendant un moment, tous deux avaient aimé.

Août 1833.

CHANSON

A Saint-Blaise, à la Zuecca,
Vous étiez, vous étiez bien aise
   A Saint-Blaise.
A Saint-Blaise, à la Zuecca,
   Nous étions bien là.

Mais de vous en souvenir
   Prendrez-vous la peine?
Mais de vous en souvenir
   Et d'y revenir.

A Saint-Blaise, à la Zuecca,
Dans les prés fleuris cueillir la verveine,
A Saint-Blaise, à la Zuecca.
   Vivre et mourir là!

Venise, 3 février 1834.

UNE BONNE FORTUNE

I

C'est un fait reconnu, qu'une bonne fortune
Est un sujet divin pour un in-octavo.
Ainsi donc, bravement, je vais en conter une :
Le scandale est de mode ; il se relie en veau.
C'est un goût naturel, qui va jusqu'à la lune :
Depuis Endymion, on sait ce qu'elle vaut.

II

Ce qu'on fait maintenant, on le dit ; et la cause
En est bien excusable : on fait si peu de chose !
Mais, si peu qu'il ait fait, chacun trouve à son gré
De le voir par écrit dûment enregistré ;
Chacun sait aujourd'hui quand il fait de la prose.
Le siècle est, à vrai dire, un mandarin lettré.

III

Il faut en convenir, l'antique Modestie
Faisait bâiller son monde, et nous n'y tenions plus.
Grâce à Dieu, pour New-York elle est enfin partie :
C'était un vieux rameau de l'arbre de la vie :
Et tant de pauvres gens, d'ailleurs, s'y sont pendus,
Qu'il n'est pas étonnant qu'elle ait les bras rompus.

IV

Le scandale, au contraire, a cela d'admirable,
Qu'étant vieux comme Hérode, il est toujours nouveau.
Que voilà cinq mille ans qu'on le trouve adorable :
Toujours frais, toujours gai, vrai Tithon de la Fable,
Que l'Aurore, au lever, rend plus jeune et plus beau,
Et que Vénus, le soir, endort dans un berceau.

V

Apprenez donc, lecteur, que je viens d'Allemagne.
Vous savez, en été, comme on s'ennuie ici ;
En outre, pour mon compte, ayant quelque souci,
Je m'en fus prendre à Bade un semblant de campagne.
(Bade est un parc anglais fait sur une montagne,
Ayant quelque rapport avec Montmorency.)

VI

Vers le mois de juillet, quiconque a de l'usage
Et porte du respect au boulevard de Gand,
Sait que le vrai bon ton ordonne absolument
A tout être créé possédant équipage
De se précipiter sur ce petit village,
Et de s'y bousculer impitoyablement.

VII

Les dames de Paris savent par la gazette
Que l'air de Bade est noble et parfaitement sain.
Comme on va chez Herbault faire un peu de toilette,
On fait de la santé là-bas ; c'est une emplette :
Des roses au visage, et de la neige au sein ;
Ce qui n'est défendu par aucun médecin.

VIII

Bien entendu, d'ailleurs, que le but du voyage
Est de prendre les eaux ; c'est un compte réglé.
D'eaux, je n'en ai point vu lorsque j'y suis allé ;
Mais, qu'on en puisse voir, je n'en mets rien en gage ;
Je crois même, en honneur, que l'eau du voisinage
A, quand on l'examine, un petit goût salé.

IX

Or, comme on a dansé tout l'hiver, on est lasse ;
On accourt donc à Bade avec l'intention
De n'y pas soupçonner l'ombre d'un violon.
Mais dès qu'il y fait nuit, que voulez-vous qu'on fasse ?
Personne au Vieux Château, personne à la Terrasse ;
On entre à la maison de Conversation.

X

Cette maison se trouve être un gros bloc fossile,
Bâti de vive force à grands coups de moellon ;
C'est comme un temple grec, tout recouvert en tuile,
Une espèce de grange avec un péristyle,
Je ne sais quoi d'informe et n'ayant pas de nom ;
Comme un grenier à foin, bâtard du Parthénon.

XI

J'ignore vers quel temps Balzébuth l'a construite.
Peut-être est-ce un mammouth du règne minéral.
Je la prendrais plutôt pour quelque aérolithe
Tombé un jour de pluie, au temps du carnaval.
Quoi qu'il en soit du moins, les flancs de l'animal
Sont construits tout à point pour l'âme qui l'habite.

XII

Cette âme, c'est le jeu ; mettez bas le chapeau ;
Vous qui venez ici, mettez bas l'espérance.
Derrière ces piliers, dans cette salle immense,
S'étale un tapis vert sur lequel se balance
Un grand lustre blafard au bout d'un oripeau
Que dispute à la nuit une pourpre en lambeau.

XIII

Là, du soir au matin, roule le grand *peut-être*,
Le hasard, noir flambeau de ces siècles d'ennui,
Le seul qui dans le ciel flotte encore aujourd'hui.
Un bal est à deux pas ; à travers la fenêtre,
On le voit çà et là bondir et disparaître,
Comme un chevreau lascif qu'une abeille poursuit.

XIV

Les croupiers nasillards chevrotent en cadence,
Au son des instruments, leurs mots mystérieux ;
Tout est joie et chansons ; la roulette commence :
Ils lui donnent le branle, ils la mettent en danse,
Et, ratissant gaîment l'or qui scintille aux yeux,
Ils jardinent ainsi sur un rhythme joyeux.

Une bonne Fortune.

Page 327.

XV

L'abreuvoir est public, et qui veut vient y boire.
J'ai vu les paysans, fils de la forêt Noire,
Leurs bâtons à la main, entrer dans ce réduit :
Je les ai vus penchés sur la bille d'ivoire,
Ayant à travers champs couru toute la nuit,
Fuyards désespérés de quelque honnête lit ;

XVI

Je les ai vus debout, sous la lampe enfumée,
Avec leur veste rouge et les souliers boueux,
Tournant leur grands chapeaux entre leurs doigts calleux,
Poser sous les râteaux la sueur d'une année !
Et là, muets d'horreur devant la Destinée,
Suivre des yeux leur pain qui courait devant eux !

XVII

Dirai-je qu'ils perdaient ? Hélas ! ce n'était guères.
C'était bien vite fait de leur vider les mains.
Ils regardaient alors toutes ces étrangères,
Cet or, ces voluptés, ces belles passagères,
Tout ce monde enchanté de la saison des bains,
Qui s'en va sans poser le pied sur les chemins.

XVIII

Ils couraient, ils partaient, tout ivres de lumière,
Et la nuit sur leurs yeux posait son noir bandeau.
Ces mains vides, ces mains qui labouraient la terre,
Il fallait les étendre, en rentrant au hameau,
Pour trouver à tâtons les murs de la chaumière,
L'aïeule au coin du feu, les enfants au berceau !

XIX

O toi, Père immortel, dont le Fils s'est fait homme,
Si jamais ton jour vient, Dieu juste, ô Dieu vengeur !...
J'oublie à tout moment que je suis gentilhomme.
Revenons à mon fait : tout chemin mène à Rome.
Ces pauvres paysans (pardonne-moi, lecteur),
Ces pauvres paysans, je les ai sur le cœur.

XX

Me voici donc à Bade : et vous pensez, sans doute,
Puisque j'ai commencé par vous parler du jeu,
Que j'eus pour premier soin d'y perdre quelque peu.
Vous ne vous trompez pas, je vous en fais l'aveu.
De même que pour mettre une armée en déroute,
Il ne faut qu'un poltron qui lui montre la route ;

XXI

De même, dans ma bourse, il ne faut qu'un écu
Qui tourne les talons, et le reste est perdu.
Tout ce que je possède a quelque ressemblance
Aux moutons de Panurge : au premier qui commence,
Voilà Panurge à sec et son troupeau tondu.
Hélas ! le premier pas se fait sans qu'on y pense.

XXII

Ma poche est comme une île escarpée et sans bords,
On n'y saurait rentrer quand on en est dehors.
Au moindre fil cassé, l'écheveau se dévide :
Entraînement funeste et d'autant plus perfide,
Que j'eus de tous les temps la sainte horreur du vide,
Et qu'après le combat je rêve à tous mes morts.

XXIII

Un soir, venant de perdre une bataille honnête,
Ne possédant plus rien qu'un grand mal à la tête,
Je regardais le ciel, étendu sur un banc,
Et songeais, dans mon âme, aux héros d'Ossian.
Je pensai tout à coup à faire une conquête ;
Il tressaillit en moi des phrases de roman.

XXIV

Il ne faudrait pourtant, me disais-je à moi-même,
Qu'une permission de notre seigneur Dieu,
Pour qu'il vînt à passer quelque femme en ce lieu.
Les bosquets sont déserts ; la chaleur est extrême ;
Les vents sont à l'amour ; l'horizon est en feu ;
Toute femme, ce soir, doit désirer qu'on l'aime.

XXV

S'il venait à passer, sous ces grands marronniers,
Quelque alerte beauté de l'école flamande,
Une ronde fillette, échappée à Téniers,
Ou quelque ange pensif de candeur allemande :
Une vierge en or fin d'un livre de légende,
Dans un flot de velours traînant ses petits pieds ;

XXVI

Elle viendrait par là, de cette sombre allée,
Marchant à pas de biche avec un air boudeur,
Écoutant murmurer le vent dans la feuillée,
De paresse amoureuse et de langueur voilée,
Dans ses doigts inquiets tourmentant une fleur,
Le printemps sur la joue, et le ciel dans le cœur.

XXVII

Elle s'arrêterait là-bas, sous la tonnelle.
Je ne lui dirais rien, j'irais tout simplement
Me mettre à deux genoux par terre devant elle,
Regarder dans ses yeux l'azur du firmament,
Et pour toute faveur la prier seulement
De se laisser aimer d'une amour immortelle.

XXVIII

Comme j'en étais là de mon raisonnement,
Enfoncé jusqu'au cou dans cette rêverie,
Une bonne passa, qui tenait un enfant.
Je crus m'apercevoir que le pauvre innocent
Avait dans ses grands yeux quelque mélancolie.
Ayant toujours aimé cet âge à la folie,

XXIX

Et ne pouvant souffrir de le voir maltraité,
Je fus à la rencontre, et m'enquis de la bonne
Quel motif de colère ou de sévérité
Avait du chérubin dérobé la gaîté.
« Quoi qu'il ait fait, d'abord, je veux qu'on lui pardonne,
Lui dis-je, et ce qu'il veut, je veux qu'on le lui donne. »

XXX

(C'est mon opinion de gâter les enfants.)
Le marmot là-dessus, m'accueillant d'un sourire.
D'abord à me répondre hésita quelque temps ;
Puis il tendit la main et finit par me dire :
« Qu'il n'avait pas de quoi donner aux mendiants. »
Le ton dont il le dit, je ne peux pas l'écrire.

XXXI

Mais vous savez, lecteur, que j'étais ruiné ;
J'avais encor, je crois, deux écus dans ma bourse :
C'était, en vérité, mon unique ressource,
La seule goutte d'eau qui restât dans la source,
Le seul verre de vin pour mon prochain dîné ;
Je les tirai bien vite, et je les lui donnai.

XXXII

Il les prit sans façon et s'en fut de la sorte.
A quelques jours de là, comme j'étais au lit,
La Fortune, en passant, vint frapper à ma porte.
Je reçus de Paris une somme assez forte,
Et très heureusement il me vint à l'esprit
De payer l'hôtelier qui m'avait fait crédit.

XXXIII

Mon marmot cependant se trouvait une fille,
Anglaise de naissance et de bonne famille.
Or, la veille du jour fixé pour mon départ,
Je vins à rencontrer sa mère par hasard.
C'était au bal. — Au bal il faut bien qu'on babille :
Je fis donc pour le mieux mon métier de bavard.

XXXIV

Une goutte de lait dans la plaine éthérée
Tomba, dit-on, jadis, du haut du firmament.
La Nuit, qui sur son char passait en ce moment,
Vit ce pâle sillon sur sa mer azurée,
Et, secouant les plis de sa robe nacrée,
Fit au ruisseau céleste un lit de diamant.

XXXV

Les Grecs, enfants gâtés des Filles de Mémoire,
De miel et d'ambroisie ont doré cette histoire;
Mais j'en veux dire un point qui fut ignoré d'eux :
C'est que, lorsque Junon vit son beau sein d'ivoire
En un fleuve de lait changer ainsi les cieux,
Elle eut peur tout à coup du souverain des dieux.

XXXVI

Elle voulut poser ses mains sur sa poitrine ;
Et, sentant ruisseler sa mamelle divine,
Pour épargner l'Olympe, elle se détourna :
Le soleil était loin, la terre était voisine ;
Sur notre pauvre argile une goutte en tomba ;
Tout ce que nous aimons nous est venu de là.

XXXVII

C'était un bel enfant que cette jeune mère ;
Un véritable enfant, — et la riche Angleterre
Plus d'une fois dans l'eau jettera son filet
Avant d'y retrouver une perle aussi chère ;
En vérité, lecteur, pour faire son portrait,
Je ne puis mieux trouver qu'une goutte de lait.

XXXVIII

Jamais le voile blanc de la mélancolie
Ne fut plus transparent sur un sang plus vermeil.
Je m'assis auprès d'elle et parlai d'Italie ;
Car elle connaissait le pays sans pareil.
Elle en venait, hélas ! à sa froide patrie
Rapportant dans son cœur un rayon du soleil.

XXXIX

Nous causâmes longtemps, elle était simple et bonne.
Ne sachant pas le mal, elle faisait le bien ;
Des richesses du cœur elle me fit l'aumône,
Et, tout en écoutant comme le cœur se donne,
Sans oser y penser, je lui donnai le mien ;
Elle emporta ma vie et n'en sut jamais rien.

XL

Le soir, en revenant, après la contredanse,
Je lui donnai le bras, nous entrâmes au jeu ;
Car on ne peut sortir autrement de ce lieu.
« Vous partez, me dit-elle, et vous allez, je pense,
D'ici jusque chez vous faire quelque dépense ;
Pour votre dernier jour il faut jouer un peu. »

XLI

Elle me fit asseoir avec un doux sourire.
Je ne sais quel caprice alors la conseilla ;
Elle étendit la main et me dit : « Jouez là. »
Par cet ange aux yeux bleus je me laissai conduire,
Et je n'ai pas besoin, mon ami, de vous dire
Qu'avec quelques louis mon numéro gagna.

XLII

Nous jouâmes ainsi pendant une heure entière,
Et je vis devant moi tomber tout un trésor ;
Si c'était rouge ou noir, je ne m'en souviens guère ;
Si c'était dix ou vingt, je n'en sais rien encor ;
Je partais pour la France, elle pour l'Angleterre,
Et je sortis de là les deux mains pleines d'or.

XLIII

Quand je rentrai chez moi, je vis cette richesse ;
Je me souvins alors de ce jour de détresse
Où j'avais à l'enfant donné mes deux écus.
C'était par charité : je les croyais perdus.
De Celui qui voit tout je compris la sagesse :
La mère, ce soir-là, me les avait rendus.

XLIV

Lecteur, si je n'ai pas la mémoire égarée,
Je t'ai promis, je crois, en commençant ceci,
Une bonne fortune : elle finit ainsi.
Mon bonheur, tu le vois, vécut une soirée ;
J'en connais cependant de plus longue durée
Que je ne voudrais pas changer pour celui-ci.

Décembre 1834.

LUCIE.

ÉLÉGIE

    Mes chers amis, quand je mourrai,
    Plantez un saule au cimetière.
    J'aime son feuillage éploré,
    La pâleur m'en est douce et chère,
    Et son ombre sera légère
    A la terre où je dormirai.

Un soir, nous étions seuls, j'étais assis près d'elle,
Elle penchait la tête, et sur son clavecin
Laissait, tout en rêvant, flotter sa blanche main.
Ce n'était qu'un murmure : on eût dit les coups d'aile
D'un zéphir éloigné glissant sur des roseaux,
Et craignant en passant d'éveiller les oiseaux.
Les tièdes voluptés des nuits mélancoliques
Sortaient autour de nous du calice des fleurs.
Les marronniers du parc et les chênes antiques
Se berçaient doucement sous leurs rameaux en pleurs.
Nous écoutions la nuit; la croisée entr'ouverte
Laissait venir à nous les parfums du printemps;
Les vents étaient muets, la plaine était déserte;
Nous étions seuls, pensifs, et nous avions quinze ans.
Je regardais Lucie. — Elle était pâle et blonde.
Jamais deux yeux plus doux n'ont du ciel le plus pur
Sondé la profondeur et réfléchi l'azur.
Sa beauté m'enivrait; je n'aimais qu'elle au monde.
Mais je croyais l'aimer comme on aime une sœur,
Tant ce qui venait d'elle était plein de pudeur!
Nous nous tûmes longtemps; ma main touchait la sienne,
Je regardais rêver son front triste et charmant,
Et je sentais dans l'âme, à chaque mouvement,
Combien peuvent sur nous, pour guérir toute peine,
Ces deux signes jumeaux de paix et de bonheur,
Jeunesse de visage et jeunesse de cœur.
La lune, se levant dans un ciel sans nuage,
D'un long réseau d'argent tout à coup l'inonda.

ŒUVRES D'ALFRED DE MUSSET

LUCIE.　　　　　　　　　　　　　　　　Page 330.

Bibl. Charpentier.　　　　　　　　　　　　LIV. 42.

Elle vit dans mes yeux resplendir son image ;
Son sourire semblait d'un ange : elle chanta.

. . . .
. . . .

Fille de la douleur, Harmonie ! Harmonie !
Langue que pour l'amour inventa le génie !
Qui nous vins d'Italie, et qui lui vins des cieux !
Douce langue du cœur, la seule où la pensée,
Cette vierge craintive et d'un ombre offensée,
Passe en gardant son voile et sans craindre les yeux !
Qui sait ce qu'un enfant peut entendre et peut dire
Dans les soupirs divins, nés de l'air qu'il respire,
Tristes comme son cœur et doux comme sa voix ?
On surprend un regard, une larme qui coule ;
Le reste est un mystère ignoré de la foule,
Comme celui des flots, de la nuit et des bois !
Nous étions seuls, pensifs ; je regardais Lucie.
L'écho de sa romance en nous semblait frémir.
Elle appuya sur moi sa tête appesantie.
Sentais-tu dans ton cœur Desdemona gémir,
Pauvre enfant ? Tu pleurais ; sur ta bouche adorée
Tu laissas tristement mes lèvres se poser,
Et ce fut ta douleur qui reçut mon baiser.
Telle je t'embrassai, froide et décolorée,
Telle, deux mois après, tu fus mise au tombeau ;
Telle, ô ma chaste fleur ! tu t'es évanouie.
Ta mort fut un sourire aussi doux que ta vie,
Et tu fus rapportée à Dieu dans ton berceau.

. . . .

Doux mystère du toit que l'innocence habite,
Chansons, rêves d'amour, rires, propos d'enfant,
Et toi, charme inconnu dont rien ne se défend,
Qui fis hésiter Faust au seuil de Marguerite,
Candeur des premiers jours, qu'êtes-vous devenus ?
Paix profonde à ton âme, enfant ! à ta mémoire !
Adieu ! ta blanche main sur le clavier d'ivoire,
Durant les nuits d'été, ne voltigera plus...

Mes chers amis, quand je mourrai,
Plantez un saule au cimetière.

J'aime son feuillage éploré,
La pâleur m'en est douce et chère,
Et son ombre sera légère
A la terre où je dormirai.

Mai 1835.

A MADAME ***

QUI AVAIT ENVOYÉ, PAR PLAISANTERIE, UN PETIT ÉCU A L'AUTEUR

Vous m'envoyez, belle Émilie,
Un poulet bien emmaillotté ;
Votre main discrète et polie
L'a soigneusement cacheté.
Mais l'aumône est un peu légère,
Et, malgré sa dextérité,
Cette main est bien ménagère
Dans ses actes de charité.
C'est regarder à la dépense
Si votre offrande est un paiement ;
Et si c'est une récompense,
Vous n'aviez pas besoin d'argent.
A l'avenir, belle Émilie,
Si votre cœur est généreux,
Aux pauvres gens, je vous en prie,
Faites l'aumône avec vos yeux.
Quand vous trouverez le mérite,
Et quand vous voudrez le payer,
Souvenez-vous de Marguerite
Et du poète Alain Chartier.
Il était bien laid, dit l'histoire.
La dame était fille de roi ;
Je suis bien obligé de croire
Qu'il faisait mieux les vers que moi.
Mais si ma plume est peu de chose,
Mon cœur, hélas ! ne vaut pas mieux ;
Fût-ce même pour de la prose,
Vos cadeaux sont trop dangereux.

Que votre charité timide
Garde son argent et son or,
Car en ouvrant votre main vide,
Vous pouvez donner un trésor.

1835.

LA NUIT DE MAI

LA MUSE.

Poète, prends ton luth et me donne un baiser ;
La fleur de l'églantier sent ses bourgeons éclore.
Le printemps naît ce soir ; les vents vont s'embraser,
Et la bergeronnette, en attendant l'aurore,
Aux premiers buissons verts commence à se poser.
Poète, prends ton luth et me donne un baiser.

LE POÈTE.

Comme il fait noir dans la vallée !
J'ai cru qu'une forme voilée
Flottait là-bas sur la forêt.
Elle sortait de la prairie ;
Son pied rasait l'herbe fleurie :
C'est une étrange rêverie ;
Elle s'efface et disparaît.

LA MUSE.

Poète, prends ton luth ; la nuit, sur la pelouse,
Balance le zéphyr dans son voile odorant.
La rose, vierge encor, se referme jalouse
Sur le frelon nacré qu'elle enivre en mourant.
Écoute ! tout se tait ; songe à ta bien-aimée.
Ce soir, sous les tilleuls, à la sombre ramée
Le rayon du couchant laisse un adieu plus doux.
Ce soir, tout va fleurir : l'immortelle nature
Se remplit de parfums, d'amour et de murmure,
Comme le lit joyeux de deux jeunes époux.

LE POÈTE.

Pourquoi mon cœur bat-il si vite ?
Qu'ai-je donc en moi qui s'agite
Dont je me sens épouvanté ?

LA NUIT DE MAI

Ne frappe-t-on pas à ma porte ?
Pourquoi ma lampe à demi morte
M'éblouit-elle de clarté ?
Dieu puissant ! tout mon corps frissonne.
Qui vient ? qui m'appelle ? — Personne.
Je suis seul ; c'est l'heure qui sonne ;
O solitude ! ô pauvreté !

LA MUSE.

Poète, prends ton luth ; le vin de la jeunesse
Fermente cette nuit dans les veines de Dieu.
Mon sein est inquiet ; la volupté l'oppresse,
Et les vents altérés m'ont mis la lèvre en feu.
O paresseux enfant, regarde, je suis belle.
Notre premier baiser, ne t'en souviens-tu pas,
Quand je te vis si pâle au toucher de mon aile,
Et que, les yeux en pleurs, tu tombas dans mes bras ?
Ah ! je t'ai consolé d'une amère souffrance !
Hélas ! bien jeune encor, tu te mourais d'amour.
Console-moi ce soir, je me meurs d'espérance ;
J'ai besoin de prier pour vivre jusqu'au jour.

LE POÈTE.

Est-ce toi dont la voix m'appelle,
O ma pauvre Muse ! est-ce toi ?
O ma fleur ! ô mon immortelle !
Seul être pudique et fidèle
Où vive encor l'amour de moi !
Oui, te voilà, c'est toi, ma blonde,
C'est toi, ma maîtresse et ma sœur !
Et je sens, dans la nuit profonde,
De ta robe d'or qui m'inonde
Les rayons glisser dans mon cœur.

LA MUSE.

Poète, prends ton luth ; c'est moi, ton immortelle,
Qui t'ai vu cette nuit triste et silencieux,
Et qui, comme un oiseau que sa couvée appelle,
Pour pleurer avec toi descends du haut des cieux.
Viens, tu souffres, ami. Quelque ennui solitaire
Te ronge, quelque chose a gémi dans ton cœur ;
Quelque amour t'est venu, comme on en voit sur terre,
Une ombre de plaisir, un semblant de bonheur.
Viens, chantons devant Dieu ; chantons dans tes pensées.

Dans tes plaisirs perdus, dans tes peines passées;
Partons, dans un baiser, pour un monde inconnu.
Éveillons au hasard les échos de ta vie,
Parlons-nous de bonheur, de gloire et de folie,
Et que ce soit un rêve, et le premier venu.
Inventons quelque part des lieux où l'on oublie;
Partons, nous sommes seuls, l'univers est à nous.
Voici la verte Écosse et la brune Italie,
Et la Grèce, ma mère, où le miel est si doux,
Argos, et Ptéléon, ville des hécatombes;
Et Messa la divine, agréable aux colombes;
Et le front chevelu de Pélion changeant;
Et le bleu Titarèse, et le golfe d'argent
Qui montre dans ses eaux, où le cygne se mire,
La blanche Oloossone à la blanche Camyre.
Dis-moi, quel songe d'or nos chants vont-ils bercer?
D'où vont venir les pleurs que nous allons verser?
Ce matin, quand le jour a frappé ta paupière,
Quel séraphin pensif, courbé sur ton chevet,
Secouait des lilas dans sa robe légère,
Et te contait tout bas les amours qu'il rêvait?
Chanterons-nous l'espoir, la tristesse ou la joie?
Tremperons-nous de sang les bataillons d'acier?
Suspendrons-nous l'amant sur l'échelle de soie?
Jetterons-nous au vent l'écume du coursier?
Dirons-nous quelle main, dans les lampes sans nombre
De la maison céleste, allume nuit et jour
L'huile sainte de vie et d'éternel amour?
Crierons-nous à Tarquin : « Il est temps, voici l'ombre! »
Descendrons-nous cueillir la perle au fond des mers?
Mènerons-nous la chèvre aux ébéniers amers?
Montrerons-nous le ciel à la Mélancolie?
Suivrons-nous le chasseur sur les monts escarpés?
La biche le regarde; elle pleure et supplie;
Sa bruyère l'attend; ses faons sont nouveau-nés;
Il se baisse, il l'égorge, il jette à la curée
Sur les chiens en sueur son cœur encor vivant.
Peindrons-nous une vierge à la joue empourprée,
S'en allant à la messe, un page la suivant,
Et d'un regard distrait, à côté de sa mère,
Sur sa lèvre entr'ouverte oubliant sa prière?

Elle écoute en tremblant, dans l'écho du pilier,
Résonner l'éperon d'un hardi cavalier.
Dirons-nous aux héros des vieux temps de la France
De monter tout armés aux créneaux de leurs tours,
Et de ressusciter la naïve romance
Que leur gloire oubliée apprit aux troubadours?
Vêtirons-nous de blanc une molle élégie?
L'homme de Waterloo nous dira-t-il sa vie,
Et ce qu'il a fauché du troupeau des humains
Avant que l'envoyé de la nuit éternelle
Vint sur son tertre vert l'abattre d'un coup d'aile,
Et sur son cœur de fer lui croiser les deux mains?
Clouerons-nous au poteau d'une satire altière
Le nom sept fois vendu d'un pâle pamphlétaire,
Qui, poussé par la faim, du fond de son oubli,
S'en vient, tout grelottant d'envie et d'impuissance,
Sur le front du génie insulter l'espérance,
Et mordre le laurier que son souffle a sali?
Prends ton luth! prends ton luth! je ne peux plus me taire;
Mon aile me soulève au souffle du printemps.
Le vent va m'emporter; je vais quitter la terre.
Une larme de toi! Dieu m'écoute; il est temps.

LE POÈTE.

   S'il ne te faut, ma sœur chérie,
   Qu'un baiser d'une lèvre amie
   Et qu'une larme de mes yeux,
   Je te les donnerai sans peine;
   De nos amours qu'il te souvienne,
   Si tu remontes dans les cieux.
   Je ne chante ni l'espérance,
   Ni la gloire, ni le bonheur,
   Hélas! pas même la souffrance.
   La bouche garde le silence
   Pour écouter parler le cœur.

LA MUSE.

Crois-tu donc que je sois comme le vent d'automne,
Qui se nourrit de pleurs jusque sur un tombeau,
Et pour qui la douleur n'est qu'une goutte d'eau?
O poète! un baiser, c'est moi qui te le donne.
L'herbe que je voulais arracher de ce lieu,
C'est ton oisiveté; ta douleur est à Dieu.

Quel que soit le souci que ta jeunesse endure,
Laisse-la s'élargir, cette sainte blessure
Que les noirs séraphins t'ont faite au fond du cœur ;
Rien ne nous rend si grands qu'une grande douleur.
Mais, pour en être atteint, ne crois pas, ô poète,
Que ta voix ici-bas doive rester muette.
Les plus désespérés sont les chants les plus beaux,
Et j'en sais d'immortels qui sont de purs sanglots.
Lorsque le pélican, lassé d'un long voyage,
Dans les brouillards du soir retourne à ses roseaux,
Ses petits affamés courent sur le rivage
En le voyant au loin s'abattre sur les eaux.
Déjà, croyant saisir et partager leur proie,
Ils courent à leur père avec des cris de joie
En secouant leurs becs sur leurs goitres hideux
Lui, gagnant à pas lents une roche élevée,
De son aile pendante abritant sa couvée,
Pêcheur mélancolique, il regarde les cieux.
Le sang coule à longs flots de sa poitrine ouverte ;
En vain il a des mers fouillé la profondeur :
L'Océan était vide et la plage déserte ;
Pour toute nourriture il apporte son cœur.
Sombre et silencieux, étendu sur la pierre,
Partageant à ses fils ses entrailles de père,
Dans son amour sublime il berce sa douleur,
Et, regardant couler sa sanglante mamelle,
Sur son festin de mort il s'affaisse et chancelle,
Ivre de volupté, de tendresse et d'horreur.
Mais parfois, au milieu du divin sacrifice,
Fatigué de mourir dans un trop long supplice,
Il craint que ses enfants ne le laissent vivant ;
Alors il se soulève, ouvre son aile au vent,
Et se frappant le cœur avec un cri sauvage,
Il pousse dans la nuit un si funèbre adieu,
Que les oiseaux des mers désertent le rivage,
Et que le voyageur attardé sur la plage,
Sentant passer la mort, se recommande à Dieu.
Poète, c'est ainsi que font les grands poètes.
Ils laissent s'égayer ceux qui vivent un temps ;
Mais les festins humains qu'ils servent à leurs fêtes
Ressemblent la plupart à ceux des pélicans.

Les Nuits. Page 332.

Bibl. Charpentier. LIV. 43.

Quand ils parlent ainsi d'espérances trompées,
De tristesse et d'oubli, d'amour et de malheur,
Ce n'est pas un concert à dilater le cœur.
Leurs déclamations sont comme des épées :
Elles tracent dans l'air un cercle éblouissant,
Mais il y pend toujours quelque goutte de sang.

LE POÈTE.

O Muse! spectre insatiable,
Ne m'en demande pas si long.
L'homme n'écrit rien sur le sable
A l'heure où passe l'aquilon.
J'ai vu le temps où ma jeunesse
Sur mes lèvres était sans cesse
Prête à chanter comme un oiseau;
Mais j'ai souffert un dur martyre,
Et le moins que j'en pourrais dire,
Si je l'essayais sur ma lyre,
La briserait comme un roseau.

Mai 1835.

LA LOI SUR LA PRESSE

I

Je ne fais pas grand cas des hommes politiques;
Je ne suis pas l'amant de nos places publiques,
On n'y fait que brailler et tourner à tous vents.
Ce n'est pas moi qui cherche, aux vitres des boutiques,
Ces placards éhontés, débaucheurs de passants,
Qui tuaient la pudeur dans les yeux des enfants.

II

Que les hommes entre eux soit égaux sur la terre,
Je n'ai jamais compris que cela pût se faire,
Et je ne suis pas né de sang républicain;
Je n'ai jamais été, Dieu merci, pamphlétaire;
Je ne suis pas de ceux qui font mentir leur faim,
Et dans tous les égouts vont s'enfournant du pain.

III

Pour être d'un parti j'aime trop la paresse,
Et dans aucun haras je ne suis étalon.
Ma Muse, vierge encor, n'a rien d'écrit au front.
Je n'ai servi que Dieu, ma mère et ma maîtresse,
Et par quelque sentier qu'ait passé ma jeunesse,
Aucun gravier fangeux ne lui traîne au talon.

IV

J'ai fléchi le genou sur la dalle sanglante,
Chaude et tremblante encor d'un meurtre surhumain,
Quand de joie et d'horreur la France palpitante
Vit un père et ses fils, se tenant par la main,
A travers les éclairs d'une muraille ardente,
Passer en souriant, conduits par le Destin.

V

J'ai prié, j'ai pleuré, moi, fils d'un siècle impie,
Le jour qu'à Notre-Dame, aux pieds du Dieu sauveur,
Une reine, une mère, ô fatale grandeur!
Vint, la tête baissée, et par les pleurs maigrie,
Prier pour ses enfants l'ange de la patrie,
Et rendre grâce à Dieu, pâle encor de terreur.

VI

Que la liberté sainte engendre la licence,
C'est un mal, je le sais; et de tous les fléaux
Le pire est qu'un bandit soit bâtard d'un héros.
C'est un ardent soleil que celui de la France,
Son immense clarté projette une ombre immense :
Dieu voulut qu'un grand bien fît toujours de grands maux.

VII

Oui, c'est la vérité, le théâtre et la presse
Étalent aujourd'hui des spectacles hideux,
Et c'est en pleine rue à se boucher les yeux.
Un vil mépris de tout nous travaille sans cesse;
La muse, de nos temps, ne se fait plus prêtresse,
Mais bacchante; et le monde a dégradé ses dieux.

VIII

Oui, c'est la vérité qu'à peine émancipée,
L'intelligence humaine, hier esclave encor,
A pris à tire-d'aile un monstrueux essor.
Nos hommes ont souillé leur plus vaillante épée,
La parole, cette arme au sein de Dieu trempée,
Dont notre siècle au flanc porte la lame d'or.

IX

Oui, c'est la vérité, la France déraisonne :
Elle donne aux badauds, comme à Lacédémone,
Le spectacle effrayant d'un esclave enivré.
C'est que nous avons bu d'un vin pur et sacré,
Et, joyeux vigneron qu'un pampre vert couronne,
Nous vendangeons encor d'un pas mal assuré.

X

Mais morbleu! c'est un sourd ou c'est une statue,
Celui qui ne dit rien de la loi qu'on nous fait!
Messieurs les députés ne visent qu'à l'effet.
Eh! pour l'amour de Dieu, si votre âme est émue,
Soyez donc trivial, comme on l'est dans la rue,
La Bruyère l'a dit; celui-là s'y connaît.

XI

Une loi sur la presse! ô peuple gobe-mouche!
La loi, pas vrai? quel mot! comme il emplit la bouche!
Une loi maternelle et qui vous tend les bras!
Une loi, notez bien, qui ne *réprime* pas,
Qui supprime! Une loi, comme *sainte nitouche*,
Une petite loi qui marche à petits pas!

XII

Une charmante loi, pleine de convenance,
Qui couvre tous les seins que l'on ne saurait voir!
Vous pouvez tout écrire en toute confiance ;
Votre intention seule est ce qu'on veut savoir.
Rien que l'intention! Voyez quelle indulgence!
La loi flaire un écrit; s'il sent mauvais, bonsoir!

XIII

Avez-vous insulté par quelque raillerie
Les hauts représentants de la société?
Médites-vous d'un pair, ou bien d'un député?
L'offense la plus grave a droit de seigneurie;
Les pairs vous jugeront, s'il plaît à la pairie;
Sinon, c'est le pays, refait et recompté.

XIV

Avez-vous comparé dans quelque théorie
L'état de république avec la royauté?
Avez-vous fait un rêve, et dit à la patrie
Ce que pour elle un jour vous auriez souhaité?
Les pairs vous jugeront, s'il plaît à la pairie;
Sinon, c'est le pays, refait et recompté.

XV

Avez-vous quelque place, ou bien quelque industrie,
Dont les jours de Juillet vous aient déshérité?
D'un vieux maître banni serviteur regretté,
Osez-vous à l'exil faire une flatterie?
Les pairs vous jugeront, s'il plaît à la pairie;
Sinon, c'est le pays, refait et recompté.

XVI

N'auriez-vous pas construit, pour quelque espièglerie,
Au fond d'une campagne ou d'une métairie,
Un théâtre forain sur deux tréteaux planté?
Les pairs vous jugeront s'il plaît à la pairie,
Sinon, c'est le pays, refait et recompté;
Et vous verrez le bât dont vous serez bâté!

XVII

Mais monsieur le ministre a dit à la tribune
Que l'art était perdu, que le goût s'en allait;
Que la loi, pour la scène, était ce qu'il fallait;
Qu'autrefois l'éloquence était chose commune,
Mais qu'en France, aujourd'hui, l'on n'en voyait aucune,
Et la chose, à l'ouïr, parut claire en effet.

XVIII

Je voudrais bien savoir, pour la rendre plus claire,
Ce que c'est que ce goût dont on nous parle tant.
Le goût! toujours le goût! — Lorsque j'étais enfant,
J'avais un précepteur qui m'en disait autant.
Je vois bien trois mille ans depuis la mort d'Homère;
Mais depuis trois mille ans je ne vois sur la terre

XIX

Qu'un seul siècle « de goût » qu'on appelle le grand.
C'est celui de Boileau, c'est celui de Corneille.
Mais enfin, monsieur Thiers, cette terre est bien vieille;
Que ce siècle soit beau, soit grand, c'est à merveille,
Et je n'en dirai pas de mal assurément;
Quand le diable y serait, ce n'en n'est qu'un, pourtant.

XX

Est-ce une loi pour tous qu'un siècle dans l'histoire?
Parce que trois pédants m'ont farci la mémoire
De je ne sais quels vers, à contre-cœur appris,
N'est-il pour moi qu'un siècle, et pour moi qu'un pays?
Et! s'il est glorieux, qu'il dorme dans sa gloire,
Ce siècle de malheur! c'est du mien que je suis.

XXI

Dans quel temps vivons-nous, voyons, je vous en prie?
Vivons-nous sous Louis quatorzième du nom?
Alors portons perruque, allons au Trianon,
Soyons des fleurs d'amour et de galanterie;
Enfin, décidez-vous, monsieur Thiers, ou sinon,
Laissez-nous être au monde et vivre notre vie.

XXII

Serait-ce par hasard que « ce goût » si vanté
Passerait à vos yeux pour quelque vieil usage?
Ne le croiriez-vous pas de la Grèce apporté?
Cela pourrait bien être, et vous pensez, je gage,
Que ce goût merveilleux, dont vous faites tapage,
Vient de la vénérable et sainte antiquité.

XXIII

L'an de la quatre-vingt-cinquième olympiade
(C'était, vous le savez, le temps d'Alcibiade,
Celui de Périclès, et celui de Platon),
Certain vieillard vivait, vieillard assez maussade...
Mais vous le connaissez, et vous savez son nom :
C'était Aristophane, ennemi de Cléon.

XXIV

Lisez-le, monsieur Thiers, c'est un rude génie ;
Il avait peu de grâce, et de goût nullement.
On le voyait le soir, devant l'Académie,
Poser sa large main sur sa tempe blanchie,
A l'ombre du smilax et du peuplier blanc.
Le siècle qui l'a vu s'en est appelé grand.

XXV

Quand son regard perçant fixait la face humaine,
Pour fouiller la pensée, il allait droit au cœur ;
Mais il n'en montrait rien qu'un sourire moqueur,
Jusqu'au jour où lui-même à la face d'Athène,
Tout barbouillé de lie, il montait sur la scène,
Attaquait un archonte, et revenait vainqueur.

XXVI

Il nommait par leur nom les choses et les hommes.
Ni le bien, ni le mal, pour lui n'était voilé ;
Ses vers, au peuple même au théâtre assemblé,
De dures vérités n'étaient point économes,
Et s'il avait vécu dans le temps où nous sommes,
A propos de la loi peut-être eût-il parlé.

XXVII

« Étourdis habitants de la vieille Lutèce,
Dirait-il, qu'avez-vous, et quelle étrange ivresse
Vous fait dormir debout ? Faut-il prendre un bâton ?
Si vous êtes vivants, à quoi pensez-vous donc ?
Pendant que vous dormez, on bâillonne la presse,
Et la chambre en travail enfante une prison. »

XXVIII

On bannissait jadis, au temps de barbarie;
Si l'exil était pire ou mieux que l'échafaud,
Je ne sais; mais, du moins, sur les mers de la vie
On laissait l'exilé devenir matelot.
Cela semblait assez de perdre sa patrie.
Maintenant avec l'homme on bannit le cachot.

XXIX

Dieu juste! nos prisons s'en vont en colonie!
Je ne m'étonne pas qu'on civilise Alger.
Les pauvres musulmans ne savaient qu'égorger;
Mais nous, notre océan porte à Philadelphie
Une rare merveille, une plante inouïe,
Que nous ferons germer sur le sol étranger.

XXX

Regardez, regardez, peuples du nouveau monde
N'apercevez-vous rien sur votre mer profonde?
Ne vient-il pas à vous, du bout de l'horizon,
Un cétacée énorme, au triple pavillon?
Vous ne devinez pas ce qui se meut sur l'onde,
C'est la première fois qu'on lance une prison.

XXXI

Enfants de l'Amérique, accourez au rivage!
Venez voir débarquer, superbe et pavoisé,
Un supplice nouveau par la mer baptisé.
Vos monstres quelquefois nous arrivent en cage;
Venez, c'est votre tour, et que l'homme sauvage
Fixe ses yeux ardents sur l'homme apprivoisé.

XXXII

Voyez-vous ces forçats que de cette machine
On tire deux à deux pour les descendre à bord?
Les voyez-vous fiévreux et le fouet sur l'échine,
Glisser sur leur boulet dans les sables du port?
Suivez-les, suivez-les, le monde est en ruine;
Car le génie humain a fait pis que la mort.

LA NUIT DE DÉCEMBRE. Page 351.

Bibl. Charpentier. LIV. 44.

XXXIII

Qu'ont-ils fait, direz-vous, pour un pareil supplice?
Ont-ils tué leurs rois, ou renversé leurs dieux?
Non. Ils ont comparé deux esclaves entre eux ;
Ils ont dit que Solon comprenait la justice
Autrement qu'à Paris les préfets de police,
Et qu'autrefois en Grèce il fut un peuple heureux.

XXXIV

Pauvres gens! c'est leur crime ; ils aiment leur pensée,
Tous ces pâles rêveurs au langage inconstant.
On ne fera d'eux tous qu'un cadavre vivant.
Passez, Américains, passez, tête baissée ;
Et que la liberté, leur triste fiancée,
Chez vous, du moins, au front les baise en arrivant.

Août 1835.

LA NUIT DE DÉCEMBRE

LE POÈTE.

Du temps que j'étais écolier,
Je restais un soir à veiller
Dans notre salle solitaire.
Devant ma table vint s'asseoir
Un pauvre enfant vêtu de noir,
Qui me ressemblait comme un frère.

Son visage était triste et beau :
A la lueur de mon flambeau,
Dans mon livre ouvert il vint lire.
Il pencha son front sur ma main,
Et resta jusqu'au lendemain,
Pensif, avec un doux sourire.

Comme j'allais avoir quinze ans,
Je marchais un jour, à pas lents,
Dans un bois, sur une bruyère.

LA NUIT DE DÉCEMBRE

Au pied d'un arbre vint s'asseoir
Un jeune homme vêtu de noir,
Qui me ressemblait comme un frère.

Je lui demandai mon chemin;
Il tenait un luth d'une main,
De l'autre un bouquet d'églantine.
Il me fit un salut d'ami,
Et, se détournant à demi,
Me montra du doigt la colline.

A l'âge où l'on croit à l'amour,
J'étais seul dans ma chambre un jour,
Pleurant ma première misère.
Au coin de mon feu vint s'asseoir
Un étranger vêtu de noir,
Qui me ressemblait comme un frère.

Il était morne et soucieux;
D'une main il montrait les cieux,
Et de l'autre il tenait un glaive.
De ma peine il semblait souffrir,
Mais il ne poussa qu'un soupir,
Et s'évanouit comme un rêve.

A l'âge où l'on est libertin,
Pour boire un toast en un festin,
Un jour je soulevai mon verre.
En face de moi vint s'asseoir
Un convive vêtu de noir,
Qui me ressemblait comme un frère.

Il secouait sous son manteau
Un haillon de pourpre en lambeau.
Sur sa tête un myrte stérile,
Son bras maigre cherchait le mien,
Et mon verre, en touchant le sien,
Se brisa dans ma main débile.

Un an après, il était nuit,
J'étais à genoux près du lit
Où venait de mourir mon père.

Au chevet du lit vint s'asseoir
Un orphelin vêtu de noir,
Qui me ressemblait comme un frère.

Ses yeux étaient noyés de pleurs ;
Comme les anges de douleurs,
Il était couronné d'épine ;
Son luth à terre était gisant,
Sa pourpre de couleur de sang,
Et son glaive dans sa poitrine.

Je m'en suis si bien souvenu,
Que je l'ai toujours reconnu
A tous les instants de ma vie.
C'est une étrange vision ;
Et cependant, ange ou démon,
J'ai vu partout cette ombre amie.

Lorsque plus tard, las de souffrir,
Pour renaître ou pour en finir,
J'ai voulu m'exiler de France ;
Lorsqu'impatient de marcher,
J'ai voulu partir, et chercher
Les vestiges d'une espérance ;

A Pise, au pied de l'Apennin ;
A Cologne, en face du Rhin :
A Nice, au penchant des vallées ;
A Florence, au fond des palais ;
A Brigues, dans les vieux chalets ;
Au sein des Alpes désolées ;

A Gênes, sous les citronniers ;
A Vevay, sous les verts pommiers ;
Au Havre, devant l'Atlantique ;
A Venise, à l'affreux Lido,
Où vient sur l'herbe d'un tombeau
Mourir la pâle Adriatique ;

Partout où, sous ces vastes cieux,
J'ai lassé mon cœur et mes yeux,
Saignant d'une éternelle plaie ;

Partout où le boiteux Ennui,
Traînant ma fatigue après lui,
M'a promené sur une claie;

Partout où, sans cesse altéré
De la soif d'un monde ignoré,
J'ai suivi l'ombre de mes songes;
Partout où, sans avoir vécu,
J'ai revu ce que j'avais vu,
La face humaine et ses mensonges;

Partout où, le long des chemins,
J'ai posé mon front dans mes mains
Et sangloté comme une femme;
Partout où j'ai, comme un mouton
Qui laisse sa laine au buisson,
Senti se dénuer mon âme;

Partout où j'ai voulu dormir,
Partout où j'ai voulu mourir,
Partout où j'ai touché la terre,
Sur ma route est venu s'asseoir
Un malheureux vêtu de noir,
Qui me ressemblait comme un frère.

Qui donc es-tu, toi que dans cette vie
 Je vois toujours sur mon chemin?
Je ne puis croire, à ta mélancolie,
 Que tu sois mon mauvais Destin.
Ton doux sourire a trop de patience,
 Tes larmes ont trop de pitié.
En te voyant, j'aime la Providence.
Ta douleur même est sœur de ma souffrance;
 Elle ressemble à l'amitié.

Qui donc es-tu? — Tu n'es pas mon bon ange;
 Jamais tu ne viens m'avertir.
Tu vois mes maux (c'est une chose étrange!)
 Et tu me regardes souffrir.
Depuis vingt ans tu marches dans ma voie,
 Et je ne saurais t'appeler.
Qui donc es-tu, si c'est Dieu qui t'envoie?

Tu me souris sans partager ma joie,
Tu me plains sans me consoler!

Ce soir encor je t'ai vu m'apparaître.
C'était par une triste nuit.
L'aile des vents battait à ma fenêtre;
J'étais seul, courbé sur mon lit.
J'y regardais une place chérie,
Tiède encor d'un baiser brûlant;
Et je songeais comme la femme oublie,
Et je sentais un lambeau de ma vie,
Qui se déchirait lentement.

Je rassemblais des lettres de la veille,
Des cheveux, des débris d'amour.
Tout ce passé me criait à l'oreille
Ses éternels serments d'un jour.
Je contemplais ces reliques sacrées,
Qui me faisaient trembler la main :
Larmes du cœur par le cœur dévorées,
Et que les yeux qui les avaient pleurées
Ne reconnaîtront plus demain!

J'enveloppais dans un morceau de bure
Ces ruines des jours heureux.
Je me disais qu'ici-bas ce qui dure,
C'est une mèche de cheveux.
Comme un plongeur dans une mer profonde,
Je me perdais dans tant d'oubli.
De tous côtés j'y retournais la sonde,
Et je pleurais seul, loin des yeux du monde,
Mon pauvre amour enseveli.

J'allais poser le sceau de cire noire
Sur ce fragile et cher trésor.
J'allais le rendre, et, n'y pouvant pas croire,
En pleurant j'en doutais encor.
Ah! faible femme, orgueilleuse insensée,
Malgré toi tu t'en souviendras!
Pourquoi, grand Dieu! mentir à sa pensée?
Pourquoi ces pleurs, cette gorge oppressée,
Ces sanglots, si tu n'aimais pas?

Oui, tu languis, tu souffres et tu pleures ;
   Mais ta chimère est entre nous.
Eh bien, adieu ! Vous compterez les heures
   Qui me sépareront de vous.
Partez, partez, et dans ce cœur de glace
   Emportez l'orgueil satisfait.
Je sens encor le mien jeune et vivace,
Eh bien des maux pourront y trouver place
   Sur le mal que vous m'avez fait.

Partez, partez ! la Nature immortelle
   N'a pas tout voulu vous donner.
Ah ! pauvre enfant, qui voulez être belle,
   Et ne savez pas pardonner !
Allez, allez, suivez la destinée ;
   Qui vous perd n'a point tout perdu.
Jetez au vent notre amour consumée ; —
Éternel Dieu ! toi que j'ai tant aimée,
   Si tu pars, pourquoi m'aimes-tu ?

Mais tout à coup j'ai vu dans la nuit sombre
   Une forme glisser sans bruit.
Sur mon rideau j'ai vu passer une ombre ;
   Elle vient s'asseoir sur mon lit.
Qui donc es-tu, morne et pâle visage,
   Sombre portrait vêtu de noir ?
Que me veux-tu, triste oiseau de passage ?
Est-ce un vain rêve ? est-ce ma propre image
   Que j'aperçois dans ce miroir ?

Qui donc es-tu, spectre de ma jeunesse,
   Pèlerin que rien n'a lassé ?
Dis-moi pourquoi je te trouve sans cesse
   Assis dans l'ombre où j'ai passé.
Qui donc es-tu, visiteur solitaire,
   Hôte assidu de mes douleurs ?
Qu'as-tu donc fait pour me suivre sur terre ?
Qui donc es-tu, qui donc es-tu, mon frère,
   Qui n'apparais qu'au jour des pleurs ?

        LA VISION.

— Ami, notre père est le tien.
   Je ne suis ni l'ange gardien,

Ni le mauvais destin des hommes.
Ceux que j'aime, je ne sais pas
De quel côté s'en vont leurs pas
Sur ce peu de fange où nous sommes.

Je ne suis ni un dieu ni un démon,
Et tu m'as nommé par mon nom
Quand tu m'as appelé ton frère;
Où tu vas, j'y serai toujours,
Jusques au dernier de tes jours,
Où j'irai m'asseoir sur ta pierre.

Le ciel m'a confié ton cœur.
Quand tu seras dans la douleur,
Viens à moi sans inquiétude,
Je te suivrai sur le chemin;
Mais je ne puis toucher ta main;
Ami, je suis la Solitude.

Novembre, 1835.

LETTRE A LAMARTINE

Lorsque le grand Byron allait quitter Ravenne,
Et chercher sur les mers quelque plage lointaine
Où finir en héros son immortel ennui,
Comme il était assis aux pieds de sa maîtresse,
Pâle, et déjà tourné du côté de la Grèce,
Celle qu'il appelait alors sa Guiccioli

Ouvrit un soir un livre où l'on parlait de lui.
Avez-vous de ce temps conservé la mémoire,
Lamartine, et ces vers au prince des proscrits,
Vous souvient-il encor qui les avait écrits?
Vous étiez jeune alors, vous, notre chère gloire,
Vous veniez d'essayer pour la première fois
Ce beau luth éploré qui vibre sous vos doigts
La Muse que le ciel vous avait fiancée,

Lettre a Lamartine.

Page 356.

Bibl. Charpentier.

LIV. 45.

Sur votre front rêveur cherchait votre pensée,
Vierge craintive encore, amante des lauriers.
Vous ne connaissiez pas, noble fils de la France,
Vous ne connaissiez pas, sinon pas sa souffrance,
Ce sublime orgueilleux à qui vous écriviez.
De quel droit osiez-vous l'aborder et le plaindre?
Quel aigle, Ganymède, à ce Dieu vous portait?
Pressentiez-vous qu'un jour vous le pourriez atteindre,
Celui qui de si haut alors vous écoutait?
Non, vous aviez vingt ans, et le cœur vous battait.
Vous aviez lu *Lara*, *Manfred* et le *Corsaire*,
Et vous aviez écrit sans essuyer vos pleurs ;
Le souffle de Byron vous soulevait de terre,
Et vous alliez à lui, porté par ses douleurs.
Vous appeliez de loin cette âme désolée ;
Pour grand qu'il vous parût, vous le sentiez ami,
Et, comme le torrent dans la verte vallée,
L'écho de son génie en vous avait gémi.

Et lui, lui dont l'Europe, encore toute armée,
Écoutait en tremblant les sauvages concerts;
Lui qui depuis dix ans fuyait sa renommée,
Et de sa solitude emplissait l'univers ;
Lui, le grand inspiré de la Mélancolie,
Qui, las d'être envié, se changeait en martyr;
Lui, le dernier amant de la pauvre Italie,
Pour son dernier exil s'apprêtant à partir ;
Lui qui, rassasié de la grandeur humaine,
Comme un cygne à son chant sentant sa mort prochaine,
Sur terre autour de lui cherchait pour qui mourir...
Il écouta ces vers que lisait sa maîtresse,
Ce doux salut lointain d'un jeune homme inconnu.
Je ne sais si du style il comprit la richesse;
Il laissa dans ses yeux sourire sa tristesse:
Ce qui venait du cœur lui fut le bienvenu.

Poète, maintenant que ta muse fidèle,
Par ton pudique amour sûre d'être immortelle,
De la verveine en fleur t'a couronné le front,
A ton tour, reçois-moi comme le grand Byron.
De t'égaler jamais je n'ai pas l'espérance ;

Ce que tu tiens du ciel, nul ne me l'a promis,
Mais de ton sort au mien plus grande est la distance,
Meilleur en sera Dieu qui peut nous rendre amis.
Je ne t'adresse pas d'inutiles louanges,
Et je ne songe point que tu me répondras ;
Pour être proposés, ces illustres échanges
Veulent être signés d'un nom que je n'ai pas.
J'ai cru pendant longtemps que j'étais las du monde ;
J'ai dit que je niais, croyant avoir douté,
Et j'ai pris, devant moi, pour une nuit profonde
Mon ombre qui passait pleine de vanité.
Poëte, je t'écris pour te dire que j'aime,
Qu'un rayon du soleil est tombé jusqu'à moi,
Et qu'en un jour de deuil et de douleur suprême,

Les pleurs que je versais m'ont fait penser à toi.
Qui de nous, Lamartine, et de notre jeunesse,
Ne sait par cœur ce chant, des amants adoré,
Qu'un soir, au bord d'un lac, tu nous as soupiré?
Qui n'a lu mille fois, qui ne relit sans cesse
Ces vers mystérieux où parle ta maîtresse,
Et qui n'a sangloté sur ces divins sanglots,
Profonds comme le ciel et purs comme les flots?
Hélas ! ces longs regrets des amours mensongères,
Ces ruines du temps qu'on trouve à chaque pas,
Ces sillons infinis de lueurs éphémères,
Qui peut se dire un homme et ne les connaît pas?
Quiconque aima jamais porte une cicatrice;
Chacun l'a dans le sein, toujours prête à s'ouvrir;
Chacun la garde en soi, cher et secret supplice,
Et mieux il est frappé, moins il en veut guérir.
Te le dirai-je, à toi, chantre de la souffrance,
Que ton glorieux mal, je l'ai souffert aussi ?
Qu'un instant, comme toi, devant ce ciel immense,
J'ai serré dans mes bras la vie et l'espérance,
Et qu'ainsi que le tien, mon rêve s'est enfui?
Te dirai-je qu'un soir, dans la brise embaumée,
Endormi, comme toi, dans la paix du bonheur,
Aux célestes accents d'une voix bien-aimée,
J'ai cru sentir le temps s'arrêter dans mon cœur?
Te dirai-je qu'un soir, resté seul sur la terre,

Dévoré, comme toi, d'un affreux souvenir,
Je me suis étonné de ma propre misère,
Et de ce qu'un enfant peut souffrir sans mourir?
Ah! ce que j'ai senti dans cet instant terrible,
Oserai-je m'en plaindre et te le raconter?
Comment exprimerai-je une peine indicible?
Après toi, devant toi, puis-je encor le tenter?
Oui, de ce jour fatal, plein d'horreur et de charmes,
Je veux fidèlement te faire le récit;
Ce ne sont pas des chants, ce ne sont pas des larmes,
Et je ne te dirai que ce que Dieu m'a dit.

Lorsque le laboureur, regagnant sa chaumière,
Trouve le soir son champ rasé par le tonnerre,
Il croit d'abord qu'un rêve a fasciné ses yeux,
Et, doutant de lui-même, interroge les cieux.
Partout la nuit est sombre, et la terre enflammée.
Il cherche autour de lui la place accoutumée
Où sa femme l'attend sur le seuil entr'ouvert ;
Il voit un peu de cendre au milieu d'un désert.
Ses enfants demi-nus sortent de la bruyère,
Et viennent lui conter comme leur pauvre mère
Est morte sous le chaume avec des cris affreux ;
Mais maintenant au loin tout est silencieux.
Le misérable écoute et comprend sa ruine.
Il serre, désolé, ses fils sur sa poitrine ;
Il ne lui reste plus, s'il ne tend pas la main,
Que la faim pour ce soir et la mort pour demain.
Pas un sanglot ne sort de sa gorge oppressée ;
Muet et chancelant, sans force et sans pensée,
Il s'assoit à l'écart, les yeux sur l'horizon,
Et, regardant s'enfuir sa moisson consumée,
Dans les noirs tourbillons de l'épaisse fumée
L'ivresse du malheur emporte sa raison

Tel, lorsque abandonné d'une infidèle amante,
Pour la première fois j'ai connu la douleur,
Transpercé tout à coup d'une flèche sanglante,
Seul, je me suis assis dans la nuit de mon cœur.
Ce n'était pas au bord d'un lac au flot limpide,
Ni sur l'herbe fleurie au penchant des coteaux ;

Mes yeux noyés de pleurs ne voyaient que le vide,
Mes sanglots étouffés n'éveillaient point d'échos.
C'était dans une rue obscure et tortueuse
De cet immense égout qu'on appelle Paris ;
Autour de moi criait cette foule railleuse
Qui des infortunés n'entend jamais les cris.
Sur le pavé noirci les blafardes lanternes
Versaient un jour douteux plus triste que la nuit,
Et, suivant au hasard ces feux vagues et ternes,
L'homme passait dans l'ombre, allant où va le bruit.
Partout retentissait comme une joie étrange ;
C'était en février, au temps du carnaval.
Les masques avinés, se croisant dans la fange,
S'accostaient d'une injure ou d'un refrain banal.
Dans un carrosse ouvert une troupe entassée
Paraissait par moments sous le ciel pluvieux,
Puis se perdait au loin dans la ville insensée,
Hurlant un hymne impur sous la résine en feux.
Cependant des vieillards, des enfants et des femmes
Se barbouillaient de lie au fond des cabarets,
Tandis que de la nuit les prêtresses infâmes
Promenaient çà et là leurs spectres inquiets.
On eût dit un portrait de la débauche antique,
Un de ces soirs fameux, chers au peuple romain,
Où des temples secrets la Vénus impudique
Sortait échevelée, une torche à la main.
Dieu juste ! pleurer seul par une nuit pareille !
O mon unique amour ! que vous avais-je fait ?
Vous m'aviez pu quitter, vous qui juriez la veille
Que vous étiez ma vie et que Dieu le savait ?
Ah ! toi, le savais-tu, froide et cruelle amie,
Qu'à travers cette honte et cette obscurité,
J'étais là, regardant de ta lampe chérie,
Comme une étoile au ciel, la tremblante clarté ?
Non, tu n'en savais rien, je n'ai pas vu ton ombre,
Ta main n'est pas venue entr'ouvrir ton rideau.
Tu n'as pas regardé si le ciel était sombre ;
Tu ne m'as pas cherché dans cet affreux tombeau !

Lamartine, c'est là, dans cette rue obscure,
Assis sur une borne, au fond d'un carrefour,

Les deux mains sur mon cœur, et serrant ma blessure,
Et sentant y saigner un invincible amour ;
C'est là, dans cette nuit d'horreur et de détresse,
Au milieu des transports d'un peuple furieux
Qui semblait en passant crier à ma jeunesse :
« Toi qui pleures ce soir, n'as-tu pas ri comme eux ? »
C'est là, devant ce mur, où j'ai frappé ma tête,
Où j'ai posé deux fois le fer sur mon sein nu ;
C'est là, le croiras-tu ? chaste et noble poète,
Que de tes chants divins je me suis souvenu.

O toi qui sais aimer, réponds, amant d'Elvire,
Comprends-tu que l'on parte et qu'on se dise adieu ?
Comprends-tu que ce mot la main puisse l'écrire,
Et le cœur le signer, et les lèvres le dire,
Les lèvres, qu'un baiser vient d'unir devant Dieu ?
Comprends-tu qu'un lien qui, dans l'âme immortelle,
Chaque jour plus profond, se forme à notre insu ;
Qui déracine en nous la volonté rebelle,
Et nous attache au cœur son merveilleux tissu ;
Un lien tout-puissant dont les nœuds et la trame
Sont plus durs que la roche et que les diamants ;
Qui ne craint ni le temps, ni le fer, ni la flamme,
Ni la mort elle-même, et qui fait des amants
Jusque dans le tombeau s'aimer les ossements ;
Comprends-tu que dix ans ce lien nous enlace,
Qu'il ne fasse dix ans qu'un seul être de deux,
Puis tout à coup se brise, et, perdu dans l'espace,
Nous laisse épouvantés d'avoir cru vivre heureux ?

O poète ! il est dur que la nature humaine,
Qui marche à pas comptés vers une fin certaine,
Doive encor s'y traîner en portant une croix,
Et qu'il faille ici-bas mourir plus d'une fois.
Car de quel autre nom peut s'appeler sur terre
Cette nécessité de changer de misère,
Qui nous fait, jour et nuit, tout prendre et tout quitter,
Si bien que notre temps se passe à convoiter ?
Ne sont-ce pas des morts, et des morts effroyables,
Que tant de changements d'êtres si variables,
Qui se disent toujours fatigués d'espérer,

Et qui sont toujours prêts à se transfigurer ?
Quel tombeau que le cœur, et quelle solitude !
Comment la passion devient-elle habitude,
Et comment se fait-il que, sans y trébucher,
Sur ses propres débris l'homme puisse marcher ?
Il y marche pourtant ; c'est Dieu qui l'y convie.
Il va semant partout et prodiguant sa vie :
Désir, crainte, colère, inquiétude, ennui,
Tout passe et disparaît, tout est fantôme en lui.
Son misérable cœur est fait de telle sorte,
Qu'il faut incessamment qu'une ruine en sorte ;
Que la mort soit son terme, il ne l'ignore pas,
Et, marchant à la mort, il meurt à chaque pas.
Il meurt dans ses amis, dans son fils, dans son père.
Il meurt dans ce qu'il pleure et dans ce qu'il espère ;
Et, sans parler des corps qu'il faut ensevelir,
Qu'est-ce donc qu'oublier, si ce n'est pas mourir ?
Ah ! c'est plus que mourir, c'est survivre à soi-même.
L'âme remonte au ciel quand on perd ce qu'on aime.
Il ne reste de nous qu'un cadavre vivant ;
Le désespoir l'habite, et le néant l'attend.

Eh bien ! bon ou mauvais, inflexible ou fragile,
Humble ou fier, triste ou gai, mais toujours gémissant,
Cet homme, tel qu'il est, cet être fait d'argile,
Tu l'as vu, Lamartine, et son sang est ton sang.
Son bonheur est le tien, sa douleur est la tienne ;
Et des maux qu'ici-bas il lui faut endurer,
Pas un qui ne te touche et qui ne t'appartienne ;
Puisque tu sais chanter, ami, tu sais pleurer.
Dis-moi, qu'en penses-tu dans tes jours de tristesse ?
Que t'a dit le malheur, quand tu l'as consulté ?
Trompé par tes amis, trahi par ta maîtresse,
Du ciel et de toi-même as-tu jamais douté ?

Non, Alphonse, jamais. La triste expérience
Nous apporte la cendre, et n'éteint pas le feu.
Tu respectes le mal fait par la Providence,
Tu le laisses passer, et tu crois à ton Dieu.
Quel qu'il soit, c'est le mien ; il n'est pas deux croyances.
Je ne sais pas son nom, j'ai regardé les cieux ;

Je sais qu'ils sont à lui, je sais qu'ils sont immenses,
Et que l'immensité ne peut pas être à deux.
J'ai connu, jeune encor, de sévères souffrances ;
J'ai vu verdir les bois, et j'ai tenté d'aimer.
Je sais ce que la terre engloutit d'espérances,
Et, pour y recueillir, ce qu'il y faut semer.
Mais ce que j'ai senti, ce que je veux t'écrire,
C'est ce que m'ont appris les anges de douleur ;
Je le sais mieux encore et puis mieux te le dire,
Car leur glaive, en entrant, l'a gravé dans mon cœur.

Créature d'un jour qui t'agites une heure,
De quoi viens-tu te plaindre et qui te fait gémir ?
Ton âme t'inquiète, et tu crois qu'elle pleure :
Ton âme est immortelle, et tes pleurs vont tarir.

Tu te sens le cœur pris d'un caprice de femme,
Et tu dis qu'il se brise à force de souffrir.
Tu demandes à Dieu de soulager ton âme :
Ton âme est immortelle, et ton cœur va guérir.

Le regret d'un instant te trouble et te dévore ;
Tu dis que le passé te voile l'avenir.
Ne te plains pas d'hier ; laisse venir l'aurore :
Ton âme est immortelle, et le temps va s'enfuir.

Ton corps est abattu du mal de ta pensée ;
Tu sens ton front peser et tes genoux fléchir.
Tombe, agenouille-toi, créature insensée :
Ton âme est immortelle, et la mort va venir.

Tes os dans le cercueil vont tomber en poussière,
Ta mémoire, ton nom, ta gloire vont périr,
Mais non pas ton amour, si ton amour t'est chère :
Ton âme est immortelle, et va s'en souvenir.

Février 1836.

La Nuit d'Aout. Page 362.

Bibl. Charpentier. LIV. 46.

LA NUIT D'AOUT

LA MUSE.

Depuis que le soleil, dans l'horizon immense,
A franchi le Cancer sur son axe enflammé,
Le bonheur m'a quittée, et j'attends en silence
L'heure où m'appellera mon ami bien-aimé.
Hélas! depuis longtemps sa demeure est déserte;
Des beaux jours d'autrefois rien n'y semble vivant.
Seule, je viens encor, de mon voile couverte,
Poser mon front brûlant sur sa porte entr'ouverte,
Comme une veuve en pleurs au tombeau d'un enfant.

LE POÈTE.

Salut à ma fidèle amie!
Salut, ma gloire et mon amour!
La meilleure et la plus chérie
Est celle qu'on trouve au retour.
L'opinion et l'avarice
Viennent un temps de m'emporter.
Salut, ma mère et ma nourrice!
Salut, salut, consolatrice!
Ouvre les bras, je viens chanter.

LA MUSE.

Pourquoi, cœur altéré, cœur lassé d'espérance,
T'enfuis-tu si souvent pour revenir si tard?
Que t'en vas-tu chercher, sinon quelque hasard?
Et que rapportes-tu, sinon quelque souffrance?
Que fais-tu loin de moi, quand j'attends jusqu'au jour?
Tu suis un pâle éclair dans une nuit profonde.
Il ne te restera de tes plaisirs du monde
Qu'un impuissant mépris pour notre honnête amour.
Ton cabinet d'étude est vide quand j'arrive;
Tandis qu'à ce balcon, inquiète et pensive,
Je regarde en rêvant les murs de ton jardin,
Tu te livres dans l'ombre à ton mauvais destin.
Quelque fière beauté te retient dans sa chaîne,
Et tu laisses mourir cette pauvre verveine
Dont les derniers rameaux, en des temps plus heureux,

Devaient être arrosés des larmes de tes yeux.
Cette triste verdure est mon vivant symbole;
Ami, de ton oubli nous mourrons toutes deux,
Et son parfum léger, comme l'oiseau qui vole,
Avec mon souvenir s'enfuira dans les cieux.

LE POÈTE.

    Quand j'ai passé par la prairie,
    J'ai vu, ce soir, dans le sentier,
    Une fleur tremblante et flétrie,
    Une pâle fleur d'églantier.
    Un bourgeon vert à côté d'elle
    Se balançait sur l'arbrisseau;
    J'y vis poindre une fleur nouvelle;
    La plus jeune était la plus belle :
    L'homme est ainsi, toujours nouveau.

LA MUSE.

Hélas! toujours un homme, hélas! toujours des larmes!
Toujours les pieds poudreux et la sueur au front!
Toujours d'affreux combats et de sanglantes armes;
Le cœur a beau mentir, la blessure est au fond.
Hélas! par tous pays, toujours la même vie :
Convoiter, regretter, prendre et tendre la main;
Toujours mêmes acteurs et même comédie,
Et, quoi qu'ait inventé l'humaine hypocrisie,
Rien de vrai là-dessous que le squelette humain.
Hélas! mon bien-aimé, vous n'êtes plus poète.
Rien ne réveille plus votre lyre muette;
Vous vous noyez le cœur dans un rêve inconstant;
Et vous ne savez pas que l'amour de la femme
Change et dissipe en pleurs les trésors de votre âme
Et que Dieu compte plus les larmes que le sang.

LE POÈTE.

    Quand j'ai traversé la vallée,
    Un oiseau chantait sur son nid.
    Ses petits, sa chère couvée,
    Venaient de mourir dans la nuit.
    Cependant il chantait l'aurore;
    O ma Muse! ne pleurez pas :
    A qui perd tout, Dieu reste encore,
    Dieu là-haut, l'espoir ici-bas.

LA MUSE.

Et que trouveras-tu, le jour où la misère
Te ramènera seul au paternel foyer?
Quand tes tremblantes mains essuieront la poussière
De ce pauvre réduit que tu crois oublier,
De quel front viendras-tu, dans ta propre demeure,
Chercher un peu de calme et d'hospitalité?
Une voix sera là pour crier à toute heure :
Qu'as-tu fait de ta vie et de ta liberté?
Crois-tu donc qu'on oublie autant qu'on le souhaite?
Crois-tu qu'en te cherchant tu te retrouveras?
De ton cœur ou de toi lequel est le poète?
C'est ton cœur, et ton cœur ne te répondra pas.
L'amour l'aura brisé; les passions funestes
L'auront rendu de pierre au contact des méchants;
Tu n'en sentiras plus que d'effroyables restes,
Qui remueront encor, comme ceux des serpents.
O ciel! qui t'aidera? que ferai-je moi-même,
Quand celui qui peut tout défendra que je t'aime,
Et quand mes ailes d'or, frémissant malgré moi,
M'emporteront à lui pour me sauver de toi?
Pauvre enfant! nos amours n'étaient pas menacées,
Quand dans les bois d'Auteuil, perdu dans tes pensées,
Sous les verts marronniers et les peupliers blancs,
Je t'agaçais le soir en détours nonchalants.
Ah! j'étais jeune alors et nymphe, et les dryades
Entr'ouvraient pour me voir l'écorce des bouleaux.
Et les pleurs qui coulaient durant nos promenades
Tombaient, purs comme l'or, dans le cristal des eaux.
Qu'as-tu fait, mon amant, des jours de ta jeunesse?
Qui m'a cueilli mon fruit sur mon arbre enchanté?
Hélas! ta joue en fleur plaisait à la déesse
Qui porte dans ses mains la force et la santé.
De tes yeux insensés les larmes l'ont pâlie;
Ainsi que ta beauté, tu perdras ta vertu.
Et moi qui t'aimerai comme une unique amie,
Quand les dieux irrités m'ôteront ton génie,
Si je tombe des cieux, que me répondras-tu?

LE POÈTE.

Puisque l'oiseau des bois voltige et chante encore
　Sur la branche où ses œufs sont brisés dans le nid;

LA NUIT D'AOUT

Puisque la fleur des champs, entr'ouverte à l'aurore,
Voyant sur la pelouse une autre fleur éclore,
S'incline sans murmure et tombe avec la nuit ;

Puisqu'au fond des forêts, sous les toits de verdure,
On entend le bois mort craquer dans le sentier,
Et puisqu'en traversant l'immortelle nature,
L'homme n'a su trouver de science qui dure,
Que de marcher toujours et toujours oublier ;

Puisque, jusqu'aux rochers, tout se change en poussière,
Puisque tout meurt ce soir pour revivre demain ;
Puisque c'est un engrais que le meurtre et la guerre ;
Puisque sur une tombe on voit sortir de terre
Le brin d'herbe sacré qui nous donne le pain ;

O Muse ! que m'importe ou la mort ou la vie !
J'aime, et je veux pâlir ; j'aime, et je veux souffrir ;
J'aime, et pour un baiser je donne mon génie ;
J'aime, et je veux sentir sur ma joue amaigrie
Ruisseler une source impossible à tarir.

J'aime, et je veux chanter la joie et la paresse,
Ma folle expérience et mes soucis d'un jour,
Et je veux raconter et répéter sans cesse
Qu'après avoir juré de vivre sans maîtresse,
J'ai fait serment de vivre et de mourir d'amour.

Dépouille devant tous l'orgueil qui te dévore,
Cœur gonflé d'amertume et qui t'es cru fermé.
Aime, et tu renaîtras ; fais-toi fleur pour éclore.
Après avoir souffert, il faut souffrir encore ;
Il faut aimer sans cesse, après avoir aimé.

Août, 1836.

A LA MALIBRAN

STANCES

I

Sans doute il est trop tard pour parler encor d'elle ;
Depuis qu'elle n'est plus quinze jours sont passés,
Et dans ce pays-ci quinze jours, je le sais,
Font d'une mort récente une vieille nouvelle.
De quelque nom d'ailleurs que le regret s'appelle,
L'homme, par tout pays en a bien vite assez.

II

O Maria-Félicia ! le peintre et le poète
Laissent, en expirant, d'immortels héritiers ;
Jamais l'affreuse nuit ne les prend tout entiers.
A défaut d'action, leur grande âme inquiète
De la mort et du temps entreprend la conquête,
Et, frappés dans la lutte, ils tombent en guerriers.

III

Celui-là sur l'airain a gravé sa pensée ;
Dans un rythme doré l'autre l'a cadencée ;
Du moment qu'on l'écoute, on lui devient ami.
Sur sa toile, en mourant, Raphaël l'a laissée ;
Et, pour que le néant ne touche point à lui,
C'est assez d'un enfant sur sa mère endormi.

IV

Comme dans une lampe une flamme fidèle,
Au fond du Parthénon le marbre inhabité
Garde de Phidias la mémoire éternelle,
Et la jeune Vénus, fille de Praxitèle,
Sourit encor, debout dans sa divinité,
Aux siècles impuissants qu'a vaincus sa beauté.

V

Recevant d'âge en âge une nouvelle vie,
Ainsi s'en vont à Dieu les gloires d'autrefois ;

Ainsi le vaste écho de la voix du génie
Devient du genre humain l'universelle voix...
Et de toi, morte hier, de toi, pauvre Marie,
Au fond d'une chapelle il nous reste une croix !

VI

Une croix ! et l'oubli, la nuit et le silence !
Écoutez ! c'est le vent, c'est l'Océan immense ;
C'est un pêcheur qui chante au bord du grand chemin.
Et de tant de beauté, de gloire et d'espérance,
De tant d'accords si doux d'un instrument divin,
Pas un faible soupir, pas un écho lointain !

VII

Une croix ! et ton nom écrit sur une pierre,
Non pas même le sien, mais celui d'un époux.
Voilà ce qu'après toi tu laisses sur la terre ;
Et ceux qui t'iront voir à la maison dernière,
N'y trouvant pas ce nom qui fut aimé de nous,
Ne sauront pour prier où poser les genoux.

VIII

O Ninette ! où sont-ils, belle muse adorée,
Ces accents pleins d'amour, de charme et de terreur,
Qui voltigeaient le soir sur ta lèvre inspirée,
Comme un parfum léger sur l'aubépine en fleur ?
Où vibre maintenant cette voix éplorée,
Cette harpe vivante attachée à ton cœur ?

IX

N'était-ce pas hier, fille joyeuse et folle,
Que ta verve railleuse animait Corilla,
Et que tu nous lançais avec la Rosina
La roulade amoureuse et l'œillade espagnole ?
Ces pleurs sur tes bras nus, quand tu chantais *le Saule*,
N'était-ce pas hier, pâle Desdemona ?

X

N'était-ce pas hier qu'à la fleur de ton âge
Tu traversais l'Europe, une lyre à la main ;

Dans la mer, en riant, te jetant à la nage,
Chantant la tarentelle au ciel napolitain,
Cœur d'ange et de lion, libre oiseau de passage,
Espiègle enfant ce soir, sainte artiste demain ?

XI

N'était-ce pas hier qu'enivrée et bénie,
Tu traînais à ton char un peuple transporté,
Et que Londres et Madrid, la France et l'Italie.
Apportaient à tes pieds cet or tant convoité,
Cet or deux fois sacré qui payait ton génie,
Et qu'à tes pieds souvent laissa ta charité ?

XII

Qu'as-tu fait pour mourir, ô noble créature,
Belle image de Dieu, qui donnais en chemin
Au riche un peu de joie, au malheureux du pain.
Ah ! qui donc frappe ainsi dans la mère nature,
Et quel faucheur aveugle, affamé de pâture,
Sur les meilleurs de nous ose porter la main ?

XIII

Ne suffit-il donc pas à l'ange des ténèbres
Qu'à peine de ce temps il nous reste un grand nom ?
Que Géricault, Cuvier, Schiller, Gœthe et Byron
Soient endormis d'hier sous les dalles funèbres,
Et que nous ayons vu tant d'autres morts célèbres
Dans l'abîme entr'ouvert suivre Napoléon ?

XIV

Nous faut-il perdre encor nos têtes les plus chères,
Et venir en pleurant leur fermer les paupières,
Dès qu'un rayon d'espoir a brillé dans leurs yeux ?
Le ciel de ses élus devient-il envieux ?
Ou faut-il croire, hélas ! ce que disaient nos pères,
Que lorsqu'on meurt si jeune on est aimé des dieux.

XV

Ah ! combien, depuis peu, sont partis pleins de vie
Sous les cyprès anciens que de saules nouveaux !

A LA MALIBRAN.   Page 366.

Bibl. Charpentier.   LIV. 47.

La cendre de Robert à peine refroidie,
Bellini tombe et meurt ! — Une lente agonie
Traîne Carrel sanglant à l'éternel repos.
Le seuil de notre siècle est pavé de tombeaux.

XVI

Que nous restera-t-il, si l'ombre insatiable,
Dès que nous bâtissons, vient tout ensevelir ?
Nous qui sentons déjà le sol si variable,
Et, sur tant de débris, marchons vers l'avenir,
Si le vent, sous nos pas, balaye ainsi le sable,
De quel deuil le Seigneur veut-il donc nous vêtir ?

XVII

Hélas ! Marietta, tu nous restais encore.
Lorsque, sur le sillon, l'oiseau chante à l'aurore,
Le laboureur s'arrête, et, le front en sueur,
Aspire dans l'air pur un souffle de bonheur.
Ainsi nous consolait ta voix fraîche et sonore,
Et tes chants dans les cieux emportaient la douleur.

XVIII

Ce qu'il nous faut pleurer sur la tombe hâtive,
Ce n'est pas l'art divin, ni ses savants secrets :
Quelque autre étudiera cet art que tu créais :
C'est ton âme, Ninette, et ta grandeur naïve,
C'est cette voix du cœur qui seule au cœur arrive,
Que nul autre, après toi, ne nous rendra jamais.

XIX

Ah ! tu vivrais encor sans cette âme indomptable.
Ce fut là ton seul mal, et le secret fardeau
Sous lequel ton beau corps plia comme un roseau.
Il en soutint longtemps la lutte inexorable.
C'est le Dieu tout-puissant, c'est la Muse implacable
Qui dans ses bras en feu t'a portée au tombeau.

XX

Que ne l'étouffais-tu, cette flamme brûlante
Que ton sein palpitant ne pouvait contenir !

Tu vivrais, tu verrais te suivre et t'applaudir
De ce public blasé la foule indifférente,
Qui prodigue aujourd'hui sa faveur inconstante
A des gens dont pas un, certes, n'en doit mourir.

XXI

Connaissais-tu si peu l'ingratitude humaine ?
Quel rêve as-tu donc fait de te tuer pour eux ?
Quelques bouquets de fleurs te rendaient-ils si vaine,
Pour venir nous verser de vrais pleurs sur la scène,
Lorsque tant d'histrions et d'artistes fameux,
Couronnés mille fois, n'en ont pas dans les yeux ?

XXII

Que ne détournais-tu la tête pour sourire,
Comme on en use ici quand on feint d'être ému ?
Hélas ! on t'aimait tant, qu'on n'en aurait rien vu.
Quand tu chantais *le Saule*, au lieu de ce délire,
Que ne t'occupais-tu de bien porter ta lyre ?
La Pasta fait ainsi : que ne l'imitais-tu ?

XXIII

Ne savais-tu donc pas, comédienne imprudente,
Que ces cris insensés qui te sortaient du cœur
De ta joue amaigrie augmentaient la pâleur ?
Ne savais-tu donc pas que, sur ta tempe ardente,
Ta main de jour en jour se posait plus tremblante,
Et que c'est tenter Dieu que d'aimer la douleur ?

XXIV

Ne sentais-tu donc pas que ta belle jeunesse
De tes yeux fatigués s'écoulait en ruisseaux,
Et de ton noble cœur s'exhalait en sanglots ?
Quand de ceux qui t'aimaient tu voyais la tristesse,
Ne sentais-tu donc pas qu'une fatale ivresse
Berçait ta vie errante à ses derniers rameaux ?

XXV

Oui, oui, tu le savais, qu'au sortir du théâtre,
Un soir dans ton linceul il faudrait te coucher

Lorsqu'on te rapportait plus froide que l'albâtre,
Lorsque le médecin, de ta veine bleuâtre,
Regardait goutte à goutte un sang noir s'épancher,
Tu savais quelle main venait de te toucher.

XXVI

Oui, oui, tu le savais, et que, dans cette vie,
Rien n'est bon que d'aimer, n'est vrai que de souffrir.
Chaque soir dans tes chants tu te sentais pâlir.
Tu connaissais le monde, et la foule, et l'envie,
Et, dans ce corps brisé concentrant ton génie,
Tu regardais la Malibran mourir.

XXVII

Meurs donc ! ta mort est douce et ta tâche est remplie.
Ce que l'homme ici-bas appelle le génie,
C'est le besoin d'aimer ; hors de là tout est vain.
Et, puisque tôt ou tard l'amour humain s'oublie,
Il est d'une grande âme et d'un heureux destin
D'expirer comme toi pour un amour divin !

Octobre, 1836.

CHANSON DE BARBERINE[1]

Beau chevalier qui partez pour la guerre,
    Qu'allez-vous faire
    Si loin d'ici ?
Voyez-vous pas que la nuit est profonde,
    Et que le monde
    N'est que souci ?

Vous qui croyez qu'une amour délaissée
    De la pensée
    S'enfuit ainsi,
Hélas ! hélas ! chercheurs de renommée,
    Votre fumée
    S'envole aussi.

1. Voir, dans le recueil des comédies de l'auteur, la pièce intitulée *Barberine*.

Beau chevalier qui partez pour la guerre,
  Qu'allez-vous faire
  Si loin de nous?
J'en vais pleurer, moi qui me laissais dire
  Que mon sourire
  Était si doux.

                                      1836.

CHANSON DE FORTUNIO[1]

Si vous croyez que je vais dire
  Qui j'ose aimer,
Je ne saurais, pour un empire,
  Vous la nommer.

Nous allons chanter à la ronde,
  Si vous voulez,
Que je l'adore et qu'elle est blonde
  Comme les blés.

Je fais ce que sa fantaisie
  Veut m'ordonner,
Et je puis, s'il lui faut ma vie,
  La lui donner.

Du mal qu'une amour ignorée
  Nous fait souffrir,
J'en porte l'âme déchirée
  Jusqu'à mourir.

Mais j'aime trop pour que je die
  Qui j'ose aimer,
Et je veux mourir pour ma mie
  Sans la nommer.

                                      1836.

1. Voir, dans le recueil des comédies de l'auteur, la pièce intitulée le *Chandelier*.

AU ROI

APRÈS L'ATTENTAT DE MEUNIER

Prince, les assassins consacrent ta puissance;
Ils forcent Dieu lui-même à nous montrer sa main.
Par droit d'élection tu régnais sur la France;
La balle et le poignard te font un droit divin.

De ceux dont le hasard couronna la naissance,
Nous en savons plusieurs qui sont sacrés en vain ;
Toi, tu l'es par le peuple et par la Providence ;
Souris au parricide et poursuis ton chemin.

Mais sois prudent, Philippe, et songe à la patrie.
Ta pensée est son bien, ton corps son bouclier;
Sur toi, comme sur elle, il est temps de veiller.

Ferme un immense abîme et conserve ta vie.
Défendons-nous ensemble, et laissons-nous le temps
De vieillir, toi pour nous, et nous pour tes enfants,

Décembre, 1836.

A SAINTE-BEUVE

SUR UN PASSAGE D'UN ARTICLE INSÉRÉ DANS
LA « REVUE DES DEUX-MONDES »

Ami, tu l'as bien dit : en nous tant que nous sommes
Il existe souvent une certaine fleur,
Qui s'en va dans la vie et s'effeuille du cœur.
« Il existe, en un mot, chez les trois quarts des hommes,
Un poète mort jeune à qui l'homme survit. »
Tu l'as bien dit, ami, mais tu l'as trop bien dit.

Tu ne prenais pas garde, en traçant ta pensée,
Que ta plume en faisait un vers harmonieux,
Et que tu blasphémais dans la langue des dieux.

Relis-toi, je te rends à la Muse offensée ;
Et souviens-toi qu'en nous il existe souvent
Un poète endormi toujours jeune et vivant.

Juin, 1837.

A LYDIE

TRADUIT D'HORACE (ODE IX, LIVRE III)

HORACE.

Lorsque je t'avais pour amie,
Quand nul jeune garçon, plus robuste que moi
N'entourait de ses bras ton épaule arrondie,
Auprès de toi, blanche Lydie,
J'ai vécu plus joyeux et plus heureux qu'un roi.

LYDIE.

Quand pour toi j'étais la plus chère,
Quand Chloé pâlissait auprès de Lydia,
Lydia, qu'on vantait dans l'Italie entière,
Vécut plus heureuse et plus fière
Que dans les bras d'un dieu la Romaine Ilia.

HORACE.

Chloé, me gouverne à présent,
Chloé, savante au luth, habile en l'art du chant ;
Le doux son de sa voix de volupté m'enivre.
Je suis prêt à cesser de vivre,
Si, pour la préserver, les dieux voulaient mon sang.

LYDIE.

Je me consume maintenant
D'une amoureuse ardeur que rien ne peut éteindre,
Pour le fils d'Ornithus, ce bel adolescent.
Je mourrais deux fois sans me plaindre,
Si, pour le préserver, les dieux voulaient mon sang.

HORACE.

Eh quoi ! si dans notre pensée
L'ancien amour se rallumait ?
Si, la blonde Chloé de ma maison chassée,
Ma porte se rouvrait ? si Vénus offensée
Au joug d'airain nous ramenait ?

LYDIE.

Calaïs, ma richesse unique,
Est plus beau qu'un soleil levant,
Et toi plus léger que le vent,
Plus prompt à t'irriter que l'âpre Adriatique ;
Cependant près de toi, si c'était ton plaisir,
Volontiers j'irais vivre, et volontiers mourir.

1837.

A LYDIE

IMITATION.

HORACE.

Du temps où tu m'aimais, Lydie,
De ses bras nul autre que moi
N'entourait ta gorge arrondie ;
J'ai vécu plus heureux qu'un roi.

LYDIE.

Du temps où j'étais ta maîtresse,
Tu me préférais à Chloé ;
Je m'endormais à ton côté,
Plus heureuse qu'une déesse.

HORACE.

Chloé me gouverne à présent
Savante au luth, habile au chant ;
La douceur de sa voix m'enivre.
Je suis prêt à cesser de vivre,
S'il fallait lui donner mon sang.

LYDIE.

Je me consume maintenant
Pour Calaïs, mon jeune amant,
Qui dans mon cœur a pris ta place.
Je mourrais deux fois, cher Horace,
S'il fallait lui donner mon sang.

HORACE.

Eh quoi ! si dans notre pensée
L'ancien amour se ranimait ?

A NINON. Page 379.

Si ma blonde était délaissée ?
Si demain Vénus offensée
A ta porte me ramenait ?

LYDIE.

Calaïs est jeune et fidèle.
Et toi, poète, ton désir
Est plus léger que l'hirondelle,
Plus inconstant que le zéphir ;
Pourtant, s'il t'en prenait envie,
Avec toi j'aimerais la vie ;
Avec toi je voudrais mourir.

1837.

A NINON

Si je vous le disais pourtant, que je vous aime,
Qui sait, brune aux yeux bleus, ce que vous en diriez ?
L'amour, vous le savez, cause une peine extrême,
C'est un mal sans pitié que vous plaignez vous-même ;
Peut-être cependant que vous m'en puniriez.

Si je vous le disais, que six mois de silence
Cachent de longs tourments et des vœux insensés :
Ninon, vous êtes fine, et votre insouciance
Se plaît, comme une fée, à deviner d'avance ;
Vous me répondriez peut-être : Je le sais.

Si je vous le disais, qu'une douce folie
A fait de moi votre ombre et m'attache à vos pas :
Un petit air de doute et de mélancolie,
Vous le savez, Ninon, vous rend bien plus jolie ;
Peut-être diriez-vous que vous n'y croyez pas.

Si je vous le disais, que j'emporte dans l'âme
Jusques aux moindres mots de nos propos du soir :
Un regard offensé, vous le savez, Madame,
Change deux yeux d'azur en deux éclairs de flamme ;
Vous me défendriez peut-être de vous voir.

A NINON

Si je vous le disais, que chaque nuit je veille,
Que chaque jour je pleure et je prie à genoux :
Ninon, quand vous riez, vous savez qu'une abeille
Prendrait pour une fleur votre bouche vermeille ;
Si je vous le disais, peut-être en ririez-vous.

Mais vous n'en saurez rien. — Je viens, sans rien en dire,
M'asseoir sous votre lampe et causer avec vous ;
Votre voix, je l'entends ; votre air, je le respire ;
Et, vous pouvez douter, deviner et sourire,
Vos yeux ne verront pas de quoi m'être moins doux.

Je récolte en secret des fleurs mystérieuses :
Le soir, derrière vous, j'écoute au piano
Chanter sur le clavier vos mains harmonieuses,
Et, dans les tourbillons de nos valses joyeuses,
Je vous sens, dans mes bras, plier comme un roseau.

La nuit, quand de si loin le monde nous sépare,
Quand je rentre chez moi pour tirer mes verrous,
De mille souvenirs en jaloux je m'empare ;
Et là, seul devant Dieu, plein d'une joie avare,
J'ouvre, comme un trésor, mon cœur tout plein de vous.

J'aime, et je sais répondre avec indifférence ;
J'aime, et rien ne le dit ; j'aime, et seul je le sais,
Et mon secret m'est cher, et chère ma souffrance ;
Et j'ai fait le serment d'aimer sans espérance,
Mais non pas sans bonheur : — je vous vois, c'est assez.

Non, je n'étais pas né pour ce bonheur suprême,
De mourir dans vos bras et de vivre à vos pieds.
Tout me le prouve, hélas ! jusqu'à ma douleur même...
Si je vous le disais pourtant, que je vous aime,
Qui sait, brune aux yeux bleus, ce que vous ne diriez ?

1837.

LA NUIT D'OCTOBRE

LE POÈTE.

Le mal dont j'ai souffert s'est enfui comme un rêve ;
Je n'en puis comparer le lointain souvenir
Qu'à ces brouillards légers que l'aurore soulève,
Et qu'avec la rosée on voit s'évanouir.

LA MUSE.

Qu'aviez-vous donc, ô mon poète ?
Et quelle est la peine secrète
Qui de moi vous a séparé ?
Hélas ! je m'en ressens encore.
Quel est donc ce mal que j'ignore
Et dont j'ai si longtemps pleuré ?

LE POÈTE.

C'était un mal vulgaire et bien connu des hommes ;
Mais, lorsque nous avons quelque ennui dans le cœur,
Nous nous imaginons, pauvres fous que nous sommes,
Que personne avant nous n'a senti la douleur.

LA MUSE.

Il n'est de vulgaire chagrin
Que celui d'une âme vulgaire,
Ami, que ce triste mystère
S'échappe aujourd'hui de ton sein.
Crois-moi, parle avec confiance ;
Le sévère dieu du silence
Est un des frères de la Mort ;
En se plaignant, on se console,
Et quelquefois une parole
Nous a délivrés d'un remord.

LE POÈTE.

S'il fallait maintenant parler de ma souffrance,
Je ne sais trop quel nom elle devrait porter,
Si c'est amour, folie, orgueil, expérience,
Ni si personne au monde en pourrait profiter.
Je veux bien toutefois t'en raconter l'histoire,
Puisque nous voilà seuls, assis près du foyer.
Prends cette lyre, approche, et laisse ma mémoire

Au son de tes accords doucement s'éveiller.

LA MUSE.

Avant de me dire ta peine,
O poète! en es-tu guéri?
Songe qu'il t'en faut aujourd'hui
Parler sans amour et sans haine.
S'il te souvient que j'ai reçu
Le doux nom de consolatrice,
Ne fais pas de moi la complice
Des passions qui t'ont perdu.

LE POÈTE.

Je suis si bien guéri de cette maladie,
Que j'en doute parfois lorsque j'y veux songer ;
Et quand je pense aux lieux où j'ai risqué ma vie,
J'y crois voir à ma place un visage étranger.
Muse, sois donc sans crainte ; au souffle qui t'inspire
Nous pouvons sans péril tous deux nous confier.
Il est doux de pleurer, il est doux de sourire
Au souvenir des maux qu'on pourrait oublier.

LA MUSE.

Comme une mère vigilante
Au berceau d'un fils bien-aimé,
Ainsi je me penche tremblante
Sur ce cœur qui m'était fermé.
Parle, ami, — ma lyre attentive
D'une note faible et plaintive
Suit déjà l'accent de ta voix,
Et dans un rayon de lumière,
Comme une vision légère,
Passent les ombres d'autrefois.

LE POÈTE.

Jours de travail ! seuls jours où j'ai vécu !
 O trois fois chère solitude !
Dieu soit loué, j'y suis donc revenu,
 A ce vieux cabinet d'étude !
Pauvre réduit, murs tant de fois déserts,
 Fauteuils poudreux, lampe fidèle,
O mon palais, mon petit univers,
 Et toi, Muse, ô jeune immortelle,
Dieu soit loué! nous allons donc chanter!
 Oui, je veux vous ouvrir mon âme,

Vous saurez tout, et je vais vous conter
    Le mal que peut faire une femme ;
Car c'en est une, ô mes pauvres amis,
    (Hélas ! vous le saviez peut-être !)
C'est une femme à qui je fus soumis
    Comme le serf l'est à son maître.
Joug détesté ! c'est par là que mon cœur
    Perdit sa force et sa jeunesse ; —
Et cependant, auprès de ma maîtresse,
    J'avais entrevu le bonheur.
Près du ruisseau, quand nous marchions ensemble,
    Le soir sur le sable argentin,
Quand devant nous le blanc spectre du tremble
    De loin nous montrait le chemin ;
Je vois encore, aux rayons de la lune,
    Ce beau corps plier dans mes bras...
N'en parlons plus... — je ne prévoyais pas
    Où me conduirait la Fortune.
Sans doute alors la colère des dieux
    Avait besoin d'une victime ;
Car elle m'a puni comme d'un crime
    D'avoir essayé d'être heureux.

LA MUSE.

L'image d'un doux souvenir
Vient de s'offrir à ta pensée.
Sur la trace qu'il a laissée
Pourquoi crains-tu de revenir ?
Est-ce faire un récit fidèle
Que de renier ses beaux jours ?
Si ta fortune fut cruelle,
Jeune homme, fais du moins comme elle,
Souris à tes premiers amours.

LE POÈTE.

Non, — c'est à mes malheurs que je prétends sourire.
Muse, je te l'ai dit : je veux, sans passion,
Te conter mes ennuis, mes rêves, mon délire,
Et t'en dire le temps, l'heure et l'occasion.
C'était, il m'en souvient, par une nuit d'automne,
Triste et froide, à peu près semblable à celle-ci ;
Le murmure du vent, de son bruit monotone,
Dans mon cerveau lassé berçait mon noir souci.

J'étais à la fenêtre, attendant ma maîtresse ;
Et, tout en écoutant, dans cette obscurité,
Je me sentais dans l'âme une telle détresse,
Qu'il me vint le soupçon d'une infidélité.
La rue où je logeais était sombre et déserte ;
Quelques ombres passaient, un falot à la main ;
Quand la bise soufflait dans la porte entr'ouverte,
On entendait de loin comme un soupir humain.
Je ne sais, à vrai dire, à quel fâcheux présage
Mon esprit inquiet alors s'abandonna.
Je rappelais en vain un reste de courage,
Et me sentis frémir lorsque l'heure sonna.
Elle ne venait pas. Seul, la tête baissée,
Je regardai longtemps les murs et le chemin, —
Et je ne t'ai pas dit quelle ardeur insensée
Cette inconstante femme allumait dans mon sein ;
Je n'aimais qu'elle au monde, et vivre un jour sans elle
Me semblait un destin plus affreux que la mort.
Je me souviens pourtant qu'en cette nuit cruelle
Pour briser mon lien je fis un long effort.
Je la nommai cent fois perfide et déloyale,
Je comptais tous les maux qu'elle m'avait causés.
Hélas ! au souvenir de sa beauté fatale,
Quels maux et quels chagrins n'étaient pas apaisés !
Le jour parut enfin. — Las d'une vaine attente,
Sur le bord du balcon je m'étais assoupi ;
Je rouvris la paupière à l'aurore naissante,
Et je laissai flotter mon regard ébloui.
Tout à coup, au détour de l'étroite ruelle,
J'entends sur le gravier marcher à petit bruit...
Grand Dieu ! préservez-moi ! je l'aperçois, c'est elle ;
Elle entre. — D'où viens-tu ? qu'as-tu fait cette nuit ?
Réponds, que me veux-tu ? qui t'amène à cette heure ?
Ce beau corps, jusqu'au jour, où s'est-il étendu ?
Tandis qu'à ce balcon, seul, je veille et je pleure,
En quel lieu, dans quel lit, à qui souriais-tu ?
Perfide ! audacieuse ! est-il encor possible
Que tu viennes offrir ta bouche à mes baisers ?
Que demandes-tu donc ? par quelle soif horrible
Oses-tu m'attirer dans tes bras épuisés ?
Va-t'en, retire-toi, spectre de ma maîtresse !

Rentre dans ton tombeau, si tu t'en es levé ;
Laisse-moi pour toujours oublier ma jeunesse,
Et, quand je pense à toi, croire que j'ai rêvé !

LA MUSE.

Apaise-toi, je t'en conjure ;
Tes paroles m'ont fait frémir.
O mon bien-aimé ! ta blessure
Est encor prête à se rouvrir.
Hélas ! elle est donc bien profonde ?
Et les misères de ce monde
Sont si lentes à s'effacer !
Oublie, enfant, et de ton âme
Chasse le nom de cette femme,
Que je ne veux pas prononcer.

LE POÈTE.

Honte à toi qui la première
M'as appris la trahison,
Et d'horreur et de colère
M'as fait perdre la raison !
Honte à toi, femme à l'œil sombre,
Dont les funestes amours
Ont enseveli dans l'ombre
Mon printemps et mes beaux jours !
C'est ta voix, c'est ton sourire,
C'est ton regard corrupteur,
Qui m'ont appris à maudire
Jusqu'au semblant du bonheur ;
C'est ta jeunesse et tes charmes
Qui m'ont fait désespérer,
Et si je doute des larmes,
C'est que je t'ai vu pleurer.
Honte à toi, j'étais encore
Aussi simple qu'un enfant ;
Comme une fleur à l'aurore,
Mon cœur s'ouvrait en t'aimant.
Certes, ce cœur sans défense
Put sans peine être abusé ;
Mais lui laisser l'innocence
Était encor plus aisé.
Honte à toi ! tu fus la mère
De mes premières douleurs,

La Nuit d'Octobre. — Page 380.

Bibl. Charpentier. — LIV. 49.

Et tu fis de ma paupière
Jaillir la source des pleurs !
Elle coule, sois-en sûre,
Et rien ne la tarira ;
Elle sort d'une blessure
Qui jamais ne guérira ;
Mais dans cette source amère
Du moins je me laverai,
Et j'y laisserai, j'espère,
Ton souvenir abhorré !

LA MUSE.

Poëte, c'est assez. Auprès d'une infidèle,
Quand ton illusion n'aurait duré qu'un jour,
N'outrage pas ce jour lorsque tu parles d'elle ;
Si tu veux être aimé, respecte ton amour.
Si l'effort est trop grand pour la faiblesse humaine
De pardonner les maux qui nous viennent d'autrui,
Épargne-toi du moins le tourment de la haine ;
A défaut du pardon, laisse venir l'oubli.
Les morts dorment en paix dans le sein de la terre :
Ainsi doivent dormir nos sentiments éteints.
Ces reliques du cœur ont aussi leur poussière ;
Sur leurs restes sacrés ne portons pas les mains.
Pourquoi, dans ce récit d'une vive souffrance,
Ne veux-tu voir qu'un rêve et qu'un amour trompé ?
Est-ce donc sans motif qu'agit la Providence ?
Et crois-tu donc distrait le Dieu qui t'a frappé ?
Le coup dont tu te plains t'a préservé peut-être,
Enfant, car c'est par là que ton cœur s'est ouvert.
L'homme est un apprenti, la douleur est son maître,
Et nul ne connaît tant qu'il n'a pas souffert.
C'est une dure loi, mais une loi suprême,
Vieille comme le monde et la fatalité,
Qu'il nous faut du malheur recevoir le baptême,
Et qu'à ce triste prix tout doit être acheté.
Les moissons, pour mûrir, ont besoin de rosée ;
Pour vivre et pour sentir, l'homme a besoin des pleurs ;
La joie a pour symbole une plante brisée,
Humide encor de pluie et couverte de fleurs.
Ne te disais-tu pas guéri de ta folie ?
N'es-tu pas jeune, heureux, partout le bienvenu,

Et ces plaisirs légers qui font aimer la vie,
Si tu n'avais pleuré, quel cas en ferais-tu?
Lorsqu'au déclin du jour, assis sur la bruyère,
Avec un vieil ami tu bois en liberté,
Dis-moi, d'aussi bon cœur lèverais-tu ton verre,
Si tu n'avais senti le prix de la gaîté?
Aimerais-tu les fleurs, les prés et la verdure,
Les sonnets de Pétrarque et le chant des oiseaux,
Michel-Ange et les arts, Shakspeare et la nature,
Si tu n'y retrouvais quelques anciens sanglots?
Comprendrais-tu des cieux l'ineffable harmonie,
Le silence des nuits, le murmure des flots,
Si quelque part là-bas la fièvre et l'insomnie
Ne t'avaient fait songer à l'éternel repos?
N'as-tu pas maintenant une belle maîtresse?
Et, lorsqu'en t'endormant, tu lui serres la main,
Le lointain souvenir des maux de ta jeunesse
Ne rend-il pas plus doux son sourire divin?
N'allez-vous pas aussi vous promener ensemble
Au fond des bois fleuris, sur le sable argentin?
Et, dans ce vert palais, le blanc spectre du tremble
Ne sait-il plus, le soir, vous montrer le chemin?
Ne vois-tu pas alors, aux rayons de la lune,
Plier comme autrefois un beau corps dans tes bras?
Et, si dans le sentier tu trouvais la Fortune,
Derrière elle, en chantant, ne marcherais-tu pas?
De quoi te plains-tu donc? L'immortelle espérance
S'est retrempée en toi sous la main du malheur.
Pourquoi veux-tu haïr ta jeune expérience,
Et détester un mal qui t'a rendu meilleur?
O mon enfant! plains-la, cette belle infidèle,
Qui fit couler jadis les larmes de tes yeux;
Plains-la! c'est une femme, et Dieu t'a fait, près d'elle,
Deviner, en souffrant, le secret des heureux.
Sa tâche fut pénible; elle t'aimait peut-être;
Mais le destin voulait qu'elle brisât ton cœur.
Elle savait la vie, et te l'a fait connaître;
Une autre a recueilli le fruit de ta douleur.
Plains-la! son triste amour a passé comme un songe;
Elle a vu ta blessure et n'a pu la fermer.
Dans ses larmes, crois-moi, tout n'était pas mensonge

Quand tout l'aurait été, plains-la ! tu sais aimer.
LE POÈTE.
Tu dis vrai : la haine est impie,
Et c'est un frisson plein d'horreur
Quand cette vipère assoupie
Se déroule dans notre cœur.
Écoute-moi donc, ô déesse !
Et sois témoin de mon serment :
Par les yeux bleus de ma maîtresse,
Et par l'azur du firmament ;
Par cette étincelle brillante
Qui de Vénus porte le nom,
Et, comme une perle tremblante,
Scintille au loin sur l'horizon ;
Par la grandeur de la nature,
Par la bonté du Créateur,
Par la clarté tranquille et pure
De l'astre cher au voyageur,
Par les herbes de la prairie,
Par les forêts, par les prés verts,
Par la puissance de la vie,
Par la sève de l'univers,
Je te bannis de ma mémoire,
Reste d'un amour insensé,
Mystérieuse et sombre histoire
Qui dormiras dans le passé !
Et toi qui, jadis, d'une amie
Portas la forme et le doux nom,
L'instant suprême où je t'oublie
Doit être celui du pardon.
Pardonnons-nous ; — je romps le charme
Qui nous unissait devant Dieu.
Avec une dernière larme
Reçois un éternel adieu.
— Et maintenant, blonde rêveuse,
Maintenant, Muse, à nos amours !
Dis-moi quelque chanson joyeuse,
Comme au premier temps des beaux jours.
Déjà la pelouse embaumée
Sent les approches du matin ;
Viens éveiller ma bien aimée

Et cueillir les fleur du jardin.
Viens voir la nature immortelle
Sortir des voiles du sommeil ;
Nous allons renaître avec elle
Au premier rayon du soleil !

Octobre 1837.

L'ESPOIR EN DIEU

Tant que mon faible cœur, encor plein de jeunesse,
A ses illusions n'aura pas dit adieu,
Je voudrais m'en tenir à l'antique sagesse,
Qui du sobre Épicure a fait un demi-dieu.
Je voudrais vivre, aimer, m'accoutumer aux hommes,
Chercher un peu de joie, et n'y pas trop compter,
Faire ce qu'on a fait, être ce que nous sommes,
Et regarder le ciel sans m'en inquiéter.

Je ne puis ; — malgré moi l'infini me tourmente.
Je n'y saurais songer sans crainte et sans espoir ;
Et, quoi qu'on en ait dit, ma raison s'épouvante
De ne pas le comprendre, et pourtant de le voir.
Qu'est-ce donc que ce monde, et qu'y venons-nous faire,
Si, pour qu'on vive en paix, il faut voiler les cieux ?
Passer comme un troupeau les yeux fixés à terre,
Et renier le reste, est-ce donc être heureux ?
Non, c'est cesser d'être homme et dégrader son âme.
Dans la création le hasard m'a jeté ;
Heureux ou malheureux, je suis né d'une femme,
Et je puis m'enfuir hors de l'humanité.

Que faire donc ? « Jouis, dit la raison païenne ;
Jouis et meurs ; les dieux ne songent qu'à dormir.
— Espère seulement, répond la foi chrétienne ;
Le ciel veille sans cesse, et tu ne peux mourir. »
Entre ces deux chemins j'hésite et je m'arrête.
Je voudrais, à l'écart, suivre un plus doux sentier.
Il n'en existe pas, dit une voix secrète ;

En présence du ciel il faut croire ou nier.
Je le pense en effet ; les âmes tourmentées
Dans l'un et l'autre excès se jettent tour à tour.
Mais les indifférents ne sont que des athées ;
Ils ne dormiraient plus s'ils doutaient un seul jour.
Je me résigne donc, et puisque la matière
Me laisse dans le cœur un désir plein d'effroi,
Mes genoux fléchiront ; je veux croire, et j'espère.
Que vais-je devenir, et que veut-on de moi ?

Me voilà dans les mains d'un Dieu plus redoutable
Que ne sont à la fois tous les maux d'ici-bas ;
Me voilà seul, errant, fragile et misérable,
Sous les yeux d'un témoin qui ne me quitte pas.
Il m'observe, il me suit. Si mon cœur bat trop vite,
J'offense sa grandeur et sa divinité.
Un gouffre est sous mes pas : si je m'y précipite,
Pour expier une heure, il faut l'éternité.
Mon juge est un bourreau qui trompe sa victime.
Pour moi, tout devient piège et tout change de nom ;
L'amour est un péché, le bonheur est un crime,
Et l'œuvre des sept jours n'est que tentation.
Je ne garde plus rien de la nature humaine ;
Il n'existe pour moi ni vertu ni remord.
J'attends la récompense et j'évite la peine ;
Mon seul guide est la peur, et mon seul but la mort.

On me dit cependant qu'une joie infinie
Attend quelques élus. — Où sont-ils, ces heureux ?
Si vous m'avez trompé, me rendrez-vous la vie ?
Si vous m'avez dit vrai, m'ouvrirez-vous les cieux ?
Hélas ! ce beau pays dont parlaient vos prophètes,
S'il existe là-haut, ce doit être un désert.
Vous les voulez trop purs, les heureux que vous faites,
Et quand leur joie arrive, ils en ont trop souffert.
Je suis seulement homme, et ne veux pas moins être,
Ni tenter davantage. — A quoi donc m'arrêter ?
Puisque je ne puis croire aux promesses du prêtre,
Est-ce l'indifférent que je vais consulter ?

Si mon cœur, fatigué du rêve qui l'obsède,

A la réalité revient pour s'assouvir,
Au fond des vains plaisirs que j'appelle à mon aide
Je trouve un tel dégoût, que je me sens mourir.
Aux jours même où parfois la pensée est impie,
Où l'on voudrait nier pour cesser de douter,
Quand je posséderais tout ce qu'en cette vie
Dans ses vastes désirs l'homme peut convoiter ;
Donnez-moi le pouvoir, la santé, la richesse,
L'amour même, l'amour, le seul bien d'ici-bas !
Que la blonde Astarté, qu'idolâtrait la Grèce,
De ses îles d'azur sorte en m'ouvrant les bras ;
Quand je pourrais saisir dans le sein de la terre
Les secrets éléments de sa fécondité,
Transformer à mon gré la vivace matière,
Et créer pour moi seul une unique beauté ;
Quand Horace, Lucrèce et le vieil Épicure,
Assis à mes côtés, m'appelleraient heureux,
Et quand ces grands amants de l'antique nature
Me chanteraient la joie et le mépris des dieux,
Je leur dirais à tous : « Quoi que nous puissions faire,
Je souffre, il est trop tard ; le monde s'est fait vieux.
Une immense espérance a traversé la terre ;
Malgré nous vers le ciel il faut lever les yeux ! »

Que me reste-t-il donc ? Ma raison révoltée
Essaye en vain de croire et mon cœur de douter.
Le chrétien m'épouvante, et ce que dit l'athée,
En dépit de mes sens, je ne puis l'écouter.
Les vrais religieux me trouveront impie,
Et les indifférents me croiront insensé.
A qui m'adresserai-je, et quelle voix amie
Consolera ce cœur que le doute a blessé ?

Il existe, dit-on, une philosophie
Qui nous explique tout sans révélation,
Et qui peut nous guider à travers cette vie
Entre l'indifférence et la religion.
J'y consens. — Où sont-ils, ces faiseurs de systèmes,
Qui savent, sans la foi, trouver la vérité,
Sophistes impuissants qui ne croient qu'en eux-mêmes ?
Quels sont leurs arguments et leur autorité ?

L'un me montre ici-bas deux principes en guerre,
Qui, vaincus tour à tour, sont tous deux immortels[1] ;
L'autre découvre, au loin, dans le ciel solitaire,
Un inutile Dieu qui ne veut pas d'autels[2].
Je vois rêver Platon et penser Aristote ;
J'écoute, j'applaudis et poursuis mon chemin.
Sous les rois absolus je trouve un Dieu despote ;
On nous parle aujourd'hui d'un Dieu républicain.
Pythagore et Leibnitz transfigurent mon être.
Descartes m'abandonne au sein des tourbillons.
Montaigne s'examine, et ne peut se connaître.
Pascal fuit en tremblant ses propres visions.
Pyrrhon me rend aveugle, et Zénon insensible.
Voltaire jette à bas tout ce qu'il voit debout.
Spinosa, fatigué de tenter l'impossible,
Cherchant en vain son Dieu, croit le trouver partout.
Pour le sophiste anglais[3] l'homme est une machine.
Enfin sort des brouillards un rhéteur allemand[4]
Qui, du philosophisme achevant la ruine,
Déclare le ciel vide et conclut au néant.

Voilà donc les débris de l'humaine science !
Et, depuis cinq mille ans qu'on a toujours douté,
Après tant de fatigue et de persévérance,
C'est là le dernier mot qui nous en est resté !
Ah ! pauvres insensés, misérables cervelles,
Qui de tant de façons avez tout expliqué,
Pour aller jusqu'aux cieux, il vous fallait des ailes ;
Vous aviez le désir, la foi vous a manqué.
Je vous plains ; votre orgueil part d'une âme blessée.
Vous sentiez les tourments dont mon cœur est rempli,
Et vous la connaissiez, cette amère pensée
Qui fait frissonner l'homme en voyant l'infini.
Et bien, prions ensemble, — abjurons la misère
De vos calculs d'enfants, de tant de vains travaux.
Maintenant que vos corps sont réduits en poussière,
J'irai m'agenouiller pour vous sur vos tombeaux.

1. Système des Manichéens.
2. Le théisme.
3. Locke.
4. Kant

A LA MI-CARÊME.　　　　　　　　　　Page 399.

Bibl. Charpentier.　　　　　　　　　　LIV. 50.

Venez, rhéteurs païens, maîtres de la science,
Chrétiens des temps passés et rêveurs d'aujourd'hui :
Croyez-moi, la prière est un cri d'espérance !
Pour que Dieu nous réponde, adressons-nous à lui.
Il est juste, il est bon ; sans doute il vous pardonne.
Tous vous avez souffert, le reste est oublié.
Si le ciel est désert, nous n'offensons personne ;
Si quelqu'un nous entend, qu'il nous prenne en pitié !

  O toi que nul n'a pu connaître,
  Et n'a renié sans mentir,
  Réponds-moi, toi qui m'as fait naître,
  Et demain me feras mourir !

  Puisque tu te laisses comprendre,
  Pourquoi fais-tu douter de toi ?
  Quel triste plaisir peux-tu prendre
  A tenter notre bonne foi ?

  Dès que l'homme lève la tête,
  Il croit t'entrevoir dans les cieux ;
  La création, sa conquête,
  N'est qu'un vaste temple à ses yeux.

  Dès qu'il redescend en lui-même,
  Il t'y trouve ; tu vis en lui.
  S'il souffre, s'il pleure, s'il aime,
  C'est son Dieu qui le veut ainsi.

  De la plus noble intelligence
  La plus sublime ambition
  Est de prouver ton existence,
  Et de faire épeler ton nom.

  De quelque façon qu'on t'appelle,
  Brahma, Jupiter ou Jésus,
  Vérité, Justice éternelle,
  Vers toi tous les bras sont tendus.

  Le dernier des fils de la terre
  Te rend grâces du fond du cœur,
  Dès qu'il se mêle à sa misère
  Une apparence de bonheur.

Le monde entier te glorifie :
L'oiseau te chante sur son nid ;
Et pour une goutte de pluie
Des milliers d'êtres t'ont béni.

Tu n'as rien fait qu'on ne l'admire ;
Rien de toi n'est perdu pour nous.
Tout prie, et tu ne peux sourire,
Que nous ne tombions à genoux.

Pourquoi donc, ô Maître suprême,
As-tu créé le mal si grand,
Que la raison, la vertu même,
S'épouvantent en le voyant ?

Lorsque tant de choses sur terre
Proclament la Divinité,
Et semblent attester d'un père
L'amour, la force et la bonté,

Comment, sous la sainte lumière,
Voit-on des actes si hideux,
Qu'ils font expirer la prière
Sur les lèvres du malheureux ?

Pourquoi, dans ton œuvre céleste,
Tant d'éléments si peu d'accord ?
A quoi bon le crime et la peste ?
O Dieu juste ! pourquoi la mort ?

Ta pitié dut être profonde
Lorsqu'avec ses biens et ses maux,
Cet admirable et pauvre monde
Sortit en pleurant du chaos !

Puisque tu voulais le soumettre
Aux douleurs dont il est rempli,
Tu n'aurais pas dû lui permettre
De t'entrevoir dans l'infini.

Pourquoi laisser notre misère
Rêver et deviner un Dieu ?
Le doute a désolé la terre ;
Nous en voyons trop ou trop peu.

Si ta chétive créature
Est indigne de t'approcher,
Il fallait laisser la nature
T'envelopper et te cacher.

Il te resterait ta puissance,
Et nous en sentirions les coups ;
Mais le repos et l'ignorance
Auraient rendu nos maux plus doux.

Si la souffrance et la prière
N'atteignent pas ta majesté,
Garde ta grandeur solitaire ;
Ferme à jamais l'immensité.

Mais si nos angoisses mortelles
Jusqu'à toi peuvent parvenir ;
Si, dans les plaines éternelles,
Parfois tu nous entends gémir,

Brise cette voûte profonde
Qui couvre la création ;
Soulève les voiles du monde,
Et montre-toi, Dieu juste et bon !

Tu n'apercevras sur la terre
Qu'un ardent amour de la foi,
Et l'humanité tout entière
Se prosternera devant toi.

Les larmes qui l'ont épuisée
Et qui ruisselaient de ses yeux,
Comme une légère rosée
S'évanouiront dans les cieux.

Tu n'entendras que tes louanges,
Qu'un concert de joie et d'amour,
Pareil à celui dont tes anges
Remplissent l'éternel séjour ;

Et dans cet hosanna suprême,
Tu verras, au bruit de nos chants,

S'enfuir le doute et le blasphème,
Tandis que la Mort elle-même
Y joindra ses derniers accents.

Février 1838.

A LA MI-CARÊME

I

Le carnaval s'en va, les roses vont éclore;
Sur les flancs des coteaux déjà court le gazon.
Cependant du plaisir la frileuse saison
Sous ses grelots légers rit et voltige encore,
Tandis que, soulevant les voiles de l'aurore,
Le Printemps inquiet paraît à l'horizon.

II

Du pauvre mois de mars il ne faut pas médire,
Bien que le laboureur le craigne justement :
L'univers y renaît; il est vrai que le vent,
La pluie et le soleil s'y disputent l'empire.
Qu'y faire? Au temps des fleurs, le monde est un enfant;
C'est sa première larme et son premier sourire.

III

C'est dans le mois de mars que tente de s'ouvrir
L'anémone sauvage aux corolles tremblantes.
Les femmes et les fleurs appellent le zéphir;
Et du fond des boudoirs les belles indolentes,
Balançant mollement leurs tailles nonchalantes,
Sous les vieux marronniers commencent à venir.

IV

C'est alors que les bals, plus joyeux et plus rares,
Prolongent plus longtemps leurs dernières fanfares;

A ce bruit qui nous quitte, on court avec ardeur ;
La valseuse se livre avec plus de langueur :
Les yeux sont plus hardis, les lèvres moins avares ;
La lassitude enivre, et l'amour vient au cœur.

V

S'il est vrai qu'ici-bas l'adieu de ce qu'on aime
Soit un si doux chagrin qu'on en voudrait mourir,
C'est dans le mois de mars, c'est à la mi-carême
Qu'au sortir d'un souper, un enfant du plaisir
Sur la valse et l'amour devrait faire un poème,
Et saluer gaîment ses dieux prêts à partir.

VI

Mais qui saura chanter tes pas pleins d'harmonie,
Et tes secrets divins, du vulgaire ignorés,
Belle Nymphe allemande aux brodequins dorés?
O Muse de la valse! ô fleur de poésie!
Où sont, de notre temps, les buveurs d'ambroisie
Dignes de s'étourdir dans tes bras adorés?

VII

Quand, sur le Cithéron, la Bacchanale antique
Des filles de Cadmus dénouait les cheveux,
On laissait la beauté danser devant les dieux ;
Et si quelque profane, au son de la musique,
S'élançait dans les chœurs, la prêtresse impudique
De son thyrse de fer frappait l'audacieux.

VIII

Il n'en est pas ainsi dans nos fêtes grossières :
Les vierges aujourd'hui se montrent moins sévères,
Et se laissent toucher sans grâce et sans fierté.
Nous ouvrons à qui veut nos quadrilles vulgaires ;
Nous perdons le respect qu'on doit à la beauté,
Et nos plaisirs bruyants font fuir la volupté.

IX

Tant que régna chez nous le menuet gothique,
D'observer la mesure on se souvint encor.

Nos pères la gardaient aux jours de thermidor,
Lorsqu'au bruit des canons dansait la République,
Lorsque la Tallien, soulevant sa tunique,
Faisait de ses pieds nus craquer ses anneaux d'or.

X

Autres temps, autres mœurs ; le rythme et la cadence
Ont suivi les hasards et la commune loi.
Pendant que l'univers ligué contre la France
S'épuisait de fatigue à lui donner un roi,
La valse d'un coup d'aile a détrôné la danse.
Si quelqu'un s'en est plaint, certes ce n'est pas moi.

XI

Je voudrais seulement, puisqu'elle est notre hôtesse,
Qu'on sût mieux honorer cette jeune déesse.
Je voudrais qu'à sa voix on pût régler nos pas,
Ne pas voir profaner une si douce ivresse,
Froisser d'un si beau sein les contours délicats,
Et le premier venu l'emporter dans ses bras.

XII

C'est notre barbarie et notre indifférence
Qu'il nous faut accuser : notre esprit inconstant
Se prend de fantaisie et vit de changement ;
Mais le désordre même a besoin d'élégance ;
Et je voudrais du moins qu'une duchesse, en France,
Sût valser aussi bien qu'un bouvier allemand.

Mars 1838.

A UNE FLEUR

Que me veux-tu, chère fleurette,
Aimable et charmant souvenir ?
Demi-morte et demi-coquette,
Jusqu'à moi qui te fait venir ?

Sous ce cachet enveloppée,
Tu viens de faire un long chemin.
Qu'as-tu vu? que t'a dit la main
Qui sur le buisson t'a coupée?

N'es-tu qu'une herbe desséchée
Qui vient achever de mourir?
Ou ton sein, prêt à refleurir,
Renferme-t-il une pensée?

Ta fleur, hélas! a la blancheur
De la désolante innocence;
Mais de la craintive espérance
Ta feuille porte la couleur.

As-tu pour moi quelque message?
Tu peux parler, je suis discret.
Ta verdure est-elle un secret?
Ton parfum est-il un langage?

S'il en est ainsi, parle bas,
Mystérieuse messagère :
S'il n'en est rien, ne réponds pas;
Dors sur mon cœur fraîche et légère.

Je connais trop bien cette main,
Pleine de grâce et de caprice,
Qui d'un brin de fil souple et fin
A noué ton pâle calice.

Cette main-là, petite fleur,
Ni Phidias ni Praxitèle
N'en auraient pu trouver la sœur
Qu'en prenant Vénus pour modèle.

Elle est blanche, elle est douce et belle,
Franche, dit-on, et plus encor;
A qui saurait s'emparer d'elle
Elle peut ouvrir un trésor.

Mais elle est sage, elle est sévère;
Quelque mal pourrait m'arriver.

DUPONT ET DURAND.   Page 403.

Fleurette, craignons sa colère.
Ne dis rien, laisse-moi rêver.

1838

LE FILS DU TITIEN

SONNET [1]

Lorsque j'ai lu Pétrarque, étant encore enfant
J'ai souhaité d'avoir quelque gloire en partage.
Il aimait en poète et chantait en amant;
De la langue des dieux lui seul sut faire usage.

Lui seul eut le secret de saisir au passage
Les battements du cœur qui durent un moment,
Et, riche d'un sourire, il en gravait l'image
Du bout d'un stylet d'or sur un pur diamant.

O vous qui m'adressez une parole amie,
Qui l'écriviez hier et l'oublierez demain,
Souvenez-vous de moi qui vous en remercie.

J'ai le cœur de Pétrarque et n'ai point son génie;
Je ne puis ici-bas que donner en chemin
Ma main à qui m'appelle, à qui m'aime ma vie.

Mai 1838.

SONNET

Béatrix Donato fut le doux nom de celle
Dont la forme terrestre eut ce divin contour.
Dans sa blanche poitrine était un cœur fidèle,
Et dans son corps sans tache un esprit sans détour.

---

[1]. Voir, pour ce sonnet et le suivant, dans le recueil des NOUVELLES de l'auteur, celle intitulée le *Fils du Titien*.

Le fils du Titien, pour la rendre immortelle,
Fit ce portrait témoin d'un mutuel amour ;
Puis il cessa de peindre à compter de ce jour,
Ne voulant de sa main illustrer d'autre qu'elle.

Passant, qui que tu sois, si ton cœur sait aimer,
Regarde ma maîtresse avant de me blâmer,
Et dis si, par hasard, la tienne est aussi belle.

Vois donc combien c'est peu que la gloire ici-bas,
Puisque, tout beau qu'il est, ce portrait ne vaut pas
(Crois-moi sur ma parole) un baiser du modèle.

1838.

DUPONT ET DURAND

DIALOGUE

DURAND.

Mânes de mes aïeux, quel embarras mortel !
J'invoquerais un dieu si je savais lequel.
Voilà bientôt trente ans que je suis sur la terre,
Et j'en ai passé dix à chercher un libraire.
Pas un être vivant n'a lu mes manuscrits,
Et seul dans l'univers je connais mes écrits.

DUPONT.

Par l'ombre de Brutus, quelle fâcheuse affaire !
Mon ventre est plein de cidre et de pommes de terre.
J'en ai l'âme engourdie, et pour me réveiller,
Personne à qui parler des œuvres de Fourier !
En quel temps vivons-nous ? Quel dîner déplorable !

DURAND.

Que vois-je donc là-bas ? Quel est ce pauvre diable
Qui dans ses doigts transis souffle avec désespoir,
Et rôde en grelottant sous un mince habit noir ?
J'ai vu chez Flicoteau ce piteux personnage.

DUPONT.

Je ne me trompe pas. Ce morne et plat visage,
Cet œil sombre et penaud, ce front préoccupé,

Sur ces longs cheveux gras ce grand chapeau râpé...
C'est mon ami Durand, mon ancien camarade.

DURAND.

Est-ce toi, cher Dupont? Mon fidèle Pylade,
Ami de ma jeunesse, approche, embrassons-nous.
Tu n'es donc pas encore à l'hôpital des fous?
J'ai cru que tes parents t'avaient mis à Bicêtre.

DUPONT.

Parle bas. J'ai sauté ce soir par la fenêtre,
Et je cours en cachette écrire un feuilleton.
Mais toi, tu n'as donc pas ton lit à Charenton?
L'on m'avait dit pourtant que ton rare génie...

DURAND.

Ah! Dupont, que le monde aime la calomnie!
Quel ingrat animal que ce sot genre humain!
Et que l'on a de peine à faire son chemin!

DUPONT.

Frère, à qui le dis-tu? Dans le siècle où nous sommes,
Je n'ai que trop connu ce que valent les hommes.
Le monde, chaque jour, devient plus entêté,
Et tombe plus avant dans l'imbécillité.

DURAND.

Te souvient-il, Dupont, des jours de notre enfance,
Lorsque, riches d'orgueil et pauvres de science,
Rossés par un sous-maître et toujours paresseux,
Dans la crasse et l'oubli nous dormions tous les deux?
Que ces jours bienheureux sont chers à ma mémoire!

DUPONT.

Paresseux! tu l'as dit. Nous l'étions avec gloire;
Ignorants, Dieu le sait! Ce que j'ai fait depuis
A montré clairement si j'avais rien appris.
Mais quelle douce odeur avait le réfectoire!
Ah! dans ce temps du moins je pus manger et boire!
Courbé sur mon pupitre, en secret je lisais
Des bouquins de rebut achetés au rabais.
Barnave et Desmoulins m'ont valu des férules;
De l'aimable Saint-Just les touchants opuscules
Reposaient sur mon cœur, et je tendais la main
Avec la dignité d'un sénateur romain.
Tu partageas mon sort, tu manquas tes études.

DURAND.

Il est vrai, le génie a ses vicissitudes.
Mon crâne ossianique, aux lauriers destiné,
Du bonnet d'âne alors fut parfois couronné.
Mais l'on voyait déjà ce dont j'étais capable.
J'avais d'écrivailler une rage incurable;
Honni de nos pareils, moulu de coups de poing,
Je rimais à l'écart, accroupi dans un coin.
Dès l'âge de quinze ans, sachant à peine lire,
Je dévorais Schiller, Dante, Gœthe, Shakspeare;
Le front me démangeait en lisant leurs écrits.
Quant à ces polissons qu'on admirait jadis,
Tacite, Cicéron, Virgile, Horace, Homère,
Nous savons, Dieu merci! quel cas on en peut faire.
Dans les secrets de l'art prompte à m'initier,
Ma muse, en bégayant, tentait de plagier :
J'adorais tour à tour l'Angleterre et l'Espagne,
L'Italie, et surtout l'emphatique Allemagne.
Que n'eussé-je pas fait pour savoir le patois
Que le savetier Sachs mit en gloire autrefois!
J'aurais certainement produit un grand ouvrage.
Mais, forcé de parler notre ignoble langage,
J'ai du moins fait serment, tant que j'existerais,
De ne jamais écrire un livre en bon français;
Tu me connais, tu sais si j'ai tenu parole.

DUPONT.

Quand arrive l'hiver, l'hirondelle s'envole ;
Ainsi s'est envolé le trop rapide temps
Où notre ventre à jeun put compter sur nos dents.
Quels beaux croûtons de pain coupait la ménagère!

DURAND.

N'en parlons plus; ce monde est un lieu de misère.
Sois franc, je t'en conjure, et dis-moi ton destin.
Que fis-tu tout d'abord loin du quartier Latin?

DUPONT.

Quand?

DURAND.

Lorsqu'à dix-neuf ans tu sortis du collège.

DUPONT.

Ce que je fis?

DURAND.

Oui, parle.

DUPONT.

Eh! mon ami, qu'en sais-je?
J'ai fait ce que l'oiseau fait en quittant son nid,
Ce que put le hasard et ce que Dieu permit.

DURAND.

Mais encor?

DUPONT.

Rien du tout, j'ai flâné dans les rues,
J'ai marché devant moi, libre, bayant aux grues;
Mal nourri, peu vêtu, couchant dans un grenier,
Dont je déménageais dès qu'il fallait payer;
De taudis en taudis, colportant ma misère,
Ruminant de Fourier le rêve humanitaire,
Empruntant çà et là le plus que je pouvais,
Dépensant un écu sitôt que je l'avais,
Délayant de grands mots en phrases insipides,
Sans chemise et sans bas, et les poches si vides,
Qu'il n'est que mon esprit au monde d'aussi creux.
Tel je vécus, râpé, sycophante, envieux.

DURAND.

Je le sais; quelquefois, de peur que tu ne meures,
Lorsque ton estomac criait: « Il est six heures! »
J'ai dans ta triste main glissé, non sans regret,
Cinq francs que tu courais perdre chez Bénazet.
Mais que fis-tu plus tard? car tu n'as pas, je pense,
Mené jusqu'aujourd'hui cette affreuse existence?

DUPONT.

Toujours! j'atteste ici Brutus et Spinosa
Que je n'ai jamais eu que l'habit que voilà!
Et comment en changer? A qui rend-on justice?
On ne voit qu'intérêt, convoitise, avarice.
J'avais fait un projet... Je te le dis tout bas...
Un projet! Mais au moins tu n'en parleras pas...
C'est plus beau que Lycurgue, et rien d'aussi sublime
N'aura jamais paru, si Ladvocat m'imprime.
L'univers, mon ami, sera bouleversé,
On ne verra plus rien qui ressemble au passé;
  Les riches seront gueux et les nobles infâmes;
  Nos maux seront des biens, les hommes seront femmes,

Et les femmes seront... tout ce qu'elles voudront.
Les plus vieux ennemis se réconcilieront,
Le Russe avec le Turc, l'Anglais avec la France,
La foi religieuse avec l'indifférence,
Et le drame moderne avec le sens commun.
De rois, de députés, de ministres, pas un.
De magistrats, néant; de lois, pas davantage.
J'abolis la famille et romps le mariage;
Voilà. Quant aux enfants, en feront qui pourront.
Ceux qui voudront trouver leurs pères chercheront.
Du reste, on ne verra, mon cher, dans les campagnes,
Ni forêts, ni clochers, ni vallons, ni montagnes :
Chansons que tout cela ! Nous les supprimerons.
Nous les démolirons, comblerons, brûlerons.
Ce ne seront partout que houilles et bitumes,
Trottoirs, masures, champs plantés de bons légumes,
Carottes, fèves, pois, et qui veut peut jeûner,
Mais nul n'aura du moins le droit de bien dîner.
Sur deux rayons de fer un chemin magnifique
De Paris à Pékin ceindra ma république.
Là, cent peuples divers, confondant leur jargon,
Feront une Babel d'un colossal wagon.
Là, de sa roue en feu, le coche humanitaire
Usera jusqu'aux os les muscles de la terre.
Du haut de ce vaisseau les hommes stupéfaits
Ne verront qu'une mer de choux et de navets.
Le monde sera propre et net comme une écuelle ;
L'humanitairerie en fera sa gamelle,
Et le globe rasé, sans barbe ni cheveux,
Comme un grand potiron roulera dans les cieux.
Quel projet, mon ami ! quelle chose admirable !
A d'aussi vastes plans rien est-il comparable ?
Je les avais écrits dans mes moments perdus.
Croirais-tu bien, Durand, qu'on ne les a pas lus ?
Que veux-tu ! notre siècle est sans yeux, sans oreilles;
Offrez-lui des trésors, montrez-lui des merveilles,
Pour aller à la Bourse, il vous tourne le dos;
Ceux-là nous font des lois, et ceux-ci des canaux;
On aime le plaisir, l'argent, la bonne chère;
On voit des fainéants qui labourent la terre;
L'homme de notre temps ne veut pas s'éclairer,

Et j'ai perdu l'espoir de le régénérer.
Mais toi, quel fut ton sort? A ton tour sois sincère.
DURAND.
Je fus d'abord garçon chez un vétérinaire.
On me donnait par mois dix-huit livres dix sous ;
Mais il me déplaisait de me mettre à genoux
Pour graisser le sabot d'une bête malade,
Dont je fus maintes fois payé d'une ruade.
Fatigué du métier, je rompis mon licou,
Et, confiant en Dieu, j'allai sans savoir où.
Je m'arrêtai d'abord chez un marchand d'estampes
Qui pour certains romans faisait des culs-de-lampes.
J'en fis pendant deux ans ; dans de méchants écrits
Je glissais à tâtons de plus méchants croquis.
Ce travail ignoré me servit par la suite ;
Car je rendis ainsi mon esprit parasite,
L'accoutumant au vol, le greffant sur autrui.
Je me lassai pourtant du rôle d'apprenti.
J'allai dîner un jour chez le père Latuile ;
J'y rencontrai Dubois, vaudevilliste habile,
Grand buveur, comme on sait, grand chanteur de couplets,
Dont la gaîté vineuse emplit les cabarets.
Il m'apprit l'orthographe et corrigea mon style.
Nous fîmes à nous deux le quart d'un vaudeville,
Aux théâtres forains lequel fut présenté,
Et refusé partout à l'unanimité.
Cet échec me fut dur, et je sentis ma bile
Monter en bouillonnant à mon cerveau stérile.
Je résolus d'écrire, en rentrant au logis,
Un ouvrage quelconque et d'étonner Paris.
De la soif de rimer ma cervelle obsédée
Pour la première fois eut un semblant d'idée.
Je tirai mon verrou, j'eus soin de m'entourer
De tous les écrivains qui pouvaient m'inspirer.
Soixante in-octavos inondèrent ma table.
J'accouchai lentement d'un poème effroyable.
La lune et le soleil se battaient dans mes vers ;
Vénus avec le Christ y dansait aux enfers.
Vois combien ma pensée était philosophique :
De tout ce qu'on a fait faire un chef-d'œuvre unique,
Tel fut mon but : Brahma, Jupiter, Mahomet,

DUPONT ET DURAND.

Platon, Job, Marmontel, Néron et Bossuet,
Tout s'y trouvait! mon œuvre est l'immensité même.
Mais le point capital de ce divin poème,
C'est un chœur de lézards chantant au bord de l'eau.
Racine n'est qu'un drôle auprès d'un tel morceau.
On ne m'a pas compris : mon livre symbolique,
Poudreux, mais vierge encor, n'est plus qu'une relique.
Désolant résultat! triste virginité!
Mais vers d'autres destins je me vis emporté.
Le ciel me conduisit chez un vieux journaliste,
Charlatan ruiné, jadis séminariste,
Qui, dix fois dans sa vie à bon marché vendu,
Sur les honnêtes gens crachait pour un écu.
De ce digne vieillard j'endossai la livrée.
Le fiel suintait déjà de ma plume altérée;
Je me sentis renaître et mordis au métier.
Ah! Dupont, qu'il est doux de tout déprécier !
Pour un esprit mort-né, convaincu d'impuissance,
Qu'il est doux d'être un sot et d'en tirer vengeance !
A quelque vrai succès lorsqu'on vient d'assister,
Qu'il est doux de rentrer et de se débotter,
Et de dépecer l'homme et de salir sa gloire,
Et de pouvoir sur lui vider une écritoire,
Et d'avoir quelque part un journal inconnu,
Où l'on puisse à plaisir nier ce qu'on a vu !
Le mensonge anonyme est le bonheur suprême.
Écrivains, députés, ministres, rois, Dieu même,
J'ai tout calomnié pour apaiser ma faim.
Malheureux avec moi qui jouait au plus fin !
Courait-il dans Paris une histoire secrète?
Vite je l'imprimais le soir dans ma gazette,
Et rien ne m'échappait. De la rue au salon,
Les graviers, en marchant, me restaient au talon.
De ce temps scandaleux j'ai su tous les scandales
Et les ai racontés. Ni plaintes ni cabales
Ne m'eussent fait fléchir, sois-en bien convaincu...
Mais tu rêves, Dupont; à quoi donc penses-tu ?

DUPONT.

Ah! Durand! si du moins j'avais un cœur de femme
Qui sût par quelque amour consoler ma grande âme!
Mais non; j'étale en vain mes grâces dans Paris.

Il en est de ma peau comme de tes écrits;
Je l'offre à tout venant et personne n'y touche.
Sur mon grabat désert en grondant je me couche,
Et j'attends; — rien ne vient. — C'est de quoi se noyer!
DURAND.
Ne fais-tu rien le soir pour te désennuyer?
DUPONT.
Je joue aux dominos quelquefois chez Procope.
DURAND.
Ma foi! c'est un beau jeu. L'esprit s'y développe;
Et ce n'est pas un homme à faire un quiproquo,
Celui qui juste à point sait faire domino.
Entrons dans un café. C'est aujourd'hui dimanche.
DUPONT.
Si tu veux me tenir quinze sous sans revanche,
J'y consens.
DURAND.
  Un instant! commençons par jouer
La *consommation* d'abord pour essayer.
Je vais boire à tes frais, pour sûr, un petit verre.
DUPONT.
Les liqueurs me font mal. Je n'aime que la bière.
Qu'as-tu sur toi?
DURAND.
  Trois sous.
DUPONT.
    Entrons au cabaret.
DURAND.
Après vous.
DUPONT.
  Après vous.
DURAND.
   Après vous, s'il vous plaît.

Juillet 1838.

A ALFRED TATTET

SONNET

Qu'il est doux d'être au monde, et quel bien que la vie!
Tu le disais ce soir par un beau jour d'été.
Tu le disais, ami, dans un site enchanté,
Sur le plus vert coteau de ta forêt chérie.

Nos chevaux, au soleil, foulaient l'herbe fleurie
Et moi, silencieux, courant à ton côté,
Je laissais au hasard flotter ma rêverie ;
Mais dans le fond du cœur je me suis répété :

« Oui, la vie est un bien, la joie est une ivresse ;
Il est doux d'en user sans crainte et sans soucis ;
Il est doux de fêter les dieux de la jeunesse,

De couronner de fleurs son verre et sa maîtresse,
D'avoir vécu trente ans comme Dieu l'a permis,
Et, si jeunes encor, d'être de vieux amis. »

Bury, 10 août 1838.

SUR LA NAISSANCE
DU COMTE DE PARIS

De tant de jours de deuil, de crainte et d'espérance,
De tant d'efforts perdus, de tant de maux soufferts,
En es-tu lasse enfin, pauvre terre de France,
Et de tes vieux enfants l'éternelle inconstance
Laissera-t-elle un jour le calme à l'univers ?

Comprends-tu tes destins et sais-tu ton histoire?
Depuis un demi-siècle as-tu compté tes pas?
Est-ce assez de grandeur, de misère et de gloire,
Et, sinon par pitié pour ta propre mémoire,
Par fatigue du moins t'arrêteras-tu pas?

Ne te souvient-il plus de ces temps d'épouvante
Où de quatre-vingt-neuf résonna le tocsin?
N'était-ce pas hier, et la source sanglante
Où Paris baptisa sa liberté naissante,
La sens-tu pas encor qui coule de ton sein?

A-t-il rassassié ta fierté vagabonde,
A-t-il pour les combats assouvi ton penchant,
Cet homme audacieux qui traversa le monde,
Pareil au laboureur qui traverse son champ,
Armé d'un soc de fer qui déchire et féconde?

S'il te fallait alors des spectacles guerriers,
Est-ce assez d'avoir vu l'Europe dévastée,
De Memphis à Moscou la terre disputée,
Et l'étranger deux fois assis à nos foyers,
Secouant de ses pieds la neige ensanglantée?

S'il te faut aujourd'hui des éléments nouveaux,
En est-ce assez pour toi d'avoir mis en lambeaux
Tout ce qui porte un nom, gloire, philosophie,
Religion, amour, liberté, tyrannie,
D'avoir fouillé partout, jusque dans les tombeaux?

En est-ce assez pour toi des vaines théories,
Sophismes monstrueux dont on nous a bercés,
Spectres républicains sortis des temps passés,
Abus de tous les droits, honteuses rêveries
D'assassins en délire ou d'enfants insensés?

En est-ce assez pour toi d'avoir, en cinquante ans,
Vu tomber Robespierre et passer Bonaparte,
Charles dix pour l'exil partir en cheveux blancs,
D'avoir imité Londre, Athènes, Rome et Sparte,
Et d'être enfin Français n'est-il pas bientôt temps?

Si ce n'est pas assez, prends ton glaive et ta lance,
Réveille tes soldats, dresse tes échafauds;
En guerre! et que demain le siècle recommence,
Afin qu'un jour du moins le Meurtre et la Licence,
Repus de notre sang, nous laissent le repos!

Mais, si Dieu n'a pas fait la souffrance inutile,
Si des maux d'ici-bas quelque bien peut venir,
Si l'orage apaisé rend le ciel plus tranquille,
S'il est vrai qu'en tombant sur un terrain fertile
Les larmes du passé fécondent l'avenir ;

Sache donc profiter de ton expérience,
Toi qu'une jeune reine, en ses touchants adieux,
Appelait autrefois plaisant pays de France !
Connais-toi donc toi-même, ose donc être heureux,
Ose donc franchement bénir la Providence !

Laisse dire à qui veut que ton grand cœur s'abat,
Que la paix t'affaiblit, que tes forces s'épuisent :
Ceux qui le croient le moins sont ceux qui te le disent.
Ils te savent debout, ferme et prête au combat;
Et, ne pouvant briser ta force, ils la divisent.

Laisse-les s'agiter, ces gens à passion,
De nos vieux harangueurs modernes parodies;
Laisse-les étaler leurs froides comédies,
Et, les deux bras croisés, te prêcher l'action.
Leur seule vérité, c'est leur ambition.

Que t'importent des mots, des phrases ajustées?
As-tu vendu ton blé, ton bétail et ton vin?
Es-tu libre? Les lois sont-elles respectées?
Crains-tu de voir ton champ pillé par le voisin?
Le maître a-t-il son toit, et l'ouvrier son pain?

Si nous avons cela, le reste est peu de chose.
Il en faut plus pourtant; à travers nos remparts,
De l'univers jaloux pénètrent les regards.
Paris remplit le monde, et, lorsqu'il se repose,
Pour que sa gloire veille il a besoin des arts.

Où les vit-on fleurir mieux qu'au siècle où nous sommes?
Quand vit-on au travail plus de mains s'exercer?
Quand fûmes-nous jamais plus libres de penser?
On veut nier en vain les choses et les hommes :
Nous aurons à nos fils une page à laisser.

Le bruit de nos canons retentit aujourd'hui ;
Que l'Europe l'écoute, elle doit le connaître !
France, au milieu de nous un enfant vient de naître,
Et, si ma faible voix se fait entendre ici,
C'est devant son berceau que je te parle ainsi.

Son courageux aïeul est ce roi populaire
Qu'on voit depuis huit ans, sans crainte et sans colère,
En pilote hardi nous montrer le chemin.
Son père est près du trône, une épée à la main ;
Tous les infortunés savent quelle est sa mère.

Ce n'est qu'un fils de plus que le ciel t'a donné.
France, ouvre-lui tes bras sans peur, sans flatterie ;
Soulève doucement ta mamelle meurtrie,
Et verse en souriant, vieille mère patrie,
Une goutte de lait à l'enfant nouveau-né.

29 août 1838.

A MADEMOISELLE***

Oui, femmes, quoi qu'on puisse dire,
Vous avez le fatal pouvoir
De nous jeter par un sourire
Dans l'ivresse ou le désespoir.

Oui, deux mots, le silence même,
Un regard distrait ou moqueur,
Peuvent donner à qui vous aime
Un coup de poignard dans le cœur.

Oui, votre orgueil doit être immense
Car, grâce à notre lâcheté,
Rien n'égale votre puissance
Sinon votre fragilité.

Mais toute puissance sur terre
Meurt quand l'abus en est trop grand ;

Et qui sait souffrir et se taire
S'éloigne de vous en pleurant.

Quel que soit le mal qu'il endure,
Son triste rôle est le plus beau.
J'aime encor mieux notre torture
Que votre métier de bourreau.

11 janvier 1839.

JAMAIS

Jamais, avez-vous dit, tandis qu'autour de nous
Résonnait de Schubert la plaintive musique ;
Jamais, avez-vous dit, tandis que, malgré vous,
Brillait de vos grands yeux l'azur mélancolique.

Jamais, répétiez-vous, pâle et d'un air si doux,
Qu'on eût cru voir sourire une médaille antique.
Mais des trésors secrets l'instinct fier et pudique
Vous couvrit de rougeur, comme un voile jaloux.

Quel mot vous prononcez, marquise, et quel dommage !
Hélas ! je ne voyais ni ce charmant visage,
Ni ce divin sourire, en vous parlant d'aimer.

Vos yeux bleus sont moins doux que votre âme n'est belle.
Même en les regardant, je ne regrettais qu'elle,
Et de voir dans sa fleur un tel cœur se fermer.

1839.

IMPROMPTU

EN RÉPONSE A CETTE QUESTION : QU'EST-CE QUE LA POÉSIE ?

Chasser tout souvenir et fixer la pensée ;
Sur un bel axe d'or la tenir balancée,
Incertaine, inquiète, immobile pourtant ;

ŒUVRES D'ALFRED DE MUSSET 417

IDYLLE. Page 420.

Bibl. Charpentier. LIV. 53.

Éterniser peut-être un rêve d'un instant ;
Aimer le vrai, le beau, chercher leur harmonie ;
Écouter dans son cœur l'écho de son génie ;
Chanter, rire, pleurer, seul, sans but, au hasard ;
D'un sourire, d'un mot, d'un soupir, d'un regard
Faire un travail exquis, plein de crainte et de charme,
  Faire une perle d'une larme :
Du poëte ici-bas voilà la passion,
Voilà son bien, sa vie et son ambition.

  1839.

IDYLLE

A quoi passer la nuit quand on soupe en carême ?
Ainsi, le verre en main, raisonnaient deux amis.
Quels entretiens choisir, honnêtes et permis,
Mais gais, tels qu'un vieux vin les conseille et les aime ?

    RODOLPHE.

Parlons de nos amours : la joie et la beauté
Sont mes dieux les plus chers, après la liberté.
Ébauchons, en trinquant, une joyeuse idylle.
Par les bois et les prés, les bergers de Virgile
Fêtaient la poésie à toute heure, en tout lieu ;
Ainsi chante au soleil la cigale dorée.
D'une voix plus modeste, au hasard inspirée,
Nous, comme le grillon, chantons au coin du feu.

    ALBERT.

Faisons ce qui te plaît. Parfois, en cette vie,
Une chanson nous berce et nous aide à souffrir ;
Et, si nous offensons l'antique poésie,
Son ombre même est douce à qui la sait chérir.

    RODOLPHE.

Rosalie est le nom de la brune fillette
Dont l'inconstant hasard m'a fait maître et seigneur.
Son nom fait mon délice, et, quand je le répète,
Je le sens, chaque fois, mieux gravé dans mon cœur.

ALBERT.

Je ne puis sur ce ton parler de mon amie.
Bien que son nom aussi soit doux à prononcer,
Je ne saurais sans honte à tel point l'offenser,
Et dire, en un seul mot, le secret de ma vie.

RODOLPHE.

Que la fortune abonde en caprices charmants !
Dès nos premiers regards nous devînmes amants.
C'était un mardi gras, dans une mascarade ;
Nous soupions ; — la Folie agita ses grelots,
Et notre amour naissant sortit d'une rasade,
Comme autrefois Vénus de l'écume des flots.

ALBERT.

Quels mystères profonds dans l'humaine misère !
Quand, sous les marronniers, à côté de sa mère,
Je la vis, à pas lents, entrer si doucement,
(Son front était si pur, son regard si tranquille !)
Le ciel m'en est témoin, dès le premier moment,
Je compris que l'aimer était peine inutile,
Et cependant mon cœur prit un amer plaisir
A sentir qu'il aimait et qu'il allait souffrir !

RODOLPHE.

Depuis qu'à mon chevet rit cette tête folle,
Elle en chasse à la fois le sommeil et l'ennui ;
Au bruit de nos baisers le temps joyeux s'envole,
Et notre lit de fleurs n'a pas encore un pli.

ALBERT.

Depuis que dans ses yeux ma peine a pris naissance,
Nul ne sait le tourment dont je suis déchiré.
Elle-même l'ignore, — et ma seule espérance
Est qu'elle le devine un jour, quand j'en mourrai.

RODOLPHE.

Quand mon enchanteresse entr'ouvre sa paupière,
Sombre comme la nuit, pur comme la lumière,
Sur l'émail de ses yeux brille un noir diamant.

ALBERT.

Comme sur une fleur une goutte de pluie,
Comme une pâle étoile au fond du firmament,
Ainsi brille en tremblant le regard de ma mie.

RODOLPHE.

Son front n'est pas plus grand que celui de Vénus.

Par un nœud de ruban deux bandeaux retenus
L'entourent mollement d'une fraîche auréole ;
Et, lorsqu'au pied du lit tombent ses longs cheveux,
On croirait voir, le soir, sur ses flancs amoureux
Se dérouler gaîment la mantille espagnole.

ALBERT.

Ce bonheur à mes yeux n'a pas été donné
De voir jamais ainsi la tête bien-aimée.
Le chaste sanctuaire où siège sa pensée
D'un diadème d'or est toujours couronné.

RODOLPHE.

Voyez-la, le matin, qui gazouille et sautille ;
Son cœur est un oiseau, — sa bouche est une fleur.
C'est là qu'il faut saisir cette indolente fille,
Et, sur la pourpre vive où le rire pétille,
De son souffle enivrant respirer la fraîcheur.

ALBERT.

Une fois seulement, j'étais le soir près d'elle ;
Le sommeil lui venait et la rendait plus belle ;
Elle pencha vers moi son front plein de langueur,
Et, comme on voit s'ouvrir une rose endormie,
Dans un faible soupir, les lèvres de ma mie,
Je sentis s'exhaler le parfum de son cœur.

RODOLPHE.

Je voudrais voir qu'un jour ma belle dégourdie,
Au cabaret voisin de champagne étourdie,
S'en vînt, en jupon court, se glisser dans tes bras.
Qu'adviendrait-il alors de ta mélancolie ?
Car enfin toute chose est possible ici-bas.

ALBERT.

Si le profond regard de ma chère maîtresse
Un instant par hasard s'arrêtait sur le tien,
Qu'adviendrait-il alors de cette folle ivresse?
Aimer est quelque chose, et le reste n'est rien.

RODOLPHE.

Non, l'amour qui se tait est une rêverie.
Le silence est la mort, et l'amour est la vie ;
Et c'est un vieux mensonge à plaisir inventé,
Que de croire au bonheur hors de la volupté !
Je ne puis partager ni plaindre ta souffrance.
Le hasard est là-haut pour les audacieux ;

Et celui dont la crainte a tué l'espérance
Mérite son malheur et fait injure aux dieux.
ALBERT.
Non, quand leur âme immense entra dans la nature,
Les dieux n'ont pas tout dit à la matière impure
Qui reçut dans ses flancs leur forme et leur beauté.
C'est une vision que la réalité.
Non, des flacons brisés, quelques vaines paroles
Qu'on prononce au hasard et qu'on croit échanger,
Entre deux froids baisers quelques rires frivoles
Et d'un être inconnu le contact passager,
Non, ce n'est pas l'amour, ce n'est pas même un rêve,
Et la satiété qui succède au désir,
Amène un tel dégoût quand le cœur se soulève,
Que je ne sais, au fond, si c'est peine ou plaisir.
RODOLPHE.
Est-ce peine ou plaisir, une alcôve bien close,
Et le punch allumé, quand il fait mauvais temps?
Est-ce peine ou plaisir, l'incarnat de la rose,
La blancheur de l'albâtre et l'odeur du printemps?
Quand la réalité ne serait qu'une image,
Et le contour léger des choses d'ici-bas,
Me préserve le ciel d'en savoir davantage !
Le masque est si charmant, que j'ai peur du visage,
Et même en carnaval je n'y toucherais pas.
ALBERT.
Une larme en dit plus que tu n'en pourrais dire.
RODOLPHE.
Une larme a son prix, c'est la sœur d'un sourire.
Avec deux yeux bavards parfois j'aime à jaser;
Mais le seul vrai langage au monde est un baiser.
ALBERT.
Ainsi donc, à ton gré dépense ta paresse.
O mon pauvre secret ! que nos chagrins sont doux !
RODOLPHE.
Ainsi donc, à ton gré promène ta tristesse.
O mes pauvres soupirs ! comme on médit de vous !
ALBERT.
Prends garde seulement que la belle étourdie
Dans quelque honnête ennui ne perde sa gaîté.

RODOLPHE.

Prends garde seulement que ta rose endormie
Ne trouve un papillon quelque beau soir d'été.

ALBERT.

Des premiers feux du jour j'aperçois la lumière.

RODOLPHE.

Laissons notre dispute, et vidons notre verre.
Nous aimons, c'est assez; chacun a sa façon,
J'en ai connu plus d'une, et j'en sais la chanson.
Le droit est au plus fort, en amour comme en guerre,
Et la femme qu'on aime aura toujours raison.

1839.

ADIEU

 Adieu! je crois qu'en cette vie
 Je ne te reverrai jamais.
 Dieu passe, il t'appelle et m'oublie;
En te perdant, je sens que je t'aimais.

 Pas de pleurs, pas de plainte vaine.
 Je sais respecter l'avenir.
 Vienne la voile qui t'emmène,
En souriant je la verrai partir.

 Tu t'en vas pleine d'espérance,
 Avec orgueil tu reviendras;
Mais ceux qui vont souffrir de ton absence,
 Tu ne les connaîtras pas.

 Adieu, tu vas faire un beau rêve,
Et t'enivrer d'un plaisir dangereux;
Sur ton chemin l'étoile qui se lève
Longtemps encore éblouira tes yeux.

 Un jour tu sentiras peut-être
 Le prix d'un cœur qui nous comprend,
 Le bien qu'on trouve à le connaître,
 Et ce qu'on souffre en le perdant.

1839.

SILVIA

A MADAME ***

Il est donc vrai, vous vous plaignez aussi,
Vous dont l'œil noir, gai comme un jour de fête,
Du monde entier pourrait chasser l'ennui.
    Combien donc pesait le souci
    Qui vous a fait baisser la tête ?
C'est, j'imagine, un aussi lourd fardeau
    Que le roitelet de la fable ;
    Ce chagrin qui vous accable
    Me fait souvenir du roseau.
    Je suis bien loin d'être le chêne,
Mais, dites-moi, vous qu'en un autre temps
(Quand nos aïeux vivaient en bons enfants)
J'aurais nommée Iris, ou Philis ou Climène,
    Vous qui, dans ce siècle bourgeois
    Osez encor me permettre parfois
    De vous appeler ma marraine,
Est-ce bien vous qui m'écrivez ainsi,
Et songiez-vous qu'il faut qu'on vous réponde?
    Savez-vous que, dans votre ennui,
Sans y penser, madame et chère blonde,
    Vous me grondez comme un ami?
    Paresse est manque de courage,
    Dites-vous ; s'il en est ainsi,
    Je vais me remettre à l'ouvrage.
    Hélas! l'oiseau revient au nid,
    Et quelquefois même à la cage.
Sur mes lauriers on me croit endormi ;
C'est trop d'honneur pour un instant d'oubli,
Et dans mon lit les lauriers n'ont que faire ;
    Ce ne serait pas mon affaire.
Je sommeillais seulement à demi,
    A côté d'un brin de verveine
    Dont le parfum vivait à peine,
    Et qu'en rêvant j'avais cueilli.
Je l'avouerai, ce coupable silence,

Ce long repos, si maltraité de vous,
Paresse, amour, folie ou nonchalance,
　　Tout ce temps perdu me fut doux.
Je dirai plus, il me fut profitable ;
Et, si jamais mon inconstant esprit
　　Sait revêtir de quelque fable
　　Ce que la vérité m'apprit,
　Je vous paraîtrai moins coupable.
　　Le silence est un conseiller
　　Qui dévoile plus d'un mystère ;
　　Et qui veut un jour bien parler
　　Doit d'abord apprendre à se taire.
　　Et, quand on se tairait toujours,
　　Du moment qu'on vit et qu'on aime,
　　Qu'importe le reste ? et vous-même,
Quand avez-vous compté les jours ?
Et, puisqu'il faut que tout s'évanouisse,
N'est-ce donc pas une folle avarice
　　　De conserver comme un trésor
　　Ce qu'un coup de vent nous enlève ?
Le meilleur de ma vie a passé comme un rêve
　　Si léger qu'il m'est cher encor.
Mais revenons à vous, ma charmante marraine.
　　Vous croyez donc vous ennuyer ?
Et l'hiver qui s'en vient, rallumant le foyer,
　　A fait rêver la châtelaine.
Un roman, dites-vous, pourrait vous égayer ;
　　Triste chose à vous envoyer !
Que ne demandez-vous un conte à La Fontaine ?
C'est avec celui-là qu'il est bon de veiller ;
　　Ouvrez-le sur votre oreiller,
　　Vous verrez se lever l'aurore.
Molière l'a prédit, et j'en suis convaincu,
　　　Bien des choses auront vécu
　　Quand nos enfants liront encore
　　Ce que le bonhomme a conté,
　　Fleur de sagesse et de gaîté.
Mais quoi ! la mode vient, et tue un vieil usage.
　On n'en veut plus, du sobre et franc langage
　　　Dont il enseignait la douceur,
　Le seul français, et qui vienne du cœur ;

SILVIA. Page 432.

Car, n'en déplaise à l'Italie,
La Fontaine, sachez-le bien,
En prenant tout n'imita rien ;
Il est sorti du sol de la patrie,
Le vert laurier qui couvre son tombeau ;
Comme l'antique, il est nouveau.
Ma protectrice bien-aimée,
Quand votre lettre parfumée
Est arrivée à votre enfant gâté,
Je venais de causer en toute liberté
Avec le grand ami Shakspeare.
Du sujet cependant Boccace était l'auteur ;
Car il féconde tout, ce charmant inventeur ;
Même après l'autre, il fallait le relire.
J'étais donc seul, ses *Nouvelles* en main,
Et de la nuit la lueur azurée,
Se jouant avec le matin,
Etincelait sur la tranche dorée
Du petit livre florentin ;
Et je songeais, quoi qu'on dise ou qu'on fasse,
Combien c'est vrai que les Muses sont sœurs ;
Qu'il eut raison, ce pinceau plein de grâce,
Qui nous les montre, au sommet du Parnasse,
Comme une guirlande de fleurs !
La Fontaine a ri dans Boccace,
Où Shakspeare fondait en pleurs.
Sera-ce trop que d'enhardir ma muse
Jusqu'à tenter de traduire à mon tour
Dans ce livre amoureux une histoire d'amour ?
Mais tout est bon qui vous amuse.
Je n'oserais, si ce n'était pour vous,
Car c'est beaucoup que d'essayer ce style
Tant oublié, qui fut jadis si doux,
Et qu'aujourd'hui l'on croit facile.
Il fut donc dans notre cité,
Selon ce qu'on nous a conté
(Boccace parle ainsi ; la cité, c'est Florence),
Un gros marchand, riche, homme d'importance,
Qui de sa femme eut un enfant,
Après quoi, presque sur-le-champ,
Ayant mis ordre à ses affaires,

Il passa de ce monde ailleurs.
La mère survivait; on nomma des tuteurs,
    Gens loyaux, prudents et sévères,
    Capables de se faire honneur
    En gardant les biens d'un mineur.
Le jouvenceau, courant le voisinage,
    Sentit d'abord douceur de cœur
    Pour une fille de son âge,
    Qui pour père avait un tailleur;
Et peu à peu l'enfant devenant homme,
Le temps changea l'habitude en amour,
    De telle sorte que Jérôme
Sans voir Silvia ne pouvait vivre un jour.
A son voisin la fille accoutumée
Aima bientôt comme elle était aimée.
De ce danger la mère s'avisa,
Gronda son fils, longtemps moralisa,
Sans rien gagner par force ou par adresse.
    Elle croyait que la richesse
    En ce monde doit tout changer,
Et d'un buisson peut faire un oranger[1].
Ayant donc pris les tuteurs à partie,
La mère dit : « Cet enfant que voici,
Lequel n'a pas quatorze ans, Dieu merci!
Va désoler le reste de ma vie.
    Il s'est si bien amouraché
    De la fille d'un mercenaire,
Qu'un de ces jours, s'il n'en est empêché,
    Je vais me réveiller grand'mère.
Soir ni matin, il ne la quitte pas.
    C'est, je crois, Silvia qu'on l'appelle;
Et, s'il doit venir quelque autre dans ses bras,
    Il se consumera pour elle.
Il faudrait donc, avec votre agrément,
    L'éloigner par quelque voyage;
    Il est jeune, la fille est sage,
    Elle l'oubliera sûrement;
Et nous le marierons à quelque honnête femme. »
    Les tuteurs dirent que la dame
    Avait parlé fort sagement.

1. Proverbe florentin.

« Te voilà grand, disent-ils à Jérôme,
  Il est bon de voir du pays.
Va-t'en passer quelques jours à Paris,
  Voir ce que c'est qu'un gentilhomme,
  Le bel usage, et comme on vit là-bas ;
  Dans peu de temps tu reviendras. »
A ce conseil, le garçon, comme on pense,
  Répondit qu'il n'en ferait rien,
  Et qu'il pouvait voir aussi bien
  Comment l'on vivait à Florence.
  Là-dessus, la mère en fureur
Répond d'abord par une grosse injure
Puis elle prend l'enfant par la douceur :
  On le raisonne, on le conjure.
A ses tuteurs il lui faut obéir ;
On lui promet de ne le retenir
Qu'un an au plus. Tant et tant on le prie
Qu'il cède enfin : il quitte sa patrie ;
  Il part, tout plein de ses amours,
  Comptant les nuits, comptant les jours.
Laissant derrière lui la moitié de sa vie.
L'exil dura deux ans. Ce long terme passé,
  Jérôme revient à Florence,
Du mal d'amour plus que jamais blessé.
Croyant sans doute être récompensé.
  Mais c'est un grand tort que l'absence.
Pendant qu'au loin courait le jouvenceau,
  La fille s'était mariée.
En revoyant les rives de l'Arno,
  Il n'y trouva que le tombeau
  De son espérance oubliée.
  D'abord il n'en murmura point,
  Sachant que le monde, en ce point,
  Agit rarement d'autre sorte.
De l'infidèle il connaissait la porte,
Et tous les jours il passait sur le seuil,
  Espérant un signe, un coup d'œil,
  Un rien, comme on fait quand on aime.
  Mais tous ses pas furent perdus :
  Silvia ne le connaissait plus,
Dont il sentit une douleur extrême.

Cependant, avant d'en mourir,
Il voulut de son souvenir
Essayer de parler lui-même.
Le mari n'était pas jaloux,
Ni la femme bien surveillée.
Un soir que les nouveaux époux
Chez un voisin étaient à la veillée,
Dans la maison, au tomber de la nuit,
Jérôme entra, se cacha près du lit,
Derrière une pièce de toile;
Car l'époux était tisserand,
Et fabriquait cette espèce de voile
Qu'on met sur un balcon toscan.
Bientôt après les mariés rentrèrent,
Et presque aussitôt se couchèrent.
Dès qu'il entend dormir l'époux,
Dans l'ombre vers Silvia Jérôme s'achemine,
Et, lui posant la main sur la poitrine,
Il lui dit doucement : « Mon âme, dormez-vous ? »
La pauvre enfant, croyant voir un fantôme,
Voulut crier; le jeune homme ajouta :
« Ne criez pas, je suis votre Jérôme.
— Pour l'amour de Dieu, dit Silvia,
Allez-vous-en, je vous en prie.
Il est passé ce temps de notre vie
Où notre enfance eut loisir de s'aimer.
Vous voyez, je suis mariée.
Dans les devoirs auxquels je suis liée,
Il ne me sied plus de penser
A vous revoir ni vous entendre.
Si mon mari venait à vous surprendre,
Songez que le moindre des maux
Serait pour moi d'en perdre le repos;
Songez qu'il m'aime et que je suis sa femme. »
A ce discours, le malheureux amant
Fut navré jusqu'au fond de l'âme.
Ce fut en vain qu'il peignit son tourment,
Et sa constance et sa misère;
Par promesse ni par prière,
Tout son chagrin ne put rien obtenir.
Alors, sentant la mort venir,

Il demanda que, pour grâce dernière,
Elle le laissât se coucher
Pendant un instant auprès d'elle,
Sans bouger et sans la toucher,
Seulement pour se réchauffer,
Ayant au cœur une glace mortelle,
Lui promettant de ne pas dire un mot,
Et qu'il partirait aussitôt,
Pour ne la revoir de sa vie.
La jeune femme, ayant quelque compassion,
Moyennant la condition,
Voulut contenter son envie.
Jérôme profita d'un moment de pitié ;
Il se coucha près de Silvie.
Considérant alors quelle longue amitié
Pour cette femme il avait eue,
Et quelle était sa cruauté,
Et l'espérance à tout jamais perdue,
Il résolut de cesser de souffrir,
Et rassemblant dans un dernier soupir
Toutes les forces de sa vie,
Il serra la main de sa mie,
Et rendit l'âme à son côté.
Silvia, non sans quelque surprise,
Admirant sa tranquillité,
Resta tout d'abord quelque temps indécise.
« Jérôme, il faut sortir d'ici,
Dit-elle enfin, l'heure s'avance. »
Et, comme il gardait le silence,
Elle pensa qu'il s'était endormi.
Se soulevant donc à demi,
Et doucement l'appelant à voix basse,
Elle étendit la main vers lui,
Et le trouva froid comme glace.
Elle s'en étonna d'abord ;
Bientôt, l'ayant touché plus fort,
Et voyant sa peine inutile,
Son ami restant immobile,
Elle comprit qu'il était mort.
Que faire ? il n'était pas facile
De le savoir en un moment pareil.

Elle avisa de demander conseil
A son mari, le tira de son somme,
Et lui conta l'histoire de Jérôme,
Comme un malheur advenu depuis peu,
    Sans dire à qui ni dans quel lieu.
« En pareil cas, répondit le bonhomme,
    Je crois que le meilleur serait
    De porter le mort en secret
A son logis, l'y laisser sans rancune,
    Car la femme n'a point failli,
    Et le mal est à la fortune.
— C'est donc à nous de faire ainsi, »
Dit la femme, Et prenant la main de son mari,
    Elle lui fit toucher près d'elle
    Le corps sur son lit étendu.
Bien que troublé par ce coup imprévu,
L'époux se lève, allume sa chandelle;
    Et, sans entrer en plus de mots,
    Sachant que sa femme est fidèle,
    Il charge le corps sur son dos,
A sa maison secrètement l'emporte,
    Le dépose devant la porte,
Et s'en revient sans avoir été vu.
Lorsqu'on trouva, le jour étant venu,
    Le jeune homme couché par terre,
    Ce fut une grande rumeur;
    Et le pire, dans ce malheur,
    Fut le désespoir de la mère.
Le médecin aussitôt consulté,
    Et le corps partout visité,
    Comment on n'y voit point de blessure,
    Chacun parlait à sa façon
    De cette sinistre aventure.
    La populaire opinion
    Fut que l'amour de sa maîtresse
Avait jeté Jérôme en cette adversité,
    Et qu'il était mort de tristesse,
    Comme c'était la vérité.
Le corps fut donc à l'église porté,
Et là s'en vint la malheureuse mère,
    Au milieu des amis en deuil,

Exhaler sa douleur amère.
Tandis qu'on menait le cercueil,
Le tisserand, qui, dans le fond de l'âme,
Ne laissait pas d'être inquiet :
« Il est bon, dit-il à sa femme,
Que tu prennes ton mantelet,
Et t'en ailles à cette église,
Où l'on enterre ce garçon
Qui mourut hier à la maison.
J'ai quelque peur qu'on ne médise
Sur cet inattendu trépas,
Et ce serait un mauvais pas,
Tout innocents que nous en sommes.
Je me tiendrai parmi les hommes,
Et prierai Dieu, tout en les écoutant.
De ton côté, prends soin d'en faire autant
A l'endroit qu'occupent les femmes.
Tu retiendras ce que ces bonnes âmes
Diront de nous, et nous ferons
Selon ce que nous entendrons. »
La pitié trop tard à Silvie
Etait venue, et ce discours lui plut.
Celui dont un baiser eût conservé la vie,
Le voulant voir encore, elle s'en fut.
Il est étrange, il est presque incroyable
Combien c'est chose inexplicable
Que la puissance de l'amour.
Ce cœur, si chaste et si sévère,
Qui semblait fermé sans retour
Quand la fortune était prospère,
Tout à coup s'ouvrit au malheur.
A peine dans l'église entrée,
De compassion et d'horreur
Silvia se sentit pénétrée ;
L'ancien amour s'éveilla tout entier.
Le front baissé, de son manteau voilée,
Traversant la triste assemblée,
Jusqu'à la bière il lui fallut aller ;
Et là, sous le drap mortuaire,
Sitôt qu'elle vit son ami,
Défaillante et poussant un cri,

Une Soirée perdue. Page 436.

Comme une sœur embrasse un frère,
Sur le cercueil elle tomba ;
Et, comme la douleur avait tué Jérôme,
De sa douleur aussi mourut Silvia.
Cette fois ce fut au jeune homme
A céder la moitié du lit :
L'un près de l'autre on les ensevelit.
Ainsi ces deux amants, séparés sur la terre,
Furent unis, et la mort fit
Ce que l'amour n'avait pu faire.

Décembre 1839.

SUR LES DÉBUTS
DE MESDEMOISELLES RACHEL ET PAULINE GARCIA

Ainsi donc, quoi qu'on dise, elle ne tarit pas,
La source immortelle et féconde
Que le coursier divin fit jaillir sous ses pas ;
Elle existe toujours, cette sève du monde,
Elle coule, et les dieux sont encore ici-bas !

A quoi nous servent donc tant de luttes frivoles,
Tant d'efforts toujours vains et toujours renaissants ?
Un chaos si pompeux d'inutiles paroles,
Et tant de marteaux impuissants
Frappant les anciennes idoles ?

Discourons sur les arts, faisons les connaisseurs ;
Nous aurons beau changer d'erreurs
Comme un libertin de maîtresse,
Les lilas au printemps seront toujours en fleurs,
Et les arts immortels rajeuniront sans cesse.

Discutons nos travers, nos rêves et nos goûts,
Comparons à loisir le moderne à l'antique,
Et ferraillons sous ces drapeaux jaloux !
Quand nous serons au bout de notre rhétorique,
Deux enfants nés d'hier en sauront plus que nous.

O jeunes cœurs remplis d'antique poésie,
Soyez les bienvenus, enfants chéris des dieux !
Vous avez le même âge et le même génie.
      La douce clarté soit bénie
      Que vous ramenez dans nos yeux !

      Allez ! que le bonheur vous suive !
Ce n'est pas du hasard un caprice inconstant
      Qui vous fit naître au même instant.
Votre mère ici-bas, c'est la muse attentive
Qui sur le feu sacré veille éternellement.

Obéissez sans crainte au dieu qui vous inspire.
Ignorez, s'il se peut, que nous parlons de vous.
Ces plaintes, ces accords, ces pleurs, ce doux sourire,
      Tous vos trésors, donnez-les-nous :
      Chantez, enfants, laissez-nous dire.

1839.

CHANSON

Lorsque la coquette Espérance
Nous pousse le coude en passant,
Puis à tire d'aile s'élance,
Et se retourne en souriant ;

Où va l'homme ? Où son cœur l'appelle.
L'hirondelle suit le zéphyr,
Et moins légère est l'hirondelle
Que l'homme qui suit son désir,

Ah ! fugitive enchanteresse,
Sais-tu seulement ton chemin ?
Faut-il donc que le vieux Destin
Ait une si jeune maîtresse !

1840.

TRISTESSE

J'ai perdu ma force et ma vie,
Et mes amis et ma gaîté;
J'ai perdu jusqu'à la fierté
Qui faisait croire à mon génie.

Quand j'ai connu la Vérité,
J'ai cru que c'était une amie;
Quand je l'ai comprise et sentie,
J'en étais déjà dégoûté.

Et pourtant elle est éternelle,
Et ceux qui se sont passés d'elle
Ici-bas ont tout ignoré.

Dieu parle, il faut qu'on lui réponde.
Le seul bien qui me reste au monde
Est d'avoir quelquefois pleuré.

Bury, 14 juin 1840.

UNE SOIRÉE PERDUE

J'étais seul, l'autre soir, au Théâtre-Français,
Ou presque seul; l'auteur n'avait pas grand succès.
Ce n'était que Molière, et nous savons de reste
Que ce grand maladroit, qui fit un jour *Alceste*,
Ignora le bel art de chatouiller l'esprit
Et de servir à point un dénoûment bien cuit.
Grâce à Dieu, nos auteurs ont changé de méthode,
Et nous aimons bien mieux quelque drame à la mode,
Où l'intrigue, enlacée et roulée en feston,
Tourne comme un rébus autour d'un mirliton.

J'écoutais cependant cette simple harmonie,
Et comme le bon sens fait parler le génie.
J'admirais quel amour pour l'âpre vérité
Eut cet homme si fier en sa naïveté,

Quel grand et vrai savoir des choses de ce monde,
Quelle mâle gaîté, si triste et si profonde
Que, lorsqu'on vient d'en rire, on devrait en pleurer !
Et je me demandais : « Est-ce assez d'admirer ?
Est-ce assez de venir, un soir, par aventure,
D'entendre au fond de l'âme un cri de la nature,
D'essuyer une larme, et de partir ainsi,
Quoi qu'on fasse d'ailleurs, sans en prendre souci ? »
Enfoncé que j'étais dans cette rêverie,
Çà et là, toutefois, lorgnant la galerie,
Je vis que, devant moi, se balançait gaîment
Sous une tresse noire un cou svelte et charmant ;
Et, voyant cet ébène enchâssé dans l'ivoire,
Un vers d'André Chénier chanta dans ma mémoire,
Un vers presque inconnu, refrain inachevé,
Frais comme le hasard, moins écrit que rêvé.
J'osai m'en souvenir, même devant Molière ;
Sa grande ombre, à coup sûr, ne s'en offensa pas
Et, tout en écoutant, je murmurais tout bas,
Regardant cette enfant, qui ne s'en doutait guère :
« Sous votre aimable tête, un cou blanc, délicat,
Se plie, et de la neige effacerait l'éclat. »

Puis je songeais encore (ainsi va la pensée)
Que l'antique franchise, à ce point délaissée,
Avec notre finesse et notre esprit moqueur,
Ferait croire, après tout, que nous manquons de cœur ;
Que c'était une triste et honteuse misère
Que cette solitude à l'entour de Molière,
Et qu'il est *pourtant temps*, comme dit la chanson,
De sortir de ce siècle ou d'en avoir raison ;
Car à quoi comparer cette scène embourbée,
Et l'effroyable honte où la muse est tombée ?
La lâcheté nous bride, et les sots vont disant
Que, sous ce vieux soleil, tout est fait à présent ;
Comme si les travers de la famille humaine
Ne rajeunissaient pas chaque an, chaque semaine.
Notre siècle a ses mœurs, partant, sa vérité ;
Celui qui l'ose dire est toujours écouté.

Ah ! j'oserais parler, si je croyais bien dire.

J'oserais ramasser le fouet de la satire,
Et l'habiller de noir, cet homme aux rubans verts,
Qui se fâchait jadis pour quelques mauvais vers.
S'il rentrait aujourd'hui dans Paris la grand'ville,
Il y trouverait mieux pour émouvoir sa bile
Qu'une méchante femme et qu'un méchant sonnet ;
Nous avons autre chose à mettre au cabinet.
O notre maître à tous ! si ta tombe est fermée,
Laisse-moi, dans ta cendre un instant ranimée,
Trouver une étincelle, et je vais t'imiter !
J'en aurai fait assez si je puis le tenter.
Apprends-moi de quel ton, dans ta bouche hardie,
Parlait la vérité, ta seule passion,
Et, pour me faire entendre, à défaut du génie,
J'en aurai le courage et l'indignation !

Ainsi je caressais une folle chimère.
Devant moi, cependant, à côté de sa mère,
L'enfant restait toujours, et le cou svelte et blanc
Sous les longs cheveux noirs se berçait mollement.
Le spectacle fini, la charmante inconnue
Se leva. Le beau cou, l'épaule à demi nue,
Se voilèrent ; la main glissa dans le manchon :
Et, lorsque je la vis au seuil de sa maison
S'enfuir, je m'aperçus que je l'avais suivie.
Hélas ! mon cher ami, c'est là toute ma vie.
Pendant que mon esprit cherchait sa volonté,
Mon corps avait la sienne et suivait la beauté ;
Et quand je m'éveillai de cette rêverie,
Il ne m'en restait plus que l'image chérie :
« Sous votre aimable tête, un cou blanc, délicat,
Se plie, et de la neige effacerait l'éclat. »

Juillet 1840.

SIMONE

CONTE IMITÉ DE BOCCACE

J'aimais les romans à vingt ans.
Aujourd'hui je n'ai plus le temps ;

Le bien perdu rend l'homme avare.
J'y veux voir moins loin, mais plus clair ;
Je me console de Werther
Avec la reine de Navarre.
Et pourquoi pas? Croyez-vous donc,
Quand on n'a qu'une page en tête,
Qu'il en faille chercher si long,
Et que tant parler soit honnête?
Qui des deux est stérilité,
Ou l'antique sobriété
Qui n'écrit que ce qu'elle pense,
Ou la moderne intempérance
Qui croit penser dès qu'elle écrit?
Béni soit Dieu ! les gens d'esprit
Ne sont pas rares cette année!
Mais dès qu'il nous vient une idée
Pas plus grosse qu'un petit chien,
Nous essayons d'en faire un âne.
L'idée était femme de bien,
Le livre est une courtisane.
Certes, lorsque le Florentin
Écrivait un conte, un matin,
Sans poser ni tailler sa plume,
Il aurait pu faire un volume
D'un seul mot chaste ou libertin.
Cette belle âme si hardie,
Qui pleura tant après Pavie,
Et dans la fleur de ses beaux jours,
Quitta la France et les amours
Pour aller consoler son frère
Au fond des prisons de Madrid,
Croyez-vous qu'elle n'eût pu faire
Un roman comme Scudéry?
Elle aima mieux mettre en lumière
Une larme qui lui fut chère,
Un bon mot dont elle avait ri.
Et ceux qui lisaient son doux livre
Pouvaient passer pour connaisseurs ;
C'étaient des gens qui savaient vivre,
Ayant failli mourir ailleurs,
A Rebec, à Fontarabie.

A la Bicoque, à Marignan,
Car alors le seul vrai roman
Était l'amour de la patrie.
Mais ne parlons point de cela,
Je ne fais pas une satire,
Et je ne veux que vous traduire
Une histoire de ce temps-là.

Les gens d'esprit ni les heureux
Ne sont jamais bien amoureux :
Tout ce beau monde a trop à faire.
Les pauvres en tout valent mieux ;
Jésus leur a promis les cieux,
L'amour leur appartient sur terre.
Dans le beau pays des Toscans
Vivait jadis, au bon vieux temps,
La pauvre enfant d'un pauvre père,
Don Simonette fut le nom ;
Fille d'humble condition,
Passablement jeune et jolie,
Avenante et douce en tout point !
Mais de l'argent n'en ayant point ;
Et dont elle gagnait sa vie
De la laine qu'elle filait,
Au jour le jour, pour qui voulait.
Bien qu'elle ne pût qu'à grand'peine
Tirer son pain de cette laine,
Encor sut-elle avoir du cœur,
Et, dans sa tête florentine,
Loger la joie et la douleur.
Ce ne fut pas un grand seigneur
Qui voulut d'elle, on l'imagine,
Mais un garçon de bonne mine
Dont la besogne était d'aller,
Donnant de la laine à filer,
Pour un marchand de drap, son maître.
Pascal, c'est le nom du garçon,
Avait, en mainte occasion,
Laissé son amitié paraître ;
Et, soit faute de s'y connaître,
Soit qu'elle n'y vît point de mal,

SIMONE.   Page 442.

L'heure où devait venir Pascal
Mettait Simone à la fenêtre.
Là, lui répondant de son mieux,
Sans en souhaiter davantage,
En le voyant jeune et joyeux,
Elle montrait sur son visage
Le plaisir que prenaient ses yeux ;
Puis, travaillant en son absence,
De tout son cœur elle filait,
Songeant, pour prendre patience,
De qui sa laine lui venait,
En baisant tout bas son rouet,
Non sans chanter quelque romance.
D'autre part, le garçon montrait
De jour en jour un nouveau zèle
Pour sa laine, et ne trouvait rien
(J'ai dit que Simone était belle)
Qui fût plus tôt fait ni si bien
Qu'un fuseau dévidé par elle.
L'un soupirant, l'autre filant,
La saison des fleurs s'en mêlant,
Enfin, comme il n'est en ce monde
Si petite herbe sous le pié
Qu'un jour de printemps ne féconde,
Ni si fugitive amitié
Dont il ne germe une amourette,
Un jour advint que le fuseau
Tomba par terre, et la fillette
Entre les bras du jouvenceau.

Près des barrières de la ville
Était alors un beau jardin,
Lieu charmant, solitaire asile,
Ouvert pourtant soir et matin.
L'écolier, son livre à la main,
Le rêveur, avec sa paresse,
L'amoureux avec sa maîtresse,
Entraient là comme en paradis
(Car la liberté fut jadis
Un des trésors de l'Italie,
Comme la musique et l'amour).

Le bon Pascal voulut un jour
En ce lieu mener son amie,
Non pour lire ni pour rêver,
Mais voir s'ils n'y pourraient trouver
Quelque banc au coin d'une allée
Où se dire, sans trop de mots,
De ces secrets que les oiseaux
Se racontent sous la feuillée.
Sitôt formé, sitôt conclu,
Ce projet n'avait point déplu
A la brunette filandière,
Et, le dimanche étant venu,
Après avoir dit à son père
Qu'elle avait dessein d'aller faire
Ses dévotions à Saint-Gal,
Au lieu marqué, brave et légère,
Elle courut trouver Pascal.
Avant de se mettre en campagne,
Il faut savoir qu'elle avait pris,
Selon l'usage du pays,
Une voisine pour compagne ;
Ce n'est pas là comme à Paris :
L'amour ne va pas sans amis.
Bien est-il que cette voisine
Causa plus de mal que de bien.
Belle ou laide, je n'en sais rien,
Boccace la nomme Lagine.
Le jeune homme, de son côté,
Vint pareillement escorté
D'un voisin surnommé le Strambe,
Ce qui veut dire proprement
Que, sans boiter précisément,
Il louchait un peu d'une jambe.
Mais n'importe. Entrés au jardin,
Nos couples se prirent la main,
Le voisin avec la voisine,
Et chacun suivit son chemin.
Pendant que le Strambe et Lagine
Au soleil allaient faire un tour,
Cherchant à coudre un brin d'amour.
Au fond des bois, sous la ramée,

Pascal, menant sa bien-aimée.
Trouva bientôt ce qu'il cherchait,
Une touffe d'herbe entassée,
Et le bonheur qui l'attendait.
Comme cette heure fut passée,
Le dira qui sait ce que c'est ;
Deux bras amis, blanc comme laits,
Un rideau vert, un lit de mousse,
La vie, hélas ! c'est ce qui fait
Qu'elle est si cruelle et si douce.
Le hasard voulut que ce lieu
Fût au penchant d'une prairie.
Çà et là, comme il plaît à Dieu,
L'herbe courait fraîche et fleurie,
Et, comme un peu de causerie
Vient toujours après le plaisir,
Toujours du moins lorsque l'on aime,
Car autrement le bonheur même
Est sans espoir ni souvenir,
Nos amoureux, assis par terre,
Commencèrent à deviser,
Entre le rire et le baiser,
D'un bon dîner qu'ils voulaient faire
En ce lieu même, à leur loisir ;
La place leur devenait chère,
Il leur fallait y revenir.
Tout en jasant sous la verdure,
Le jouvenceau, par aventure,
Prit une fleur dans un buisson.
Quelle fleur ? Le pauvre garçon
N'en savait rien, et je l'ignore ;
N'y pouvant croire aucun danger,
Il la porta, sans y songer,
A sa lèvre brûlante encore
De ces baisers si désirés,
Et si lentement savourés.
Puis, revenant à la pensée
Qu'ils avaient tous deux caressée,
Il parla d'abord quelque temps,
Tenant cette herbe entre ses dents ;
Mais il ne continua guère

Que le visage lui changea.
Pâle et mourant, sur la bruyère
Tout à coup il se souleva,
Appelant Simone, et déjà
Entouré de l'ombre éternelle ;
Il étendit les bras vers elle,
Perdit la parole et tomba.
Bien que ce fût chose trop claire
Qu'il eût ainsi trouvé la mort,
La pauvre Simone d'abord
Ne put croire à tant de misère
Que d'avoir perdu son ami,
Et le voir s'en aller ainsi,
Sans adieu, plainte ni prière.
Tremblante elle courut à lui,
Croyant qu'il s'était endormi
Dans quelque douleur passagère,
Et le serra tout défailli,
Non plus en amant, mais en frère.
Qu'eût-elle fait ? Les pauvres gens,
Habitués à la souffrance,
Gardent jusqu'aux derniers instants
Leur unique bien, l'espérance ;
Mais la mort vient, qui le leur prend.
Déjà le spectre aux mains avides
Étalait ses traces livides
Sur l'homme presque encor vivant ;
Les beaux yeux, les lèvres chéries
Se couvraient d'un masque de sang
Marqué du fouet des Furies.
Bientôt ce corps inanimé,
Si beau naguère et tant aimé,
Fut un tel objet d'épouvante,
Que le regard de son amante
Avec horreur s'en détourna.

Aux cris que Simone jeta,
Strambo accourut avec Lagine,
Et par malheur vinrent aussi
Les gens d'une maison voisine.
Quand le peuple s'assemble ainsi,

C'est toujours sur quelque ruine.
Ici surtout ce fut le cas.
Ceux qui firent les premiers pas
Trouvèrent Simone étendue
Auprès du corps de son amant,
En sorte qu'on crut un moment
Que, par une cause inconnue,
Ils avaient expiré tous deux.
Plût au ciel ! Telle mort pour eux
Eût été douce et bienvenue.
Mais Simone rouvrit les yeux :
« Malheureuse ! dit le boiteux,
Voyant son compagnon sans vie,
C'est toi qui l'as assassiné ! »
A ce mot, le peuple étonné
S'approche en foule ; on se récrie ;
Un médecin est amené.
Il voit un mort, il s'en empare,
Observe, consulte et déclare
Que Pascal est empoisonné.
A tous ces discours, Simonette,
Ne comprenant que son chagrin,
Restait, la tête dans sa main,
Plus immobile et plus muette
Qu'une pierre sur un tombeau.
Qui devait parler ? C'est Lagine.
Venant d'une âme féminine,
Un tel courage eût été beau.
Ce qu'elle fit, on le devine ;
Elle se tut, faute de cœur,
Et, voyant tomber l'infamie
Sur sa compagne et son amie,
Au lieu d'avoir de son malheur
Compassion, elle en eut peur.
Moyennant quoi l'infortunée,
Seule et sans aide contre tous,
Devant le juge fut traînée,
Et là tomba sur ses genoux,
De ses larmes toute baignée,
Et plus qu'à demi condamnée.
Le juge ayant tout entendu,

Ne se trouva pas convaincu,
Et, soupçonnant quelque mystère,
Voulut, sans remettre l'affaire,
Incontinent l'examiner.
Ne se pouvant imaginer,
Ni que la fille fût coupable,
Voyant qu'elle pleurait si fort,
Ni que le jeune homme fût mort
Sans une cause vraisemblable ;
Il prit Simone par la main,
Et, s'acheminant sans mot dire,
Avec ces gens, vers le jardin,
Lui-même il voulut la conduire
Devant le corps du trépassé,
Afin qu'elle pût se défendre
En sa présence, et faire entendre
Comment le fait s'était passé.
Alors, dans sa triste mémoire
Rappelant son fidèle amour,
Du premier jusqu'au dernier jour,
Simone conta son histoire
Comme je l'ai dite à peu près, —
Bien mieux, car les pleurs seuls sont vrais.
Mais personne n'y voulut croire.
Quand elle fut à raconter
Par quelle disgrâce inouïe
Pascal avait perdu la vie,
Voyant tout le monde en douter,
Et le juge même sourire,
Pour mieux prouver son simple dire,
Elle s'en vint vers l'arbrisseau
Sous lequel le froid jouvenceau
Dormait, pâle et méconnaissable ;
Puis, cueillant une fleur semblable
A cette fleur que son ami
Sur ses lèvres avait placée,
Sa pauvre âme eut une pensée,
Qui fut de faire comme lui.
Fut-ce douleur, crainte, ignorance ?
Qu'importe ? Pascal l'attendait,
Ouvrant ses bras qu'il lui tendait,

Dans un asile où l'espérance
N'a plus à craindre le malheur.
Sitôt qu'elle eut touché la fleur,
Elle mourut. Ames heureuses,
A qui Dieu fit cette faveur
De partir encore amoureuses,
De vous rejoindre sur le seuil,
L'un joyeux, l'autre à peine en deuil,
Et de finir votre misère
En vous embrassant sur la terre,
Pour aller aussitôt après
Là-haut vous aimer à jamais !

Or maintenant quelle est la plante
Qui sut tirer si promptement
De tant de délices l'amant,
De tant de désespoir l'amante ?
Boccace dit en peu de mots,
Dans sa simplesse accoutumée,
Que la cause de tant de maux
Fut une sauge envenimée
Par un crapaud ; mais, Dieu merci !
Nous en savons trop aujourd'hui
Pour croire aux erreurs de nos pères.
Ce serait un cent de vipères,
Qu'un enfant leur rirait au nez.
Quand les gens sont empoisonnés,
Dans notre siècle de lumière,
On n'y croit pas si promptement.
N'en restât-il qu'un ossement,
Il faut qu'il sorte de la terre,
Pour prouver par-devant notaire
Qu'il est mort de telle manière,
A telle heure, et non autrement.
Pauvre bonhomme de Florence,
A qui, selon toute apparence,
Dans les faubourgs de la cité
Ce conte avait été conté,
Qui l'aurait voulu croire en France ?
Braves gens qui riez déjà,
L'histoire n'en est pas moins vraie.

Le Rhin Allemand.   Page 456.

Cherchez la plante, et trouvez-la.
Demain peut-être on la verra
Dans le sentier ou dans la haie ;
La Faculté l'appellera
Pavot, ciguë ou belladone.
Ici-bas tout peut se prouver.
Le plus difficile à trouver
N'est pas la plante, c'est Simone.

Octobre 1840.

SOUVENIR

J'espérais bien pleurer, mais je croyais souffrir
En osant te revoir, place à jamais sacrée,
O la plus chère tombe et la plus ignorée
    Où dorme un souvenir !

Que redoutiez-vous donc de cette solitude,
Et pourquoi, mes amis, me preniez-vous la main ?
Alors qu'une si douce et si vieille habitude
    Me montrait ce chemin ?

Les voilà, ces coteaux, ces bruyères fleuries,
Et ces pas argentins sur le sable muet,
Ces sentiers amoureux, remplis de causeries,
    Où son bras m'enlaçait.

Les voilà, ces sapins à la sombre verdure,
Cette gorge profonde aux nonchalants détours,
Ces sauvages amis, dont l'antique murmure
    A bercé mes beaux jours.

Les voilà, ces buissons où toute ma jeunesse,
Comme un essaim d'oiseaux chante au bruit de mes pas.
Lieux charmants, beau désert où passa ma maîtresse,
    Ne m'attendiez-vous pas ?

Ah ! laissez-les couler, elles me sont bien chères,
Ces larmes que soulève un cœur encor blessé !

Ne les essuyez pas, laissez sur mes paupières
    Ce voile du passé !

Je ne viens point jeter un regret inutile
Dans l'écho de ces bois témoins de mon bonheur.
Fière est cette forêt dans sa beauté tranquille,
    Et fier aussi mon cœur.

Que celui-là se livre à des plaintes amères,
Qui s'agenouille et prie au tombeau d'un ami.
Tout respire en ces lieux ; les fleurs des cimetières
    Ne poussent point ici.

Voyez ! la lune monte à travers ces ombrages.
Ton regard tremble encor, belle reine des nuits ;
Mais du sombre horizon déjà tu te dégages,
    Et tu t'épanouis.

Ainsi de cette terre, humide encor de pluie,
Sortent, sous tes rayons, tous les parfums du jour ;
Aussi calme, aussi pur, de mon âme attendrie
    Sort mon ancien amour.

Que sont-ils devenus, les chagrins de ma vie ?
Tout ce qui m'a fait vieux est bien loin maintenant ;
Et rien qu'en regardant cette vallée amie,
    Je redeviens enfant.

O puissance du temps ! ô légères années !
Vous emportez nos pleurs, nos cris et nos regrets ;
Mais la pitié vous prend, et sur nos fleurs fanées
    Vous ne marchez jamais.

Tout mon cœur te bénit, bonté consolatrice !
Je n'aurais jamais cru que l'on pût tant souffrir
D'une telle blessure, et que sa cicatrice
    Fût si douce à sentir.

Loin de moi les vains mots, les frivoles pensées,
Des vulgaires douleurs linceul accoutumé,
Que viennent étaler sur leurs amours passées
    Ceux qui n'ont point aimé !

Dante, pourquoi dis-tu qu'il n'est pire misère
Qu'un souvenir heureux dans les jours de douleur?
Quel chagrin t'a dicté cette parole amère,
    Cette offense au malheur?

En est-il donc moins vrai que la lumière existe,
Et faut-il l'oublier du moment qu'il fait nuit?
Est-ce bien toi, grande âme immortellement triste,
    Est-ce toi qui l'as dit?

Non, par ce pur flambeau dont la splendeur m'éclaire,
Ce blasphème vanté ne vient pas de ton cœur.
Un souvenir heureux est peut-être sur terre
    Plus vrai que le bonheur.

Eh quoi! l'infortuné qui trouve une étincelle
Dans la cendre brûlante où dorment ses ennuis,
Qui saisit cette flamme et qui fixe sur elle
    Ses regards éblouis;

Dans ce passé perdu quand son âme se noie,
Sur ce miroir brisé lorsqu'il rêve en pleurant,
Tu lui dis qu'il se trompe, et que sa faible joie
    N'est qu'un affreux tourment!

Et c'est à la Françoise, à ton ange de gloire,
Que tu pouvais donner ces mots à prononcer,
Elle qui s'interrompt, pour conter son histoire,
    D'un éternel baiser!

Qu'est-ce donc, juste Dieu, que la pensée humaine,
Et qui pourra jamais aimer la vérité,
S'il n'est joie ou douleur si juste et si certaine
    Dont quelqu'un n'ait douté?

Comment vivez-vous donc, étranges créatures?
Vous riez, vous chantez, vous marchez à grands pas,
Le ciel et sa beauté, le monde et ses souillures
    Ne vous dérangent pas;

Mais, lorsque par hasard le destin vous ramène
Vers quelque monument d'un amour oublié,
Ce caillou vous arrête, et cela vous fait peine
    Qu'il vous heurte le pié.

Et vous criez alors que la vie est un songe ;
Vous vous tordez les bras comme en vous réveillant,
Et vous trouvez fâcheux qu'un si joyeux mensonge
    Ne dure qu'un instant.

Malheureux ! cet instant où votre âme engourdie
A secoué les fers qu'elle traîne ici-bas,
Ce fugitif instant fut toute votre vie ;
    Ne le regrettez pas !

Regrettez la torpeur qui vous cloue à la terre,
Vos agitations dans la fange et le sang,
Vos nuits sans espérance et vos jours sans lumière :
    C'est là qu'est le néant !

Mais que vous revient-il de vos froides doctrines ?
Que demandent au ciel ces regrets inconstants
Que vous allez semant sur vos propres ruines,
    A chaque pas du Temps ?

Oui, sans doute, tout meurt ; ce monde est un grand rêve,
Et le peu de bonheur qui nous vient en chemin,
Nous n'avons pas plus tôt ce roseau dans la main
    Que le vent nous l'enlève.

Oui, les premiers baisers, oui, les premiers serments
Que deux êtres mortels échangèrent sur terre,
Ce fut au pied d'un arbre effeuillé par les vents,
    Sur un roc en poussière.

Ils prirent à témoin de leur joie éphémère
Un ciel toujours voilé qui change à tout moment,
Et des astres sans nom que leur propre lumière
    Dévore incessamment.

Tout mourait autour d'eux, l'oiseau dans le feuillage,
La fleur entre leurs mains, l'insecte sous leurs piés,
La source desséchée où vacillait l'image
    De leurs traits oubliés ;

Et sur tous ces débris joignant leurs mains d'argile,
Étourdis des éclairs d'un instant de plaisir,
Ils croyaient échapper à cet Être immobile
    Qui regarde mourir !

— Insensés ! dit le sage. — Heureux ! dit le poète.
Et quels tristes amours as-tu dans le cœur,
Si le bruit du torrent te trouble et t'inquiète,
  Si le vent te fait peur ?

J'ai vu sous le soleil tomber bien d'autres choses
Que les feuilles des bois et l'écume des eaux,
Bien d'autres s'en aller que le parfum des roses
  Et le chant des oiseaux.

Mes yeux ont contemplé des objets plus funèbres
Que Juliette morte au fond de son tombeau,
Plus affreux que le toast à l'ange des ténèbres
  Porté par Roméo.

J'ai vu ma seule amie, à jamais la plus chère,
Devenue elle-même un sépulcre blanchi,
Une tombe vivante où flottait la poussière
  De notre mort chéri,

De notre pauvre amour, que, dans la nuit profonde,
Nous avions sur nos cœurs si doucement bercé !
C'était plus qu'une vie, hélas ! c'était un monde
  Qui s'était effacé !

Oui, jeune et belle encor, plus belle, osait-on dire,
Je l'ai vue, et ses yeux brillaient comme autrefois.
Ses lèvres s'entr'ouvraient, et c'était un sourire,
  Et c'était une voix ;

Mais non plus cette voix, non plus ce doux langage,
Ces regards adorés dans les miens confondus ;
Mon cœur, encor plein d'elle, errait sur son visage,
  Et ne la trouvait plus.

Et pourtant j'aurais pu marcher alors vers elle ;
Entourer de mes bras ce sein vide et glacé,
Et j'aurais pu crier : « Qu'as-tu fait, infidèle,
  Qu'as-tu fait du passé ? »

Mais non : il me semblait qu'une femme inconnue
Avait pris par hasard cette voix et ces yeux ;
Et je laissai passer cette froide statue
  En regardant les cieux.

Eh bien! ce fut sans doute une horrible misère
Que ce riant adieu d'un être inanimé.
Eh bien! qu'importe encore? O nature! ô ma mère!
  En ai-je moins aimé?

La foudre maintenant peut tomber sur ma tête;
Jamais ce souvenir ne peut m'être arraché!
Comme le matelot brisé par la tempête,
  Je m'y tiens attaché.

Je ne veux rien savoir, ni si les champs fleurissent,
Ni ce qu'il adviendra du simulacre humain,
Ni si ces vastes cieux éclaireront demain
  Ce qu'ils ensevelissent.

Je me dis seulement : « A cette heure, en ce lieu,
Un jour, je fus aimé, j'aimais, elle était belle.
J'enfouis ce trésor dans mon âme immortelle,
  Et je l'emporte à Dieu! »

  Février 1841.

LE RHIN ALLEMAND[1]

PAR BECKER

TRADUCTION FRANÇAISE

Ils ne l'auront pas, le libre Rhin allemand, quoiqu'ils le demandent dans leurs cris comme des corbeaux avides ;

Aussi longtemps qu'il roulera paisible, portant sa robe verte ; aussi longtemps qu'une rame frappera ses flots.

Il ne l'auront pas, le libre Rhin allemand, aussi longtemps que les cœurs s'abreuveront de son vin de feu ;

Aussi longtemps que les rocs s'élèveront au milieu de son courant ; aussi longtemps que les hautes cathédrales se refléteront dans son miroir.

1. Cette chanson a été très répandue en Allemagne, lors des événements de 1840.

Ils ne l'auront pas, le libre Rhin allemand, aussi longtemps que de hardis jeunes gens feront la cour aux jeunes filles élancées.

Ils ne l'auront pas, le libre Rhin allemand, jusqu'à ce que les ossements du dernier homme soient ensevelis dans ses vagues.

LE RHIN ALLEMAND

RÉPONSE A LA CHANSON DE BECKER

Nous l'avons eu, votre Rhin allemand.
Il a tenu dans notre verre.
Un couplet qu'on s'en va chantant
Efface-t-il la trace altière
Du pied de nos chevaux marqué dans votre sang?

Nous l'avons eu, votre Rhin allemand.
Son sein porte une plaie ouverte,
Du jour où Condé triomphant
A déchiré sa robe verte.
Où le père a passé, passera bien l'enfant.

Nous l'avons eu, votre Rhin allemand.
Que faisaient vos vertus germaines,
Quand notre César tout-puissant
De son ombre couvrait vos plaines?
Où donc est-il tombé, ce dernier ossement?

Nous l'avons eu, votre Rhin allemand.
Si vous oubliez votre histoire,
Vos jeunes filles sûrement,
Ont mieux gardé notre mémoire ;
Elles nous ont versé votre petit vin blanc.

S'il est à vous votre Rhin allemand,
Lavez-y donc votre livrée ;
Mais parlez-en moins fièrement.
Combien, au jour de la curée,
Étiez-vous de corbeaux contre l'aigle expirant?

RAPPELLE-TOI.   Page 464.

Qu'il coule en paix, votre Rhin allemand ;
Que vos cathédrales gothiques
S'y reflètent modestement ;
Mais craignez que vos airs bachiques
Ne réveillent les morts de leur repos sanglant.

1ᵉʳ juin 1841.

SUR LA PARESSE

A. M. BULOZ

« Oui, j'écris rarement et me plais de le faire :
Non pas que la paresse en moi soit ordinaire ;
Mais, sitôt que je prends la plume à ce dessein,
Je crois prendre en galère une rame à la main. »

Qui croyez-vous, mon cher, qui parle de la sorte ?
C'est Alfred, direz-vous, ou le diable m'emporte !
Non, ami, plût à Dieu que j'eusse dit si bien
Et si net et si court pourquoi je ne dis rien !
L'esprit mâle et hautain dont la sobre pensée
Fut dans ces rudes vers librement cadencée
(Otez votre chapeau), c'est Mathurin Régnier,
De l'immortel Molière immortel devancier ;
Qui ploya notre langue, et dans sa cire molle
Sut pétrir et dresser la romaine hyperbole ;
Premier maître jadis sous lequel j'écrivis,
Alors que du voisin je prenais les avis,
Et qui me fut montré, dans l'âge où tout s'ignore,
Par de plus fiers que moi, qui l'imitent encore ;
Mais la cause était bonne, et, quel qu'en soit l'effet,
Quiconque m'a fait voir cette route a bien fait.
Or je me demandais hier dans la solitude :
Ce cœur sans peur, sans gêne et sans inquiétude,
Qui vécut et mourut dans un si brave ennui,
S'il se taisait jadis, qu'eût-il fait aujourd'hui ?
Alors à mon esprit se présentaient en hâte
Nos vices, nos travers, et toute cette pâte
Dont il aurait su faire un plat de son métier

A nous désopiler pendant un siècle entier :
D'abord le grand fléau qui nous rend tous malades,
Le seigneur Journalisme et ses pantalonnades;
Ce droit quotidien qu'un sot a de berner
Trois ou quatre milliers de sots, à déjeuner;
Le règne du papier, l'abus de l'écriture,
Qui d'un plat feuilleton fait une dictature,
Tonneau d'encre bourbeux par Fréron défoncé,
Dont, jusque sur le trône, on est éclaboussé;
En second lieu, nos mœurs, qui se croient plus sévères,
Parce que nous cachons et nous rinçons nos verres,
Quand nous avons commis dans quelque coin honteux
Ces éternels péchés dont pouffaient nos aïeux;
Puis nos discours pompeux, nos fleurs de bavardage,
L'esprit européen de nos coqs de village,
Ce bel art si choisi d'offenser poliment,
Et de se souffleter parlementairement;
Puis, nos livres mort-nés, nos poussives chimères,
Pâture des portiers; et ces pauvres commères,
Qui, par besoin d'amants ou faute de maris,
Font du moins leur besogne en pondant leurs écrits;
Ensuite un mal profond, la croyance envolée,
La prière inquiète, errante et désolée,
Et, pour qui joint les mains, pour qui lève les yeux,
Une croix en poussière et le désert aux cieux;
Ensuite, un mal honteux, le bruit de la monnaie,
La jouissance brute, et qui croit être vraie,
La mangeaille, le vin, l'égoïsme hébété,
Qui se berce en ronflant dans sa brutalité;
Puis un tyran moderne, une peste nouvelle,
La médiocrité qui ne comprend rien qu'elle,
Qui, pour chauffer la cuve où son fer fume et bout,
Y jetterait le bronze où César est debout,
Instinct de la basoche, odeur d'épicerie,
Qui fait lever le cœur à la mère patrie,
Capable, avec le temps, de la déshonorer,
Si sa fierté native en pouvait s'altérer;
Ensuite, un tort léger, tant il est ridicule,
Et qui ne vaut pas même un revers de férule,
Les lamentations des chercheurs d'avenir,
Ceux qui disent : Ma sœur, ne vois-tu rien venir?

Puis, un mal dangereux qui touche à tous les crimes,
La sourde ambition de ces tristes maximes
Qui ne sont même pas de vieilles vérités,
Et qu'on vient nous donner comme des nouveautés ;
Vieux galons de Rousseau, défroque de Voltaire,
Carmagnole en haillons volée à Robespierre,
Charmante garde-robe où sont emmaillottés
Du peuple souverain les courtisans crottés ;
Puis enfin, tout au bas, la dernière de toutes,
La fièvre de ces fous qui s'en vont par les routes,
Arracher la charrue aux mains du laboureur,
Dans l'atelier désert corrompre le malheur,
Au nom d'un Dieu de paix qui nous prescrit l'aumône,
Traîner au carrefour le pauvre qui frissonne,
D'un fer rouillé de sang armer sa maigre main,
Et se sauver dans l'ombre en poussant l'assassin.

Qu'aurait dit à cela ce grand traîneur d'épée,
Ce flaneur « qui prenait les vers à la pipée ? »
Si dans ce gouffre obscur son regard eût plongé,
Sous quel étrange aspect l'eût-il envisagé ?
Quelle affreuse tristesse ou quel rire homérique
Eût ouvert ou serré ce cœur mélancolique ?
Se fût-il contenté de nous prendre en pitié,
De consoler sa vie avec quelque amitié,
Et de laisser la foule étourdir ses oreilles,
Comme un berger qui dort au milieu des abeilles ?
Ou bien, le cœur ému d'un mépris généreux,
Aurait-il là-dessus versé, comme un vin vieux,
Ses hardis hiatus, flot jailli du Parnasse,
Où Despréaux mêla sa tisane à la glace ?
Certes, s'il eût parlé, ses robustes gros mots
Auraient de pied en cap ébouriffé les sots :
Qu'il se fût abattu sur une telle proie,
L'ombre de Juvénal en eût frémi de joie,
Et sur ce noir torrent qui mène tout à rien
Quelques mots flotteraient, dits pour les gens de bien.
Franchise du vieux temps, muse de la patrie,
Où sont ta verte allure et ta sauvagerie ?
Comme ils tressailleraient, les paternels tombeaux
Si ta voix douce et rude en frappait les échos !

Comme elles tomberaient, nos gloires mendiées
De patois étrangers nos muses barbouillées,
Devant toi qui puisas ton immortalité
Dans ta beauté féconde et dans ta liberté!
Avec quel rougeur et quel piteux visage
Notre bégueulerie entendrait ton langage,
Toi qu'un juron gaulois n'a jamais fait bouder,
Et qui, ne craignant rien, ne sais rien marchander!
Quel régiment de fous, que de marionnettes,
Quel troupeau de mulets dandinant leurs sonnettes,
Quelle procession de pantins désolés,
Passeraient devant nous, par ta voix appelés!
Et quel plaisir de voir, sans masques ni lisières,
A travers le chaos de nos folles misères,
Courir en souriant tes beaux vers ingénus,
Tantôt légers, tantôt boiteux toujours pieds nus!
Gaîté, génie heureux, qui fus jadis le nôtre,
Rire dont on riait d'un bout du monde à l'autre,
Esprit de nos aïeux, qui te réjouissais
Dans l'éternel bon sens, lequel est né français,
Fleurs de notre pays, qu'êtes-vous devenues?
L'aigle s'est-il lassé de planer dans les nues,
Et de tenir toujours son regard arrêté
Sur l'astre tout-puissant d'où jaillit la clarté?

Voilà donc, l'autre soir, quelle était ma pensée,
Et plus je m'y tenais la cervelle enfoncée,
Moins je m'imaginais que le vieux Mathurin
Eût montré, de ce temps, ni gaîté ni chagrin.
« Eh quoi! me direz-vous, il nous eût laissés faire,
Lui qu'un mauvais dîner pouvait mettre en colère
Lui qui s'effarouchait, grand enfant sans raison,
D'une femme infidèle et d'une trahison!
Lui qui se redressait, comme un serpent dans l'herbe,
Pour une balourdise échappée à Malherbe,
Et qui poussa l'oubli de tout respect humain
Jusqu'à daigner rosser Berthelot de sa main! »
Oui, mon cher, ce même homme, et par la raison même
Que son cœur débordant poussait tout à l'extrême,
Et qu'au moindre sujet qui venait l'animer,
Sachant si bien haïr, il savait tant aimer,

Il eût trouvé ce siècle indigne de satire,
Trop vain pour en pleurer, trop triste pour en rire,
Et, quel qu'en fût son rêve, il l'eût voulu garder.
Il n'est que trop facile, à qui sait regarder,
De comprendre pourquoi tout est malade en France;
Le mal des gens d'esprit c'est leur indifférence,
Celui des gens de cœur, leur inutilité.
Mais à quoi bon venir prêcher la vérité,
Et devant des badauds étaler sa faconde,
Pour répéter en vers ce que dit tout le monde?
Sur notre état présent qui s'abuse aujourd'hui?
Comme dit Figaro : « Qui trompe-t-on ici? »
D'ailleurs, est-ce un plaisir d'exprimer sa pensée?
L'hirondelle s'envole, un goujat l'a blessée;
Elle tombe, palpite et meurt, et le passant
Aperçoit par hasard son pied taché de sang.
Hélas! pensée écrite, hirondelle envolée!
Dieu sait par quel chemin elle s'en est allée!
Et quelle main la tue au sortir de son nid!
Non, j'en suis convaincu, Mathurin n'eût rien dit,
Ce n'est pas, en parlant, qu'il en eût craint la suite;
Sa tête allait bon train, son cœur encor plus vite,
Et de lui dire non à ce qu'il avait vu
Un journaliste même eût été mal venu.
Il n'eût pas craint non plus que sa faveur trahie
Eût fait au cardinal rayer son abbaye;
Des compliments de cour et des canonicats,
Si ce n'est pour l'argent, il n'en fit pas grand cas.
Encor moins eût-il craint qu'on fût venu lui dire :
Et vous, d'où venez-vous pour faire une satire?
De quel droit parlez-vous, n'ayant jamais rien fait
Que d'aller chez Margot, sortant du cabaret?
Car il eût répondu : « N'en soyez point en peine;
Plus que votre bon sens ma déraison est saine;
Chancelant que je suis de ce jus du caveau,
Plus honnête est mon cœur, et plus franc mon cerveau
Que vos grands airs chantés d'un ton de Jérémie. »
A la barbe du siècle il eût aimé sa mie,
Et qui l'eût abordé n'aurait eu pour tout prix
Que beaucoup de silence, et qu'un peu de mépris.
Ami, vous qui voyez vivre, et qui savez comme,

Vous dont l'habileté fut d'être un honnête homme,
A vous s'en vont ces vers, au hasard ébauchés,
Qui vaudraient encor moins s'ils étaient plus cherchés.
Mais vous me reprochez sans cesse mon silence;
C'est vrai : l'ennui m'a pris de penser en cadence,
Et c'est pourquoi, lisant ces vers d'un fainéant,
Qui n'a fait que trois pas, mais trois pas de géant,
De vous les envoyer il m'a pris fantaisie,
Afin que vous sachiez comment la poésie
A vécu de tout temps, et que les paresseux
Ont été quelquefois des gens aimés des dieux.
Après cela, mon cher, je désire et j'espère
(Pour finir à peu près par un vers de Molière)
Que vous vous guérirez du soin que vous prenez
De me venir toujours jeter ma lyre au nez.

  Décembre 1841.

MARIE
SONNET

  Ainsi, quand la fleur printanière
  Dans les bois va s'épanouir,
  Au premier souffle du zéphyr
  Elle sourit avec mystère;

  Et sa tige fraîche et légère,
  Sentant son calice s'ouvrir,
  Jusque dans le sein de la terre
  Frémit de joie et de désir.

  Ainsi, quand ma douce Marie
  Entr'ouvre sa lèvre chérie,
  Et lève en chantant ses yeux bleus,

  Dans l'harmonie et la lumière
  Son âme semble tout entière
  Monter en tremblant vers les cieux.

  1842.

RAPPELLE-TOI
(VERGISS MEIN NICHT)

PAROLES FAITES SUR LA MUSIQUE DE MOZART

Rapelle-toi, quand l'Aurore craintive
Ouvre au Soleil son palais enchanté ;
Rappelle-toi, lorsque la nuit pensive
Passe en rêvant sous son voile argenté ;
A l'appel du plaisir lorsque ton sein palpite,
Aux doux songes du soir lorsque l'ombre t'invite,
    Écoute au fond des bois
    Murmurer une voix :
    Rappelle-toi.

Rappelle-toi, lorsque les destinées
M'auront de toi pour jamais séparé,
Quand le chagrin, l'exil et les années
Auront flétri ce cœur désespéré ;
Songe à mon triste amour, songe à l'adieu suprême !
L'absence ni le temps ne sont rien quand on aime.
    Tant que mon cœur battra,
    Toujours il te dira :
    Rappelle-toi.

Rappelle-toi, quand sous la froide terre
Mon cœur brisé pour toujours dormira ;
Rappelle-toi quand la fleur solitaire
Sur mon tombeau doucement s'ouvrira.
Tu ne me verras plus ; mais mon âme immortelle
Reviendra près de toi comme une sœur fidèle.
    Écoute, dans la nuit,
    Une voix qui gémit :
    Rappelle-toi.

1842.

RONDEAU

Fut-il jamais douceur de cœur pareille
A voir Manon dans mes bras sommeiller ?
Son front coquet parfume l'oreiller ;

Après une lecture.

Page 470.

Dans son beau sein j'entends son cœur qui veille.
Un songe passe, et s'en vient l'égayer.

Ainsi s'endort une fleur d'églantier,
Dans son calice enfermant une abeille ;
Moi, je la berce ; un plus charmant métier
    Fut-il jamais ?

Mais le jour vient, et l'Aurore vermeille
Effeuille au vent son bouquet printanier.
Le peigne en main et la perle à l'oreille,
A son miroir Manon court m'oublier.
Hélas ! l'amour sans lendemain ni veille
    Fut-il jamais ?

1842.

A MADAME G***

SONNET

C'est mon avis qu'en route on s'expose à la pluie,
Au vent, à la poussière, et qu'on peut, le matin,
S'éveiller chiffonnée avec un mauvais teint,
Et qu'à la longue, en poste, un tête-à-tête ennuie.

C'est mon avis qu'au monde il n'est pire folie
Que d'embarquer l'amour pour un pays lointain.
Quoi qu'en dise Héloïse ou madame Cottin,
Dans un miroir d'auberge on n'est jamais jolie.

C'est mon avis qu'en somme un bas blanc bien tiré,
Sur une robe blanche un beau ruban moiré,
Et des ongles bien nets, sont le bonheur suprême.

Que dites-vous, madame, à ce raisonnement ?
Un point, à ce sujet, m'étonne seulement :
C'est qu'on n'a pas le temps d'y penser quand on aime.

1842.

A MADAME G***

RONDEAU

Dans dix ans d'ici seulement,
Vous serez un peu moins cruelle.
C'est long, à parler franchement.
L'amour viendra probablement
Donner à l'horloge un coup d'aile.

Votre beauté nous ensorcelle,
Prenez-y garde cependant :
On apprend plus d'une nouvelle
    En dix ans.

Quand ce temps viendra, d'un amant
Je serai le parfait modèle,
Trop bête pour être inconstant,
Et trop laid pour être infidèle.
Mais vous serez encor trop belle
    Dans dix ans.

1842.

SUR UNE MORTE

Elle était belle, si la Nuit
Qui dort dans la sombre chapelle
Où Michel-Ange a fait son lit,
Immobile peut être belle.

Elle était bonne, s'il suffit
Qu'en passant la main s'ouvre et donne,
Sans que Dieu n'ait rien vu, rien dit :
Si l'or sans pitié fait l'aumône.

Elle pensait, si le vain bruit
D'une voix douce et cadencée,

Comme le ruisseau qui gémit,
Peut faire croire à la pensée.

Elle priait, si deux beaux yeux,
Tantôt s'attachant à la terre,
Tantôt se levant vers les cieux,
Peuvent s'appeler la prière.

Elle aurait souri, si la fleur
Qui ne s'est point épanouie
Pouvait s'ouvrir à la fraîcheur
Du vent qui passe et qui l'oublie.

Elle aurait pleuré, si sa main,
Sur son cœur froidement posée,
Eût jamais dans l'argile humain
Senti la céleste rosée.

Elle aurait aimé, si l'orgueil,
Pareil à la lampe inutile
Qu'on allume près d'un cercueil,
N'eût veillé sur son cœur stérile.

Elle est morte et n'a point vécu.
Elle faisait semblant de vivre.
De ses mains est tombé le livre
Dans lequel elle n'a rien lu.

Octobre 1842.

APRÈS UNE LECTURE

I

Ton livre est ferme et franc, brave homme, il fait aimer.
Au milieu des bavards qui se font imprimer,
Des grands noms inconnus dont la France est lassée,
Et de ce bruit honteux qui salit la pensée,
Il est doux de rêver avant de le fermer,
Ton livre, et de sentir tout son cœur s'animer.

II

L'avez-vous jamais lu, marquise? et toi, Lisette?
Car ce n'est que pour vous, grande dame ou grisette,
Sexe adorable, absurde, exécrable et charmant,
Que ce pauvre badaud qu'on appelle un poète
Par tous les temps qu'il fait s'en va le nez au vent,
Toujours fier et trompé, toujours humble et rêvant.

III

Que nous font, je vous prie, et que pourraient nous faire,
A nous autres rimeurs, de qui la grande affaire
Est de nous consoler en arrangeant des mots,
Que nous font les sifflets, les cris ou les bravos?
Nous chantons à tue-tête; il faut bien que la terre
Nous réponde, après tout, par quelques vains échos.

IV

Mais quel bien fait le bruit et qu'importe la gloire?
Est-on plus ou moins mort quand on est embaumé?
Qu'importe un écolier, sachant trois mots d'histoire,
Qui tire son bonnet devant une écritoire,
Ou salue en passant un marbre inanimé?
Être admiré n'est rien ; l'affaire est d'être aimé.

V

Vive le vieux roman, vive la page heureuse
Que tourne sur la mousse une belle amoureuse!
Vive d'un doigt coquet le livre déchiré,
Qu'arrose dans le bain le robinet doré!
Et, que tous les pédants frappent leur tête creuse,
Vive le mélodrame où Margot a pleuré!

VI

Oh! oh! dira quelqu'un, la chose est un peu rude.
N'est-ce rien de rimer avec exactitude?
Et pourquoi mettrait-on son fils en pension,
Si, pour unique juge, après quinze ans d'étude,
On n'a qu'une cornette au bout d'un cotillon?
J'en suis bien désolé, c'est mon opinion.

VII

Les femmes, j'en conviens, sont assez ignorantes.
On ne dit pas tout haut ce qui les rend contentes;
Et comme, en général, un peu de fausseté
Est leur plus grand plaisir après la vanité,
On en peut, par hasard, trouver qui sont méchantes.
Mais qu'y voulez-vous faire? elles ont la beauté.

VIII

Or, la beauté, c'est tout. Platon l'a dit lui-même :
La beauté, sur la terre, est la chose suprême.
C'est pour nous la montrer qu'est faite la clarté.
Rien n'est beau que le vrai, dit un vers respecté;
Et moi, je lui réponds, sans crainte d'un blasphème :
Rien n'est vrai que le beau, rien n'est vrai sans beauté.

IX

Quand le soleil entra dans sa route infinie,
A son premier regard, de ce monde imparfait
Sortit le peu de bien que le ciel avait fait;
De la beauté l'amour, de l'amour l'harmonie;
Dans ce rayon divin s'élança le génie;
Voilà pourquoi je dis que Margot s'y connaît.

X

Et j'en dirais bien plus, si je me laissais faire.
Ma poétique, un jour, si je puis la donner,
Sera bien autrement savante et salutaire.
C'est trop peu que d'aimer, c'est trop peu que de plaire :
Le jour où l'Hélicon m'entendra sermonner,
Mon premier point sera qu'il faut déraisonner.

XI

Celui qui ne sait pas, quand la brise étouffée
Soupire au fond des bois son tendre et long chagrin,
Sortir seul au hasard, chantant quelque refrain,
Plus fou qu'Ophélia de romarin coiffée,
Plus étourdi qu'un page amoureux d'une fée,
Sur son chapeau cassé jouant du tambourin;

XII

Celui qui ne voit pas, dans l'aurore empourprée,
Flotter, les bras ouverts, une ombre idolâtrée ;
Celui qui ne sent pas, quand tout est endormi,
Quelque chose qui l'aime errer autour de lui ;
Celui qui n'entend pas une voix éplorée
Murmurer dans la source et l'appeler ami ;

XIII

Celui qui n'a pas l'âme à tout jamais aimante,
Qui n'a pas pour tout bien, pour unique bonheur,
De venir lentement poser son front rêveur
Sur un front jeune et frais, à la tresse odorante,
Et de sentir ainsi d'une tête charmante
La vie et la beauté descendre dans son cœur ;

XIV

Celui qui ne sait pas, durant les nuits brûlantes
Qui font pâlir d'amour l'étoile de Vénus,
Se lever en sursaut, sans raison, les pieds nus,
Marcher, prier, pleurer des larmes ruisselantes,
Et devant l'infini joindre des mains tremblantes,
Le cœur plein de pitié pour des maux inconnus ;

XV

Que celui-là rature et barbouille à son aise ;
Il peut, tant qu'il voudra, rimer à tour de bras,
Ravauder l'oripeau qu'on appelle antithèse,
Et s'en aller ainsi jusqu'au Père-Lachaise,
Traînant à ses talons tous les sots d'ici-bas ;
Grand homme, si l'on veut ; mais poète, non pas.

XVI

Certes, c'est une vieille et vilaine famille
Que celle des frelons et des imitateurs ;
Allumeurs de quinquets, qui voudraient être acteurs.
Aristophane en rit, Horace les étrille ;
Mais ce n'est rien auprès des versificateurs.
Le dernier des humains est celui qui cheville.

XVII

Est-il, je le demande, un plus triste souci
Que celui d'un niais qui veut dire une chose,
Et qui ne la dit pas, faute d'écrire en prose ?
J'ai fait de mauvais vers, c'est vrai ; mais, Dieu merci !
Lorsque je les ai faits, je les voulais ainsi,
Et de Wailly ni Boiste, au moins, n'en sont la cause.

XVIII

Non, je ne connais pas de métier plus honteux,
Plus sot, plus dégradant pour la pensée humaine,
Que de se mettre ainsi la cervelle à la gêne,
Pour écrire trois mots quand il n'en faut que deux,
Traiter son propre cœur comme un chien qu'on enchaîne
Et fausser jusqu'aux pleurs que l'on a dans les yeux.

XIX

O toi qu'appelle encor ta patrie abaissée,
Dans ta tombe précoce à peine refroidi,
Sombre amant de la Mort, pauvre Leopardi [1],
Si, pour faire une phrase un peu mieux cadencée,
Il t'eût fallu jamais toucher à ta pensée,
Qu'aurait-il répondu, ton cœur simple et hardi ?

XX

Telle fut la vigueur de ton sobre génie,
Tel fut ton chaste amour pour l'âpre vérité,
Qu'au milieu des langueurs du parler d'Ausonie
Tu dédaignas la rime et sa molle harmonie,
Pour ne laisser vibrer sur ton luth irrité
Que l'accent du malheur et de la liberté.

XXI

Et pourtant il s'y mêle une douceur divine ;
Hélas ! c'est ton amour, c'est la voix de Nérine,
Nérine aux yeux brillants, qui te faisaient pâlir,
Celle que tu nommais ton « éternel soupir ».

---

1. L'un des poètes les plus remarquables de l'Italie moderne, mort en 1837.

SONNETS. Page 474.

Hélas ! sa maison peinte au pied de la colline
Resta déserte un jour, et tu la vis mourir ;

XXII

Et tu mourus aussi. Seul, l'âme désolée,
Mais toujours calme et bon, sans te plaindre du sort,
Tu marchais en chantant dans ta route isolée.
L'heure dernière vint, tant de fois appelée.
Tu la vis arriver, sans crainte et sans remord,
Et tu goûtas enfin le *charme de la mort*.

Novembre 1842.

A MADAME M***

SONNET

Non, quand bien même une amère souffrance
Dans ce cœur mort pourrait se ranimer ;
Non, quand bien même une fleur d'espérance
Sur mon chemin pourrait encor germer ;

Quand la pudeur, la grâce et l'innocence
Viendraient en toi me plaindre et me charmer ;
Non, chère enfant, si belle d'ignorance,
Je ne saurais, je n'oserais t'aimer.

Un jour pourtant il faudra qu'il te vienne,
L'instant suprême où l'univers n'est rien.
De mon respect alors qu'il te souvienne !

Tu trouveras, dans la joie ou la peine,
Ma triste main pour soutenir la tienne,
Mon triste cœur pour écouter le tien.

1843.

A. M. VICTOR HUGO

SONNET

Il faut, dans ce bas monde, aimer beaucoup de choses,
Pour savoir, après tout, ce qu'on aime le mieux :
Les bonbons, l'Océan, le jeu, l'azur des cieux,
Les femmes, les chevaux, les lauriers et les roses.

Il faut fouler aux pieds des fleurs à peine écloses ;
Il faut beaucoup pleurer, dire beaucoup d'adieux.
Puis le cœur s'aperçoit qu'il est devenu vieux,
Et l'effet qui s'en va nous découvre les causes.

De ces biens passagers que l'on goûte à demi,
Le meilleur qui nous reste est un ancien ami.
On se brouille, on se fuit. — Qu'un hasard nous rassemble,

On s'approche, on sourit, la main touche la main,
Et nous nous souvenons que nous marchions ensemble,
Que l'âme est immortelle, et qu'hier c'est demain.

26 avril 1843.

SONNET
A MADAME N. MÉNESSIER

« Je vous ai vue enfant, maintenant que j'y pense,
Fraîche comme une rose et le cœur dans les yeux.
— Je vous ai vu bambin, boudeur et paresseux ;
Vous aimiez lord Byron, les grands vers et la danse. »

Ainsi nous revenaient les jours de notre enfance,
Et nous parlions déjà le langage des vieux ;
Ce jeune souvenir riait entre nous deux,
Léger comme un écho, gai comme l'espérance.

Le lâche craint le temps parce qu'il fait mourir ;
Il croit son mur gâté lorsqu'une fleur y pousse.
O voyageur ami, père du souvenir !

C'est ta main consolante, et si sage et si douce,
Qui consacre à jamais un pas fait sur la mousse,
Le hochet d'un enfant, un regard, un soupir.

Mai 1843.

A LA MÊME

SONNET

Quand, par un jour de pluie, un oiseau de passage
Jette au hasard un cri dans un chemin perdu,
Au fond des bois fleuris, dans son nid de feuillage,
Le rossignol pensif a parfois répondu.

Ainsi fut mon appel de votre âme entendu,
Et vous me répondez dans notre cher langage.
Ce charme triste et doux tant aimé d'un autre âge,
Ce pur toucher du cœur, vous me l'avez rendu.

Était-ce donc bien vous ? Si bonne et si jolie,
Vous parlez de regrets et de mélancolie.
— Et moi peut-être aussi j'avais un cœur blessé.

Aimer n'importe quoi, c'est un peu de folie.
Qui nous rapportera le bouquet d'Ophélie.
De la rive inconnue où les flots l'ont laissé ?

Mai 1843.

A LA MÊME

SONNET

Vous les regrettiez presque en me les envoyant,
Ces vers, beaux comme un rêve et purs comme l'aurore.

« Ce malheureux garçon, disiez-vous en riant,
Va se croire obligé de me répondre encore. »

Bonjour, ami sonnet, si doux, si bienveillant,
Poésie, amitié que le vulgaire ignore,
Gentil bouquet de fleurs, de larmes tout brillant,
Que dans un noble cœur un soupir fait éclore.

Oui, nous avons ensemble, à peu près, commencé
A songer ce grand songe où le monde est bercé.
J'ai perdu des procès très chers, et j'en appelle.

Mais en vous écoutant tout regret a cessé.
Meure mon triste cœur, quand ma pauvre cervelle
Ne saura plus sentir le charme du passé.

Mai 1843.

A M. ALFRED TATTET

SONNET

Ainsi, mon cher ami, vous allez donc partir !
Adieu ; laissez les sots blâmer votre folie.
Quel que soit le chemin, quel que soit l'avenir,
Le seul guide en ce monde est la main d'une amie.

Vous me laissez pourtant bien seul, moi qui m'ennuie.
Mais qu'importe ? L'espoir de vous voir revenir
Me donnera, malgré les dégoûts de la vie,
Ce courage d'enfant qui consiste à vieillir.

Quelquefois seulement, près de votre maîtresse,
Souvenez-vous d'un cœur qui prouva sa noblesse
Mieux que l'épervier d'or dont mon casque est armé,

Qui vous a tout de suite et librement aimé,
Dans la force et la fleur de la belle jeunesse,
Et qui dort maintenant à tout jamais fermé.

17 mai 1843.

LE TREIZE JUILLET

STANCES

I

La joie est ici-bas toujours jeune et nouvelle,
Mais le chagrin n'est vrai qu'autant qu'il a vieilli.
A peine si le prince, hier enseveli,
Commence à s'endormir dans la nuit éternelle;
L'ange qui l'emporta n'a pas fermé son aile;
Peut-être est-ce bien vite oser parler de lui.

II

Ce fut un triste jour, quand, sur une civière,
Cette mort sans raison vint nous épouvanter.
Ce fut un triste aspect, quand la nef séculaire
Se para de son deuil comme pour le fêter.
Ce fut un triste bruit, quand, au glas funéraire,
Les faiseurs de romans se mirent à chanter.

III

Nous nous tûmes alors, nous ses amis d'enfance,
Tandis qu'il cheminait vers le sombre caveau,
Nous suivions le cercueil en pensant au berceau;
Nos pleurs que nous cachions n'avaient pas d'éloquence,
Et son ombre peut-être entendit le silence
Qui se fit dans nos cœurs autour de son tombeau.

IV

Maintenant qu'elle vient, plus vieille d'une année,
Réveiller nos regrets et nous frapper au cœur,
Il faut la saluer, la sinistre journée
Où ce jeune homme est mort dans sa force et sa fleur,
Préservé du néant par l'excès du malheur,
Par sa jeunesse même et par sa destinée.

V

A qui donc, juste Dieu! peut-on dire : A demain!
L'Espérance et la Mort se sont donné la main,

Et traversent ainsi la terre désolée.
L'une marche à pas lents, toujours calme et voilée;
Sur ses genoux tremblants l'autre tombe en chemin,
Et se traîne en pleurant, meurtrie et mutilée.

VI

O Mort! tes pas sont lents, mais ils sont bien comptés.
Qui donc t'a jamais crue aveugle, inexorable?
Qui donc a jamais dit que ton spectre implacable
Errait, ivre de sang, frappant de tous côtés,
Balayant au hasard, comme des grains de sable,
Les temples, les déserts, les champs et les cités?

VII

Non, non, tu sais choisir. Par instant, sur la terre,
Tu peux sembler commettre, il est vrai, quelque erreur;
Ta main n'est pas toujours bien sûre, et ta colère
Ménage obscurément ceux qui savent te plaire,
Épargne l'insensé, respecte l'imposteur,
Laisse blanchir le vice et languir le malheur.

VIII

Mais, quand la noble enfant d'une race royale,
Fuyant des lourds palais l'antique oisiveté,
S'en va dans l'atelier chercher la vérité,
Et là, créant en rêve une forme idéale,
Entr'ouvre un marbre pur de sa main virginale,
Pour en faire sortir la vie et la beauté;

IX

Quand cet esprit charmant, quand ce naïf génie
Qui courait à sa mère au doux nom de Marie,
Sur son œuvre chéri penche son front rêveur,
Et, pour nous peindre Jeanne interrogeant son cœur,
A la fille des champs qui sauva la patrie
Prête sa piété, sa grâce et sa pudeur.

X

Alors ces nobles mains, qui, du travail lassées,
Ne prenaient de repos que le temps de prier,

Ces mains riches d'aumône et pleines de pensées,
Ces mains où tant de pleurs sont venus s'essuyer,
Frissonnent tout à coup et retombent glacées.
Le cercueil est à Pise ; on va nous l'envoyer.

XI

Et lui, mort l'an passé, qu'avait-il fait, son frère ?
A quoi bon le tuer ? Pourquoi, sur ce brancard,
Ce jeune homme expirant suivi par un vieillard ?
Quel cœur fut assez froid, sur notre froide terre,
Ou pour ne pas frémir, ou pour ne pas se taire,
Devant ce meurtre affreux, commis par le hasard ?

XII

Qu'avait-il fait que naître et suivre sa fortune,
Sur les bancs avec nous venir étudier,
Avec nous réfléchir, avec nous travailler,
Prendre au soleil son rang sur la place commune,
De grandeur, hors du cœur, n'en connaissant aucune,
Et puisqu'il était prince, apprendre son métier ?

XIII

Qu'avait-il fait qu'aimer, chercher, voir par lui-même,
Ce que Dieu fit de bon dans sa bonté suprême,
Ce qui pâlit déjà dans ce monde ennuyé ?
Patrie, honneur, vieux mots dont il rit et qu'on aime,
Il vous savait, donnait au pauvre aide et pitié,
Au plus sincère estime, au plus brave amitié.

XIV

Qu'avait-il fait enfin, que ce qu'il pouvait faire ?
Quand le canon grondait, marcher sous la bannière ;
Quand la France dormait, s'exercer dans les camps.
Il s'en fût souvenu peut-être avec le temps ;
Car parfois sa pensée était sur la frontière,
Pendant qu'il écoutait les tambours battre aux champs.

XV

Que lui reprocherait même la calomnie ?
Jamais coup plus cruel fut-il moins mérité ?

Le Treize Juillet.   Page 482.

A défaut de regret, qui ne l'a respecté ?
Faites parler la foule, et la haine et l'envie :
Ni tache sur son front, ni faute dans sa vie.
Nul n'a laissé plus pur le nom qu'il a porté.

XVI

Qu'importe tel parti qui triomphe ou succombe ?
Quel ennemi du père ose haïr le fils ?
Qui pourrait insulter une pareille tombe ?
On dit que, dans un bal du temps de Charles Dix,
Sur les marches du trône, il s'arrêta jadis.
Qu'il y dorme en repos du moins, puisqu'il y tombe.

XVII

Hélas ! mourir ainsi, pauvre prince, à trente ans !
Sans un mot de sa femme, un regard de sa mère,
Sans avoir rien pressé dans ses bras palpitants !
Pas même une agonie, une douleur dernière !
Dieu seul lut dans son cœur l'ineffable prière
Que les anges muets apprennent aux mourants.

XVIII

Que ce Dieu, qui m'entend, me garde d'un blasphème !
Mais je ne comprends rien à ce lâche destin
Qui va sur un pavé briser un diadème,
Parce qu'un postillon n'a pas sa bride en main.
O vous, qui passerez sur ce fatal chemin,
Regardez à vos pas, songez à qui vous aime !

XIX

Il aimait nos plaisirs, nos maux l'ont attristé.
Dans ce livre éternel où le temps est compté,
Sa main avec la nôtre avait tourné la page
Il vivait avec nous, il était de notre âge.
Sa pensée était jeune, avec l'ancien courage ;
Si l'on peut être roi de France, il l'eût été.

XX

Je le pense et le dis à qui voudra m'en croire,
Non pas en courtisan qui flatte la douleur,

Mais je crois qu'une place est vide dans l'histoire.
Tout un siècle était là, tout un siècle de gloire,
Dans ce hardi jeune homme appuyé sur sa sœur
Dans cette aimable tête, et dans ce brave cœur.

XXI

Certes, c'eût été beau, le jour où son épée,
Dans le sang étranger lavée et retrempée,
Eût au pays natal ramené la fierté ;
Pendant que de son art l'enfant préoccupée,
Sur le seuil entr'ouvert laissant la Charité,
Eût fait, avec la Muse, entrer la liberté.

XXII

A moi, Nemours ! à moi, d'Aumale ! à moi, Joinville !
Certes, c'eût été beau, ce cri, dans notre ville,
Par le peuple entendu, par les murs répété ;
Pendant qu'à l'Oratoire, attentive et tranquille,
Pâle, et les yeux brillants d'une douce clarté,
La sœur eût invoqué l'éternelle Bonté.

XXIII

Certes, c'eût été beau, la jeunesse et la vie,
Ce qui fut tant aimé, si longtemps attendu,
Se réveillant ainsi dans la mère patrie.
J'en parle par hasard pour l'avoir entrevu ;
Quelqu'un peut en pleurer pour l'avoir mieux connu ;
C'est sa veuve, c'était sa femme et son amie.

XXIV

Pauvre prince ! quel rêve à ses derniers instants !
Une heure (qu'est-ce donc qu'une heure pour le Temps?)
Une heure a détourné tout un siècle. O misère !
Il partait, il allait au camp, presque à la guerre.
Une heure lui restait ; il était fils et père :
Il voulut embrasser sa mère et ses enfants.

XXV

C'était là que la mort attendait sa victime :
Il en fut épargné dans les déserts brûlants

Où l'Arabe fuyant, qui recule à pas lents,
Autour de nos soldats, que la fièvre décime,
Rampe, le sabre au poing, sous les buissons sanglants.
Mais il voulut revoir Neuilly; ce fut son crime.

XXVI

Neuilly ! charmant séjour, triste et doux souvenir !
Illusions d'enfants, à jamais envolées !
Lorsqu'au seuil du palais, dans les vertes allées,
La reine, en souriant, nous regardait courir,
Qui nous eût dit qu'un jour il faudrait revenir
Pour y trouver la mort et des têtes voilées !

XXVII

Quels projets nous faisions à cet âge ingénu
Où toute chose parle, où le cœur est à nu !
Quand, avec tant de force, eut-on tant d'espérance ?
Innocente bravoure, audace de l'enfance !
Nous croyions l'heure prête et le moment venu ;
Nous étions fiers et fous, mais nous avions la France.

XXVIII

Songe étrange ! il est mort, et tout s'est endormi.
Comme une espérance et si juste et si belle
Peut-elle devenir inutile et cruelle ?
Il est mort l'an dernier, et son deuil est fini ;
La sanglante masure est changée en chapelle :
Qui nous dira le reste et quel âge a l'oubli ?

XXIX

Il n'est pas tombé seul en allant à Neuilly.
Sur neuf que nous étions, marchant en compagnie,
Combien sont morts ! — Albert, son jeune et brave ami,
Et Mortemart, et toi, pauvre Laborderie,
Qui te hâtais d'aimer pour jouir de la vie,
Le meilleur de nous tous et le premier parti !

XXX

Si le regret vivait, vos noms seraient célèbres,
Amis ! — Que cette sombre et triste déité

Qui prête à notre temps sa tremblante clarté
Vous éclaire en passant de ses torches funèbres !
Et nous, enfants perdus d'un siècle de ténèbres,
Tenons-nous bien la main dans cette obscurité;

XXXI

Car la France, hier encor la maîtresse du monde,
A reçu, quoi qu'on dise, une atteinte profonde,
Et, comme Juliette, au fond des noirs arceaux,
A demi réveillée, à demi moribonde,
Trébuchant dans les plis de sa pourpre en lambeaux,
Elle marche au hasard, errant sur des tombeaux.

Juillet 1843.

STANCES
DE M. CHARLES NODIER

A M. ALFRED DE MUSSET

J'ai lu ta vive Odyssée
 Cadencée ;
J'ai lu tes sonnets aussi,
 Dieu merci !

Pour toi seule l'aimable Muse,
 Qui t'amuse,
Réserve encor des chansons
 Aux doux sons.

Par le faux goût exilée
 Et voilée,
Elle va dans ton réduit
 Chaque nuit.

Là, penchée à ton oreille
 Qui s'éveille,
Elle te berce aux concerts
 Des beaux vers.

Elle sait les harmonies
 Des Génies,
Et les contes favoris
 Des Péris,

Les jeux, les danses légères
 Des bergères,
Et les récits gracieux
 Des aïeux ;

Puis, elle se trouve heureuse,
 L'amoureuse,
De prolonger son séjour
 Jusqu'au jour.

Quand du haut d'un char d'opale,
 L'aube pâle
Chasse les chœurs clandestins
 Des lutins,

Si l'aurore malapprise
　　L'a surprise,
Peureuse, elle part sans bruit
　　Et s'enfuit,

En exhalant dans l'espace
　　Qui s'efface
Le soupir mélodieux
　　Des adieux.

Fuis, fuis le pays morose
　　De la prose,
Ses journaux et ses romans
　　Assommants.

Fuis l'altière période
　　A la mode,

Et l'ennui des sots discours,
　　Longs ou courts.

Fuis les grammes et les mètres
　　De nos maîtres,
Jurés experts en argot
　　Visigoth.

Fuis la loi des pédagogues
　　Froids et rogues,
Qui soumettraient tes appas
　　Au compas.

Mais reviens à la versprée,
　　Peu parée,
Bercer encor ton ami
　　Endormi.

　　　　Juin 1843.

RÉPONSE

A M. CHARLES NODIER

Connais-tu deux pestes femelles
　　Et jumelles
Qu'un beau jour tira de l'enfer
　　Lucifer?

L'une au teint blême, au cœur de lièvre,
　　C'est la Fièvre;
L'autre est l'Insomnie aux grands yeux
　　Ennuyeux.

Non pas cette fièvre amoureuse,
　　Trop heureuse,
Qui sait chiffonner l'oreiller
　　Sans bâiller;

Non pas cette belle insomnie
　　Du génie,

Où Trilby vient, prêt à chanter,
    T'écouter.

C'est la fièvre qui s'emmaillotte
    Et grelotte
Sous un drap sale et trois coussins
    Très malsains.

L'autre, comme une huître qui bâille
    Dans l'écaille,
Rêve ou rumine, ou fait des vers
    De travers.

Voilà, depuis une semaine
    Toute pleine,
L'aimable et gai duo que j'ai
    Hébergé.

Que ce soit donc, si l'on m'accuse,
    Mon excuse,
Pour n'avoir rien ni répondu
    Ni pondu.

Ne me fais pas, je t'en conjure,
    Cette injure
De supposer que j'ai faibli
    Par oubli.

L'oubli, l'ennui, font, ce me semble,
    Route ensemble,
Traînant, deux à deux, leurs pas lents,
    Nonchalants.

Tout se ressent du mal qu'ils causent,
    Mais ils n'osent
Approcher de toi seulement
    Un moment.

Que ta voix si jeune et si vieille,
    Qui m'éveille,
Vient me délivrer à propos
    Du repos !

Ta muse, ami, toute française,
  Tout à l'aise,
Me rend la sœur de la santé,
  La gaîté.

Elle rappelle à ma pensée
  Délaissée
Les beaux jours et les courts instants
  Du bon temps.

Lorsque, rassemblés sous ton aile
  Paternelle,
Échappés de nos pensions,
  Nous dansions.

Gais comme l'oiseau sur la branche,
  Le dimanche,
Nous rendions parfois matinal
  L'Arsenal.

La tête coquette et fleurie
  De Marie
Brillait comme un bluet mêlé
  Dans le blé.

Tachés déjà par l'écritoire,
  Sur l'ivoire
Ses doigts légers allaient sautant
  Et chantant.

Quelqu'un récitait quelque chose,
  Vers ou prose,
Puis nous courions recommencer
  A danser.

Chacun de nous, futur grand homme,
  Ou tout comme,
Apprenait plus vite à l'aimer
  Qu'à rimer.

Alors, dans la grande boutique
  Romantique,
Chacun avait, maître ou garçon,
  Sa chanson :

Le Mie Prigioni. Page 491.

Nous allions, brisant les pupitres
Et les vitres,
Et nous avions plume et grattoir
Au comptoir.

Hugo portait déjà dans l'âme
Notre-Dame,
Et commençait à s'occuper
D'y grimper.

De Vigny chantait sur sa lyre
Ce beau sire
Qui mourut sans mettre à l'envers
Ses bas verts.

Antony battait avec Dante
Un andante;
Émile ébauchait vite et tôt
Un presto.

Sainte-Beuve faisait dans l'ombre,
Douce et sombre,
Pour un œil noir, un blanc bonnet,
Un sonnet.

Et moi, de cet honneur insigne
Trop indigne,
Enfant par hasard adopté
Et gâté,

Je brochais des ballades, l'une
A la lune,
L'autre à deux yeux noirs et jaloux,
Andaloux.

Cher temps, plein de mélancolie,
De folie,
Dont il faut rendre à l'amitié
La moitié!

Pourquoi, sur ces flots où s'élance
L'Espérance,
Ne voit-on que le souvenir
Revenir?

Ami, toi qu'a piqué l'abeille,
Ton cœur veille,
Et tu n'en saurais ni guérir
Ni mourir;

Mais comment fais-tu donc, vieux maître,
Pour renaître ?
Car tes vers, en dépit du temps,
Ont vingt ans.

Si jamais ta tête qui penche
Devient blanche,
Ce sera comme l'amandier,
Cher Nodier :

Ce qui le blanchit n'est pas l'âge,
Ni l'orage;
C'est la fraîche rosée en pleurs
Dans les fleurs.

Août 1843.

LE MIE PRIGIONI

On dit : « Triste comme la porte
D'une prison. » —
Et je crois, le diable m'emporte !
Qu'on a raison.

D'abord, pour ce qui me regarde,
Mon sentiment
Est qu'il vaut mieux monter sa garde,
Décidément.

Je suis, depuis une semaine,
Dans un cachot,
Et je m'aperçois avec peine
Qu'il fait très chaud.

Je vais bouder à la fenêtre,
Tout en fumant;

Le soleil commence à paraître
　　Tout doucement.

C'est une belle perspective,
　　De grand matin,
Que des gens qui font la lessive
　　Dans le lointain.

Pour se distraire, si l'on bâille,
　　On aperçoit
D'abord une longue muraille,
　　Puis un long toit.

Ceux à qui ce séjour tranquille
　　Est inconnu
Ignorent l'effet d'une tuile
　　Sur un mur nu.

Je n'aurais jamais cru moi-même,
　　Sans l'avoir vu,
Ce que ce spectacle suprême
　　A d'imprévu.

Pourtant les rayons de l'automne
　　Jettent encor
Sur ce toit plat et monotone
　　Un réseau d'or ;

Et ces cachots n'ont rien de triste,
　　Il s'en faut bien :
Peintre ou poète, chaque artiste
　　Y met du sien.

De dessins, de caricatures
　　Ils sont couverts.
Çà et là quelques écritures
　　Semblent des vers.

Chacun tire une rêverie
　　De son bonnet :
Celui-ci, la Vierge Marie,
　　L'autre, un sonnet.

Là, c'est Madeleine en peinture,
  Pieds nus, qui lit ;
Vénus rit sous la couverture,
  Au pied du lit.

Plus loin, c'est la Foi, l'Espérance,
  La Charité,
Grands croquis faits à toute outrance,
  Non sans beauté.

Une Andalouse assez gaillarde,
  Au cou mignon,
Est dans un coin qui vous regarde
  D'un air grognon.

Celui qui fit, je le présume,
  Ce médaillon,
Avait un gentil brin de plume
  A son crayon [1].

Le Christ regarde Louis-Philippe
  D'un air surpris ;
Un bonhomme fume sa pipe
  Sur le lambris.

Ensuite vient un paysage
  Très compliqué,
Où l'on voit qu'un monsieur très sage
  S'est appliqué.

Dirai-je quelles odalisques
  Les peintres font,
A leurs très grands périls et risques,
  Jusqu'au plafond ?

Toutes ces lettres effacées
  Parlent pourtant ;
Elles ont vécu, ces pensées.
  Fût-ce un instant.

Que de gens, captifs pour une heure,
  Tristes ou non,

1. Théophile Gautier.

Ont à cette pauvre demeure
Laissé leur nom !

Sur ce vieux lit où je rimaille
Ces vers perdus,
Sur ce traversin où je bâille
A bras tendus,

Combien d'autres ont mis leur tête,
Combien ont mis
Un pauvre corps, un cœur honnête
Et sans amis !

Qu'est-ce donc ? en rêvant à vide
Contre un barreau,
Je sens quelque chose d'humide
Sur le carreau.

Que veut donc dire cette larme
Qui tombe ainsi,
Et coule de mes yeux, sans charme
Et sans souci ?

Est-ce que j'aime ma maîtresse ?
Non, par ma foi !
Son veuvage ne l'intéresse
Pas plus que moi.

Est-ce que je vais faire un drame ?
Par tous les dieux !
Chanson pour chanson, une femme
Vaut encor mieux.

Sentirais-je quelque ingénue
Velléité
D'aimer cette belle inconnue,
La Liberté ?

On dit, lorsque ce grand fantôme
Est verrouillé,
Qu'il a l'air triste comme un tome
Dépareillé.

Est-ce que j'aurais quelque dette ?
  Mais, Dieu merci !
Je suis en lieu sûr : on n'arrête
  Personne ici.

Cependant cette larme coule,
  Et je la vois
Qui brille en tremblant et qui roule
  Entre mes doigts.

Elle a raison, elle veut dire :
  Pauvre petit,
A ton insu ton cœur respire
  Et t'avertit

Que le peu de sang qui l'anime
  Est ton seul bien,
Que tout le reste est pour la rime
  Et ne dit rien.

Mais nul être n'est solitaire,
  Même en pensant,
Et Dieu n'a pas fait, pour te plaire,
  Ce peu de sang.

Lorsque tu railles ta misère
  D'un air moqueur,
Tes amis, ta sœur et ta mère
  Sont dans ton cœur.

Cette pâle et faible étincelle
  Qui vit en toi,
Elle marche, elle est immortelle,
  Et suit sa loi.

Pour la transmettre, il faut soi-même
  La recevoir,
Et l'on songe à tout ce qu'on aime
  Sans le savoir.

  20 septembre 1843.

A MON FRÈRE

REVENANT D'ITALIE

Ainsi, mon cher, tu t'en reviens
Du pays dont je me souviens
    Comme d'un rêve,
De ces beaux lieux où l'oranger
Naquit pour nous dédommager
    Du péché d'Ève.

Tu l'as vu, ce ciel enchanté
Qui montre avec tant de clarté
    Le grand mystère :
Si pur, qu'un soupir monte à Dieu
Plus librement qu'en aucun lieu
    Qui soit sur terre.

Tu les as vus, les vieux manoirs
De cette ville aux palais noirs
    Qui fut Florence,
Plus ennuyeuse que Milan
Où, du moins, quatre ou cinq fois l'an,
    Cerrito danse.

Tu l'as vue, assise dans l'eau,
Portant gaîment son mezzaro,
    La belle Gênes,
Le visage peint, l'œil brillant,
Qui babille et joue en riant
    Avec ses chênes.

Tu l'as vu, cet antique port,
Où, dans son grand langage mort,
    Le flot murmure,
Où Stendhal, cet esprit charmant,
Remplissait si dévotement
    Sa sinécure.

Tu l'as vu, ce fantôme altier
Qui jadis eut le monde entier

ADIEU, SUZON!   Page 502.

Bibl. Charpentier.

Sous son empire.
César dans sa pourpre est tombé ;
Dans un petit manteau d'abbé
  Sa veuve expire.

Tu t'es bercé sur ce flot pur
Où Naple enchâsse dans l'azur
  Sa mosaïque,
Oreiller des lazzaroni
Où sont nés le macaroni
  Et la musique.

Qu'il soit rusé, simple ou moqueur,
N'est-ce pas qu'il nous laisse au cœur
  Un charme étrange,
Ce peuple ami de la gaîté
Qui donnerait gloire et beauté
  Pour une orange ?

Catane et Palerme t'ont plu.
Je n'en dis rien ; nous t'avons lu ;
  Mais on t'accuse
D'avoir parlé bien tendrement,
Moins en voyageur qu'en amant,
  De Syracuse.

Ils sont beaux, quand il fait beau temps,
Ces yeux presque mahométans
  De la Sicile ;
Leur regard tranquille est ardent,
Et bien dire en y répondant
  N'est pas facile.

Ils sont doux surtout quand, le soir,
Passe dans son domino noir
  La toppatelle.
On peut l'aborder sans danger,
Et dire : « Je suis étranger.
  Vous êtes belle. »

Ischia ! C'est là qu'on a des yeux,
C'est là qu'un corsage amoureux
  Serre la hanche.

Sur un bas rouge bien tiré
Brille, sous le jupon doré,
  La mule blanche.

Pauvre Ischia ! bien des gens n'ont vu
Tes jeunes filles que pied nu
  Dans la poussière.
On les endimanche à prix d'or ;
Mais ton pur soleil brille encor
  Sur leur misère.

Quoi qu'il en soit, il est certain
Que l'on ne parle pas latin
  Dans les Abruzzes.
Et que jamais un postillon
N'y sera l'enfant d'Apollon
  Ni des neuf Muses.

Il est bizarre, assurément,
Que Minturnes soit justement
  Près de Capoue.
Là tombèrent deux demi-dieux,
Tout barbouillés, l'un de vin vieux,
  L'autre de boue.

Les brigands t'ont-ils arrêté
Sur le chemin tant redouté
  De Terracine ?
Les as-tu vus dans les roseaux
Où le buffle aux larges naseaux
  Dort et rumine ?

Hélas, hélas ! tu n'as rien vu.
O (comme on dit) temps dépourvu
  De poésie !
Ces grands chemins, sûrs nuit et jour,
Sont ennuyeux comme un amour
  Sans jalousie.

Si tu t'es un peu détourné,
Tu t'es à coup sûr promené
  Près de Ravenne,

Dans ce triste et charmant séjour
Où Byron noya dans l'amour
    Toute sa haine.

C'est un pauvre petit cocher
Qui m'a mené sans accrocher
    Jusqu'à Ferrare.
Je désire qu'il t'ait conduit.
Il n'eut pas peur, bien qu'il fît nuit :
    Le cas est rare.

Padoue est un fort bel endroit,
Où de très grands docteurs en droit
    Ont fait merveille;
Mais j'aime mieux la polenta
Qu'on mange aux bords de la Brenta
    Sous une treille.

Sans doute tu l'as vue aussi,
Vivante encore. Dieu merci!
    Malgré nos armes,
La pauvre vieille du Lido,
Nageant dans une goutte d'eau
    Pleine de larmes.

Toits superbes! froids monuments!
Linceul d'or sur des ossements!
    Ci-gît Venise.
Là mon pauvre cœur est resté.
S'il doit m'en être rapporté,
    Dieu le conduise!

Mon pauvre cœur, l'as-tu trouvé
Sur le chemin, sous un pavé,
    Au fond d'un verre?
Ou dans ce grand palais Nani,
Dont tant de soleils ont jauni
    La noble pierre?

L'as-tu vu sur les fleurs des prés,
Ou sur les raisins empourprés
    D'une tonnelle?

Ou dans quelque frêle bateau,
Glissant à l'ombre et fendant l'eau
    A tire-d'aile ?

L'as-tu trouvé tout en lambeaux
Sur la rive où sont les tombeaux ?
    Il y doit être.
Je ne sais qui l'y cherchera,
Mais je crois bien qu'on ne pourra
    L'y reconnaître.

Il était gai, jeune et hardi ;
Il se jetait en étourdi
    A l'aventure.
Librement il respirait l'air,
Et parfois il se montrait fier
    D'une blessure.

Il fut crédule, étant loyal,
Se défendant de croire au mal
    Comme d'un crime.
Puis tout à coup il s'est fondu
Ainsi qu'un glacier suspendu
    Sur un abîme...

Mais de quoi vais-je ici parler ?
Que ferais-je à me désoler,
    Quand toi, cher frère,
Ces lieux où j'ai failli mourir,
Tu t'en viens de les parcourir
    Pour te distraire ?

Tu rentres tranquille et content ;
Tu tailles ta plume en chantant
    Une romance.
Tu rapportes dans notre nid
Cet espoir qui toujours finit
    Et recommence.

Le retour fait aimer l'adieu
Nous nous asseyons près du feu,
    Et tu nous contes

Tout ce que ton esprit a vu,
Plaisirs, dangers, et l'imprévu,
 Et les mécomptes.

Et tout cela sans te fâcher,
Sans te plaindre, sans y toucher
 Que pour en rire !
Tu sais rendre grâce au bonheur,
Et tu te railles du malheur
 Sans en médire.

Ami, ne t'en va plus si loin.
D'un peu d'aide j'ai grand besoin,
 Quoi qu'il m'advienne,
Je ne sais où va mon chemin,
Mais je marche mieux quand ma main
 Serre la tienne.

Mars 1844.

ADIEU, SUZON !

CHANSON

Adieu, Suzon, ma rose blonde,
Qui m'as aimé pendant huit jours :
Les plus courts plaisirs de ce monde
Souvent font les meilleurs amours.
Sais-je au moment où je te quitte,
Où m'entraîne mon astre errant?
Je m'en vais pourtant, ma petite,
 Bien loin, bien vite,
 Toujours courant.

Je pars, et sur ma lèvre ardente
Brûle encor ton dernier baiser.
Entre mes bras, chère imprudente,
Ton beau front vient de reposer.
Sens-tu mon cœur, comme il palpite?
Le tien, comme il battait gaîment!

Je m'en vais pourtant, ma petite,
      Bien loin, bien vite,
    Toujours t'aimant.

Paf! C'est mon cheval qu'on apprête.
Enfant, que ne puis-je en chemin
Emporter ta mauvaise tête,
Qui m'a tout embaumé la main !
Tu souris, petite hypocrite,
Comme la nymphe, en t'enfuyant.
Je m'en vais pourtant, ma petite,
      Bien loin, bien vite,
    Tout en riant.

Que de tristesse et que de charmes,
Tendre enfant, dans tes doux adieux !
Tout m'enivre, jusqu'à tes larmes,
Lorsque ton cœur est dans tes yeux.
A vivre ton regard m'invite;
Il me consolerait mourant.
Je m'en vais pourtant, ma petite,
      Bien loin, bien vite,
    Tout en pleurant.

Que notre amour, si tu m'oublies,
Suzon, dure encore un moment;
Comme un bouquet de fleurs pâlies,
Cache-le dans ton sein charmant !
Adieu : le bonheur reste au gîte;
Le souvenir part avec moi :
Je l'emporterai, ma petite,
      Bien loin, bien vite,
    Toujours à toi.

1844.

CONSEILS A UNE PARISIENNE

Oui, si j'étais femme, aimable et jolie,
    Je voudrais, Julie,

Faire comme vous ;
Sans peur ni pitié, sans choix ni mystère,
A toute la terre
Faire les yeux doux.

Je voudrais n'avoir de soucis au monde
Que ma taille ronde,
Mes chiffons chéris,
Et de pied en cape être la poupée
La mieux équipée
De Rome à Paris.

Je voudrais garder pour toute science
Cette insouciance
Qui vous va si bien ;
Joindre, comme vous, à l'étourderie
Cette rêverie
Qui ne pense à rien.

Je voudrais pour moi qu'il fût toujours fête
Et tourner la tête
Aux plus orgueilleux ;
Être en même temps de glace et de flamme,
La haine dans l'âme,
L'amour dans les yeux.

Je détesterais, avant toute chose,
Ces vieux teints de rose
Qui font peur à voir.
Je rayonnerais, sous ma tresse brune,
Comme un clair de lune
En capuchon noir.

Car c'est si charmant et c'est si commode,
Ce masque à la mode,
Cet air de langueur !
Ah ! que la pâleur est d'un bel usage !
Jamais le visage
N'est trop loin du cœur.

Je voudrais encore avoir vos caprices,
Vos soupirs novices,
Vos regards savants.

ŒUVRES D'ALFRED DE MUSSET

Mimi Pinson.

Page 507.

Bibl. Charpentier.

LIV. 64.

Je voudrais enfin, tant mon cœur vous aime,
Être en tout vous-même...
Pour deux ou trois ans.

Il est un seul point, je vous le confesse,
Où votre sagesse
Me semble en défaut.
Vous n'osez pas être assez inhumaine.
Votre orgueil vous gêne ;
Pourtant il en faut.

Je ne voudrais pas, à la contredanse,
Sans quelque prudence
Livrer mon bras nu ;
Puis, au cotillon, laisser ma main blanche
Traîner sur la manche
Du premier venu.

Si mon fin corset, si souple et si juste,
D'un bras trop robuste
Se sentait serré,
J'aurais, je l'avoue, une peur mortelle
Qu'un bout de dentelle
N'en fût déchiré.

Chacun, en valsant, vient sur votre épaule
Réciter son rôle
D'amoureux transi ;
Ma beauté, du moins, sinon ma pensée,
Serait offensée
D'être aimée ainsi.

Je ne voudrais pas, si j'étais Julie,
N'être que jolie
Avec ma beauté.
Jusqu'au bout des doigts je serais duchesse
Comme ma richesse,
J'aurais ma fierté.

Voyez-vous, ma chère, au siècle où nous sommes,
La plupart des hommes
Sont très inconstants.

Sur deux amoureux pleins d'un zèle extrême,
   La moitié vous aime
   Pour passer le temps.

Quand on est coquette, il faut être sage.
   L'oiseau de passage
   Qui vole à plein cœur
Ne dort pas en l'air comme une hirondelle,
   Et peut, d'un coup d'aile,
   Briser une fleur.

Décembre 1845.

MIMI PINSON

CHANSON

Mimi Pinson est une blonde,
Une blonde que l'on connaît.
Elle n'a qu'une robe au monde,
   Landerirette !
   Et qu'un bonnet.
Le Grand Turc en a davantage.
Dieu voulut de cette façon
   La rendre sage.
On ne peut pas la mettre en gage,
La robe de Mimi Pinson.

Mimi Pinson porte une rose,
Une rose blanche au côté,
Cette fleur dans son cœur éclose,
   Landerirette !
   C'est la gaîté.
Quand un bon souper la réveille,
Elle fait sortir la chanson
   De la bouteille.
Parfois il penche sur l'oreille,
Le bonnet de Mimi Pinson.

Elle a les yeux et la main prestes.
Les carabins, matin et soir,

Usent les manches de leurs vestes,
  Landerirette !
    A son comptoir.
Quoique sans maltraiter personne,
Mimi leur fait mieux la leçon
    Qu'à la Sorbonne.
Il ne faut pas qu'on la chiffonne,
La robe de Mimi Pinson.

Mimi Pinson peut rester fille,
Si Dieu le veut, c'est dans son droit.
Elle aura toujours son aiguille,
  Landerirette !
    Au bout du doigt.
Pour entreprendre sa conquête,
Ce n'est pas tout qu'un beau garçon :
    Faut être honnête ;
Car il n'est pas loin de sa tête,
Le bonnet de Mimi Pinson,

D'un gros bouquet de fleurs d'orange
Si l'amour veut la couronner,
Elle a quelque chose en échange,
  Landerirette !
    A lui donner.
Ce n'est pas, on se l'imagine,
Un manteau sur un écusson
    Fourré d'hermine ;
C'est l'étui d'une perle fine,
La robe de Mimi Pinson.

Mimi n'a pas l'âme vulgaire,
Mais son cœur est républicain :
Aux trois jours elle a fait la guerre,
  Landerirette !
    En casaquin.
A défaut d'une hallebarde,
On l'a vue avec son poinçon
    Monter la garde.
Heureux qui mettra la cocarde
Au bonnet de Mimi Pinson !

1845.

PAR UN MAUVAIS TEMPS

Elle a mis, depuis que je l'aime
(Bien longtemps, peut-être toujours),
Bien des robes, jamais la même;
Palmyre a dû compter les jours.

Mais, quand vous êtes revenue,
Votre bras léger sur le mien,
Il faisait, dans cette avenue,
Un froid de loup, un temps de chien.

Vous m'aimiez un peu, mon bel ange,
Et tandis que vous bavardiez,
Dans cette pluie et cette fange
Se mouillaient vos chers petits pieds.

Songeait-elle, ta jambe fine,
Quand tu parlais de nos amours,
Qu'elle allait porter sous l'hermine
Le satin, l'or et le velours?

Si jamais mon cœur désavoue
Ce qu'il sentit en ce moment,
Puisse à mon front sauter la boue
Où tu marchais si bravement!

Avril 1847.

A MADAME C^{NE} T.

RONDEAU

Dans son assiette arrondi mollement,
Un pâté chaud, d'un aspect délectable,
D'un peu trop loin m'attirait doucement.
J'allais à lui. Votre instinct charitable
Vous fit lever pour me l'offrir gaîment,

Jupin, qu'Hébé grisait au firmament,
Voyant ainsi Vénus servir à table,
Laissa son verre en choir d'étonnement
    Dans son assiette.

Pouvais-je alors vous faire un compliment?
La grâce échappe, elle est inexprimable;
Les mots sont faits pour ce qu'on trouve aimable;
Les regards seuls pour ce qu'on voit charmant,
Et je n'eus pas l'esprit en ce moment
    Dans son assiette.

Fontainebleau, 1847.

SUR TROIS MARCHES
DE MARBRE ROSE

Depuis qu'Adam, ce cruel homme,
A perdu son premier jardin,
Où sa femme, autour d'une pomme,
Gambadait sans vertugadin,
Je ne crois pas que sur la terre
Il soit un lieu d'arbres planté
Plus célébré, plus visité,
Mieux fait, plus joli, mieux hanté,
Mieux exercé dans l'art de plaire,
Plus examiné, plus vanté,
Plus décrit, plus lu, plus chanté,
Que l'ennuyeux parc de Versailles.
O dieux! ô bergers! ô rocailles!
Vieux Satyres, Termes grognons;
Vieux petits ifs en rang d'oignons,
O bassins, quinconces, charmilles!
Boulingrins, pleins de majesté,
Où les dimanches, tout l'été,
Bâillent tant d'honnêtes familles!
Fantômes d'empereurs romains,
Pâles nymphes inanimées
Qui tendez aux passants les mains,

Par des jets d'eau tout enrhumées !
Tourniquets d'aimables buissons,
Bosquets tondus où les fauvettes
Cherchent en pleurant leurs chansons,
Où les dieux font tant de façons
Pour vivre à sec dans leurs cuvettes !
O marronniers ! n'ayez pas peur ;
Que votre feuillage immobile,
Me sachant versificateur,
N'en demeure pas moins tranquille.
Non, j'en jure par Apollon
Et par tout le sacré vallon,
Par vous, Naïades ébréchées,
Sur trois cailloux si mal couchées,
Par vous, vieux maîtres de ballets,
Faunes dansant sur la verdure,
Par toi-même, auguste palais,
Qu'on n'habite plus qu'en peinture,
Par Neptune, sa fourche au poing,
Non, je ne vous décrirai point.
Je sais trop ce qui vous chagrine ;
De Phœbus je vois les effets :
Ce sont les vers qu'on vous a faits
Qui vous donnent si triste mine.
Tant de sonnets, de madrigaux,
Tant de ballades, de rondeaux,
Où l'on célébrait vos merveilles,
Vous ont assourdi les oreilles,
Et l'on voit bien que vous dormez
Pour avoir été trop rimés.

En ces lieux où l'ennui repose,
Par respect aussi j'ai dormi.
Ce n'était, je crois, qu'à demi :
Je rêvais à quelque autre chose.
Mais vous souvient-il, mon ami,
De ces marches de marbre rose,
En allant à la pièce d'eau
Du côté de l'Orangerie,
A gauche, en sortant du château ?
C'était par là, je le parie,

Que venait le roi sans pareil,
Le soir, au coucher du soleil,
Voir dans la forêt, en silence,
Le jour s'enfuir et se cacher
(Si toutefois en sa présence
Le soleil osait se coucher).
Que ces trois marches sont jolies!
Combien ce marbre est noble et doux!
Maudit soit du ciel, disions-nous,
Le pied qui les aurait salies!
N'est-il pas vrai? Souvenez-vous.
— Avec quel charme est nuancée
Cette dalle à moitié cassée!
Voyez-vous ces veines d'azur,
Légères, fines et polies,
Courant, sous les roses pâlies,
Dans la blancheur d'un marbre pur?
Tel, dans le sein robuste et dur
De la Diane chasseresse,
Devait courir un sang divin;
Telle, et plus froide, est une main
Qui me menait naguère en laisse.
N'allez pas, du reste, oublier
Que ces marches dont j'ai mémoire
Ne sont pas dans cet escalier
Toujours désert et plein de gloire,
Où ce roi, qui n'attendait pas,
Attendit un jour, pas à pas,
Condé, lassé par la victoire.
Elles sont près d'un vase blanc,
Proprement fait et fort galant.
Est-il moderne? est-il antique?
D'autres que moi savent cela;
Mais j'aime assez à le voir là,
Étant sûr qu'il n'est point gothique.
C'est un bon vase, un bon voisin;
Je le crois volontiers cousin
De mes marches couleur de rose;
Il les abrite avec fierté.
O mon Dieu! dans si peu de chose
Que de grâce et que de beauté!

SUR TROIS MARCHES DE MARBRE ROSE.

Page 514.

Dites-nous, marches gracieuses,
Les rois, les princes, les prélats,
Et les marquis à grand fracas,
Et les belles ambitieuses,
Dont vous avez compté les pas ;
Celles-là surtout, j'imagine,
En vous touchant ne pesaient pas,
Lorsque le velours ou l'hermine
Frôlaient vos contours délicats.
Laquelle était la plus légère ?
Est-ce la reine Montespan ?
Est-ce Hortense avec un roman,
Maintenon avec son bréviaire,
Ou Fontange avec son ruban ?
Beau marbre, as-tu vu La Vallière ?
De Parabère ou de Sabran,
Laquelle savait mieux te plaire ?
Entre Sabran et Parabère
Le Régent même, après souper,
Chavirait jusqu'à s'y tromper.
As-tu vu le puissant Voltaire,
Ce grand frondeur des préjugés,
Avocat des gens mal jugés,
Du Christ ce terrible adversaire,
Bedeau du temple de Cythère,
Présentant à la Pompadour
Sa vieille eau bénite de cour ?
As-tu vu, comme à l'ermitage,
La rondelette Du Barry
Courir, en buvant du laitage,
Pied nus, sur le gazon fleuri ?
Marches qui savez notre histoire,
Aux jours pompeux de votre gloire,
Quel heureux monde en ces bosquets !
Que de grands seigneurs, de laquais,
Que de duchesses, de caillettes,
De talons rouges, de paillettes,
Que de soupirs et de caquets,
Que de plumets et de calottes,
De falbalas et de culottes,
Que de poudre sous ses berceaux,

Que de gens, sans compter les sots!
Règne auguste de la perruque,
Le bourgeois qui te méconnaît
Mérite sur sa plate nuque
D'avoir un éternel bonnet.
Et toi, siècle à l'humeur badine,
Siècle tout couvert d'amidon,
Ceux qui méprisent ta farine
Sont en horreur à Cupidon!...
Est-ce ton avis, marbre rose?
Malgré moi, pourtant, je suppose
Que le hasard qui t'a mis là
Ne t'avait pas fait pour cela.
Aux pays où le soleil brille,
Près d'un temple grec ou latin,
Les beaux pieds d'une jeune fille,
Sentant la bruyère et le thym,
En te frappant de leurs sandales,
Auraient mieux réjoui tes dalles
Qu'une pantoufle de satin.
Est-ce d'ailleurs pour cet usage
Que la nature avait formé
Ton bloc jadis vierge et sauvage
Que le génie eût animé?
Lorsque la pioche et la truelle
T'ont scellé dans ce parc boueux,
En t'y plantant malgré les dieux,
Mansard insultait Praxitèle.
Oui, si tes flancs devaient s'ouvrir,
Il fallait en faire sortir
Quelque divinité nouvelle.
Quand sur toi leur scie a grincé,
Les tailleurs de pierre ont blessé
Quelque Vénus dormant encore,
Et la pourpre qui te colore
Te vient du sang qu'elle a versé.

Est-il donc vrai que toute chose
Puisse être ainsi foulée aux pieds,
Le rocher où l'aigle se pose,
Comme la feuille de la rose

Qui tombe et meurt dans nos sentiers ?
Est-ce que la commune mère,
Une fois son œuvre accompli,
Au hasard livre la matière,
Comme la pensée à l'oubli ?
Est-ce que la tourmente amère
Jette la perle au lapidaire
Pour qu'il l'écrase sans façon ?
Est-ce que l'absurde vulgaire
Peut tout déshonorer sur terre
Au gré d'un cuistre ou d'un maçon ?

Février 1849.

A MADEMOISELLE ANAIS

RONDEAU

Que rien ne puisse en liberté
Passer sous le sacré portique,
Sans être quelque peu heurté
Par les bornes de la critique,
C'est un axiome authentique.

Pourquoi tant de sévérité ?
Grétry disait avec gaîté :
« J'aime mieux un peu de musique
   Que rien. »

A ma Louison ce mot s'applique.
Sur le théâtre elle a jeté
Son petit bouquet poétique.
Pourvu que vous l'ayez porté,
Le reste est moins, en vérité,
   Que rien.

1849.

SONNET

Se voir le plus possible et s'aimer seulement,
Sans ruse et sans détours, sans honte ni mensonge,
Sans qu'un désir nous trompe, ou qu'un remords nous ronge,
Vivre à deux et donner son cœur à tout moment;

Respecter sa pensée aussi loin qu'on y plonge,
Faire de son amour un jour au lieu d'un songe,
Et dans cette clarté respirer librement, —
Ainsi respirait Laure et chantait son amant.

Vous dont chaque pas touche à la grâce suprême,
C'est vous, la tête en fleurs, qu'on croirait sans souci,
C'est vous qui me disiez qu'il faut aimer ainsi.

Et c'est moi, vieil enfant du doute et du blasphème,
Qui vous écoute, et pense, et vous réponds ceci :
Oui, l'on vit autrement, mais c'est ainsi qu'on aime.

A M. RÉGNIER
DE LA COMÉDIE FRANÇAISE
APRÈS LA MORT DE SA FILLE

Quel est donc ce chagrin auquel je m'intéresse ?
Nous nous étions connus par l'esprit seulement;
Nous n'avions fait que rire, et causé qu'un moment,
Quand sa vivacité coudoya ma paresse.

Puis j'allais par hasard au théâtre, en fumant,
Lorsque du maître à tous la vieille hardiesse,
De sa verve caustique aiguisant la finesse,
En Pancrace ou Scapin le transformait gaîment.

Pourquoi donc, de quel droit, le connaissant à peine,
Est-ce que je m'arrête et ne puis faire un pas,
Apprenant que sa fille est morte dans ses bras ?

Je ne sais. — Dieu le sait! Dans la pauvre âme humaine,
La meilleure pensée est toujours incertaine,
Mais une larme coule et ne se trompe pas.

  1849.

CHANSON

Quand on perd, par triste occurrence,
  Son espérance
  Et sa gaîté,
Le remède au mélancolique,
  C'est la musique
  Et la beauté !

Plus oblige et peut davantage
  Un beau visage
  Qu'un homme armé,
Et rien n'est meilleur que d'entendre
  Air doux et tendre
  Jadis aimé !

Date inconnue.

A MADAME O...

QUI AVAIT FAIT DES DESSINS POUR LES NOUVELLES DE L'AUTEUR

Dieu défend d'oublier les petits ici-bas ;
La fleur qui, dans l'herbier, doucement se dessèche,
Rend grâces à celui qui la vit sous ses pas,
La cueillit au passage et la mit dans l'eau fraîche.

Ma brunette Margot, que Balzac n'aime pas,
Est là, le cœur battant, prête à mordre à sa pêche.
(Dites-moi son idée et ce qui l'en empêche.)

Puis voici Béatrix qui montre ses beaux bras.

Pauvre et pâle bouquet, ô mes chères pensées !
Dans ce bruyant torrent où vous devez mourir,
Heureuse soit la main qui vous a ramassées !

Puisses-tu désormais modestement t'ouvrir,
Petit livre, et songer qu'il te faut soutenir
Dans ton sein tout ému ces perles enchâssées !

LE RIDEAU DE MA VOISINE

IMITÉ DE GOETHE

Le rideau de ma voisine
Se soulève lentement.
Elle va, je l'imagine,
 Prendre l'air un moment.

On entr'ouvre la fenêtre :
Je sens mon cœur palpiter.
Elle veut savoir peut-être
 Si je suis à guetter.

Mais, hélas ! ce n'est qu'un rêve ;
Ma voisine aime un lourdaud,
Et c'est le vent qui soulève
 Le coin de son rideau.

SOUVENIR DES ALPES

Fatigué, brisé, vaincu par l'ennui,
Marchait le voyageur dans la plaine altérée,
Et du sable brûlant la poussière dorée
 Voltigeait devant lui.

Devant la pauvre hôtellerie,
Sous un vieux pont, dans un site écarté,
Un flot de cristal argenté
Caressait la rive fleurie.

Deux oisillons, dans un pin d'Italie,
En sautillant s'envoyaient tour à tour
Leur chansonnette ailée, où la mélancolie
Jasait avec l'amour.

Pendant qu'une mule rétive
Piétinait sous le pampre où rit le dieu joufflu,
Sans toucher aux fleurs de la rive,
Le voyageur monta sur le pont vermoulu.

Là, le cœur plein d'un triste et doux mystère,
Il s'arrêta silencieux,
Le front incliné vers la terre ;
L'ardent soleil séchait les larmes de ses yeux.

Aveugle, inconstante, ô fortune !
Supplice enivrant des amours !
Ote-moi, mémoire importune,
Ote-moi ces yeux que je vois toujours !

Pourquoi dans leur beauté suprême,
Pourquoi les ai-je vus briller ?
Tu ne veux plus que je les aime,
Toi qui me défends d'oublier !

Comme après la douleur, comme après la tempête,
L'homme supplie encore et regarde le ciel,
Le voyageur, levant la tête,
Vit les Alpes debout dans leur calme éternel.

Et, devant lui, le sommet du mont Rose,
Où la neige et l'azur se disputaient gaîment.
Si parmi nous tu descends un moment,
C'est là, blanche Diane, où ton beau pied se pose.

Les chasseurs de chamois en savent quelque chose,
Lorsque, sans peur, mais non pas sans danger,
A travers la prairie au matin fraîche éclose,
On les voit, l'arme au poing, dans ces pics s'engager.

COMPLAINTE DE MINUCCIO.   Page 523.

Pendant que le soleil, paisible et fort à l'aise,
Brûle, sans la dorer, la cité milanaise,
Et dans cet horizon, plein de grâce et d'ennui,
S'endort de lassitude à force d'avoir lui,

La montagne se montre : — à vos pieds est l'abîme ;
L'avalanche au-dessus. — Ne vous effrayez pas ;
Prenez garde au mulet qui peut faire un faux pas.
L'œil perçant du chamois suspendu sur la cime,
Vous voyant trébucher, s'en moquerait tout bas.

Un ravin tortueux conduit à la montagne.
Le voyageur pensif prit ce sentier perdu ;
Puis il se retourna. — La plaine et la campagne,
    Tout avait disparu.

Le spectre du glacier, dans sa pourpre pâlie,
    Derrière lui s'était dressé ;
Les chansons et les pleurs et la belle Italie
    Devenaient déjà le passé.

Un aigle noir, planant sur la sombre verdure
Et regardant au loin, tout chargé de souci,
Semblait dire au désert : Quelle est la créature
    Qui vient ici ?

Byron, dans sa tristesse altière,
    Disait un jour, passant par ce pays :
« Quand je vois aux sapins cet air de cimetière,
    Cela ressemble à mes amis. »

Ils sont pourtant beaux, ces pins foudroyés,
    Byron, dans ce désert immense ;
Quand leurs rameaux morts craquaient sous tes piés,
    Ton cœur entendait leur silence.

Peut-être en savent-ils autant et plus que nous,
Ces vieux êtres muets attachés à la terre,
Qui, sur le sein fécond de la commune mère,
Dorment dans un repos si superbe et si doux.

    1851

COMPLAINTE DE MINUCCIO[1]

Va dire, Amour, ce qui cause ma peine,
A mon seigneur, que je m'en vais mourir,
Et, par pitié, venant me secourir,
Qu'il m'eût rendu la Mort moins inhumaine.

A deux genoux je demande merci.
Par grâce, Amour, va-t'en vers sa demeure,
Dis-lui comment je prie et pleure ici,
Tant et si bien qu'il faudra que je meure
Tout enflammée, et ne sachant point l'heure
Où finira mon adoré souci.

La Mort m'attend, et s'il ne me relève
De ce tombeau, prêt à me recevoir,
J'y vais dormir, emportant mon doux rêve;
Hélas! Amour, fais-lui mon mal savoir.

Depuis le jour où, le voyant vainqueur,
D'être amoureuse, Amour, tu m'as forcée,
Fût-ce un instant, je n'ai pas eu le cœur
De lui montrer ma craintive pensée,
Dont je me sens à tel point oppressée,
Mourant ainsi, que la Mort me fait peur!
Qui sait pourtant, sur mon pâle visage,
Si ma douleur lui déplairait à voir?
De l'avouer je n'ai pas le courage.
Hélas! Amour, fais-lui mon mal savoir.

Puis donc, Amour, que tu n'as pas voulu
A ma tristesse accorder cette joie,
Que dans mon cœur mon doux seigneur ait lu,
Ni vu les pleurs où mon chagrin se noie,
Dis-lui du moins, et tâche qu'il le croie,
Que je vivrais, si je ne l'avais vu.
Dis-lui qu'un jour, une Sicilienne
Le vit combattre et faire son devoir.
Dans son pays, dis-lui qu'il s'en souvienne,
Et que j'en meurs, faisant mon mal savoir.

---
1. Voir, dans le recueil des comédies de l'auteur, la pièce intitulée *Carmosine*.

CANTATE DE BETTINE[1]

Nina, ton sourire,
Ta voix qui soupire,
Tes yeux qui font dire
Qu'on croit au bonheur,

Ces belles années,
Ces douces journées,
Ces roses fanées,
Mortes sur ton cœur...

Nina, ma charmante,
Pendant la tourmente,
La mer écumante
Grondait à nos yeux;

Riante et fertile,
La plage tranquille
Nous montrait l'asile
Qu'appelaient nos vœux!

Aimable Italie,
Sagesse ou folie,
Jamais, jamais ne t'oublie
Qui t'a vue un jour!
Toujours plus chérie,
Ta rive fleurie
Toujours sera la patrie
Que cherche l'amour.

1851.

SONNET AU LECTEUR

Jusqu'à présent, lecteur, suivant l'antique usage,
Je te disais bonjour à la première page,
Mon livre, cette fois, se ferme moins gaîment;
En vérité, ce siècle est un mauvais moment.

Tout s'en va, les plaisirs et les mœurs d'un autre âge,
Les rois, les dieux vaincus, le hasard triomphant,
Rosalinde et Suzon qui me trouvent trop sage,
Lamartine vieilli qui me traite en enfant.

La politique, hélas! voilà notre misère,
Mes meilleurs ennemis me conseillent d'en faire.
Être rouge ce soir, blanc demain; ma foi, non.

Je veux, quand on m'a lu, qu'on puisse me relire.
Si deux noms, par hasard, s'embrouillent sur ma lyre,
Ce ne sera jamais que Ninette ou Ninon.

Janvier 1850.

1. Voir, dans le recueil des comédies de l'auteur, la pièce intitulée *Bettine*.

TABLE

	Pages.
Au lecteur	2
A madame B***	3
Venise	3
Stances	4
Don Paez	7
Les marrons du feu	23
Portia	63
L'Andalouse	79
Le lever	80
Madrid	83
Madame la marquise	84
A la Yung-Frau	85
A Ulric Guttinguer	86

TABLE DES MATIÈRES

	Pages.
Sonnet	86
Ballade a la lune	87
Mardoche	90
Le saule	112
Les vœux stériles	135
Octave	141
Les secrètes pensées de Rafael	143
Chanson	148
A Pépa	149
A Juana	149
Suzon	151
A Mme N. Ménessier	160
A Julie	160
A Laure	162
A mon ami Édouard B***	163
A mon ami Alfred T***	164
Au lecteur des deux pièces qui suivent	164
La coupe et les lèvres	165
A quoi rêvent les jeunes filles	224
Namouna	260
Rolla	293
Chanson	317
Une bonne fortune	318
Lucie	328
A madame ***	331
La nuit de mai	332
La loi sur la presse	338
La nuit de décembre	346
Lettre a Lamartine	352
La nuit d'aout	362
A la Malibran	366
Chanson de Barberine	372
Chanson de Fortunio	373
Au roi, après l'attentat de Meunier	374
A Sainte-Beuve, sur un passage d'un article inséré dans la Revue des Deux Mondes	374
A Lydie, traduit d'Horace (ode ix, livre III)	375
A Lydie, imitation	376
A Ninon	378
La nuit d'octobre	380
L'espoir en Dieu	389
A la mi-carême	397

TABLE DES MATIÈRES

	Pages.
A UNE FLEUR.	399
LE FILS DU TITIEN, sonnet.	402
SONNET : Béatrix Donato fut le doux nom de celle.	402
DUPONT ET DURAND.	403
A ALFRED TATTET, sonnet.	412
SUR LA NAISSANCE DU COMTE DE PARIS.	412
A MADEMOISELLE ***.	415
JAMAIS.	416
IMPROMPTU, EN RÉPONSE A CETTE QUESTION : QU'EST-CE QUE LA POÉSIE?.	416
IDYLLE.	418
ADIEU.	422
SILVIA.	423
SUR LES DÉBUTS DE MESDEMOISELLES RACHEL ET PAULINE GARCIA.	434
CHANSON : Lorsque la coquette espérance.	435
TRISTESSE.	436
UNE SOIRÉE PERDUE.	436
SIMONE, conte imité de Boccace.	438
SOUVENIR.	450
LE RHIN ALLEMAND, par Becker, traduction française.	455
LE RHIN ALLEMAND, rép. à la chanson de Becker.	456
SUR LA PARESSE.	458
MARIE, sonnet.	463
RAPPELLE-TOI (VERGISS MEIN NICHT), paroles faites sur la musique de Mozart.	464
RONDEAU : Fut-il jamais douceur de cœur pareille.	464
A MADAME G., sonnet.	466
A MADAME G., rondeau.	467
SUR UNE MORTE.	467
APRÈS UNE LECTURE.	468
A MADAME M***, sonnet.	474
A M. VICTOR HUGO, sonnet.	475
SONNET A MADAME N. MÉNESSIER.	475
A LA MÊME, sonnet.	476
A LA MÊME, sonnet.	476
A M. ALFRED TATTET, sonnet.	477
LE TREIZE JUILLET.	478
STANCES DE CHARLES NODIER A ALFRED DE MUSSET.	485
RÉPONSE A CHARLES NODIER.	486
LE MIE PRIGIONI.	491
A MON FRÈRE REVENANT D'ITALIE.	496
ADIEU, SUZON! chanson.	502
CONSEILS A UNE PARISIENNE.	503
MIMI PINSON, chanson.	507

TABLE DES MATIÈRES

	Pages.
Par un mauvais temps.	509
A madame Cᵗᵉ T., rondeau.	509
Sur trois marches de marbre rose.	510
A mademoiselle Anaïs, rondeau.	516
Sonnet : Se voir le plus possible et s'aimer seulement.	517
A M. Régnier, de la Comédie-Française, après la mort de sa fille	517
Chanson : Quand on perd, par triste occurrence.	518
A madame O., qui avait fait des dessins pour les nouvelles de l'auteur.	518
Le rideau de ma voisine, imité de Gœthe.	519
Souvenir des Alpes.	519
Complainte de Minuccio	523
Cantate de Bettine.	524
Sonnet au lecteur.	524

Sceaux. — Imprimerie Charaire et fils.

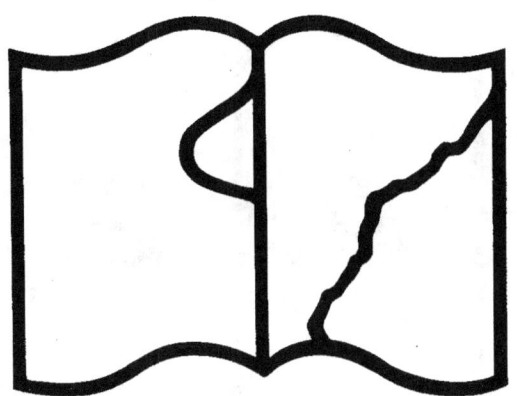

Texte détérioré — reliure défectueuse
NF Z 43-120-11

Contraste insuffisant
NF Z 43-120-14

www.ingramcontent.com/pod-product-compliance
Lightning Source LLC
Chambersburg PA
CBHW071418230426
43669CB00010B/1589